Counseling Theory & Practice

상담의 이론과 실제

임상록 · 김혜숙 · 노정자 · 안민숙 · 채유경 지음

도서출판 피란미음

머리말

지난 수십 년간 한국은 국가발전을 위해 산업화에 총력을 기울였다. 그리고 산업화의 성공으로 인해 우리 사회는 이제 물질적인 면에서 풍요로움을 누리게 되었다. 그러나 물질적인 풍요로움이 인간의 모든 문제를 해결해 줄 수 있다는 과거의 믿음과 달리 많은 사람들은 심리적인 문제와 갈등을 해결하지 못한 채 일상을 살아가고 있다. 사회복지영역을 두고 볼 때, 법과 제도의 발전 그리고 경제적인 지원으로 인해 선진복지국가 수준에는 미치지 못한다 하더라도 사회복지실천 분야에 있어 한국도 이젠 상당한 복지수준에 도달했다. 그러나 여기에 만족할 수 없는 것은, 사회복지실천 분야의 중요한 부분인 인간의 '심리적 문제 해결' 은 아직도 미흡한 수준이라는 점이다.

인간의 '심리적 문제 해결' 을 위해 사회복지실천 분야에서는 최근에 들어와서 '상담학' 에 보다 많은 관심과 노력을 기울이고 있다. 특히, 사회복지학을 전공하는 학생들의 교과과정에는 상담관련 과목이 주요 교과목으로 자리를 잡아가고 있는 실정이다. 이러한 학문적 경향성은 앞으로도 상당기간 지속될 전망이다.

사회복지를 전공하는 학생들을 대상으로 상담교과목을 강의하는 교수들이 우리 실정에 적합한 교재를 아쉬워 하는 마음에서 이 교재를 집필하게 되었다. 일차적으로는 우리가 가르치는 학생들의 필요와 수준을 생각하며 집필의 방향과 내용을 정했다. 그러나 사회복지전공뿐만 아니라 상담학, 아동학, 청소년학 등 타 전공학생들도 교재나 참고서적으로 이 책을 사용하더라도 부족하거나 무리가 없을 것이다. 그리고 이 책을 집필하신 선생님 모두 상담현장 경험이 풍부하신 분이라서 내용적으로도 현실과 큰 괴리는 없을 것이다.

이 책은 상담이론을 다루는 1부와 상담의 실제를 다루는 2부로 나누어 집필하였다. 상담이론 부분은 정신분석적 상담, 인간중심적 상담, 인지 · 정서적 상담, 행동주의적 상담, 현실요법적 상담, 해결중심적 상담, 게슈탈트 이론을 다루었고, 상담의 실제부분은 상담의 실제인 현장에서 알아야 할 기본적이고 중요한 내용들로 구성했다. 집필자의 전문성에 따라, 제1장 상담의 의미와 제6장 현실요법적 상담은 임상록 교수가, 제2장 정신분석적 상담, 제7장 해결중심적 단기상담 그리고 제8장 게슈탈트 이론은 김혜숙 교수가, 제3장 인간중심적 상담과 제13장 집단상담은 노정자 교수가 집필하였다. 그리고 채유경 교수는 제4장 인지 · 정서 · 행동적 상담, 제11장 상담의 과정 그리고 제12장 상담사례의 이해와 분석을, 안민숙 교수는 제5장 행동주의적 상담, 제9장 상담자의 반응기술 및 역할과 제10장 상담에서의 윤리문제를 집필하였다.

각 집필자는 주어진 조건과 환경에 따라 나름대로 최선을 다하였다. 이 분들의 노고에 감사의 말씀을 드린다. 집필진이 열심히 노력하였으나 부족한 부분이 있을 것으로 생각한다. 모자라거나 부족한 부분은 시간을 두고 지속적으로 수정 · 보완할 계획이다.

끝으로 이 책을 출판하기까지 많은 분들의 수고가 있었다. 그 가운데서도 도서출판 파란마음 황호철 사장님의 수고와 지원이 있었다. 감사를 드린다. 그리고 출판을 위해 실무차원에서 노력하신 선생님들의 노고에도 감사의 말씀을 전한다.

2010년 6월
안서동 연구실에서
집필진을 대표하여 임상록

차례

PART I_상담의 이론

Chapter 1 상담의 의미

Chapter 2 정신분석적 상담

Chapter 3 인간중심적 상담

Chapter 4 인지 · 정서 · 행동치료

Chapter 7 단기해결중심 상담

Chapter 8 게슈탈트 상담

PART II_ 상담의 실제

Chapter 9 상담자의 반응기술

Chapter 10 상담에서의 윤리문제

Chapter 11 상담의 과정

PART I

상담의 이론

1

상담의 의미

1 상담의 개념

2 상담자와 내담자

3 상담자와 내담자의 관계

4 상담의 유형

5 상담의 진행과정

학습의 목표

1. 상담의 개념을 이해한다.
2. 상담자와 내담자에 대한 지식을 습득한다.
3. 상담을 유형별로 알아본다.
4. 상담의 진행과정을 구체적으로 알아본다.

1 상담의 개념

상담이 무엇인가에 대한 질문은 항상 있어 왔고, 앞으로도 계속 있을 것이다. 상담에 대한 간결하고 명확한 개념 정의, 즉 상담이 무엇인지에 대해 분명한 대답을 하기란 쉽지 않다. 대답이 쉽지 않다는 사실은 여러 가지 이유가 있겠지만, 무엇보다 상담에서 다루는 문제가 복잡한 인간의 문제이고, 문제해결에 있어서 해결방법이 다양하기 때문이며 또한 상담의 본질에 관해 전문가들이 다양한 견해를 제시하기 때문이다. 따라서 상담이 무엇이냐에 관한 물음에 상담전문가들은 다양한 대답을 내놓는다. 그러나 상담전문가들이 상담에 관해 나름대로 다양한 정의를 내린다 하더라도 근본에 있어서는 서로 일치하는 모습을 보인다.

상담전문가들의 상담에 대한 정의를 살펴보면, 대부분 상담자와 내담자 그리고 상담관계에 대한 언급이 포함되어 있다. 상담전문가들은 상담에 대한 정의를 내릴 때 상담에 있어 중요한 이 세 가지 요소에 대해 언급을 한다. 상담에 대한 정의는 많지만, 여기에서는 대표적인 개념 정의 몇 가지를 소개하겠다.

먼저, 이장호(1995)는 "도움을 필요로 하는 사람이 전문적 훈련을 받은 사람과의 대면관계에서, 생활과제의 해결과 사고, 행동 및 감정 측면의 인간적 성장을 위해 노력하는 학습과정이다."라고 하였다. 홍경자(2001)는 "상담이란 상담자가 내담자와의 관계에서 촉진적인 의사소통을 통하여 내담자가 개인적인 문제에 대한 자기이해와 자기지도력을 터득하도록 도와주는 과정이다. 그리하여 현재의 문제를 효과적으로 해결하고 장차에도 일어날 수 있는 삶의 문제에 대한 조망과 해결능력을 갖게 되어 자기효능감과 자족감을 느끼도록 인도하는 일련의 학습과정이다."라고 하였으며, 노안영(2005)은 "상담은 전문적 훈련을 받은 상담자와 조력을 필요로 하는 내담자가 상담활동의 공동주체로서 내담자의 자각확장을 통해 문제예방, 발달과 성장, 문제해결을 달성함으로써 그의 삶의 질을 향상하기 위해 함께 노력하는 조력과정이다."라고 정의하였다.

위에 열거한 상담에 대한 세 가지 개념은 각자 나름대로의 개념적 특징에도 불구하고 내용상 전반적으로 일치한다. 즉, 상담의 세 요소인 상담자와 내담자 그리고 상담관계에 대한 언급이 있고 또한 이것을 중심으로 개념정의를 내렸다. 상담에 대한 위의 세 가지 개념과 다른 학자들이 언급한 상담에 대한 개념정의를 바탕으로 종합적인 정의를 내리면, 상담이란 '전문적 훈련을 받은 상담자와 도움을 필요로 하는 내담자가 촉진적인 상담관계를 통하여 내담자 자신의 문제를 이해하고 해결해 나가는 한편, 이러한 일련의 과정을 통해 내담자의 인간적 성장과 삶의 질을 높이기 위해 서로 도와주고 함께 노력하는 하나의 학습과정이다.' 라고 할 수 있겠다.

2 상담자와 내담자

1) 상담자

일반인이 상담에 대한 약간의 지식과 경험을 가지고 행하는 일반상담과 달리 상담자에 의해 진행되는 전문상담은 상담자의 전문성이 요구된다. 상담자의 전문성은 상담자로서의 자격, 전문지식, 풍부한 상담경험 등이다. 상담자는 전문상담자로서 활동하기 위해 요구되는 정규교육과정을 이수함으로써 상담이론과 방법에 관한 체계적인 지식을 가지고 있어야 한다. 그러나 정규교육과정을 통한 상담이론과 방법에 관한 체계적인 지식 자체만으로는 바람직한 상담효과나 결과를 기대하기 어렵다. 바람직한 상담효과나 결과를 기대하기 위해서는 풍부한 상담실습과 훈련지도 과정을 거쳐 상담이론과 방법에 관한 지식을 내면화 한 상담자가 되어야 한다. 비유를 들자면, 마치 의사가 의학에 관한 지식만으로 환자를 제대로 치료하기가 어렵고 여기에 경험과 정성이 들어가야 치료의 효과를 볼 수 있는 것과 같다.

상담자에게 있어서 전문성이 매우 중요하지만, 이에 못지않게 상담자로서의 자질도 필요하다. 상담자로서의 자질은 다양하지만, 무엇보다 강조되는 자질은 진솔성, 무조건적 긍정적 존중, 공감적 이해 등이다. 이 세 가지 자질은 원래 인간중심적 이론의 주요 부분을 이루고 있으나 모든 상담 장면에서 일반적으로 수용되는 내용이기도 하다.

진솔성은 일치성이라고도 하며, 진실하고 솔직하다는 뜻이다. 이는 상담자가 내담자를 대할 때에 표면적이거나 대화 내용의 왜곡 또는 가식이나 겉치레가 없는 것을 말한다.

무조건적 긍정적 존중은 말 그대로 상담자가 내담자를 한 인간으로서 조건 없이 긍정적으로 대한다는 것이다. 즉, 상담자가 내담자를 자기 자신의 가치 기준에 따라 판단하거나 평가하지 않고, 그의 사회적 출신이나 경제적 상황에 구애받지 않고 한 인간으로서 존중한다는 의미이다.

공감적 이해는 상담자와 내담자의 마음과 마음을 이어주는 소통의 가교(架橋)로서 상담자가 기본적으로 갖추어야 할 기본 자질이자 덕목이다. 공감적 이해는 내담자의 내면에서 일어나고 있는 심리적 변화와 느끼는 감정을 상담자가 민감하고 정확하게 이해하는 것을 의미한다. 상담자와 내담자가 몸은 서로 다르지만 느끼는 감정은 서로 하나인 것처럼, 상담자가 내담자를 감정적으로 깊이 공감한다는 것이다. 상담자가 공감적 이해를 잘 하기 위해서는 내담자의 입장에서 생각하고 판단하며 느끼는 행위가 필요하다. 따라서 상담자는 상담 장면에서 늘 상대방의 입장이 되어보는 노력이 있어야 한다.

2) 내담자

내담자란 상담을 받는 사람을 지칭한다. 사람은 누구나 살아가면서 스트레스를 경험하고 정도의 차이는 있지만 혼자 해결하기 어려운 문제들이 있게 마련이다. 대부분의 사람들은 자신의 문제를 나름대로의 극복과정을 통해서 해결한다. 그러나 혼자 감당하기 어려운 생활의 문제이거나 정신적인 어려움은 전문상담자를 통해 도움을 받을 수 있고, 도움을 받는 편이 효과적이다. 상담기관을 방문하거나 전문상담자로부터 도움을 받는 일에 익숙한 선진 외국과는 달리, 우리나라에서는 어떤 문제를 가지고 상담기관을 방문하거나 전문상담자에게 상담을 받는 일을 꺼려 한다.

상담의 대상이 되는 일상생활의 문제와 정신적인 문제들은 여러 가지로 분류할 수 있다. 공식적인 분류방법에 의한 분류는 아니지만, 편의상 ① 시간의 경과에 따른 분류, ② 발생 원인의 소재에 따른 분류, ③ 심각성 정도에 따른 분류로 나눌 수 있다(이장호 외, 2009).

(1) 시간의 경과에 따른 분류

내담자의 문제를 시간의 경과에 따라 일시적 문제, 지속적 문제 그리고 만성적 문제로 분류할 수 있다. 시간의 길이에 대한 객관적 준거는 없으나, 일반적으로 1~2개월 이내에 문제를 해결하여 정상적으로 활동할 수 있는 경우를 일시적 문제라 하며, 3개월 이상 문제가 지속되면 지속적 문제라 한다. 드물기는 하지만 문제나 증상이 수년 또는 그 이상 해결되지 못하는 경우도 있는데, 이러한 경우에 만성적이라고 한다.

(2) 발생 원인의 소재에 따른 분류

발생 원인의 소재란 문제의 원인이 내담자의 내부에 있는지, 즉 성격적 문제인지 아니면 원인이 자신이 아닌 외부로부터 오는 것인지, 요컨대 상황적 문제인지에 따라 분류하는 것을 말한다.

내담자 자신으로부터가 아닌, 외부로부터 오는 상황적 문제는 상황이 해결되면 대부분 문제가 해결된다. 그러나 문제의 원인이 자신에게 있는 성격적 문제는 자신의 왜곡된 성격이 치료과정을 통해 해결되어야 비로소 문제가 해결되는데, 대체적으로 상황적 문제보다 더 어려운 해결과정이 요구된다.

(3) 심각성 정도에 따른 분류

상담전문가들은 사람의 심리적 상태를 일반적으로 정상적 상태, 신경증적 상태 그리고 정신증적 상태로 구분한다.

정상적 상태란 아무런 문제가 없거나, 겪고 있는 문제가 자신의 일상적인 생활을 방해할 정도가 아닌 정도의 심리적 상태를 말한다. 이러한 경우에 전문상담자의 도움이 필요하지 않다.

신경증적 상태란 일상생활이나 현실 인식에 있어 심각한 상태는 아니다. 그러나 정서적인 측면이나 행동적인 측면에서 상당한 정도의 불편과 고통을 느끼는 한편, 주변 사람들과 건강한 인간관계를 맺고 유지하는 일 또한 어려운 상태를 말한다.

정신증적 상태는 매우 심각한 상태인데, 현실인식이 비정상적이며 일상생활이 매우 어려운 상태이다. 정신증적 상태의 가장 큰 특징은 사고방식과 내용의 기이성(奇異性)에 있다. 이러한 상태를 일상에서 보통 미쳤다거나 정신병에 걸렸다고 하는데, 상담을 통한 해결은 거의 불가능해서 전문적인 정신과 치료과정을 거쳐서 상태를 개선할 수 있다.

3 상담자와 내담자의 관계

상담자와 내담자의 관계는 상담관계로 이루어진다. 상담관계에서 유의해야 할 부분은 무엇보다 이중관계(二重關係)와 성적(性的) 관계이다.

먼저 이중관계와 관련하여, 상담자는 내담자를 받아들일 때 매우 신중해야 한다. 특히 가까운 친구나 친인척 등 자신의 주변사람이 내담자가 될 경우에 이중관계가 성립될 수 있고 이로 인해 객관적이고 전문적인 상담을 기대하기가 어렵다. 왜냐하면 친구나 친인척을 대상으로 상담을 하게 되면 인간관계에 대한 생각이나 감정이 개입될 수 있어 내담자에 대한 객관성과 전문적인 판단에 예기치 못한 오류가 생길 수 있기 때문이다. 따라서 부득이한 경우 외에는 다른 전문상담자에게 친구나 친인척을 내담자로 의뢰하는 것이 바람직하다.

공적(公的)인 업무를 수행하는 공직자의 경우도 마찬가지겠지만, 특별한 경우나 부득이한 상황을 제외하고는 상담자가 내담자와 사적(私的)인 관계를 가져서는 안 된다. 그리고 내담자와의 관계에서 상담료 이외의 어떠한 금전적 · 물질적 거래가 있어서는 안 된다.

상담자와 내담자의 성적(性的) 관계는 상담관계에서 절대 금기(禁忌) 사항이다. 상담자는 내담자와 이유를 불문하고 성적 관계를 가져서는 안 되며, 이전에 성적 관계가 있었던 사람을 내담자로 받아들이는 일 또한 있어서는 안 된다. 한국상담심리학회 상담심리사 윤리강령은 보다 더 엄격하게 성적 관계에 대하여 규정하고 있는데, 제4장 나항(項)에 "상담심리사는 상담관계가 종결된 이후 최소 2년 내에는 내담자와 성적 관계를 맺지 않는다. 상담 종결 이후 2년이 지난 후에 내담자와 성적 관계를 맺게 되는 경우에도 상담심리사는 이 관계가 착취적인 특성이 없다는 것을 철저하게 검증해야 한다."라고 규정하고 있다.

내담자의 사생활과 개인 비밀보호는 상담자가 본의 아니게 소홀히 다루는 경우가 있다. 그러나 내담자는 자신의 사생활을 보호받을 권리가 있으며 상담과정에서 언급된 개인비밀은 상담 당사자들 이외의 제3자에게 노출되어서는 안 된다. 또한 내담자에 관한 비밀이나 개인정보는 내담자의 동의 없이 공개되어서는 안 된다. 그러나 내담자에 관한 비밀이나 개인정보가 사람 생명 또는 사회의 안전을 위협하거나 위협할 가능성이 있는 경우에 한하여 내담자의 동의 없이 관련 전문인이나 사회에 알릴 수 있다.

상담자는 상담내용을 기록 · 보존하여야 한다. 상담내용을 경우에 따라 녹음을 할 수가 있는데, 이럴 때는 상담자가 녹음하기 전에 내담자의 동의를 구해야 한다. 상담내용은 면접기록, 녹음, 녹화테이프, 심리검사지 등의 문서자료로 기록 · 보존되며, 상담자는 상담초기에 이러한 내용을 내담자에게 알려주어야 한다.

4 상담의 유형

상담의 유형은 상담의 대상과 내용에 따라 가족상담, 학생상담, 산업체상담으로, 상담방법에 따라 대면상담과 매체를 통한 상담, 상담대상의 집단 크기에 따라 개인상담과 집단상담으로 구분한다. 여기서는 각 유형에 속하는 상담들을 특징 면에서 간단히 살펴보겠다.

1) 가족상담

여권(女權)의 신장, 핵가족화, 전통적 가치관의 붕괴 등으로 인해 가정의 문제가 날로 심각해지고 있다. 가족구성원 간의 갈등, 자녀문제, 청소년자녀의 일탈, 부부갈등 등은 가정의 문제를 넘어 이제는 사회문제로 인식되고 있다. 국가차원에서도 이러한 가정문제의 심각성을 인식하고 법과 제도를 통해 건강한 가정을 만들기 위해 노력하고 있는데, 대표적인 예가 최근의 건강가정법의 제정과 건강가정지원센터의 설립 및 운영이다.

건강한 가정을 위한 가족상담은 원칙적으로 모든 가족구성원 간의 관계에 주목해야 한다. 그리고 가족 전체의 문제나 가족구성원 가운데 한 사람의 문제는 가족체제의 문제를 반영하는 것이므로 가족구성원들 간의 관계성에 주목하고 또한 이 관계 속에서 신중히 다루어져야 한다.

실제 가족상담에 있어서 목표설정이 중요한데, 문제증상을 완화시키고 긍정적으로 기능하는 가정으로 변화시키는 일에 목표를 두어야 한다. 상담방법으로는 정신분석적 접근, 구조주의적 접근, 의사소통이론 등이 있다. 가족상담의 진행을 위한 상담방법의 적용은 문제의 유형과 구체적으로 설정된 목표에 따라 적합성과 융통성을 고려하여야 한다.

2) 학생상담

학생상담은 각급 학교에 재학 중인 학생들을 대상으로 이루어지는 상담이다. 초등학교, 중 · 고등학교, 대학교에 재학 중인 학생들은 학교생활과 가정 및 사회 생활에서 다양한 문제에 직면하게 된다. 이들 문제는 대체적으로 세 가지로 분류할 수 있는데, 상담을 통해 원만한 해결이 요구된다.

첫째, 학생들이 직면한 가장 근본적이고 중요한 문제인 학습관련 문제이다. 학습부진, 비효율적 학습방법, 진로문제 등이 이 범주에 속한다.

둘째, 학교생활로 인해 파생되는 인간관계의 문제이다. 청소년기에는 친구문제나 선배와의 갈등문제가 큰 부담이 되며 대학에서는 이성과의 문제, 취업, 진로문제 등이 상담의 내용이 될 수 있다.

셋째, 발달과정상의 문제이다. 아동기에서 청소년기에 이르는 시기는 발달과정상 많은 어려움이 발생할 수가 있다. 이러한 문제들은 심리적 발달과 많은 관련이 있는데, 이러한 문제의 해결을 위해서 전문상담자가 학생들의 상담을 담당하는 일이 바람직하다(이장호 외, 2009).

3) 산업상담

산업현장에서 업무를 수행하는 과정에서 여러 가지 문제에 직면하게 되고, 이러한 문제로 인해 스트레스와 어려움을 겪게 된다. 직장인들이 겪는 어려움들은 업무로 인해 또는 개인적인 문제로 생산성에 차질이 생기게 되고 개인적으로 고통을 받게 된다. 직원들이 겪는 다양한 문제점들을 해결하기 위하여 최근에 와서 많은 기업들이 전문상담시설을 기업 내에 설치하고 있고, 전문상담자가 상담업무를 맡게 하여 상담복지의 증진에 힘쓰고 있다.

4) 대면상담과 매체를 통한 상담

상담은 상담자와 내담자가 상담관계를 맺음으로써 성립된다. 상담의 효율적인 진행을 위해서는 올바른 상담관계가 형성되어야 한다. 올바른 상담관계란 신뢰를 바탕으로, 우호적이며 서로 존중하고 이해하려고 노력하는 것이다. 올바른 상담관계 위에서 상담이 이루어지는데, 상담방법에는 대면상담과 매체를 통한 상담이 있다. 대면상담은 상담자와 내담자가 직접 얼굴을 맞대고 상담을 진행하는 상담방법이고, 매체를 통한 상담은 전화, 인터넷, 서신 등 매체를 통해 상담을 하는 경우를 말한다.

대면상담은 가장 일반적이고 전통적인 상담의 한 방법으로서 지금까지도 상담방법의 주류를 이룬다. 대면상담은 따로 시간을 내서 일정한 장소로 이동해야 한다는 불편함이 있다. 그러나 상담자가 직접 만나서 대화할 때 대화 내용 외에 내담자의 태도와 행동을 잘 관찰할 수 있다. 이렇게 함으로써 상담자는 내담자에 대하여 보다 많은 정보를 얻을 뿐만 아니라 문제의 내용을 보다 정확히 진단할 수 있다. 내담자에 대한 풍부한 정보와 당면문제에 대한 보다 정확한 진단은 문제해결에 큰 도움을 줄 수 있다는 이점이 있다.

매체를 통한 상담은 전화, 인터넷, 서신 등 매체를 통해 이루어지는 상담이다. 서신상담은 수용시설에 격리되거나 전화나 인터넷을 이용할 수 없는 경우 편지를 주고받으면서 글을 통해 상담한다. 전화상담은 비교적 일반적으로 많이 활용되는데 이용의 편리함이 있다. 전화상담은 어디에서나 가능하며 상담시간도 비교적 덜 제한적이다. 그러나 단점으로는 상담관계가 불안정하기 때문에 지속적으로 상담이 이루어질 수 없는 경우도 자주 발생한다. 또한 대면상담과는 달리 내담자의 표정과 행동을 관찰할 수 없기 때문에 대화내용의 진실성도 담보할 수 없다. 최근에 와서는 사이버상담이 늘어나는데, 주로 전자우편을 통해 심리적 문제에 대한 이해와 해결을 시도하는 상담이다.

5) 개인상담과 집단상담

상담은 보통 개별적으로 진행되기 때문에 개인상담은 따로 설명할 필요가 없다. 그러나 집단상담은 개인상담과는 달리 특별한 목적이 있어 설명이 필요하다. 개인의 문제해결이나 장애를 치료하는 데 있어서 주로 개인상담이 이루어지나 내담자가 처한 상황이나 문제의 성격에 따라 집단의 역동성을 활용하면 더 나은 치료효과가 나타날 수 있다. 따라서 집단상담은 '개인이 지니고 있는 여러 가지 문제를 소집단의 경험을 통하여 해결하는 상담의 한 형태로서, 내담자에게 정보나 지식을 제공하는 것보다는 개인의 감정, 태도, 동기, 가치, 행동의 구체화와 이들의 변화를 촉진하는 데 중점을 둔다.' (김홍규 · 원애경, 2007).

5 상담의 진행과정

상담은 상담자와 내담자가 만나서 대화하는 것으로 이루어진다. 상담자와 내담자가 만나서 대화하는 것을 면접 또는 면접상담이라고 하는데, 이 만남은 내담자 문제의 심각성, 진행방법, 상황 등에 따라 진행이 길거나 짧아진다. 짧은 면접상담은 4~6회에 그치기도 하지만 대개 10회 이상은 넘긴다. 내담자의 문제가 심각한 경우 수개월에서 수년에 걸쳐 상담이 진행되기도 한다.

상담의 진행과정은 상담자와 내담자가 처음 만난 이후부터 상담이 끝날 때까지의 전체과정을 말한다. 그리고 그 흐름에 따라 초반부, 중반부, 후반부로 구분하기도 하지만 상담의 과정이 발전적이기 때문에 보통 초기단계, 중기단계, 종결단계로 나눈다. 각 단계에는 성공적인 상담을 위해 해결해야 할 과제가 주어지는데, 각 단계별 과제가 순조롭게 해결되어야 기대한 상담결과를 얻을 수 있다. 각 단계를 설명하면 다음과 같다.

1) 초기단계

초기단계란 상담을 시작하는 단계로써 처음 몇 회의 만남으로 이루어진다. 이 단계는 무엇보다 상담과정 전체의 기반을 만드는 중요한 단계인데, 상담자의 기획력과 전문성이 요구된다. 초기단계에 있어서 상담기반이 튼튼한지 아닌지의 여부는 전체 상담과정에 매우 많은 영향을 미친다. 따라서 제대로 된 상담기반을 만들기 위해 해결해야 할 과제가 있다.

첫째, 안정된 상담관계 형성이다. 상담자와는 달리, 내담자는 상담 상황에 생소한 경우가 많다. 상담이 어떻게 진행되는지, 무엇을 해야 하는지, 상담자를 어디까지 신뢰할 수 있는지 등 모르는 것이 많다. 내담자가 상담에 빨리 적응하기 위해서는 상담자의 사려 깊은 안내가 선행되어야 한다. 그리고 상담에 대한 안내는 상담의 초기과정에서 안정된 상담관계를 형성하는 데 필요하다. 문제를 해결하고자 하는 상담자와 내담자의 관계, 즉 상담관계는 상담의 진행과 성공여부와 밀접한 관계가 있다. 상담관계가 안정적이 되려면 촉진적인 상담관계를 형성해야 한다. 촉진적인 상담관계는 상담자가 내담자로 하여금 상담에 자발적이고 적극적으로 참여할 수 있도록 이해하고 배려하며, 진솔한 태도를 가지고 내담자 중심으로 상담을 진행할 때 비로소 가능하다.

둘째, 상담목표와 상담방법 및 진행에 대한 합의가 있어야 한다. 전문적 상담은 일반대화나 면접과는 달리 목표를 설정하고 계획에 의해서 진행된다. 상담의 초기단계에서 목표를 정하고, 이 목표를 이루기 위해 계획을 세워 상담을 진행하는 것은 상담의 기본이다. 상담의 목표를 설정할 때는 상담자가 일방적으로 하는 것이 아니라 내담자와 대화로서 합의해야 한다. 그리고 상담계획에는 다양한 내용이 포함되어야 하는데, 내담자가 지켜야 할 사항, 상담의 기본적인 진행방식, 상담기간 및 상담시간 등이 주요 내용이 된다. 상담이 유료일 경우 이 부분에 대한 안내도 반드시 필요하다.

셋째, 내담자 문제의 본질을 이해해야 한다. 의사가 자기의 환자를 치료하고자 할 때 먼저 환자에 대한 체계적인 진단이 시작된다. 왜냐하면 환자가 가지고 있는 병의 원인과 증상에 대한 확실한 진단이 선행되지 않는다면 치료 또한 가능하지 않기 때문이다. 상담 또한 마찬가지이다. 상담자가 내담자의 문제에 대한 본질적인 이해가 없이는 상담의 효과를 장담할 수 없다. 내담자 문제에 대한 본질적인 이해를 위해서 상담자는 먼저 내담자에게 무엇이 문제인지 직접 확인해야 한다. 예를 들어, 내담자가 지금 어떠한 상황에 있는지, 무엇 때문에 힘들거나 괴로워하는지 등을 직접 물어보는 것이다. 이때 상담자가 유의해야 할 것은 문제파악을 위해 내담자에게 강요하거나 심리적 부담을 줘서는 안 된다는 것이다. 내담자가 스스로 자신의 문제를 이야기 할 수 있도록 분위기를 만들고 대화를 풀어가는 일이 바람직하다.

2) 중기단계

초기단계에서 촉진적인 상담관계가 형성되면 이제 문제해결을 위한 단계에 들어간다. 이 단계는 상담의 핵심적인 단계로서 초기단계에서 설정된 상담의 구체적 목표들을 달성하기 위해 본격적인 개입이 시작된다. 문제해결을 위해 다양한 상담기법이 적용되는 단계이며 내담자의 자발적인 참여와 문제해결에 대한 열정이 요구된다. 구체적으로 어떤 상담기법을 사용할지의 여부는 내담자가 가진 문제의 유형이나 문제의 심각성에 달려 있다. 만남의 횟수가 많아지고 상담에 몰입하게 되면 경우에 따라 내담자의 저항이 나타날 수도 있는데, 이러한 저항의 극복이 중기단계에서 반드시 해결해야 할 과제 가운데 하나이다. 이 과정을 통해 상담의 목표가 상당 부분 달성되면 종결단계로 들어가게 된다.

3) 종결단계

문제해결단계인 중기단계에서 문제의 해결과정을 경험하게 되면 상담은 종결로 향한다. 그러나 상담을 통해 문제해결이 되었더라도 바로 끝나는 것이 아니다. 종결을 위한 준비과정이 필요하다. 그 이유는 일단 문제가 해결되었다 하더라도 내담자가 일상생활에서 다시 문제상황을 경험할 수도 있고, 이로 인해 새로이 어려움을 겪을 수 있다. 따라서 문제해결 후 일상생활에의 재적응을 위해 내담자가 문제에 대한 면역력을 가질 수 있도록 상담자와 내담자는 준비해야 한다. 준비해야 할 내용은 다음과 같다(이장호 외, 2009).

(1) 상담 종결에 대한 내담자의 불안 다루기

상담의 마지막 단계에서 내담자는 대부분 상담을 통한 자신의 변화를 안다. 그러나 막상 상담을 종결할 상황에 오면 내담자는 불안감을 느낀다. 왜냐하면 상담자의 도움 없이 혼자 일상생활에서 문제해결을 해야 한다는 것이 어렵게 여겨지기 때문이다. 따라서 상담자는 상담을 완전히 종결하기 전 이러한 불안을 최소화하는 노력을 내담자와 더불어 해야 한다.

(2) 상담자에 대한 내담자의 의존성 극복

내담자의 상담자에 대한 의존성은 상담의 종결과정에서 해결하여야 할 과제이다. 상담은 내담자가 자신의 문제를 상담자와 함께 해결해 가는 과정이라고 할 수 있다. 그런데 이 과정에서 내담자는 상담자에게 많은 부분을 어쩔 수 없이 의존하게 된다. 이러한 의존성은 상담이 진행되는 동안은 필연적일 수도 있지만 문제가 거의 해결된 단계에서는 서서히 극복해야 한다. 상담자가 지속적으로, 평생 동안 내담자를 책임질 수는 없는 일이다. 이런 의미에서 볼 때, 내담자가 하나의 독립된 인간으로서 일상생활에서 제대로 살아가는 데 있어 의존성은 장애요소가 된다.

(3) 성과 다지기 및 면역력 쌓기

종결단계에서는 문제해결단계에서 달성한 상담의 성과를 다시 한 번 상기하고 그 성과를 다짐으로써 앞으로 내담자 혼자의 힘으로 문제를 해결해 나갈 수 있도록 준비하여야 한다. 지금까지 문제해결을 위해 시도했던 여러 가지 수단과 방법을 재음미하고, 이러한 경험을 앞으로 어떻게 활용할 것인지 상담자와 내담자가 서로 상의를 해야 한다. 그리고 앞으로 다가올 문제 상황을 미리 예견하고 이 문제에 어떻게 대처하는 것이 현명한지에 대하여 함께 고민해 봄으로써 내담자의 면역력을 강화시켜 주는 일이 바람직하다.

(4) 가능한 증상의 재발에 대한 준비

문제해결단계에서 문제가 해결되거나 증상이 해소(解消)되었다 하더라도 일상생활에서 다시 이전의 것과 유사한 문제를 만나거나 동일한 증상을 경험할 수가 있다. 그러한 경우를 대비해서 상담자는 내담자에게 상담종결 이후에도 상담을 통해 도움을 준다는 약속이 필요하다. 이러한 약속은 내담자를 안심시키는 한편, 가능한 증상의 재발에 대한 준비가 된다.

생각해 볼 점

1. 상담이란 무엇인가?
2. 상담자의 자질이 무엇인지 설명하시오.
3. 상담을 유형별로 구분하고 설명하시오.
4. 상담의 진행과정에 대하여 알아보시오.

참고문헌

김청자 · 정진선(2006). 상담의 이론과 실제. 서울: 동문사.
김형태(2006). 상담의 이론과 실제. 서울: 동문사.
김홍규 · 원애경(2007). 상담심리학. 경기도: 양서원.
노안영(2005). 상담심리학의 이론과 실제. 서울: 학지사.
류종훈(2007). 사회복지상담의 이론과 실제. 경기도: 양서원.
이장호(1995). 상담심리학. 서울: 박영사.
이장호 · 정남운 · 조성호(2009). 상담심리학의 기초. 서울: 학지사.
이현림 · 김순미 · 천미숙(2007). 집단상담의 이론과 실제. 경기도: 양서원.
정원철(2005). 사회복지실천과 상담. 경기도: 양서원.

Joseph Luft(1989). *Einfuehrung in die Gruppendynamik*. Frankfurt am Main: Fischer Verlag.
Kathryn Geldard and David Geldard(2008). *Counselling Children*. London: SAGE Publications Ltd.
Pierre Male(1983). *Psychotheapie bei Jugendlichen*. Frankfurt am Main: Fischer Verlag.

2

정신분석적 상담

학습의 목표

1. 정신분석 상담의 인간에 대한 관점을 이해한다.
2. 정신분석 상담의 개념과 자아방어기제를 안다.
3. 정신분석 상담의 치료기법들을 익힌다.

1 개관

> 코페르니쿠스 이후 우리는 지구가 우주의 중심이 아니라는 것을 안다. 카알 막스 이후 우리는 인간 주체가 역사의 중심이 아니라는 것을 안다. 그리고 프로이트는 인간 주체에는 중심이 없다는 것을 밝혀주었다.
>
> 루이 P. 알튀세르(Louis Pierre Althusser)

인간의 마음은 고정된 것이 아니라 쉴 새 없이 변화하는 다이내믹한 세계이다. 쉽게 드러내기도 어렵고 형체화하기도 어려운 마음의 실체를 다루는 심리학은 프로이트(S. Freud)의 정신분석을 뿌리로 하여 발전하였다.

프로이트의 연구는, 1880년대부터 1900년까지의 히스테리 및 기타 신경증에 관한 임상적 관찰과 정신분석기법의 창시를 통해 무의식 · 억압 · 저항 · 감정전이 · 심적 외상 등의 이론 개념이나 신경증의 병인론을 발전시킨 것이다. 즉, 그 견해를 일상생활의 실착행위와 꿈의 연구에 적용시킨 제1기 그리고 1900년부터 1910~20년에 걸쳐 성본능(소아 성욕) 즉 리비도의 발달 · 고착 · 퇴행 및 그 병인적 의의의 연구가 진행되어 정신분석학적인 신경증 이론이 어느 정도 완성된 제2기, 그리고 융이나 아들러와의 논쟁을 계기로 한 전체적인 퍼스널리티 구조의 연구, 특히 자아구조의 이론과, 그때까지의 '자기보존 본능'과 '성본능'의 대립설부터 '생(生)의 본능'과 '사(死)의 본능'의 대립을 기초로 한 본능론의 발전 등을 탄생시킨 제3기(1910~20~1925)로 발전해 갔다. 프로이트는 모든 신경증 증상에는 해석 가능한 의미가 숨겨져 있는데, 그 의미는 어떤 심적 외상의 고착과 무의식세계와 관련이 있다고 보았다. 심리적인 억압이 작용하여 무의식적인 성적 욕망과 억압의 갈등과정이 증상을 형성하게 되는 것이라고 보았다(윤순임, 2009). 프로이트의 심리치료의 핵심은 무의식을 의식화하는 것이다. 자신도 잘 기억하지 못하는 것들을 떠올리며 재경험하게 하여 증상을 완화시키는 것이다. 내담자들은 우울, 불안, 해리, 강박사고 및 행동, 공포, 혹은 편집성에 좌우되어 자신의 주체적인 사고나 행동을 상실하게 된다. 그래서 상담 후 종종 내담자들이 "내 감정을 신뢰하고 죄책감을 덜 느끼면서 사는 법을 배웠어요", "날 꼼짝달싹하지 못하게 만들었던 내 양면의 감정을 해결했어요", "중독의 의미를 알고 이제는 중독으로부터 벗어날 수 있게 되었어요"라고 말하는 것을 보면 개인의 주체의식을 경험하는 것이 얼마나 중요한 것인가를 보여준다. 치료자들은 내담자들이 무엇을 원하는지를 알고 왜 그런 식으로 느끼게 되었는지를 이해하며 내담자의 마음속에 떠오른 것은 무엇이든지 아무리 사소한 것이라도 말할 수 있도록 유도한다. 언어로 표현된 모든 것은 내담자의 세계를 이해하기 위한 작업의 자료로 활용되어진다. 이 장에서는 프로이트의 정신분석이론을 중심으로 하는 인간관, 마음의 지형학설, 불안에 대한 이해, 심리성적 발달단계, 자아방어기제, 정신분석의 치료기법들을 소개하고자 한다.

2 대표적 이론가

1) 시그문트 프로이트(Sigmund Freud: 1856~1939)

시그문트 프로이트
(Sigmund Freud)

프로이트는 1856년 현재 체코슬로바키아의 프라이버그(Freiberg) 모라비아인 마을에서 유태인 집안의 장남으로 태어났다. 프로이트 아버지는 상처했고 아들이 둘이나 있었고 프로이트 어머니는 19세에 20세나 연상인 남편과 결혼하였다. 그는 이복형제들과 비슷한 나이여서 경쟁심을 느끼며 컸다. 1859년 프로이트가 네 살 때 가족이 빈으로 이주한 이후 가족은 평생을 오스트리아에서 보냈다. 1873년 고등학교 졸업까지 수석을 하는 모범생이었다. 법대를 가고 싶었으나 괴테의 시 중 '자연'을 읽고 의대로 방향을 바꾸었다. 프로이트의 마음을 사로잡은 부분이다. "자연은 끊임없이 우리에게 자기에 대하여 말해주지만 인간은 자연의 비밀을 알지 못한다. 인간은 자연의 품 안에 살면서도 자연의 이방인이다."

1873년 오스트리아 빈의 의과대학에 진학한 후 생리학 교수인 부뤼케(Ernst Beuecke)와 함께 일하면서 생리적 문제에 관심을 갖기 시작하였다. 25세인 1881년 빈 의과대학을 졸업하였다. 졸업 후 종합병원 내과부장인 마이네르트(Mynert) 교수의 수련의가 되어 정신장애의 원인을 신경학적으로 규명하는 연구를 하였다.

1885년 빈에 연구보다는 수입이 나은 신경병 전문의로 개업하며 빈 대학에서 신경병리학을 강의하였다. 그러면서 중상류층 여성들의 히스테리 증세를 다루었는데, 이것이 정신분석이론을 발전시키는 계기가 되었다.

시그문트 프로이트(Sigmund Freud, 1905)는 'Psyche라는 말은 그리스어인데 독일말로 번역하면 'Seele(영혼)'이다. 심리치료는 영혼으로부터의 처치, 제일 먼저 그리고 직접 사람의 영혼에 영향을 주는 방법으로 영혼 혹은 신체적 장애를 치료하는 것이다' 라고 하였다. 정신과 환자들은 18, 19세기에는 짐승처럼 취급되었다. 사람들은 그들을 감금하거나 묶어놓았다. 또한 얼음같이 찬 물이 떨어지는 데서 목욕을 시키거나 원통에 넣고 몇 시간 동안 돌리기도 하였다. 프로이트는 오스트리아 빈에 있던 조셉 브로이어(Josef Breuer)와 파리의 장 마틴 샤코(Jean-Martin Charcot)의 치료에 영향을 받았다. 그들은 치료법으로 최면을 사용했다. 프로이트는 1885년 최면을 통한 히스테리 치료를 파리의 샤코에게 몇 달 동안 공부했다. 그렇지만 그 자신의 치료실제에서는 최면술이 항상 원하는 치료효과를 가져오는 것은 아니라는 것을 확인하게 되었다. 프로이트는 자유연상의 개념으로 작업했다. 소파에 누워서, 환자는 무의식적인 움직임의 단서가 드러나도록 마음에 떠오르는 것은 모두 얘기해야 한다.

1885년 프로이트는 자신의 경험을 높이기 위하여 히스테리의 심리를 연구하고 있던 파리에서 빈으로 돌아온 후 정신과 의사였던 조셉 브로이어(Joseph Breuer)와 함께 최면술에 대해 연구하고 임상실험을 하였다. 프로이트는 자신의 환자에게 최면술을 이용하였고 흥미로운 환자들을 많이 접하게 되었다. 증세의 발생이 상처받은 기억과 관계가 있는 환자들이었다. 그 기억들은 무의식 속에 숨어 있어서 그것을 찾아내는 것이었다. 프로이트는 브로이어(Breuer) 박사와 함께 1895년 '히스테리 연구'를 저술하였지만 히스테리 원인을 프로이트는 성적 갈등으로 보고 브로이어는 보수적인 관점으로 고수하다가 서로 독자적인 길을 가게 되었다(윤순임, 2009).

프로이트의 사상의 변천은 대개 다음과 같은 세 가지로 나누어진다. 프로이트는 전집 총23권의 책을 저술하였다. 그중 15권이 제2기에 해당하는 정신분석의 진수들이다. 40대 초부터 60대까지 쓴 논문들이다. 제1기는 히스테리 연구를 시작하여 자유연상법을 확립하고 '꿈의 분석'을 저술한 1897년까지의 시기이며, 의식과 무의식을 구별하였다. 이 구분이 제3기의 지형학적 이론에서 더 구체화되었고 갈등과 방어, 저항, 전이 같은 중요한 개념을 세웠다. 신경증은 심리적 손상으로 특히 어릴 때에 성희롱이나 비정상적인 성생활이 원인이 된다고 보았다.

제2기는 이후 '정신분석 입문'이 쓰여진 1897년부터 1923년까지 정신분석이론과 치료기법이 급속도로 발전한 시기이다. 1923년은 프로이트가 '자아와 이드(The Ego and The Id)'를 발표하는 시기로 '이드심리학'이라고 한다. '성욕에 관한 세 가지 에세이'에서 유아기 성욕에 관한 이론이 확실해졌다. 또한 프로이트 자신이 자기분석 경험을 꿈으로 받고 '꿈의 해석'을 쓰기도 하였다.

1909년에는 스텐리홀의 초청으로 미국에 가서 정신분석학을 강의하였으며, 이를 계기로 정신분석학이 미국에서 관심을 모으기 시작하였다. 그러나 이론이 체계화되어 감에 따라 성을 취급하는 것에 대한 의견 대립이 표출되어 아들러나 융이 이 시기에 그와 결별하게 된다. 1923년 이후 제3기는 그때까지 애매하게 되어 있던 자아의 기능에 관한 것 등이 명확하게 된 시기이다. 1926년에는 '억제, 증세와 불안(Inhibition, Symptoms and Anxiety)'을 발표하고 또 '구조론(Structural theory)'에서는 인간의 정신구조를 자아, 이드, 초자아로 설명하였다. 불안을 자아의 적극적인 위험신호로 보고 반응으로 보았다.

1938년 국가사회주의가 빈에 들어섰을 때, 프로이트는 빈을 떠나 영국정부의 보호하에 런던으로 망명했고 거기서 1939년 구강암으로 사망했다.

사망하기까지 프로이트는 정신분석학을 이론적으로 구성하고 정신분석적 방법을 종교, 사회, 문화, 예술 등 여러 영역에 응용하는 데에 힘썼다. 1930년 그는 프랑크푸르트 시에서 수여하는 괴테문학상을 수상하기도 하였다. 그는 셰익스피어와 괴테를 무척 좋아하였고 골동품을 수집하는 애호가였고 의상과 외모가 항상 깔끔한 스타일로 질서정연하고 완벽한 강박적인 사람이며 빈틈없는 사람이었다.

프로이트의 정신분석이론은 인간의 심리발달과정에 병리적인 심리상태의 이해에 근본적인 변화를 가져와 심리학이나 사회학, 문학, 정신의학에 새로운 패러다임을 여는 중요한 이론으로 평가받고 있다. 그런데 실제로 프로이트의 이론들은 임상적인 관찰이나 임상사례에 의한 숙고한 직관력에 근거하고 있다는 점에서 비과학적이라는 비판을 받아오고 있다.

3 인간관

1) 인간에 대한 관점

프로이트는 인간을 의식 밖의 영역에 존재하는 비합리적이고 통제하기 어려운 무의식적인 본능에 의하여 지배를 받아 그 긴장상태를 해소하기 위하여 정신적인 에너지를 발산하는 데에 목적이 있다고 보았다.

① 인간 본성에 관한 관점

정신결정론적(Psychic Determinism) 관점으로 우연히 일어난 것처럼 보이는 사건도 실제로는 반드시 과거의 일과 연결되어 발생한다고 보는 관점이다.

- 인간의 모든 행동, 사고, 감정은 무의식적인 긴장상태의 성적 본능과 충동, 동기에 의하여 결정된다고 보았다.
- 인간의 자유의지나 결정, 책임감, 자발성보다는 무의식적인 힘에 의하여 지배받는 수동적 생활인으로 보았다.
- 인간은 무의식적인 내적 충동에 의해 야기된 긴장상태를 감소하기 위하여 쾌락을 추구하려는 속성이 있다고 보았다.
- 문화는 인간의 내적 충동 · 만족을 억압하는 초자아의 발달에 영향을 미친다고 보았다.
- 인간의 기본 성격형성은 만 5세 이전의 유아의 경험들인 심리 성적 발달에 의해 결정되어진다(김동배 · 권중돈, 1998).

TIP 히스테리환자 O. Anna의 사례에서

프로이트의 연구에 큰 영향을 미친 것은 '안나' 라는 여성의 증상이다. 안나는 가명이고 실명은 베르타 파펜하임이다. 프로이트를 잘 보살펴 준 브로이어의 환자인 안나는 빈의 상류가정에서 청교도적인 엄격한 교육을 받고 자란 지적이며 아름다운 아가씨였다. 그녀는 갑자기 원인불명의 근육마비와 이상한 환각에 사로잡혀서 옷이나 시트를 찢기도 하였고 독일어로 말을 걸어도 영어로 반응하였다. 또한 그녀는 유리잔에 담긴 물을 마시지 못하게 되었다. 본인도 그 이유를 알 수 없었고 그 상태가 6주 동안 지속되었다. 브로이어는 그녀의 집으로 왕진을 가서 최면술로 치료를 시도하였다. 그 결과 그녀가 유리잔으로 물을 마시지 못한 이유가 밝혀졌다. 원인은 실제로 기묘한 것이었다. 안나는 영국인 가정교사가 애완견에게 유리컵의 물을 마시게 하는 장면을 목격하였다. 그 순간 그녀는 아무 말도 하지 못할 경험을 떠올렸다. 안나는 최면 상태에서 "나쁜 여자! 더러워! 무서운 개!!"라고 큰소리를 지르면서 가정교사와 개를 저주하였다. 그리고 많은 양의 물을 마시고 최면에서 깨어났다. 브로이어는 최면에서 깨어난 안나에게 개에 대해서 물었지만 그녀는 "이제까지 그 개에 대해서 잊고 있었다."고 했다. 그 후 안나는 브로이어를 좋아하게 되었고 상상임신까지 해서 "내 뱃속의 아이는 브로이어의 아이"라고 했다. 이 사건은 프로이트에게 큰 영향을 미쳤다.

안나는 후에 사회사업가로 여성의 권리확장운동에 공헌하였지만 마음의 병 일부는 완치되지 않았다고 한다.

박선무 · 고윤선 역(2004: 60-61), 재인용

2) 성격의 역동성(Dynamics of Personality)

(1) 본능(Instincts)

프로이트는 인간 유기체를 복잡한 에너지 체계로 생각하고 정신 에너지와 신체 에너지는 서로 전환될 수 있다고 보았다. 정신과 신체 에너지의 교량역할을 하는 것을 본능이라고 보고, 이 본능은 유기체를 움직이는 원천적인 힘의 생리적, 심리적 표현이라고 하였다. 인간은 누구나 본능적인 욕구를 충족시키고 싶어하나 방해를 받게 되면 불안감이 발생한다. 본능의 역동성을 삶의 본능과 죽음의 본능으로 구분하였다.

① 삶의 본능(Life Instinct-Eros)

삶의 본능을 일반적으로 에로스(Eros) 혹은 섹스, 배고픔, 갈증 같은 개체의 생존과 종족의 번식의 목적에 둔 접촉이며 타인과 사랑을 나누며 개인의 창조적인 발전을 도모하는 본능적인 에너지로 보았다. 초기에는 성적 에너지를 리비도(Libido: 라틴어로 욕망을 뜻함)라고 불렀지만, 후에는 모든 삶의 본능의 에너지를 리비도라고 부름으로써 그 의미를 확장시켰다. 따라서 삶의 본능과 관련된 정신 에너지를 리비도(Libido)라고 보는 것이 더 타당하다. 프로이트는 즐거움을 추구하는 모든 활동을 삶의 본능의 개념에 포함시키고 있다.

② 죽음의 본능(Death Instinct-Thanatos)

모든 유기체는 무생물의 상태로 되돌아가려는 충동이 있다. 그래서 죽음에 대한 소망을 가지고 있고 죽음의 본능에서는 공격욕구도 파생된다. 공격이란 죽음의 본능에 내포된 자기 파괴의 욕구가 외부의 다른 대상물로 돌려진 것이다. 즉 자신이나, 타인을 공격하며 해치려는 무의식적 소망을 행동으로 나타낼 수 있는 에너지다.

4 주요개념

1) 마음의 지형학설

프로이트는 자신의 책 '꿈 해석' 에서 마음의 지형학설(Topographical Model) 이론을 썼다. 거기에서 마음의 세계를 지상과 지하 같은 공간적 지리적 개념으로 설명하였기 때문에 마음의 지형학적 모형이라고 한다.

인간의 정신세계를 의식과 무의식으로 나누는 것은 억압이다. 무의식의 내용들은 수치심을 유발하는 것들, 죄책감, 열등감, 상처들, 성적 욕구, 공격욕구 등이다. 무의식의 내용들이 의식으로 올라오게 되면 자아가 억압해 버린다. 억압한 것들이 기회가 되면 뛰쳐나오려 하기 때문에 많은 정신적 에너지가 소모된다(이무석, 2003). 인간의 행동, 사고, 감정 등을 모두 의미 있는 것으로 보고, 무의식을 의식적 차원으로 표출하고 발견하는 것이 중요하다고 보았다. 인간의 정신활동은 무의식에서 원초자아와 초자아 사이에 생기는 갈등의 결과로 간주한다.

(1) 무의식(Unconscious)

사람들은 무의식적으로 고통스러운 것은 기억하지 않으려고 한다. 무의식에는 선천적으로 있는 부분과 무의식에서 전의식, 의식까지 올라갔다가 에고의 억압으로 다시 무의식으로 밀려난 부분이 있다. 무의식에는 모든 경험, 기억, 충족되지 못한 본능적 소망들, 억압된 재료들이 저장되어 있다. 보통 사람들이 접근할 수 없는 영역으로 인식 영역 밖의 자신의 모든 경험과 기억으로 자신의 삶의 이력에 대한 총체적인 기억이다. 무의식은 알려지지 않은 충동이나 동기가 대부분 의식적인 행동, 감정, 사고를 결정하는 것으로 보았다. 프로이트는 '무의식의 심리학' 을 설명하면서 두 가지를 말한다. 하나는 사전에 인지한 상태의 무의식으로 지금 이 순간 사람의 마음속에서 일어나고 있는 일을 말한다. 다른 하나는 사전에 전혀 인식하지 못한 무의식이다. 이것은 꿈을 통해서 드러나고 또는 개인의 행동 전체를 조종하고 결정하는 것을 말한다. 사람과 사람 사이의 모든 중요한 관계들도 무의식적인 상호관계에 의하여 일어난다. 무의식은 자신의 이력에 대한 기억이고 특히 문제나 갈등, 힘들었던 일에 대한 기억이라고 할 수 있다(이영돈, 2007).

프로이트는 무의식에 작용하는 과정들을 아래와 같이 설명한다.

① 무의식적 욕구, 소망, 갈등의 상징적 표상인 꿈(꿈은 무의식으로 가는 지름길), ② 일상에서 말의 실수나 망각, 예를 들어 친숙한 이름을 잘못 부르는 경우, ③ 최면 후 암시, ④ 자유 연상으로부터 도출된 자료, ⑤ 투사법으로부터 도출된 자료, ⑥ 정신적 증상의 우울증, 불안, 신체장애로 드러나기도 한다(Corey, 1988).

(2) 의식(Conscious)

개인이 어느 순간에 의식하고 있는 모든 것으로 감각, 지각, 경험, 기억 등 인식할 수 있는 정신생활과 전체 마음 중의 작은 부분을 차지한다. 의식된 것들은 시간이 지나면 무의식과 전의식으로 잠재된다(Freud, 1923). 정신분석 치료의 목표는 무의식적 감정, 사고, 행동 동기를 의식화하는 과정이다.

(3) 전의식(Preconscious)

전의식은 현재는 인식되지 않지만 전에 의식했던 것이 저장된 곳으로 조금 노력하여 집중하면 접근할 수 있는 영역이다(Freud, 1923). 예를 들어 잃어버린 옛 친구 이름을 생각해 내는 것, 모르는 사람의 기억을 떠올리려 하는 것이다. 문제해결이나 의사결정, 창작활동도 전의식의 기능이다. 쉬거나 놀다가도 무의식의 아이디어가 떠올라서 창작활동을 할 수 있고, 문제해결도 가능하다. 전의식은 언어로 상징하는 능력이다. 언어능력의 활성화는 추상적 사고능력으로 본능적인 욕구들을 약화시킨다(이무석, 2003).

2) 성격 구조론(Structural Theory of Personality)

프로이트는 1923년 '자아와 이드(The Ego and The Id)' 에서 인간의 정신구조를 세 가지로 나누어 설명하였다. 성격의 구조를 이드, 자아, 초자아로 구분하여 설명한 가설이다. 자아는 욕구와 양심 사이에서 중간역할을 하며 자아가 현실을 고려하여 이드

쪽으로 또는 초자아 쪽으로 이동하면서 개인의 갈등을 해소해 준다.

원초아에 의하여 자아와 초자아가 지배당하면 쾌락주의자가 될 수 있다. 초자아에 의하여 자아와 원초아가 지배당하는 경우는 열등의식이나 죄책감을 소유한 성격의 사람이다(Feist & Feist, 2006).

건강한 성격의 자아는 이드, 자아, 초자아 같은 성격의 세 구조물들이 조화와 균형을 이루는 것이다. 정신구조론 이후 자아심리학에서는 자아가 성장과정 중에 어떻게 갈등을 해결해 왔고, 어떻게 환경을 극복하였는가에 관심을 가지게 되었다. 자아가 문제나 갈등의 해결사로 초자아나 이드와 타협을 하게 되는데 타협 중에 어떤 것은 증세로 나타난다(이무석, 2003).

(1) 이드(id, 원초아): 생물학적 구성 요소

태어나면서 인간의 성격은 이드(Id)에서부터 나중에 에고(Ego)와 슈퍼에고(Superego)로 분화된다. 주로 본능성과 충동성으로 구성되어 있다. 이드의 내용과 과정은 전적으로 의식되지 않는다. 이드의 사고형태는 '1차적 과정(Primary Process)'으로 객관성과 합리성이 없는 사고패턴이다. '쾌락원칙'에 따라 행동하며 본능적 욕구를 충족시키기 위해 참을성이 없고 즉각적인 요구를 원한다. 심리학적 에너지의 최초의 원천이며 본능이 있는 곳, 조직화가 안 되어 있으며, 맹목적이고 요구적이고, 끈덕지며 강력하다. 무도덕적이며 결코 성숙하지 않으며 대부분 무의식적이다(이시형 · 여인중, 2002). 이드가 나쁜 것만은 아니며 인생 만족감의 원천이며 정신에너지의 샘이기도 하다. 이드가 과도하게 억압당하면 기쁨이 없고 무기력한 사람이 된다. 필요할 때에 공격할 수도 자기주장을 할 수도 있는 것은 이드가 있기 때문이다.

(2) 에고(Ego, 자아): 심리적 구성 요소

이드(id)의 욕구충족을 위해서 현실과의 협상이 필요하게 되는데 이 필요에 대처하는 것이 에고(Ego)의 역할이다. 즉 이드의 본능과 외부 현실세계를 적절하게 조절해주는 역할을 한다. 자아는 현실원리에 따라서 현실적이고 논리적 사고를 하며 환경에 적응하게 해준다. 이드가 맹목적으로 욕구의 충족을 꾀하는데 비해 에고(Ego)는 현실검증과정을 거쳐서 주관적 욕구와 외부의 현실을 구별한다. 행위에 대한 계획을 세우며 원초아의 맹목적인 충동을 견제, 통제하는 지적 활동이나 합리성이 위치하는 자리이다(이시형 · 여인중, 2002).

건강한 자아는 본능적인 욕구와 초자아를 중재하며 현실과 환경을 참작하여 합리적으로 욕구를 충족시킬 방법을 만들고 적응하여 마음의 평화를 얻게 된다. 자아는 의식수준에서 느끼는 감각, 생각, 정서나 행동을 통해서 주위환경을 인식하고 반응하므로 현실과 관계를 유지해 간다. 자아기능은 갈등 없이 자신의 만족을 위해서 스스로 형성하기도 한다. 자아는 개인으로 하여금 심리적 · 사회적 적응을 하게 하는 사회성 발달과 연관이 있으며 자아 주체성이 발달된다. 자아심리학자인 하트만(Hartman)은 기능적인 자아를 '1차적 자율적 자아기능' 이라고 말하며 여기에 지각, 의지, 사물의 이해, 사고, 언어, 기억력들이 포함된다고 하였다.

(3) 슈퍼에고(Superego · 초자아): 사회적 구성요소

부모나 주위 사람들로부터 물려받은 사회의 가치와 도덕, 윤리, 양심이 내면화된 표상을 말한다. 자신의 행동이 옳은지 그른지를 가늠하면서 완벽을 추구하는 기능을 한다. 인간행동의 도덕적 규제를 맡는 곳으로, 쾌락보다 완전을 추구하고 현실보다는 도덕적이고 이상적인 것을 추구한다(김동배 · 권중돈, 2006).

인간이 죄를 범하고 죄책감을 느끼는 것은 초자아 때문이다. 초자아는 부모의 양육방식과 경험에 의하여 형성되는데 부모가 비합리적이고 지나치게 엄하고 포악하면 유아의 초자아는 포악하고 가학적인 것이 되고 만다. '가학적 초자아' 로 매사에 자학적이고 죄책감, 우울과 열등감에 빠진다. 이런 사람은 일생 동안 자기 마음속에 가혹한 비판자인 부모를 모시고 사는 것이다. 그래서 자신을 비난하는 소리가 내면화되어 위축되고 완벽주의에 빠지고 강박적인 삶을 살게 된다. 초자아는 자아를 돕는 기능으로 이드의 욕망을 평가하고 개인의 생각과 행동에 도덕적 판단을 내리고 양심의 기능을 하므로 사회의 일원으로 건강하게 살도록 하는 것이다.

3) 불안(Anxiety)

프로이트의 불안에 대한 연구는 정신분석에서 매우 중요한 위치를 차지한다. 모든 신경증은 불안에서 유래한다고 볼 수 있으며 불안의 의미를 찾아 불안을 해결하는 것이 곧 정신분석이라고 해도 과언이 아니다. 프로이트는 정신분석 입문 강의에서 불안에 대한 논의를 계속 수정하였다. 1923년 '자아와 이드' 에서 마음의 구조론이 거론된 이래 1926년 '억압, 증세와 불안' 에서 불안을 새로운 각도에서 정리하였고, 지금도 정신분석에서는 대체로 여기에 준한다. 불안은 쓸 수 있는 정신적 에너지에 대한 원초아, 자아, 초자아 사이의 갈등이 통제를 넘어설 때 생긴다. 에고(Ego)가 통제할 수 없는 초과된 자극에 의해서, 이드(Id)의 욕구는 어떤 방법으로 표출되고 해소되어야 하는 강력한 힘이기 때문에 에고가 이드의 힘을 억제하거나 보유하는 힘이 약할 때 에고는 자칫 처벌받을 짓을 할 것 같은 위협과 그러한 방향으로 내닫고 싶은 충동으로 불안에 빠지게 된다. 불안의 기능은 같은 방법으로 계속해서 사고하고 행동하면 위험하게 된다는 것을 경고하는 것이다. 불안은 위험신호로 자아가 적절하고 자기방어적인 방법을 모색하여 개인이 통합성과 안정성을 유지할 수 있도록 만들어준다.

신경적 불안 즉 병적인 측면에서의 불안을 프로이트는 세 가지로 분류했다(이시형 · 여인중, 2002; 이무석, 2003).

(1) 예기의 불안

막연한 만성적인 불안이다. 뚜렷한 이유도 없이 무엇인가 불길한 일이 일어날 것 같은 예감이 있다. 미래의 모든 가능성 중 언제나 최악을 생각한다. 모든 것이 부정적이고 연쇄적인 성격 특성으로 표현된다. 이렇듯 과도한 예기불안을 갖는 경우를 불안신경증이라 부른다.

(2) 공포증

공포불안은 어느 특정한 대상이나 상황을 피하려고 하며, 억지로 대하면 극심한 불안에 휩싸이는 것이다. 공황 발작을 일으킬 수도 있다. 공포의 대상은 세 가지로 분류할 수 있다.

① 누구나 싫어하는 대상으로 뱀, 거미, 혐오하는 동물이다. 환자인 경우는 이런 대상만 보아도 기절해 버릴 수가 있다.

② 비행기나 기차, 버스 같은 대중교통 수단이나 사람들이 많은 백화점으로 일반인들은 위험이 다소 있지만 편의상 이용한다. 그러나 환자는 도저히 이용하지 못

한다.

③ 객관적으로 도저히 공포 대상이 아닌데도 환자는 접근하지 못한다. 예를 들어 건장한 남자가 고향의 거리나 광장에 못 나가는 경우, 방 안에서 쥐똥만 보아도 그 집에서 잠을 잘 수 없는 경우이다. 이런 경우들은 공포에 대한 합리적인 설명이 어려운 신경증 불안의 특징이다.

(3) 불안 등가

이것은 환자가 느끼는 불안의 감정이 전경으로 나타나지 않고 대신 불안에 동반되는 여러 가지 생리적, 신체적 증상으로 현저하게 나타난다. 어지럼, 떨림, 가슴 두근거림, 호흡곤란 등으로 '불안대리' 라고도 한다.

프로이트는 신경증적인 불안에 대하여 자신의 이론을 보완, 수정하여 세 가지로 분류하여 설명하였다(Corey, 1996).

① 불안 신경증

프로이트는 불안 신경증을 성적인 억압이나 억제가 불안상태를 일으킨 것으로 보았다. 강한 성적인 충동이나 성적 흥분을 발산하지 못하고 욕구불만 상태가 지속적으로 축적되면 리비도의 정상적인 해방, 분출이 저지당해 흥분이나 긴장이 불안으로 변형될 수 있다고 보았다. 불안발작을 일으키거나 공황장애 같은 증세가 나타난다.

② 히스테리(신경증, 노이로제)

히스테리는 여성만의 병으로 '자궁의 병' 으로만 생각하고 있었다. 히스테리의 어원은 그리스어로 자궁을 의미한다. 히스테리는 신경증의 일종으로 남자에게도 발생한다고 처음으로 프로이트가 주장하였다. 히스테리 환자들은 감각장애, 경련발작, 운동마비라는 신체증상과 더불어 몽롱한 상태, 건망증, 이중인격, 다중인격 증세도 나타낸다. 성적 욕구불만은 물론이고 불안, 수치심, 당혹감, 분노, 적개심 등이 무의식에 억압되면 의식수준에서는 불안으로 변형되어 히스테리 증세로 나타난다.

③ 강박신경증

강박장애는 반복적으로 의식에 침투하는 강박사고와 그에 따른 강박행동을 주된 증상으로 하는 불안장애이다. 강박신경증은 불안이 표면에 나타나지 않고 대신 결벽증, 확인증, 완벽증이 관념이나 행동을 되풀이하게 한다. 만약 이런 강박증적인 행동을 제어하면 그때는 심한 불안을 야기한다. 강박행위는 불안을 숨기기 위한 수단이 되는 것이다.

18세 소녀가 신경증을 호소하는 내용에는 무의식 속에 억압된 것이 신체증세로 표출되는 현상을 잘 보여준다.

TIP 18세 소녀가 신경증을 호소하는 사례

카타리나(Katharina)라는 환자는 유년기에 당한 아버지의 성희롱 때문에 숨이 가쁜 증세가 생겼다(Freud, 1895). 그는 프로이트가 잘 가는 산장의 여종업원으로 열여덟 살쯤 되었다. 어느 날 프로이트에게 자기 증세를 호소했다. 자주 질식할 것 같이 숨이 차고 가슴이 답답하다는 것이었다. 이럴 때는 귀에서 소리도 나고 어지럽다고 했다. 프로이트는 신경증으로 보고 그녀에게 "무슨 일이 있는 후부터 그런 증세가 생긴 것이 아닌가?" 하고 물었다. 증세는 2년 전부터 시작되었다. 어느 날 우연히 창문을 통해서 아버지가 사촌언니를 발가벗겨 놓고 성관계를 하는 것을 보았다. 증세는 그때부터 시작되었다고 했다. 그 후 3일 정도는 구토가 나올 정도로 증세가 심했다. 그리고 수개월 후 사촌의 임신이 탄로 나고 아버지와 어머니가 이혼한 뒤에 증세가 약화되었다고 말했다. 그러나 그런 기억을 말한 뒤에도 증세의 호전은 없었다. 프로이트는 그녀가 무언가 좀 더 불쾌한 경험을 가지고 있다는 느낌을 받았다. 그녀는 잠시 망설이다가 한 가지 기억을 회상해 냈다. 열네 살 때 술에 취한 아버지가 그녀가 자고 있는 이층 방으로 올라오더니 카타리나의 이불 속으로 들어왔다. 그리고 아버지의 성기가 그녀의 성기에 닿는 것을 느끼고 놀라서 도망쳐 내려왔던 기억이 있었다. 카타리나의 증세를 일으킨 근본의 원인은 이것이었다. 열네 살 때의 기억을 2년 전인 열여섯 살 때의 경험이 자극했던 것이다. 열네 살 때는 아버지가 침대로 올라온 행위의 의미를 몰랐지만, 열여섯 살 때 아버지와 사촌언니의 성관계를 보는 순간 그것이 성행위라는 것을 깨달았다. 그리고 증세가 발생했다. 혐오감이 구토증으로 나타났고, 불안의 증세가 숨 가쁨으로 나타났다. 증세는 2년 전의 일 때문에 발생했지만 병의 진짜 원인은 과거 속에 있었다. 단 한 번의 면담이었지만 카타리나에 나타난 신경증의 증세가 성적 흥분과 관련이 있다는 사실을 보여주었다.

이무석(2003: 26-27), 재인용

4) 프로이트의 심리성적 발달 단계

프로이트는 인간의 성격발달에서 중요한 세 가지 원칙을 강조하였다.

① 정신적 결정론
인간의 정신적 활동이 이전의 행동이나 사건에 의하여 결정된다는 것이다.

② 무의식의 중요성
인간의 행동은 의식적인 과정이라기보다는 무의식의 동기나 충동에 의한 것이라고 본다.

③ 성적 에너지인 리비도
본능적인 성적 에너지가 행동과 사고의 동기가 된다는 것이다.

프로이트는 성격발달을 성적인 본능으로 보고 성적 욕구와 밀접한 관계가 있다고 주장하여 심리성적 발달 단계라고 부른다(이인정 · 최해경, 2003). 리비도가 갖는 본능적인 에너지가 어느 부위에 집중되느냐에 따라 각 단계를 구분하였다. 리비도의 성의 개념에 신체적 사랑, 정신적 충동, 자기애, 부모의 사랑, 우정의 감정까지를 포함하였다. 아래의 성격발달에서 개인의 경험은 매우 다르므로 욕구가 지나치게 채워지거나 또는 욕구가 전혀 채워지지 않았을 때는 단계에서 고착이 발생한다. 각 단계에서 발달이 고착되면 특정 단계에 머물며 성인기의 성격에도 나쁜 영향을 미친다고 보는 견해이다. 이 이론은 후에 신프로이트 학파에 의해서 많은 비판을 받기도 하였다.

(1) 구강기(Oral Stage, 생후 1~1.5세)

구강기는 아이가 태어나서 한 살 반까지 입을 통하여 쾌락 욕구, 음식의 욕구를 채우는 단계이다. 영아는 입술점막을 자극하여 구강욕구를 만족시켜 주는 엄마의 젖과 젖꼭지를 통해 엄마와 관계를 맺는다. 자기를 보호해 주고 안아주고 기저귀를 갈아주고 목욕시켜주는 행동을 통한 촉각운동 감각계를 통해서도 관계를 맺는다. 6개월까지는 아직 엄마라는 대상에 대한 구분을 하지 못한다. 수유기에는 입이 쾌락을 주기 때문에 빨기와 삼키기로 만족을 얻는다. 신체부위를 자극해서 얻는 쾌감을 자기애(Autoerotism)라고 한다. 엄마와의 관계에서 지속적으로 만족스러움을 경험하면서 자기애가 짧아지고 본능적인 욕망이 자연스럽게 다음 단계인 정신발달 단계로 이어진다(이무석, 2003). 볼비는 이 시기에 심리적으로 안정성을 유지하고 자기를 위험으로부터 안전하게 보호해주는 사람이 있다는 것을 느끼는 애착이 형성된다고 보았다.

출생 후부터 8개월까지를 구강 전기로 보는데 이 시기는 유아가 젖을 먹는 행위로 만족을 얻고 또 이를 통해 배고픔의 생리적 불쾌감이나 긴장을 해소한다. 젖을 먹는 것은 배고픔을 위한 것만이 아니라 심리적 안정감에도 중요하다.

구강 후기인 8개월에서 18개월까지는 치아가 나오면서 깨물고 싶은 충동을 느끼며 공격성 욕구가 처음으로 나타난다. 특히 좌절을 경험하면 원초적인 공격성이 발달할 수 있다고 본다. 아이는 엄마라는 존재를 자기와 분리된 대상으로 인식하고, 엄마의 보살핌의 질에 따라서 아이의 욕구만족이 이루어지고 다음 단계로 순조로운 발달을 보이나 그렇지 않은 경우는 '구강기적 성격(Oral Personality)'으로 고착되어진다고 본다. 구강기가 지나도 입의 욕구충족에 집착하는 성격으로 의존적이며 자기중심적이고 자기 요구가 많은 사람이 될 수 있다. 좀 더 세부적으로 구강 전기에 고착된 사람은 성인이 되어 '구강 수동적 성격유형'으로 타인에 대해 모두 수용적, 수동적, 의존적으로, 자신의 필요를 다른 사람들이 채워주기를 기대하는 사람이 된다. 착하고 온순하여 애정 거부, 낮은 자존감, 희생도식, 긴밀한 신뢰 관계형성에 어려움이 나타날 수도 있다. 구강 후기에 고착된 대상은 '구강 공격적 성격'으로 자기욕구가 충족되지 못하면 공격적이며 비판적이고, 상대방을 비꼬거나, 자신의 욕구충족을 위해 타인을 이용하며 지배적 경향이 나타날 수 있다고 보았다(Marcuse & From, 오태환 역, 1987).

(2) 항문기(Anal Stage, 1.5~3세)

이 시기는 운동근육과 신경이 발달하여 유아의 리비도 에너지가 입에서 항문으로 이동하기 때문에 항문기라고 한다. 아이에 대한 부모의 태도와 대소변 훈련방법, 감정, 반응이 성격형성에 영향을 미친다. 아이는 배설하므로 성적 쾌감을 추구하는 동시에 청결을 유지하려는 엄마의 현실적 요구와 갈등을 일으킨다. 또한 자신의 본능적 충동을 방해하는 엄마와의 싸움에서 배변을 통하여 자신의 공격성을 표출하기도 한다.

엄마가 너무 일찍 배변훈련을 시키거나, 지나치게 통제를 하면 아이는 엄마에 대한 분노와 두려움, 공포의 감정을 경험한다. 여기서 아이의 성격이 항문기에 고착되어 두 가지 성향을 가지게 된다.

- 항문보유적 성격: 변을 보유하는 것으로 엄마를 기다리게 하고 애태우게 함으로써 저항을 한다. 이런 행동유형이 반복적이 되므로 강박성격으로, 소극적이며 완고하고 깔끔하면서 인색한 수동공격적인 행동방식을 나타낸다.
- 항문폭발적 성격: 엄마의 엄격한 배변훈련으로 인해 아이가 간섭과 통제를 싫어하며 엄마에 대한 분노를 반항적으로 표출한다. 아이는 성인이 되어서도 적대적이며 고집이 세고, 반항적이며 무질서하고 분노조절이 어려운 공격성향이 될 수 있다(권중돈 · 김동배, 2006).

항문기에 아이의 욕구와 발달 정도에 따라 엄마에게 수용적이며 지지적인 가운데 자연스럽게 배변훈련을 받은 아이는 자율성이나 독립심, 자존심이 싹트게 된다. 항문기에 유아는 적대감, 파괴감, 화, 분노, 미움 등의 감정을 경험하지만 수용 가능한 것으로 학습해야 하고 권위자의 통제를 수용하며 협상하는 능력을 배우기도 한다.

(3) 남근기(Phallic Phase, 3~6세)

이 시기에는 리비도의 성적 에너지가 항문에서 생식기로 이동하여 남근기 또는 생식기라고 한다. 엄마에게만 제한되었던 관계의 경험이 아버지와 형제자매에게도 확대되어 나타나고, 관계 속에서 질투심, 분노, 두려움, 부러움, 죄책감 등의 감정들을 경험하게 된다. 아이는 남녀 간의 성적인 차이와 생식기의 유무도 알아가며 성적 감각과 쾌감도 느낀다. 그러나 성인 같은 성적 감각과는 차이가 있다. 이 시기에 형성되어지는 아이와 부모와의 삼각관계를 프로이트는 남아에게는 '오이디푸스 콤플렉스(Oedipus Complex)', 여아에게는 '엘렉트라 콤플렉스(Electra Complex)'라고 하였다. 지금은 남녀 모두에게 오이디푸스 콤플렉스라고 한다.

남자아이는 '오이디푸스 콤플렉스(Oedipus Complex)'로 엄마의 사랑을 독차지하려는 무의식적인 성적 욕망과 애착을 느끼며 갈등을 경험한다. 엄마를 사랑하고 독점하고 싶지만 강한 아버지에게 라이벌 의식을 느끼며 아버지가 혹시 보복으로 자신의 성기를 제거할지도 모른다는 거세불안을 느낀다. 이 공포증을 극복하기 위하여 아이는 어머니에 대한 사랑과 아버지에 대한 적개심을 억압하게 된다. 아버지의 도덕관이나 가치관을 받아들이며 남성적 성역할을 습득하며 초자아가 형성되기 시작한다.

반대로 여자 아이는 어머니에게 남근이 없음을 알고 남자 아이보다 열등하다고 생각하는 남근선망 의식을 갖게 되고, 아버지를 독차지하므로 남근을 되찾으려 한다. 그래서 '엘렉트라 콤플렉스(Electra Complex)'를 경험하며 엄마 대신 아버지를 더욱 사랑하며 독차지하고 싶어 한다. 아버지의 관심을 갖기 위해 어머니와 경쟁하지만, 어머니를 대신할 수 없다는 것을 알고 자신을 억압하거나 어머니를 동일시하고 성적 특성을 닮아가기 시작한다. 여자 아이들은 남근 콤플렉스(남근이 없는 것에 열등감을 느낌)가 세 가지 방향으로 발전한다고 주장하였다. ① 성 자체를 포기하고 성직자처럼 경건주의자로 산다. ② 남성성에 매달려 남성다워지려고 한다. ③ 여성 성기를 수용하고 정상적인 여성이 되는 것이다.

이 시기 유아에게는 성욕에 대한 수용이나 충동감의 조절, 초자아적인 양심의 발달, 죄책감 발달이 생기기 시작한다. 이 시기에 부모가 유아의 성적 충동에 대해 과잉통제의 태도를 보이면 죄책감이나 유아적 양심발달로 낮은 자존감, 자기비난으로 심한 갈등을 초래할 수 있다.

프로이트는 오이디푸스 콤플렉스가 성장기에 적절하게 해결되지 못한 경우에 성정체성이 발달하지 못해서 이성관계에서 어려움이나 동성애 또는 성 전환증으로, 여성들에게는 성 불감증 등의 문제가 야기될 수 있다고 보았다(이무석, 2003).

TIP **오이디푸스 콤플렉스란?**

고대 그리스 작가인 소포클레스가 '오이디푸스 왕'이란 작품을 썼다. 테베의 왕 라이오스는 아들이 아버지를 죽이고 어머니를 왕비로 맞이하여 결혼할 것이라는 저주 신탁 때문에 아들인 오이디푸스를 버렸다. 그러나 아들 오이디푸스는 왕자로 성장하여 우연히 길에서 만난 친아버지를 알아보지 못한 체 살해하고 만다. 그 후 테베를 위협하는 스핑크스를 물리치고 친아버지 뒤를 이어 왕이 된다. 그래서 어머니인 줄 모르고 왕비와 결혼하여 네 명의 자녀를 두었지만 후에 아비를 죽이고 어미를 범했다는 사실을 알게 된다. 오이디푸스 왕은 자신의 두 눈을 찔러 장님이 되고 왕비인 어머니는 자살하였다는 비극에서 유래하였다.

박선무 · 고선윤 역(2004)

(4) 잠재기(잠복기, Latency Phase, 6~12, 13세)

잠재기에는 유아적인 성적 에너지인 충동이나 환상들이 무의식 속으로 잠복한 상태가 된다.

이 시기에 아동은 자기애와 내적이고 자기 집착적인 경향으로 유아의 성적 충동을 대신한다. 아동들은 스포츠, 게임, 지적 활동으로 에너지를 전환시키며 학교교육으로 기본적인 사회기술을 배우고 학습에 몰두하며 자아가 성장하는 시기이다. 후반에는 자위행위에 대한 욕구가 강해지고 공격충동이나 파괴충동을 스스로 조절하는 내적 조절 능력이 발달한다. 관계가 점차적으로 다양해지는 사회화 시기로 행동양식도 수정되어진다. 동성끼리 더 어울리며 부모의 훈계를 규범으로 수용하기도 한다. 잠재기에 고착되면 이성과 함께 있을 때 불안감을 느끼며 이성과의 성관계를 회피하거나 정서적으로 고립되거나 공격적인 태도로 성적 관계를 가질 수 있다.

(5) 생식기(Genital Phase, 사춘기~ 성인기)

오이디푸스적인 성적 관심이 가족 이외에 이성에게로 향하는 정신적 사랑을 하게 된다. 사춘기 이후 성적 기능이 발달하며 여자 아이는 월경을 하고 남자 아이는 꿈 속에서 사정을 하기도 한다. 성교와 생식이 가능한 충동을 느끼기도 하며 자기중심적인 자기애에서 벗어나 이성적인 사랑이나 성적 관계를 원하기도 한다. 청소년들은 직접적인 성관계보다는 스포츠나 예술활동, 취미활동, 자원봉사 활동 등으로 승화시키기도 한다. 충분하게 일과 사랑을 할 수 있는 시기이다. 이 시기에 프로이트는 청년들이 부모로부터 벗어나 자유로워지며 여성성, 남성성에 적합한 자아를 발견하고 파트너를 찾아서 독립적인 자기 삶을 확립해야 한다고 보았다.

표 2-1 프로이트의 심리성적 발달단계의 특성

심리성적 단계	연령	주요내용	발달과업과 성격특성
구강기	출생~1.5세	• 리비도의 자극이 입, 입의 욕구만족으로 쾌감과 안정감을 얻고 신뢰와 애착형성	• 만족감과 쾌감으로 신뢰감 형성(낙천/비관, 능동/수동/감탄/시기)
항문기	1.5~3세	• 리비도의 초점은 항문, 적절한 배변훈련으로 자립심과 독립심이 발달	• 권위자의 통제력에 협상하고 수용하기(인색/관대, 고집/순종, 청결/불결, 정확성/애매함)
남근기	3~6세	• 생식기의 자극, 오이디푸스 콤플렉스를 경험하여 성역할과 도덕성인 초자아 발달	• 어머니에 대한 성적 감정을 억압하고 남성성, 여성성에 대한 역할 수용하기(허영/자만, 자신/소심, 일관성/우유부단, 순결/음란, 남성적/여성적)
잠재기	6~12세	• 일시적인 성적 활동이 잠복하는 시기, 에너지는 신체적 호기심, 모험, 지적 활동으로 발달한다.	• 사회적인 기술 습득, 가치나 규범을 내면화, 또래집단과 어울리기
생식기	12세~성인기	• 정신적인 사랑과 지성화 경향 강함. 성숙한 독립된 성적 관계	• 자립과 독립으로 자신의 일과 우정과 사랑을 추구(성숙/미성숙, 적응/부적응)

5) 자아방어기제(Defense Mechanism)

중독은 기분을 황홀하게 만들고 자신과 하나 되는 느낌이다. 심리적 고통을 느낄 때 고통을 피하기 위하여 무감각해져야 한다. 사람이 정상적이고 합리적인 방법으로 불안을 줄이거나 제거하지 못하면 자신이 의식하지 못하는 가운데 비현실적이고 비합리적인 방법으로 불안감을 제거하려고 하는데 이러한 무의식적인 심리적 대처방안을 방어기제라 한다.

개인이 사용하는 방어기제는 개인의 발달 수준과 불안의 정도에 따라 다르다. 무조건 방어기제를 사용한다고 정신이상이 있는 것은 아니다. ① 방어의 균형(방어를 한 가지만, 아니면 여러 가지 상이한 방어기제를 사용하는지), ② 방어기제의 강도, ③ 사용한 방어기제의 연령의 적절성, ④ 위험이 없을 때는 방어기제를 철회할 수 있는 가능성 등으로 판단한다(이인정 · 최해경, 2003).

안나 프로이트(Anna Freud)가 방어기제의 몇 가지 특성들에 대하여 설명한 것은 아래와 같다.

첫째, 무의식 수준에서 행해지기 때문에 우리가 실제로 의식하지 못한다(무의식 수준).

둘째, 불안을 덜 느끼게 하기 위해서 현실을 부정하거나 왜곡하는 경향이 있다.

셋째, 방어의 강도가 어느 정도냐가 중요하다.

넷째, 갈등을 해결하기 위하여 동원하는 방어기제가 여러 개일 수 있다.

특정한 방어에 습관적으로 의존하는 것은 성격적인 경향성과 관련이 있다. 분리, 투사적 동일시는 경계선 성격구조와 관련되며 이상화와 평가절하는 자기애를 시사하며, 반동형성과 투사적 방어는 편집증적 과정과 연관이 있다. 퇴행, 전환 및 신체화는 신체형 장애의 취약성으로 감정표현 불능증, 내사 및 내향화는 우울 및 피학적 심리를 나타낸다. 반동형성, 격리, 지성화가 동시에 작용하는 것은 강박증상과 관련이 있다. 해리반응은 전형적으로 외상충격에 의한 반응으로 정신병적 증상에는 부정, 투사, 퇴행이 대표적이다(Kernberg, 1975; Guntrip, 1975; Freud, 1962).

대표적인 방어기제는 1936년 안나 프로이트가 저서 '자아와 방어기제(The Ego and the Mechanisms of Defense)' 에서 더 체계화한 것들로 내용은 아래와 같다(이시형 · 여인중, 2001; 김동배 · 권중돈, 2006).

① 억압(Repression)

의식하기에는 현실이 너무나 고통스럽고 충격적이어서, "그건 절대로 일어난 적이 없어"라고 무의식 속으로 억눌러버리는 것을 말한다. 갈등 시 가장 쉽게 사용하는 해결방법이다. 억압은 다른 방어기제나 신경증적 증상의 기초가 되는 반면, 의식적으로 생각과 느낌을 눌러 버리는 억제(Suppression)와는 구분된다.

② 부정(denial)

의식화되면 도저히 감당하기 어려운 현실적인 상황이나 사실을 무의식적으로 부정하는 것이다. 자아방어기제 중 가장 단순한 것이며 개인이 외상적 상황에서 생각하고 자각하는 것을 왜곡하는 방법이다. 예를 들면 암 진단 결과 환자가 암이 아니라고 부정하는 것, 또는 정신지체 장애로 태어난 자녀를 인정하지 않으려는 아버지 등이다.

③ 반동형성(Reaction formation)

겉으로 보이는 언행이나 태도가 실제 마음과는 전혀 다르게 나타나는 것이다. 무의식적 소망이나 좋고 싫음과는 반대되는 방향으로 행동하는 것이다. 실제로 자신을 억압하며 학대하는 엄마인데도 그 사람을 좋아하는 것처럼 행동한다. 그래서 이런 사람은 위장된 가짜 자아를 형성한다.

④ 투사(Projection)

자신의 심리적인 속성이 다른 사람에게도 있다고 생각하고 행동하는 것이다. 자기가 화가 나 있는 것은 의식하지 못하고, 상대방이 자신에게 화를 냈다고 생각하는 것이 그 예이다. 남의 탓을 하므로 자신은 결백하고 문제가 없다는 것이다. 내 마음을 상대방에게 그대로 투사시킨다. "그건 너한테 일어나는 일이지 나한테 일어난 게 아니야."

⑤ 치환(Displacement)

충동들을 위협적인 대상에서 '보다 안전한 상대' 에게로 이동시켜서 발산하는 것이다. 전혀 다른 대상에게 자신의 감정을 발산하는 것을 말한다. '동대문에서 뺨 맞고 남대문에서 화풀이 한다' 는 것이 그 예이다.

⑥ 합리화(Rationalization)

상처 입은 자아를 설명하기 위해 타당한 이유들을 조작한다. 즉, 현실에 더 이상 실망을 느끼지 않으려고 그럴 듯한 구실을 붙이는 것을 말한다. 예를 들어, 이솝우화에서 '여우와 신포도' 라는 것이 대표적으로 거론되는데, 먹고는 싶은데 능력이 닿지 않아 먹을 수 없는 포도를 보고 "저 포도는 신 포도라서 안 되겠다."고 말하는 여우의 심리를 바로 이것으로 보면 된다.

⑦ 승화(Sublimation)

성적 에너지를 일반적으로 사회적으로 허용되는 방법으로, 때로는 칭찬까지 받는 경로로 전환하는 것이다. 사회적으로 인정되는 형태와 방법을 통해 충동과 갈등을 발산하는 것이다. 예를 들어 축구장에서 크게 응원하는 것은 공격적 에너지가 승화로 작용하는 것이다.

⑧ 퇴행(Regression)

좌절을 겪을 때 아주 어릴 적 수준으로 행동함으로써 갈등을 피하려고 한다. 동생을 본 아동이 나이에 어울리지 않게 응석을 부린다거나 대 · 소변을 갑자기 못 가리게 되는 경우를 그 예로 들 수 있다.

⑨ 내사 · 내면화(Internalization)

타인의 가치나 기준을 자기 것으로 받아들이는 것이다. 긍정적 내사(부모의 가치관과 치료자의 속성을 통합하는 등)도 있을 수 있다. 다른 사람에 대한 적대적이고 분노적인 것을 자기에게로 내면화하면 우울증이 발생한다.

⑩ 동일시(Identify)

아동이 성역할 행동을 학습하는 발달과정의 한 부분이기도 하지만 방어적 반응일 수도 있다. 자신의 열등감을 해소하기 위하여 나보다 나은 사람과 나를 동일시하기도 한다(예 열등하다고 느끼는 사람이 가치롭다고 생각되어지는 탤런트나 가수와 동일시 한다.).

- 투사적 동일시: 자기 마음속의 소망을 다른 사람에게 투사하여 그것을 이룬 것처럼 만족하고 행복해 한다.

⑪ 보상(Compensation)

부족한 점을 감추기 위해 약점을 지각하지 않거나 어떤 긍정적 특성을 발전시키는 것이다(예 지적으로 열등한 사람이 신체에 관심을 두고 미모에 승부를 거는 것이다. 아니면 키 작은 남자가 키 큰 여성을 결혼상대자로 찾는 것도 하나의 보상에 의한 것이다.).

⑫ 의식화와 무효화

- 의식화(Ritual): 불안과 긴장감을 감소하기 위하여 의례적인 행동을 보인다. 아기가 잠자기 전 취침 의식이나, 말하기 전에 기침하는 것이다.
- 무효화(Undoing): 자신이 죄책감을 느끼는 행동을 무효화하기 위해 정교한 의식화를 하는 것으로 인정할 수 없는 생각이나 행동을 부정하기 위한 반응이다(예 자식을 돌보지 않는 아버지가 물질적으로 선물 공세를 하는 것이다).

⑬ 고착(Fixation)

다음 단계로 발달해 가는 것이 불안해서, 현 단계에 그냥 머물러 버리는 것을 말한다. 어른다운 행동과 사고를 해야 할 대학생이 되었는데도, 여전히 고등학교 수준의 행동 및 사고방식에 머물러 있는 것이 그 예이다. 대상에 대한 고착, 외상에 대한 고착들은 신경증의 원인이 되기도 한다.

⑭ 전환(Conversion)

긴장과 불안이 지속적으로 작용하여 신체적 증상으로 전환되어 나타나는 경우, 너무 긴장하여 또는 강한 충격으로 말이 안 나오는 경우(실어증), 시어머니의 강한 통제와 지배 속에서 감정을 억압하고 지내다가 화병을 앓는 경우, 긴장, 불안감을 느낄 때에 무엇이든 먹어치우는 경우(거식증) 등이다.

⑮ 해리(Dissociation)

해리 신경증에서 나타나는 전형적인 방어기제로 심하면 아주 실신해 버린다. 현실을 받아들이기에는 너무 괴롭기 때문에 일시적으로 정신이 마비되거나 마음이 떨어져 나가 분리되는 현상이다. 멍하고 정신이 나간 상태다.

5 정신분석 상담의 치료과정

정신분석 상담에서 치료자는 클라이언트의 심리적 정서적 갈등이나 대처방식에서 그 증상의 의미를 파악하고 해석하여 클라이언트가 자신의 문제를 통찰하고 변화를 시도하도록 한다. 치료자는 클라이언트와의 치료적 관계를 형성한다. 이 원조관계에서 발생하는 클라이언트의 긍정적이고 부정적인 감정이나 사고, 행동들이 치환되어 치료자에게 무의식적으로 전이되어 나타나기도 한다. 치료자가 이런 전이 상황들을 해석 해가면서 클라이언트의 무의식적인 정신역동을 이해하게 되고 현재의 성격을 형성하게 된 과거의 영향력에 대한 이해와 수용이 가능해진다.

정신분석 치료의 효과로는 무의식 속에 있는 클라이언트의 ① 증상과 증상의 기능에 대한 이해, ② 환경이 자신에게 끼친 영향과 자신이 환경에 끼친 영향에 대한 통찰, ③ 클라이언트의 방어의 감소와 방어적일 때 자신에 대한 인식이 증가한다. 치료자는 클라이언트의 건강한 대인관계를 돕고 정신건강을 유지하도록 하며 현실에 잘 적응하도록 돕는다. 치료자가 정신분석적인 접근을 하기 위해서는 분석가로 꾸준히 교육과 훈련을 받아야 하며 자신도 개인분석을 받아야 한다.

1) 정신분석의 치료목표

몸으로 나타나는 병은 우리 마음의 상처이고 아픔의 반영이다. 몸이 아닌 병든 마음을 따뜻한 애정으로 어루만져 줄 때에 마음과 몸에 변화를 가져올 수 있다. 정신분석 상담에서 일반적인 치료목표를 보면 아래와 같다(윤순임, 1995; Mertens, 1990; McGlashan & Miller, 1982).

① 심리적 재구조화
내담자의 과거에 대한 감정을 재구조화하여 현재의 문제를 통찰하도록 한다.

② 강한 자아상 확립
초자아와 자아의 균형, 원초자아와 자아의 통합이 이루어지도록 한다.

③ 성격구조 재구조화
증상의 의미 이해, 문제증상이나 부적응 행동변화, 발달과정의 재구성에 있다.

④ 자아성장의 촉진
자아체계의 성숙, 인간관계의 성숙, 성숙한 대처기제를 활용한다.

⑤ 경험의 충만감과 생동성
현실을 수용하고 통합적 수용력과 객관적인 자기분석이 가능하다

2) 정신분석 상담의 과정

정신분석은 환자의 마음속에 있는 숨겨진 고통을 분석가와의 관계를 이용하여 치료하는 것이다. 어린 시절에 경험한 사건이나 외상들이 현재의 인간관계에서 갈등을 일으킨다. 정신분석 상담에서는 분석가 자신이 치료의 도구가 된다. 내담자가 분석가를 어떻게 보느냐에 따라서 치료의 질이 달라질 수 있다. 내담자가 솔직해지도록 격려해주며 이야기에서 불일치를 발견한다. 처음에는 듣는 데 치중하며 가끔 해석을 해주고 내담자의 심리적 저항에 관심을 가진다. 내담자의 성격구조와 역동관계를 이해하게 되면 문제의 윤곽이 드러난다고 할 수 있다. 프로이트에 의하면 분석가는 마치 거울처럼 행동해야 한다. 즉 분석과정에서 가능한 한 자신의 인격적 특성을 배제하고 내담자를 있는 그대로 비추어 내야 한다. 치료과정은 내담자와 대화를 통한 감정의 정화, 통찰, 무의식적인 지적이나 해석, 훈습과 해석, 정서적 문제의 이해, 재교육의 순서이다(Corey, 1998; 조현춘 · 조현재 공역). 정신분석 상담에서 치료의 과정은 다음과 같다.

- 내담자의 억압된 무의식을 의식수준으로 표상화한다.
- 정서적 갈등 표출을 유도(분노 감정, 슬픈 감정)한다.
- 치료자와 내담자의 관계에서 전이가 일어난다.
- 자아의식과 자아통제력을 강화한다.
- 치료자의 직면과 해석에 의한 자아통찰이 가능하다.
- 증상완화와 행동의 변화가 일어난다.

6 정신분석 상담의 치료기법

1) 분석적 틀 유지

- 분석가의 상대적 익명성, 중립성, 객관성을 유지하도록 한다.
- 환자의 개인적 비밀을 보장한다.
- 만남의 규칙성과 장기간의 시간을 결정한다(매주 1회, 2회, 1~3년).
- 치료비나 치료시간을 결정한다.
- 결석처리는 어떻게 할 것인가, 결석을 해도 치료비는 지급하도록 한다.
- 시작과 끝을 규칙적으로 한다.

2) 자유연상(Free Association)

자유연상의 목적은 클라이언트의 무의식적인 소망, 환상, 갈등, 동기 등 문을 열기 위한 기법이다. 클라이언트의 과거의 억압된 경험들을 회상시키고 때로 차단되었던 강한 감정들을 확인하기 위함이다. 프로이트는 소파(Couch)에 환자를 눕히고 자신은 환자가 볼 수 없는 머리 쪽에 앉는다. 그리고 현재 마음에서 떠오르는 것을 자유롭게 말하도록 한다.

프로이트는 자서전에서 자유연상에 대하여 아래와 같이 서술하였다.

> 떠오르는 생각에 자신을 맡긴다. 다시 말하면 의도적인 목적 없이 소파(Couch)에 누웠을 때에 떠오르는 것을 말하게 한다. 떠오르는 것을 모두 말해야 한다. 중요한 것이 아니라거나, 관련이 없다거나, 의미가 전혀 없다거나 하는 생각으로 떠오르는 생각을 제거하지 말아야 한다. 당연히 솔직해야 한다. 솔직함은 분석치료의 전제다.
>
> Freud(1925)

프로이트의 자유연상의 과정들은 아래와 같다.

① 원칙적으로 내담자는 모든 감정과 생각을 억압하지 말고 즉각적으로 보고한다.

② 내담자는 대개 소파(Couch)에 눕고 분석가는 연상의 자유로운 흐름이 방해되지 않도록 내담자의 뒤에 앉는다.

③ 자유연상은 무의식적 소망, 환상, 갈등, 동기로의 문을 열기 위해 사용하는 기본 도구이다.

④ 과거 경험들을 회상, 강한 감정들을 만남: 무의식에 갇혀 있던 억압된 자료를 규명한다.

⑤ 연상에서 차단이나 두절: 불안 야기 자료의 단서가 될 수 있다.

⑥ 근원적 역동을 내담자들이 더 잘 통찰하도록 감정의 흐름을 방해하지 않는다.

⑦ "제3의 귀로 듣는다." → 무의식의 언어를 인식하는 것.

⑧ 감정적 정화

자유연상을 통해 과거를 회상하고 충격적인 상황 속에서 느꼈던 여러 감정을 발산하게 된다. 그러나 이런 감정적 정화는 일시적 위안이지 그 자체로서의 커다란 치료효과는 없다(Corey, 1998; 조현춘 · 조현재 공역).

3) 해석(Interpretation)

분석가는 꿈, 자유연상, 저항, 전이, 치료관계에서 나타나는 행동의 의미를 지적하고, 설명하고, 가르친다. 그리고 내담자로 하여금 특정 사건에 직면하게 하고, 직면한 사건을 명료화한다.

내담자의 내적 · 외적 준비상태가 중요하다. 해석과정에서 분석가는 클라이언트가 자신의 특별한 과거의 사건이나 외상이나 경험에 직면하게 도와주며 심리적으로 어떤 방어기제가 작용하고 있는지, 또 그 영향력이 어떻게 작용하였는지를 탐색하여 말로 정리해준다. 클라이언트가 변화의 과정에서 저항을 드러낼 수 있는데 이것도 저항의 심리적인 의도나 갈등으로 해석해 주어야 한다. 클라이언트의 내용에 대한 해석, 전이에 대한 해석, 저항에 대한 해석, 꿈 해석 등이 활용된다.

4) 꿈의 분석(Dream Analysis)

꿈은 내담자의 무의식적인 소망과 욕구, 두려움의 표출이며 내담자의 무의식에 억압된 자료들을 풀어내는 도구로 활용된다. 프로이트는 꿈은 무의식에 이르는 왕도라고 말할 정도로 내담자의 무의식 속에 억압이나 미해결된 문제에 대한 통찰을 가능하게 해준다.

내담자는 꿈을 보고하고 유발되는 감정을 회상하면서 꿈의 요소를 자유연상한다.

- 잠재 내용 (Latent dream): 숨겨진, 상징적인, 무의식적인 동기, 소망, 두려움으로 이루어진다.
- 현재 내용 (Manifest dream): 잠재 내용을 이루는 무의식적인 성적, 공격적 충동은 너무 고통스럽고 위협적이기 때문에 보다 수용하기가 쉬운 내용으로 변형한다.

현재 내용에서의 상징을 탐색하여 위장된 의미를 밝혀내는 것이다. 프로이트의 이론에서는 잠재몽을, 실제에서는 현실몽을 중시한다. 꿈을 단순히 억압된 자료를 드러내는 것으로만 보지 않고 내담자의 현재 기능을 이해하는 방법으로 볼 수 있다.

5) 저항분석(Resistance Analysis)과 해석

저항은 현 상태를 유지시키고 클라이언트의 변화를 막는 모든 생각, 태도, 감정, 행동(의식적, 무의식적)이다. 저항은 억압한 충동이나 감정이 현실적으로 인식되려고 할 때 나타난다(예 약속 취소, 치료 초기 종결, 침묵하기). 침묵 시에는 "지금 무슨 생각을 하고 계신지 말씀해 주시겠어요?"라고 물을 수 있다. 또는 원하는 질문을 할 수 있고, 클라이언트가 말 할 때까지 계속 기다린다. 저항은 클라이언트의 불안이나 변화에 대한 방어로 이해한다. 그리고 무의식적인 욕구나 소망을 계속 이루고 싶어 하는 자신의 욕구 충족을 버리지 못하기 때문이다. 자신의 진짜 핵심감정이나 갈등을 보고 싶지 않아서 억압하려는 것이다(Freud, 1938). 분석가는 클라이언트의 저항을 지적해서 직면하도록 해야 한다. 클라이언트의 저항의 이유를 인식하도록 돕는데 해석의 목적이 있다.

6) 전이의 분석(Transference Analysis)과 해석

어린 시절 의미 있는 대상과의 관계에서 경험했던 태도, 상황, 또는 사랑, 증오, 분노 등의 감정이 현재 치료자와의 관계성에서 무의식적으로 다시 반복되는 것이다. 실제라고 믿는 전이 감정이 과거의 반복이라는 것을 지속적으로, 또 반복적으로 말해 줄 필요가 있다. 분석가는 환자를 가르치고 개선시키려는 마음을 가질 수 있지만 환자의 개성을 존중해주어야 한다. 전이는 엄청난 가치를 지닌 치료적 도구로 쓰인다. 환자는 치료자를 좋아하는 긍정적 전이나 미워하고 싫어하는 부정적 전이로 감정을 표출한다. 이때 분석가는 "내담자가 왜 이 시점에서 이런 표현을 하는 것일까?" 하고 생각해야 하고, "지금 내담자에게 나는 누구일까?" 생각해 보고 그 의미를 찾아야 한다(Freud, 1938).

- 전이는 무의식적으로 묻어두었던 과거경험이 행동으로 나타나는 것이다.
- 전이분석은 과거 자신의 미해결사항이 현재 자기에게 어떻게 영향 미치는지 통찰하게 한다.
- 적절히 해석하고 훈습함으로써 내담자의 변화를 시도한다.

역전이란 치료자가 어린 시절 경험했던 자신의 특별한 감정이나 태도를 내담자에게 상황에 따라 무의식적으로 나타내는 행위를 말한다. 치료자는 자기분석을 통하여 역전이가 발생하지 않도록 훈련받는다.

7) 공감

내담자가 의식적으로 체험하는 것을 같이 느끼는 공감과 그와 반대로 무의식에 숨겨진 것과 동일시하여 표면과는 다르게 공감이 일어날 수도 있다. 공감이란 다차원적이고 다각적인 경청을 통해 서로 모순되어 보이는 정보를 전체적인 맥락에서 종합적으로 이해하는 것이다.

8) 버텨주기(Holding)

내담자가 지금 체험하고 있거나 막연하게 느끼기는 하지만 감히 직면할 수 없는 끝없이 깊은 불안과 두려움을 상담자가 잘 알고 있다는 것을 분석과정에서 적합한 방법으로 전해 주면서 내담자에게 의지가 되어주고 따뜻한 배려로 마음을 녹여주는 것을 말한다.

위니컷(Winnicott)은 '버텨주는 환경'을 다음과 같이 설명한다.

① 일관성 있게 대함으로써 신뢰할 만한 사람으로 여겨지는 것, ② 감정에 진실한 반응을 하는 것, ③ 참된 요구와 소망이 무엇인지 이해하는 것, ④ 현실과 환상세계를 무리 없이 구분하고 정리해서 분명하게 해주는 것, ⑤ 약한 자아를 보조해주는 보조자아역할을 수행하는 것이다(김동배 · 권중돈, 2006).

7 정신분석 상담의 적용과 평가

내담자들이 정신병리를 유발하는 신념들이 만들어진 상황을 이해하면 그 신념은 쉽게 의식화되고 변화될 수 있다. 이제까지 내담자가 간직한 신념이 아동기적 경험에 기원을 두고 있다는 것을 이해하면 지난 과거와 현재의 차이점을 깨닫게 되고 과거의 신념이 아직도 유효한가를 평가하게 된다. 병리적인 신념이 만들어진 이유를 이해할 때 사고의 비합리성을 보다 쉽게 인정할 수 있게 된다. 또한 역기능적인 신념 속에 유아적인 공포를 알게 되면 현 시점에서 적응적 행동을 시도하면서 느끼는 불안을 견딜 수 있게 된다. 치료자가 내담자의 비합리적인 사고나 감정을 이해하며 비합리적인 신념을 만들 수밖에 없었던 사정에 연민을 보일 때 내담자는 방어를 내려놓고 위험스럽지만 과감하게 신념에 맞설 수 있게 된다. 정신분석 상담이 공헌한 점은 다음과 같다.

① 정신분석 상담은 우리의 많은 행동이 발달 초기단계에서 형성된 패턴의 반복이라는 사실을 이해하는 데 기여하였다. 영유아기의 초기경험은 대상관계이론으로 발전했으며 중요한 타인과 초기에 어떤 경험과 교류를 했으며 그 경험이 현재의 관계에 어떤 영향을 미치는지를 밝히는 데에 도움을 주었다. 분리와 개별화, 친밀성 대 불신, 의존과 독립, 정체감 문제들은 발달의 어느 부분이 고착되었는가를 이해하고 통찰하는 데 기여하였다(Corey, 1998).

② 정신분석 상담은 치료나 훈련의 일부를 통해 집중적으로 정신분석 치료를 받는 것을 강조한다. 그러므로 역전이의 근원을 알아내는 데에 도움을 준다. 정신분석 상담에서는 치료자의 역전이를 인식하고 알아차리며 훈습하는 것을 강조한다. 상담자는 자신의 편견과 편향을 인식하고 직면할 필요가 있다.

③ 정신분석이론은 정신의학이나 심리학뿐 아니라 인문사회과학 분야인 문학과 예술에도 많은 영향을 미쳤고 후에 융, 아들러, 에릭슨 같은 신프로이트학파들이 발전하는 계기가 되었다. 프로이트의 심리성적 발달단계의 개념은 심리사회적 요소를 강조한 에릭슨의 발달단계에 결정적으로 영향을 미쳤고, 에릭슨의 이론

은 더 완전한 모습을 보여주고 있다. 프로이트와 에릭슨의 두 관점은 성격발달에 대한 핵심주제로 인간을 생물학적, 심리학적, 사회적 존재로 확장하여 바라보았고, 이것이 정신분석이론의 공헌이라고 본다.

정신분석의 탁월성과 우수함에도 불구하고 한계나 실제적인 방법에서 나타나는 제한점은 아래와 같다.

- 치료나 상담에서 기간과 비용이 많이 든다.
- 치료자가 숙달된 전문가가 되기 위해서는 장기간의 훈련과 자기분석을 받아야 한다.
- 인간의 병리적 문제원인을 유아기 초기의 외상경험에서 찾으려 한다.
- 인간의 성격형성을 심리성적 발달에만 근거하여 바라봄으로 가족의 구조나 사회제도, 문화적인 측면을 간과하였다.
- 인간의 병리적인 측면을 강조하여 신경증, 강박증, 불안증 등 제한된 병리적인 증세만을 다루었다.
- 인간의 자아를 정신내적 갈등의 결과로 보아서 원초아의 보조적 역할의 수행자로만 이해한다는 점이다.

생각해 볼 점

1. 자신의 자아방어기제 중 어느 것을 누구에게 얼마나 자주 사용하는지 생각해 봅시다.
2. 정신분석적 상담이론의 어떤 부분이 자신의 성장에 적용가능한지, 자기이해를 더 깊게 하는 데에 어떤 식으로 도움이 되었는지 생각해 봅시다.
3. 정신분석에서 상담자의 태도나 역할에 대하여 생각해 봅시다.
4. 내담자의 전이와 상담자의 역전이에 대하여 생각해 봅시다.
5. 성격발달에 관한 정신분석적인 관점을 어떻게 평가하는가? 과거를 탐색하지 않고도 아동기 경험에서 기원 된 성인의 문제를 해결할 수 있다고 보는지 생각해 봅시다.

참고문헌

강기정 · 김혜숙 · 박경애 · 이혜자 · 최덕경 (2008). 인간행동과 사회환경. 경기: 공동체.

김동배 · 권중돈(2006). 인간행동이론과 사회복지 실천(개정판). 서울: 학지사.

이인정 · 최혜경(2003). 인간행동과 사회환경. 서울: 나남출판.

이무석(2003). 정신분석으로의 초대. 서울: 이유.

이시형 · 여인중(2002). 이시형과 함께 읽는 프로이트 2. 서울: 중앙 M & B.

윤순임 · 이죽내 · 김정희 · 이형득 · 이장호 · 신희천 · 이성진 · 홍경자 · 장혁표 · 김정규 · 김인자 · 설기문 · 전윤식 · 김정택 · 심혜숙(1995). 현대상담. 심리치료의 이론과 실제. 서울: 중앙적성출판사.

오태환 역(1987). 프로이트 심리학 비판. 서울: 선영사.

오오무라 마사오(大村政男). 박선무 · 고선윤 역(2004). 3일 만에 읽는 심리학. 서울: 서울문화사.

이영돈(2007). KBS 특별기획 다큐멘터리 마음. 서울: 예담.

Corey, G. 조현춘 · 조현재 공역(1998). 심리상담과 치료의 이론과 실제. 서울: 시그마프레스

Guntrip, H.(1965). Schizoid Phenomena. *Object Relations and the Self.* New York: International Universities Press.

Kernberg, O. F.(1975). *Borderline Conditions and Pathological Narcissism.* New York: Aronson.

Freud, S.(1923). The Ego and the Id. *Standard Edition, 19*, 13-59.

Freud, S.(1925). Autobiography. *Standard Edition, 20*, 1-74.

Freud, S.(1926). The Question of a Weltanschauung. *Standard Edition, 22*. 158-182.

Freud, S. 환승환 역(1938). 정신분석학의 개요. 서울: 열린책들.

Maronne, M. 이민희 역(2005). 애착이론과 심리치료. 서울: 시그마프레스.

Masters, W. and Jonson, V.(1970). *Human Sexuality*. Boston. Little Brown.

McGlashan, T. H. and Miller, G. H.(1998). The Goal of Psychoanalysis, Psychoananalytic Psychotherapy. *Archives of General Psychiatry, 39*, 377-388.

3

인간중심적 상담

1. 개관
2. 대표적 이론가
3. 인간관
4. 주요개념
5. 인간중심적 상담의 목표
6. 인간중심적 상담의 과정
7. 인간중심적 상담의 기법
8. 인간중심적 상담의 적용과 평가

학습의 목표

1 인간중심적 상담의 인간에 대한 기본 관점을 이해한다.

2 인간중심적 상담의 상담자와 내담자와의 관계에 대해 이해한다.

3 인간중심적 상담의 과정과 기법에 대해 이해한다.

1 개관

인간중심상담은 1940년대 초에 미국의 심리학자인 로저스(Carl Rogers)에 의해 창시된 상담의 한 접근 방법이다. 로저스는 그 당시 상담의 주된 세력이었던 정신분석학과 지시적 상담의 입장에 반대하고 비지시적 상담(Nondirective counseling)을 표방하면서 새로운 상담의 원리를 제시하였다. 로저스의 이론은 다음과 같이 크게 네 단계를 걸쳐 발전해 왔다(Shilling, 1984).

첫째, 비지시적 단계(1940~1950년)로서 1940년은 비지시적 단계가 처음으로 적용된 해이며 이 시기에 감정의 반영과 비지시적 기법을 사용한 것이 큰 특징이다.

둘째, 내담자 중심 단계(1950~1957년)로서 1951년 '내담자 중심 치료'를 발간으로 하여 비지시적 상담이 내담자 중심 상담으로 바뀌었다. 이 시기에는 도움을 청하는 사람은 의존적 환자가 아니라 책임 있는 내담자로 취급하여야 한다는 것을 강조하였다.

셋째, 경험적 단계(1957~1975년)로서 이 시기에는 상담자가 자유스러워졌다. 상담자의 유기체적 경험은 내담자의 경우와 마찬가지로 자신의 행동을 이끄는 데 중요한 준거가 되었다. 상담자와 내담자 간의 전문적 관계의 상호성이 충분히 발전되면서 이론이 광범위하게 적용되었다.

넷째 인간중심 단계(1975년)로서 내담자 중심에서 인간중심으로 전환된 시기가 정확치는 않지만 로저스가 개인에 대하여 가지고 있던 관심이 교육, 산업, 사회와 같은 보다 넓은 측면으로 옮아가기 시작한 1970년 중반으로 본다.

인간중심상담에서는 인간의 잠재력에 대한 깊은 신뢰를 바탕으로 상담에 접근하였으며 인간은 유기체로서 경험을 통해 자신의 가치를 형성해 간다는 신념에서 비롯되었다.

그러므로 인간중심적 상담에서는 어려움을 갖고 있는 내담자가 자기 자신의 중요한 일들을 스스로 결정하고 해결할 수 있는 잠재능력을 지니고 있음을 강조한다. 상담자는 다양한 어려움을 갖고 있는 내담자들이 긴장이나 정서적 불안을 발산하고 자신의 문제에 대한 해결능력을 회복하여 내담자가 충분히 역할을 수행할 수 있는 성숙한 인간으로서 성장하도록 조력하는 것으로 보고 있다.

인간중심적 상담에서의 인간관계는 '상담자'의 태도 면에서 진실성, 무조건적인 긍정적 수용, 공감적 이해 등과 같은 친밀하고도 진지한 일치성이 있는 특정한 조건이 존재한다면 그로 인해 '내담자'의 문제해결이 이루어지며 더 나아가 성장적인 변화가 일어날 것이라는 점이다(Atwater, 1983). 현재까지도 인간중심상담의 타당성과 유용성은 지속적으로 검증되고 있으며 임상현장에서 많은 상담자들로부터 인정을 받고 있다.

2 대표적 이론가

1) 칼 로저스(Carl Rogers, 1902~1987)

칼 로저스
(Carl Rogers)

로저스(Rogers)는 1902년 시카고 교외에서 5남 1녀 중 넷째로 태어났다. 그는 어린 시절 가족의 유대를 강조하고 매우 엄하면서 타협의 여지라고는 없는 종교적이고 윤리적인, 그리고 성실함을 숭배하는 가정에서 성장했다. 6남매 중의 넷째였는데, 부모님은 자녀들에게 항상 많은 관심을 갖고 돌봐주시는 분들이었으며, 또한 다양한 방식으로 드러나지 않게 애정을 가지고 자녀들의 행동을 강하게 통제하려고 했다. 집에서는 절대 술이나 춤, 카드놀이, 연극이나 사교적인 활동이 허용되지 않았고, 엄청난 노동만이 강조되는 분위기였기에, 알게 모르게 형제들이나 부모님 모두 로저스의 가족이 다른 가족과 다르다는 것을 인정하고 있었다. 가족끼리는 잘 어울렸지만 다른 사람들과는 섞이지 못했다. 그는 고독한 소년이었고 미친 듯이 책만 읽었으며 고등학교 시절을 통틀어 고작 두 번의 데이트 밖에 못했다.

그가 열두 살 때 부모님은 농장을 구입했고 그곳에 정착했다. 여기에는 두 가지 이유가 있는데, 첫째는 그의 아버지는 매우 성공한 사업가로서 농장 일을 취미로 여기셨다. 그가 보기에는 둘째 이유가 더 중요한 것 같은데, 부모님은 사춘기로 접어든 자녀를 도시 근교의 많은 유혹에서 멀리 떼어 놓고자 하신 것 같다. 그의 아버지는 아들들이 독립적으로 성공해 벤처 사업가가 되기를 희망하였기에 닭도 키우고 갓 태어난 양, 돼지, 송아지까지 키웠다. 이 과정에서 그는 과학적인 농학도가 되었고, 과학에 대한 근본적인 감이 그때 얻어진 것 같다. 로저스는 위스콘신에 있는 대학에서 농학을 전공했다. 가장 기억에 남는 것은 사실을 배우고 사용하는 것에 대한 한 농업경제학 교수의 열정적인 강의였다. 그는 '쓸 수도 없는 군수품 수레가 되지 말고 차라리 소총이라도 되어라(한국식으로는 구슬이 서 말이어도 꿰어야 보배)' 며 백과사전적인 지식은 쓸모없다는 것을 학생들에게 강조했다. 학부 첫 두 해에 그는 학생 주최의 한 감동적인 종교학회에 참석한 뒤 전공을 과학적 농학에서 신학으로 바꾸었다. 그것이 미래를 위해 더 나은 선택이라고 믿었기 때문이다. 대학교 2학년 시절에 국제세계학생기독교연합회의 국제학회에 참석하기 위해 선발된 열두 명 중의 한 명으로 중국을 가게 되었다. 이것은 그에게 가장 중요한 경험이었다. 그때는 제1차 세계대전이 끝난 지 4년 정도 지난 1922년이었다. 그는 프랑스인과 독일인들을 개인적으로 보면 매우 괜찮은 사람들일지라도 서로가 얼마나 지독히 싫어하는지를 목격할 수 있었다. 매우 진실되고 솔직한 사람들이 얼마나 다양한 종교적 교리를 선봉할 수 있는지 깨닫게 되었다는데, 그것은 그의 사고를 억지로라도 확장시킨 결과였다. 개인적으로 아주 큰 사건은 처음으로 부모님의 종교적 사고로부터 해방되었는데, 이것은 그가 더 이상 그것을 추종할 수 없다는 것을 깨달았기 때문이다. 이런 사고의 독립은 부모님과의 관계를 매우 고통스럽고 힘들게 했지만, 돌이켜 보면 어느 때보다도 그가 독립적인 사람이 되었던 것 같다. 물론, 그 당시 그의 태도에는 많은 반항과 배반이 있었지만 동양을 여행하던 6개월 동안 중요한 분리가 이루어졌으며, 그때부터 가족의 영향력에서 멀리 벗어나 생각할 수 있었던 것 같다.

중국 여행을 갈 즈음에 어린 시절부터 오랫동안 알아 온 한 여인과 사랑에 빠졌다. 부모님이 내켜 하지는 않았지만 그들은 대학을 졸업하자마자 결혼을 했고 함께 대학원에 진학하기로 했다. 아내의 끊임없는 사랑과 동료애는 그의 인생에서 가장 중요하고 삶을 풍요롭게 한 요인이라고 말할 수 있다.

그는 종교적인 사역을 준비하기 위해 그 당시(1924) 미국에서 가장 진보적인 유니온 신학대학에서 신학공부를 시작했다. 그곳에서의 2년간은 결코 후회한 적이 없으며, 탐구의 자유와 진리를 추구하는 것에 헌신적인 신념을 갖고 있는 A. C. 맥지퍼트 같은 유명한 학자 및 교수들과 지낼 수 있었다.

그는 인생의 의미와 개인의 삶을 어떻게 건설적으로 꾸려 나갈까에 항상 관심이 있었으나, 특정 종교 교리를 따르면서 이에 관한 일을 할 수는 없었다.

그는 아이들을 상담하는 일에 관심을 갖기 시작하면서 자연스럽게 스스로를 아동상담 분야에서 임상심리학자로 여기게 되었다. 인턴기간이 끝날 무렵, 뉴욕 로체스터에 있는 아동학대방지협의의 아동연구 부서에 심리학자로 고용되었는데, 그 부서에는 3명의 심리학자가 있었고 당시 연봉은 2,900달러였다. 그 자리에 대한 제안을 받고는 깜짝 놀라면서도 즐거운 마음으로 수락했던 것 같다. 그렇게 기뻐했던 이유는 원하던 일을 할 기회를 얻었기 때문이었다. 어떤 기준으로 보아도 그 자리는 직업상 거의 막다른 길이었고, 고립이 되어 다른 직장으로 옮길 기회가 거의 없으며, 연봉 또한 그 당시 기준으로 보아도 넉넉하지 못했다. 하지만 그는 전혀 그런 생각을 하지 않았다. 그는 가장 하고 싶은 일을 할 기회가 주어진다면 다른 모든 것들도 저절로 이루어질 것이라는 느낌이 늘 있었기 때문이다.

로체스터에서 보낸 12년은 그에게 참으로 소중한 시간이었다. 그 기간 중 적어도 첫 8년은 정부와 기관에 의뢰된, 비행을 저지르고 별 혜택을 받지 못하는 청소년들을 진단하고, 계획을 세웠으며 대부분의 시간을 치료면담을 하면서 실제로 심리치료를 하는 데 깊이 빠져 들었다. 그 시기에 그의 유일한 관심사는 내담자를 어떻게 하면 더 잘 치료하는가 하는 것뿐이었다. 그는 성공뿐만 아니라 실패도 받아들여야 했고, 그 과정에서 배우게 되었다. 이러한 사건들을 통해 무엇이 상처를 주는지, 어떤 방향으로 가야 할지, 어떤 문제가 중요한지, 어떤 경험이 깊이 뿌리박혀 있는지를 아는 사람은 바로 내담자 자신이라는 사실을 경험하게 되었다. 그는 상담자가 자신의 영리함과 학식을 드러내고자 하는 욕구를 없앨 수 있다면 치료 과정의 변화에 대해서 내담자에게 더 잘 의지할 수 있을 것이라는 생각을 하기 시작했다(Carl Rogers, 2009).

로저스는 일생동안 200편 이상의 논문과 15권의 서적을 출간하였다. 이미 소개된 것 외에, 주목할 만한 저서로는 '사람이 되는 것에 관하여(1961)', '학습의 자유(1969)', '칼 로저스의 참만남집단(1970)', 그리고 '존재의 방식(1980)'이 있다. 생의 마지막 시기에는 집단, 결혼, 가족, 국제관계에 자신의 이론을 적용하였고, 인종 간의 긴장완화와 세계평화에 힘써 노벨평화상 후보에 지목되기도 하였다. 그러나 낙상하여 허리골절상 수술 후, 합병증으로 1987년 2월 4일 85세로 세상을 떠났다(강진령, 2009).

3 인간관

로저스는 사람을 어떤 존재로 보았는가? 그는 사람은 본질적으로 신뢰할 수 있고, 자신을 이해할 수 있으며, 스스로 문제를 해결할 수 있는 잠재능력이 있는 존재라고 보았다. 사람을 보는 로저스의 관점은 다음과 같이 4가지로 나눌 수 있다(강진령, 2009).

1) 본질적으로 선하고 신뢰할 수 있는 존재

사람은 본질적으로 선하고 신뢰할 수 있으며 긍정적, 진보적, 건설적, 현실적인 존재다. 때로 신뢰할 수 없는 방식으로 행동하거나 남을 속이거나 미워하거나 잔인한 행동을 저지르는 사람들도 있으나, 이는 방어성에서 나온 것일 뿐 본질적으로는 선하다. 방어성은 '실제 자기'와 '이상 자기' 간의 커다란 불일치에서 야기된다. 이 두 요소 간의 불일치가 커질수록, 사람은 경험에 덜 개방적이 되고 남을 불신하게 된다.

2) 존엄성과 가치 있는 존재

사람은 누구나 그 자체로 존엄성과 존재 가치가 있다. 남의 권리를 침해하지 않는 한, 사람은 자신의 생각과 의견을 가지고 운명을 통제할 수 있으며, 흥미와 관심을 자유롭게 추구할 수 있는 권리가 있다. 이는 바로 민주주의의 이상으로, 로저스의 인간의 본성에 대한 관점이다. 그러면 내담자의 문제를 해결하기 위한 최적임자는 누구인가? 내담자에 대해 가장 잘 알고 있는 사람, 즉 내담자 자신이다. 따라서 내담자의 문제해결에 가장 적합한 사람 역시 내담자 자신이다. 상담자는 내담자의 완전한 자기 노출을 통해 통찰을 이끌어낼 수 있는 조건과 분위기를 조성하고, 내담자는 자기이해를 통해 자신을 더욱 신뢰하고 성장하게 된다.

3) 현상학적 조망을 하는 존재

현상학적 조망이란 각 사람마다 특수한 경험세계인 현상적 장이 각 사람의 행위를 결정하므로, 대상이나 사건 자체보다 현실(대상 혹은 사건)에 대해 개인이 어떻게 지각하고 이해하는가에 의해 행동양식이 결정된다는 의미다. 현상적 장은 개인의 사적 · 주관적 경험의 영역이다. 따라서 상담자는 내담자의 현상학적 세계에 초점을 맞추고, 내적 조회체계(internal frame of reference)를 이해하기 위해 노력한다. 개인의 행동과 적응방식은 자신과 상황에 대한 자신의 지각과 일치한다. 인간은 본질적으로 자신의 개인적 · 주관적 세계에 살고 있다. 과학이나 수학 같은 객관적 기능도 주관적 목표와 선택의 결과다. 사람은 환경에 대해 경험을 하는 주체이다. 개인의 경험은 자기구조로 통합되고, 자기에 대한 지각과 불일치하는 것은 무시되거나 왜곡되게 지각된다. 잠재력을 완전히 발휘하는 사람은 자신의 주관적 측면을 수용하고, 외부 평가에 의존하기보다는 자신의 주관적 평가를 신뢰한다.

4) 실현경향성이 있는 존재

인간은 실현경향성이 있는 존재, 즉 유기체를 유지 · 성장시키는 방향으로 제반 능력을 발달시키는 타고난 성향이 있는 존재이다. 이는 유기체를 동기화시키는 주된 힘이자 기능으로, 일반적인 욕구와 동기를 비롯하여 신체성장 · 성숙, 친밀한 대인관계 욕구, 그리고 자율성 욕구를 포함하는 개념이다. 실현경향성은 무엇이 되고자 하는 충동이자 자신의 능력을 표출하고자 하는 성향으로, 개인의 성장과 성숙을 추구하고 삶의 중요한 동기가 된다. 이 경향성은 평생 지속되고, 자기 자신이 되어 가는 과정이며, 개인마다 독특한 특성과 잠재력을 개발시켜 나가는 과정이다.

4 주요개념

1) 현상학과 현상적 장(phenomenology & phenomenal field)

눈에 보이는 객관적 세계보다 스스로가 어떻게 느끼는가의 주관적 세계가 행동의 원천이 된다고 보는 견해를 현상학이라고 하고, 그러한 주관적 경험의 세계를 '현상적 장'이라고 한다. 개인이 경험하거나 지각한 장은 그 개인의 사적이고 주관적인 경험의 세계이다. 로저스는 이 경험적 혹은 현상적인 장을 그 개인의 실제 세계로 보고 있다. 그리하여 인간 중심적 접근에서는 주관적 현실, 즉 현상적인 장에 의하여 좌우된다고 보는 것이다. 강진령(2009)은 프로이트가 과거 경험이 인간의 행동을 결정하는 요인이라는 주장에 대해 현재 행동을 결정하는 것은 과거가 아니라 과거에 대한 개인의 현재 해석이라는 주장으로 반박하였다. 현상적 장에는 개인이 의식적으로 지각한 것과 지각하지 못하는 것까지도 포함된다. 개인은 객관적 현실이 아닌 자신의 현상적 장에 입각하여 재구성된 현실에 반응한다. 따라서 동일한 사건을 경험한 두 사람이 각기 다르게 행동할 수 있고, 그 결과 개인마다 독특한 특성을 보이게 된다.

2) 유기체(organism)

유기체는 사람을 뜻하며, 개인의 사상, 행동 및 신체적 존재 모두를 포함하는 전체로서의 한 개인을 지칭한다. 로저스가 "경험은 나에게 최고의 권위이다"라고 말한 것처럼, 그는 유기체의 경험을 중요시 했다. 유기체인 개인은 이처럼 자신이 그 세계 속에서 경험하고 지각한 장에 대하여 반응한다.

3) 자기(자아: self)

자기는 개인의 전체적인 현상학적 장, 혹은 지각적인 장으로부터 분화된 부분이다. 아동들의 경우 개인의 자기는 환경과의 상호작용을 통해 형성되고, 점차 분화되고 복잡한 양상으로 발달된다. 즉 개인은 자아발달을 통해서 자기와 타인을 구별하며 자기 일부와 자신이 지각하는 다른 모든 대상들 사이를 구별할 수 있게 된다. 노안영(2005)은 로저스의 자아와 관련하여 알아두어야 할 두 가지 점을 다음과 같이 말하고 있다. 첫째, 자아는 개인 내부에 있는 작은 사람이 아니다. 자아는 어떤 것을 하지 않는다. 즉, 개인은 행동을 통제하는 어떤 자아를 가지고 있는 것이 아니라 현상적 장의 일부로서 조직화된 일련의 지각인 자아를 가진다. 둘째, 자아로서 알려진 경험과 지각의 패턴은 일반적으로 자각이 가능하다. 즉, 그것은 의식화될 수 있다. 개인이 의식하지 못하는 경험을 가지고 있지만, 자아는 일차적으로 의식적이다.

4) 자아개념(self-concept)

자아개념은 현재 자신의 모습에 대한 인식과 앞으로 자신이 어떤 존재가 되어야 하고, 어떤 존재가 되기를 원하고 있는지에 대한 인식으로 구성된 자기상이다. 자기개념은 현상적 장을 구분하는 과정에서 형성되며, 긍정적 관심에 대한 욕구가 결정적인 역할을 한다. 자기에 대한 의식이 생기면 타인으로부터 배려, 존중, 수용, 사랑을 받고 싶어 하는 욕구가 생기기 때문이다. 특히 어머니로부터 사랑받고 보호받고 싶어 하는 욕구가 강하다. 이와 같이 긍정적 관심에 대한 욕구는 타인에 의해 충족될 수 있으므로, 개인은 성장하면서 다른 사람으로부터 긍정적 관심을 받으려 한다(강진령, 2009). 자아개념은 건강한 사람에게 있어서는 다양한 환경 속에서도 일관된 행동양식을 나타내는 경향성이 많지만, 정서적 장애가 있는 사람에게서는 일관성이 없는 편이다.

5) 실현경향성(actualizing tendency)

우주 내의 모든 유기체는 자신이 갖고 있는 가능성들을 좀 더 나은 방향으로 성취하고자 하는 경향성을 갖고 있다. 실현경향성은 인간을 행동하게 하는 최상의 동기이며 외부의 통제가 아닌 자율성을 향해 나아가게 한다. 또한 인간의 성장과 발달의 모든 면에 영향을 미친다. 유기체는 발달을 위한 것이라면 그것이 비록 일시적 고통을 안겨 준다 하더라도 회피하지 않고 고통을 이겨내려 한다는 것이다.

6) 자아실현경향성(self-actualization)

자아실현은 한 인간이 진정한 자신이 되는 과정이며, 그 개인의 독특한 특성들과 잠재력을 발달시켜 현재보다 좀 더 나은 인간으로 되어가는 과정이다. 로저스는 인간은 자아를 유지하고, 향상시키고, 실현화시킬 경향성에 의해 동기화 되어 있다고 믿었다. 이처럼 실현화 가능성은 개인이 가진 모든 생리적, 심리적 욕구와 관련된 것으로서 유기체를 유지하는 데 기여한다. 로저스는 자아실현, 즉 인간의 타고난 잠재력의 실현을 인간의 기본적 경향성으로 강조하였다.

7) 자아일치(self-congruence)

자아일치란 있는 그대로의 '현실적인 나'와 되고 싶은 '이상적인 나'가 일치(주관적인 나와 객관적인 나의 일치)되는 것이다. 그러나 어린 시절부터 타인(부모, 형제 등)에게 배운 가치관을 믿고 '~해야 한다(should)'라는 의식을 많이 갖고 있는 경우에는 자아 불일치가 생겨서 개인이 믿고 있는 가치관에 위배되는 감정체험을 의식 밖으로 억압, 왜곡, 부인하게 되는 경향성이 있다.

8) 방어와 방어성

자기와 타인을 의식하여 일어나는 정신기능이다. 주로 자기방어로 사용되나, 자기보호를 위한 경우도 적지 않다. 프로이트는 방어기제를 불안, 죄책감, 내적 갈등, 받아들일 수 없는 충동들, 그리고 자아에 대한 다른 위협들로부터 그 자신을 보호하기 위해 사용하는 반응양상 또는 심리적 책략이라고 정의한다. 인간(유기체)은 이처럼 자기에 대한 어떤 위협에 대해 방어하려 한다는 것이다.

9) 적응과 부적응

김형태(2005)는 유기체와 경험 간의 일치도가 높으면 '적응'이고, 일치도가 낮으면 '부적응'이라고 하며 자세한 내용을 다음과 같이 제시하고 있다.

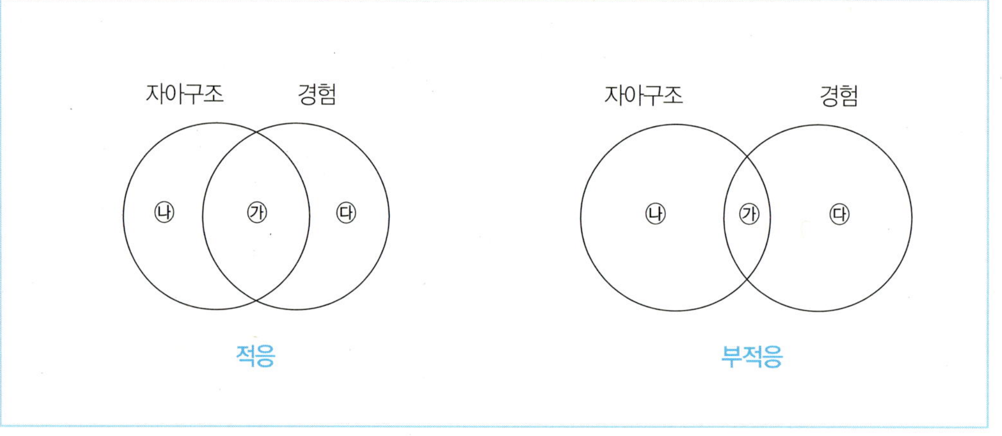

그림 3-1 적응과 부적응

출처: 김형태(2005). 상담의 이론과 실제. p. 69. 재인용.

① 경험(experience)

인간(유기체)의 전체적이고 경험적인 혹은 현상적 장을 말한다. 유동적이고 변화하는 장이다.

② 자아구조(self-structure)

개념의 틀(configuration)을 말한다. 개인의 특성들과 관계성, 그리고 이들과 관련된 가치관들을 포함하여 정형화된 지각들을 가리킨다.

③ 영역 ㉮

현상적 장에서 자아의 경험과 유기체의 경험들이 일치되는 부분이다.

④ 영역 ㉯

개인의 사회적 혹은 기타 경험으로서 지각이나 상징화 과정에서 왜곡되어 온 현상적 장의 한 부분이다.

⑤ 영역 ㉰

감각적 경험 및 내면의 경험들이 자아의 구조와 불일치하기 때문에 의식화가 거부된 경험들이다.

자아구조(소망)와 경험(현실)의 일치도가 낮을수록–이상적 자아와 현실적 자아의 괴리가 커질수록–심리적 갈등과 부적응의 원인이 발생된다고 볼 수 있다.

10) 경험에의 개방성(openness & experience)

어떤 자극들도 방어하지 않고, 어떤 방어기제에 의해서도 왜곡되거나 변명되지 않고 신경체계를 통해 자유롭게 전달될 수 있다는 것을 의미한다. 경험에 완전히 개방되어 있는 개인에게는 자기라는 개념이 그의 경험과 완전히 일치하도록 자각 내에 상징화 된다.

11) 성숙과 성숙성(mature & maturity)

자신을 독특하고 소중한 존재로 받아들이듯이 타인에 대해서도 자기와 다른 독특한 개체로 받아들일 줄 알며, 자신이 생각하고 느끼고 경험하는 것에 대해 일치적으로 표현할 줄 알고, 자신의 입장뿐 아니라 상대방의 입장을 이해하고 배려하는 사람이다. 또한 자신을 방어하기보다는 있는 모습 그대로 표현하며, 남을 탓하기보다는 책임감 있게 상황을 받아들일 줄 알고, 현실적으로 지각하는 사람을 성숙하다고 할 수 있다.

12) 만족한 역할 수행자(fully functioning person)

패터슨(Patterson, 1980)에 의하면 한 개인이 만족한 역할을 수행한다는 것은 심리적 적응, 심리적 성숙, 완전한 자아일치, 경험에의 개방성을 갖춘 것이다. 로저스는 만족한 역할수행자로 되어가는 과정의 특징을 다음과 같이 서술한다.

첫째, 경험에의 개방성이 증가되어 간다.

둘째, 삶의 순간순간에서 보다 충실하게 살고자 하는 경향이 있다.

셋째, 자신의 유기체에 대한 신뢰를 증대해 간다.

5 인간중심적 상담의 목표

인간중심적 상담은 인간은 누구나 유기체로서 실현화 경향성을 발현시킬 수 있고 현상적 장에서 독특한 실존적 존재로서 자기실현을 이룰 수 있는 잠재력을 갖고 있다는 것이다. 따라서 상담을 통해 한 개인의 실현경향을 방해하는 장애를 제거함으로써 내담자가 보다 성숙해지고 자기실현을 향해 나아가도록 돕는다.

로저스는 인간중심적 치료관계 내에서 개인이 자신을 보다 덜 방어하고, 경험에 보다 더 개방적이며, 지각이 한층 더 객관적이고 현실적으로 바뀌므로, 더욱 효율적으로 문제해결을 할 수 있게 된다고 보았다. 로저스는 상담자가 내담자의 변화를 위해 가져야 할 필요 충분한 인간중심적 태도로서 진실성(genuineness, realness), 공감적 이해(empathic understanding), 무조건적 존중(unconditional positive regard)을 제시하였다. 이런 관계 속에서 상담자는 상호 신뢰적인 분위기를 조성하여 내담자가 편안하게 자기를 개방하도록 하고, 내담자 자신의 내면세계를 이해하도록 하며, 자신의 문제를 파악할 수 있도록 해야 한다. 이렇게 할 때 내담자는 자신의 왜곡된 지각을 수정하고, 현실적 경험과 자아개념 간의 조화를 이루며, 자신의 능력과 개성을 최대한 발휘하여 자아실현을 촉진하게 된다.

6 인간중심적 상담의 과정

상담자와 내담자의 만남이 이루어지면 실제 상담이 진행된다. 인간중심 상담은 특성상 상담과정이 명확히 구분되지 않지만 편의상 구분지어 이해하고자 한다. 상담의 진행과정 7단계를 요약하면 다음과 같다(Carl Rogers, 2009).

1) 1단계

고정되고 경직된 경험의 상태에 있는 개인이 자발적으로 상담하러 오기는 그리 쉽지 않다. 따라서 자신에 대해 스스로 털어놓지 않는다.

이 단계에서는 어떤 문제도 인식이나 감지되지 못한다. 변화에 대한 욕구가 없다. 내부적 의사소통에 대한 많은 장애물이 있다.

그는 그 자신과 의사소통하지 않으며, 오직 외부와 의사소통할 뿐이다. 자신은 아무 문제가 없으며, 혹 문제가 있다 하더라도 전적으로 그의 외부에 기인한 것으로 인식한다. 여기에는 자신과 경험이 내적으로 의사소통하는 데 많은 장애가 있다.

이 단계의 사람은 소통과 변화의 정반대인 정체와 고정으로 표현할 수 있다.

2) 2단계

1단계의 사람이 경험을 충분히 받아들일 수 있다면 2단계가 온다. 우리는 1단계에서 개인이 어떻게 경험을 받아들일 준비를 하게 되는지 알 수 없지만 종종 역할극이나 집단치료에서 그 자신이 초기에 가졌던 어떤 것에도 연연하지 않고 충분히 오랜 시간 그 자신 자체를 경험한다면 2단계 환경에 노출될 수 있다. 어떤 상황에서든 이것을 경험하기만 한다면 느슨함과 소통의 상징적 표현이 나타난다.

- 표현이 자기와 관련되지 않은 주제로 흐른다.

- 문제가 자신의 외부적인 것으로 표현된다.
- 문제에 대해 개인적 책임을 느끼지 못한다.
- 감정들이 개인에 속해 있지 않은 것처럼 묘사하거나 때때로 과거의 일인 것처럼 표현한다.

2번째 단계의 변화 과정에 대해 이야기하자면, 도움을 자발적으로 요청하는 많은 내담자가 이 단계에 있다. 그러나 대부분의 상담자들은 그들과 함께 작업하면서 아주 작은 성공만 이룰 뿐이다.

3) 3단계

2단계에서 약간의 느슨함과 흐름에 막힘이 없었다면 내담자는 기꺼이 그 자신을 받아들일 수 있으며, 상징적 표현에서 더 발전된 느슨함과 흐름을 보일 것이다. 도움을 필요로 하는 많은 사람이 이 단계에 근접해 있으며 그들은 다음 단계로 넘어가기 전에 개인적이지 않은 느낌을 설명하고 대상으로서의 자신을 탐색하기 위해 상당한 시간을 이 지점에서 보낸다.

4) 4단계

내담자들이 3단계에서 그들 경험의 다양한 측면이 이해되고, 환영받고, 있는 그대로 받아들여진다고 느끼면, 점차 구조의 느슨함과 느낌의 자유로운 흐름이 특징인 4단계로 옮겨 오게 된다. 내담자들은 자신이 지속적으로 수용되고 있음을 느낄 때, 보다 자유로운 감정의 흐름이 가능해진다. 그래서 전에는 의식하기조차 부인하던 감정들이 자연스럽게 표현되기도 한다. 그러나 아직은 이러한 표현에 두려움을 느끼고 있다. 또한 문제에 대한 자기 책임의식이 약간씩 나타난다. 아직까지 극렬한 감정들이 적나라하게 표출되지 않는다.

5) 5단계

내담자가 4단계에서의 경험, 행동, 표현을 그 자체로 느끼게 되면 신체의 흐름은 좀 더 느슨해지고 자유로운 상태에 놓이게 되며, 수용적인 분위기 속에서 감정이 현재 시제로 자유롭게 표현된다. 전에 부인되었던 감정들이 두려움을 가지면서 의식 속으로 흘러나온다. 자신이 갖고 있는 문제들에 대하여 자신에게 분명한 책임이 있음을 인정한다.

6) 6단계

이 단계에서 내담자는 삶의 주체로서의 특징을 보이며, 전에는 부인되었던 감정들이 그때그때 현재의 경험들로 수용된다. 이제까지 객체로서의 자아는 사라지고 경험의 과정은 현실적인 것이 된다. 내담자는 주관적으로 살아가며 자신의 문제에 직면하여, 주체적으로 대처해 갈 수 있게 된다.

7) 7단계

내담자는 이제 도움이 되는 상담자의 완전한 지지를 더 이상 필요로 하지 않는다. 왜냐하면 6단계가 되돌릴 수 없는 속성을 지녔기 때문에 내담자는 상담자의 도움 없이 마지막 7단계로 갈 수 있다. 이 단계는 상담 장면 바깥에서도 개인은 새로운 감정들을 즉시 그리고 충분히 여유 있게 경험할 수 있다. 자아는 경험의 과정에서 신뢰를 갖게 된다. 그리하여 개인은 자유롭게 경험하면서 만족하게 역할수행 하는 인간으로 성장한다.

로저스는 7단계는 치료적 관계 안에 있을 때보다 밖에서 나타난다고 하였다. 관찰과정에서 보고된 내용들을 다음과 같이 이야기한다.

① 새로운 감정이 세부적인 부분까지 즉각적으로 풍부하게 경험되는데, 치료 내에서도, 밖에서도 그러하다.

- 내담자는 자신이 누구인지, 무엇을 원하는지, 자기 태도가 무엇인지 명확하고 색다른 방법으로 알기 위해 의식적인 노력을 한다. 자신의 감정이 불쾌하거나 두려웠다면 그것은 실제 사건이다.

② 변화하는 감정에 대한 책임감이 더 많아지게 되는데, 이것이 그의 과정상의 기본 믿음이다. 이 믿음은 의식과정에서 처음부터 있었던 것이라기보다는 전체의 유기체적 과정에서 나온다.

③ 경험은 구조적 경계 측면을 거의 완전하게 걷어 버렸고 경험의 과정이 되었다. 이것은 상황이 과거가 아닌 새로움으로 경험되고 해석되는 것이다.

④ 자아는 점점 단순하고 주관적이며 경험의 반영을 알아차리게 된다. 자아는 지각된 대상이 아니라 점점 더 과정 안에서 확실하게 느껴진다.

⑤ 개인적 구조가 시험적으로 재구성되고 이전의 경험과 반대로 확인되지만, 여전히 느슨하다. 한 내담자는 치료 사이와 종결을 향해 가는 구조의 변화를 아래와 같이 설명하고 있다.

> 난(변화된 것이) 뭔지 모르겠어요. 그렇지만 내 유년 시절을 돌이켜 볼 때 다른 감정을 느끼고, 어머니와 아버지에 대한 분노가 사라지는 것 같아요. 분노에 대한 감정이 내가 원하진 않았지만 그들이 했던 많은 일을 사실로 받아들이는 것으로 바뀌었어요. 그러나 어떤 흥미로운 감정들을 바꾸기도 했는데, 지금 무엇이 잘못 되었는지 찾았어요. 그것에 대해 뭔가 할 수 있어요. 바로 그들의 잘못을 고치는 거예요.

⑥ 내부적 의사소통이 명확해지고, 감정과 상징이 잘 맞으며 새로운 감정을 새로운 용어로 표현한다.

7 인간중심적 상담의 기법

인간중심적 상담의 기법은 상담자와 내담자와의 상담관계 형성이다. 즉 내담자를 대하는 상담자의 철학이나 태도가 핵심적 관건이 된다. 상담자가 내담자에게 성장을 촉진하는 조건을 제공하면 내담자는 이제까지 자신을 구속했던 가치 조건들에서 벗어나 자신의 경험에 새로운 의미를 부여해 나간다. 이런 점에서 로저스는 상담자의 세 가지 태도를 강조하였다. 진실성, 무조건적 긍정적 관심, 공감적 이해가 바로 그것이다. 상담자가 내담자와의 관계에서 이런 세 가지 태도를 일관적으로 유지해 나간다면 내담자의 긍정적인 변화는 반드시 일어난다고 본다. 이제 상담의 기술에 있어서 상담자의 태도로 나타나야 할 세 가지 태도에 대해 알아보기로 하자.

1) 진실성

진실성은 상담자로서의 가장 중요한 태도이다. 상담자는 내담자와의 관계에서 느낀 감정이나 태도를 부정적이든 긍정적이든 솔직하게 표현하는 태도를 지녀야 한다. 이런 태도를 갖게 될 때 내담자와의 솔직한 의사소통과 감정의 교류가 가능해진다. 또한 상담자의 진실한 태도는 내담자와 순수한 인간적 만남을 가능하게 하고, 내담자의 개방적인 자기탐색을 촉진하게 된다. 로저스(2009)는 진실성은 치료자와 내담자가 인간관계에서 경험한 것을 충분히, 정확하게 알고 있을 때 이루어지며 이러한 진실성이 상당한 수준에 이르지 못하면 만족스러운 배움이 될 수 없다고 하였다.

2) 무조건적 긍정적 관심

내담자를 한 인간으로 존중하며, 그의 감정, 사고, 행동을 평가하거나 판단하지 않고 있는 그대로 수용하며 소중히 여기는 것을 말한다. 내담자가 어떤 상태에 놓여 있든 간에 상담자의 태도는 그를 향해 무조건적이고 긍정적인 것이어야 한다. 상담자가 이런 태도를 보여줄 때 내담자는 자유롭게 자신의 감정을 경험, 표현하여 치료적 변화가 일어날 가능성이 더 커질 수 있게 된다. 로저스(2009)는 이러한 치료 환경 국면을 표현하고자 '수용' 이란 말을 가끔 사용해 왔다. 상담자는 내담자의 부정적인 표현 '나쁘다, 고통스럽다, 두렵다' 등 비정상적인 감정을 수용하고, 또한 '좋다, 적극적이다, 성숙하다, 자신 있다' 등 사회적 감정도 수용할 수 있어야 한다. 그 상황은 내담자를 위해 수용과 돌봄이 내포되어 있고 내담자가 자신의 감정과 경험을 갖도록 허용한다. 상담자가 어느 정도 무조건적인 긍정적 수용의 안전한 환경을 제공할 때 만족스러운 학습이 이루어진다.

3) 공감적 이해

상담자가 상담과정에서 순간순간마다 드러나는 내담자의 경험과 감정을 민감하고 정확하게 공감하고 이해하는 것을 말한다. 공감은 동정과 다르다. 상담자가 '내담자의 입장이 되어' 내담자를 깊게 주관적으로 이해하면서도 결코 상담자로서의 본연의 자세를 잃지 않는 것이 공감이다. 상담자가 언어적, 비언어적인 태도를 통해 내담자의 감정을 공감하고 있음을 내담자에게 전달할 때 내담자는 자신이 이해받고 있다는 느낌을 갖게 되어 자기탐색을 촉진하게 된다.

TIP 달과 공주 <공감적 이해>

옛날 어느 나라에 어린 공주님이 살고 있었다. 공주는 왕과 왕비의 사랑을 듬뿍 받으며 아름답고 건강하게 자라고 있었다. 그러던 어느 날 공주는 하늘 높이 금빛을 내며 떠 있는 달을 보고 그 달을 가지고 싶은 마음이 들었다. 그리하여 공주는 부모님께 달을 따다 달라고 보채기 시작했다. 왕과 왕비는 공주에게 달은 따올 수 없는 것이라고 열심히 타일렀다. 그러나 공주는 들은 체 만 체 여전히 달을 따다 달라고 졸랐다. 공주가 쉽게 물러서지 않자 왕은 유명하다는 학자들을 불러들이고, 의원도 불러들이는 등 온갖 노력을 다하였다. 그들은 한결같이 공주에게 달은 따올 수 없는 것이라고 말하였다. "공주님, 달은 너무 멀리 있어서 가까이 다가갈 수도 없습니다. 달을 따온다는 것은 불가능합니다.", "공주님, 달은 너무 커서 가까이 갔다 하더라도 따올 수가 없습니다.", "공주님, 달에 대해 너무 많이 생각하셔서 병이 든 것 같습니다. 제발 더 이상 달 생각을 하지 마십시오." 그러나 공주는 자기의 뜻을 굽히지 않았다. 달을 따다 달라는 요구를 들어주지 않자 드디어 공주는 단식투쟁에 들어섰다. 왕과 왕비는 속수무책 설득과 협박을 반복했지만 공주는 서서히 말라가기 시작했다. 이때 공주와 친하게 지내던 광대가 나타났다. 전후 사정을 잘 알고 있는 광대는 공주를 만나자 몇 가지 질문을 던졌다.

광대: 공주님, 달은 어떻게 생겼나요?
공주: 달은 동그랗게 생겼지 뭐.
광대: 그러면 달은 얼마나 큰가요?
공주: 바보, 그것도 몰라? 달은 내 손톱만하지. 손톱으로 가려지잖아.
광대: 그럼 달은 어떤 색인가요?
공주: 달이야 황금빛이 나지.
광대: 알겠어요. 공주님, 제가 가서 달을 따 올 테니 조금만 기다리세요.

공주의 방을 나온 광대는 왕에게 아뢰고 손톱 크기만한 동그란 황금구슬을 만들어 공주에게 가져다주었다. 공주는 뛸 듯이 기뻐하였다. 단식 투쟁까지 하면서 그렇게 원하던 '달' 을 드디어 손에 넣은 것이다. 기뻐하는 공주를 바라보며 광대는 슬그머니 걱정이 되었다. 달을 따왔는데 마침 보름날인 오늘밤 달이 또 뜨면 공주가 뭐라고 할까 염려가 된 광대가 공주에게 말을 건넸다.

광대: 공주님, 달을 따왔는데 오늘 밤 또 달이 뜨면 어떻게 하지요?

공주: 이런 바보, 그것을 왜 걱정해. 이를 빼면 새 이가 또 나오지? 그것과 같은 거야. 달은 하나를 빼오면 또 나오게 되어 있어. 그리고 달이 어디 하나만 있니? 달은 호수에도 떠 있지, 물 컵에도 떠 있지, 세상천지에 가득 차 있어. 하나쯤 떼어 온다고 문제될 게 없지.

출처: 박성희(2001). 동화로 열어가는 상담이야기. 학지사. pp. 10~12.

8 인간중심적 상담의 적용과 평가

인간은 자기실현을 추구하려는 동기와 자신의 문제를 이해하고 해결할 수 있는 능력을 갖고 있다. 다만 상담자의 세 가지 태도인 진실성, 무조건적 긍정적 관심, 공감적 이해를 통해 내담자를 신뢰하는 분위기 속에서 내담자가 문제해결의 책임과 능력이 자신에게 있다는 것을 자각하게 하여 자기를 실현할 수 있도록 돕는 것이다. 저자는 상담현장에서 임상을 경험하면서 인간에 대한 불신감을 많이 경험한 내담자일수록 더욱 상담자의 태도에 큰 영향을 받게 되므로 인간중심적 상담기술이 필요하다는 것을 체험하였다. 인간중심적 상담의 장 · 단점을 살펴보면 다음과 같다.

1) 인간중심적 상담의 장점

① 내담자에 대해 지시적 상황에서 생각하고 해석하기보다는 내담자 입장에서 생각하고 이해하기 때문에 내담자가 훨씬 자연스럽게 상담과정에 참여할 수 있다.

② 내담자가 자신의 정서와 감정을 표현할 수 있도록 상담조건과 상담과정이 준비되므로 상담자에게 평가되거나 판단되지 않고 내담자 본래의 자기 자신이 될 수 있다.

③ 상담에서 상담자와 내담자 사이의 관계의 중요성을 강조하였다.

④ 상담자가 내담자의 문제를 떠맡는 것이 아니라, 내담자가 상담과정에서 스스로 중요한 결정을 내릴 수 있는 사람이라는 것을 인정하였다.

⑤ 내담자의 변화에 상담자의 태도가 중요하다는 점을 강조하였다.

2) 인간중심적 상담의 단점

① 내담자의 현상학적인 장을 개인의 실제 세계로 보기 때문에 의식적으로 표현되는 것은 신뢰하지만 무의식적인 요인은 무시하는 경향이 있다.

② 내담자 내면의 세계, 정서와 감정 표현을 중요시 하는 반면 내담자의 지적 및 인지적 요인들을 무시하는 경향이 있다.

③ 상담자는 전적으로 가치중립적이어야 한다고 주장하지만, 인간관계에서 전적으로 가치를 배제한다는 것은 불가능하다.

④ 상담자의 인격과 소양이 중요시 됨에도 불구하고, 누구나 인간중심적 상담을 할 수 있을 만큼 쉽고 단순하다고 오해 받을 수 있다.

⑤ 인간중심적 상담은 내담자의 문제를 콕 집어 주거나 객관적인 정보를 사용하여 내담자를 도와주지 않기 때문에, 상담자에 대한 기대를 갖고 찾아온 내담자는 상담을 쉽게 포기하는 경우가 생길 수 있다.

생각해 볼 점

1. 나는 상담자로서 상담과정에서 내담자를 자신의 문제에 대해 중요한 결정자로 보는가? 문제를 해결해 주려고 하는가?
2. 인간중심적 상담기법은 내담자에게 어떤 영향을 줄까?
3. 상담자로서 당신이 내담자에게 대하는 태도를 바탕으로 로저스가 강조한 '무조건적 긍정적 관심' 의 의미를 생각해 보라.

참고문헌

강진령(2009). 상담과 심리치료. 경기: 양서원.
김형태(2005). 상담의 이론과 실제. 서울: 동문사.
노안영(2005). 상담심리학의 이론과 실제. 서울: 학지사.
박성희(2001). 동화로 열어가는 상담이야기. 서울: 학지사.

Carl Rogers(2009). 진정한 사람 되기. 서울: 학지사.
Atwater, Eastwood(1983). *Psychology of adjustment(2nd ed.)*. Englewood Cliffs, Prentice-Hall, Inc.
Patterson, C. H.(1980). *Theories of counseling and psychotherapy(3rd ed.)*. New York: Harper & Row.
Shilling, L. E.(1984). *Perspectives on counseling. theories*. Englewood Cliffs, N. J.: Prentice-Hall.

4

인지 · 정서 · 행동치료

학습의 목표

1 REBT의 주요개념을 이해하도록 한다.

2 비합리적 신념을 논박할 수 있도록 한다.

1 개관

지금까지 나왔던 상담이론은 크게 인간의 감정과 행동에 초점을 둔 상담이론으로 나눌 수 있다. 그러나 인간의 내면에는 감정만 있는 것이 아니며, 인간의 감정은 생각에서 시작되고, 생각을 바탕으로 감정이 일어나고 행동을 하게 된다는 주장이 일어났다. 이러한 관점이 바로 인지 · 행동 상담이론으로, 오늘날 상담 및 심리치료의 세계에 있어 인지 · 행동 상담이론군이 차지하는 비중은 크다. 특히 인지 · 정서 · 행동치료(REBT: Rational-Emotive Behavior Therapy)는 인지–행동 상담이론군에서 제일 먼저 태동하여 가장 널리 사용되어 온 이론이다(박경애, 1997).

인지 · 정서 · 행동치료(REBT)는 앨버트 엘리스(Albert Ellis)가 창시한 것으로, 1950년대에는 '합리치료(RT: Rational Therapy)' 로 처음 소개되었다. 그러다가 1960년대에 '합리 · 정서치료(RET: Rational-Emotive Therpy)' 로 개칭되었다. 그러나 그 후, 이 이론이 인지 · 정서적 측면뿐만 아니라 행동도 중시한다는 점을 반영하기 위해 오늘날의 '인지 · 정서 · 행동치료(REBT)' 로 다시 명칭을 변경한 것으로 알려져 있다.

REBT는 인간을 이루는 세 가지 핵심영역인 인지 · 정서 · 행동이 서로 상호작용하는 과정에서 인지가 핵심이 되어 정서와 행동에 영향을 준다고 강조한다. REBT가 사고, 판단, 결정, 분석, 행동을 강조한다는 점에서 인지치료나 행동치료와 공통점이 있다. 그러나 REBT는 인지 · 정서 · 행동이 서로 영향을 주고, 상호 인과관계를 가진다는 가정을 기초로 한다는 점(Corey, 2001)에서 그 특징이 있다고 할 수 있다.

REBT의 기본 가설은 정서가 주로 우리의 신념, 평가, 해석, 그리고 생활 상황에 대한 반응에서 유발되며, 그 감정에 따라 행동이 달라진다는 것이다. 즉, 이 이론에 의하면 인간의 심리적 문제는 여러 가지 사고 중에서 어떤 상황이나 외부에서 주어진 자극을 합리적이지 못한 방식으로 지각하고 받아들이기 때문에 일어나는 것이다. 다시 말해, 어떤 사건을 자신이 가지고 있는 비합리적인 사고방식으로 해석하기 때문에 정서적 문제를 경험하게 된다는 것이다. 따라서 인간의 비합리적인 사고로 인해 나타나는 문제를 해결하기 위해서는 비합리적인 사고방식들을 합리적인 사고로 바꾸어야 한다.

이 장에서는 인간의 심리적인 문제를 비합리적인 사고에서 기인된 것으로 간주하고 있는 REBT 이론의 이론적 기초, 주요개념, 상담의 과정과 기법 등에 대해 구체적으로 살펴보고자 한다.

2 대표적 이론가

엘리스
(Ellis)

엘리스(Ellis)는 1913년 미국 펜실베이니아 주의 피츠버그에서 태어나서 4살 때 뉴욕으로 왔다. 1년간 뉴저지에서 살았던 것을 제외하고는 줄곧 뉴욕에서 살아온 것으로 알려지고 있다. 3남매 중에서 장남으로 태어나, 어렸을 때 신장염으로 9번이나 병원에 입원했고, 12살에는 부모가 이혼하는 아픔을 겼었다. 아버지의 재정적 지원도 없었거니와 어머니는 집안을 돌보는 일에도 소홀하였다. 어릴 적 잦은 병원입원에도 부모의 돌봄은 거의 없었다. 엘리스는 부모의 소홀을 강한 독립성과 자율성으로 이겨냈다(박경애, 1997). 그렇다고 그가 직면했던 시련들로 인해 자신이 더욱더 합리적인 인간이 되는 원인을 제공했다고도 생각하지 않는다.

어떤 면에서 엘리스는 청년기 동안 자기 문제를 심리상담하기 위한 기법으로 자신의 이론을 개발했을 것이다. 그는 20대 초반에 대중 앞에서 말하는 것에 대해 심한 공포를 느꼈다. 사춘기 동안에는 여성들 주위에 가면 극도로 수줍어했다. 19살 때 그는 1달 동안 길거리에서 100명의 여성들에게 억지로 말을 걸었다. 이 짧은 만남들이 데이트로 연결되지는 않았지만 그는 여성에 의한 거부의 공포를 둔감하게 했다고 보고했다. 이것을 극복한 성공의 원인을 독서를 통해 얻은 통찰력과 실제 탈감화 기법의 적용을 통해 이루었다고 회고하고 있다.

더욱이, 그는 자신이 한때 매우 불안해 했던 군중 앞의 연설이나 다른 활동들을 실제로 즐길 수 있게 되었다. 엘리스의 강연을 듣는 사람들은 그의 거칠고 유머러스하고 화려한 표현에 대해 논평을 한다(Dryden, 1994). 워크숍에서는 매우 거친 말과 유머를 많이 사용하고 어떤 면에서는 화려해 보였다. 워크숍에서 그는 자신의 특이한 면을 나타내는 것을 즐기는 것처럼 보였다. 그는 자신의 일을 즐기고, 자신의 일에 매우 열심이었다(박경애, 1997).

엘리스는 자신이 사람들을 능숙하게 심리상담을 할 수 있고, 그렇게 하는 것을 대단히 즐기고 있다는 것을 깨닫고 심리학자가 되기로 결심했다. 엘리스는 정신분석이 심리상담의 가장 심오한 형태라고 믿고 훈련 분석가로부터 정신분석을 받고, 지도감독도 받았다. 1947년에서 1953년까지 그는 고전적 분석을 배웠고 분석 심리상담을 지향했다(박경애, 1997). 그러나 그는 많은 내담자들을 만나면서 고전적인 정신분석보다 변형된 분석을 활용하였을 때 내담자들이 보다 좋은 진전을 보이는 것을 확인하게 되었다. 게다가 충고나 정보제공과 같은 지시적인 방법과 비교적 수동적인 분석적 절차와 혼합된 방법이 변화가 빠르며 더욱더 완벽한 향상을 가져오는 것을 발견하였다. 그래서 엘리스는 정신분석의 피상적이고 비과학적이며 수동적인 면을 비판하기 시작하였다. 1953년 중반에는 정통 정신분석적 정설로부터 파생하는 방법을 가지고 실시한 실험결과를 기술한 논문을 출판하였다.

엘리스는 처음에 그의 새로운 접근을 '합리적 치료(Rational Therapy)' 라고 불렀다. 왜냐하면 합리적 사고와 심리적 적응 사이의 연결을 강조하고 싶었기 때문이다. 그러나 18세기 철학적 사조인 합리주의를 주창하는 사람이라는 왜곡된 비난을 받았다. 그리고 인간의 기능과 심리적 문제에 있어서 정서의 역할을 무시한다는 비난도 받았다. 이러한 오해를 설명하기 위해 이름을 '합리적, 정서적 요법(Rational Emotive Therapy)' 으로 바꾸었다. 그리고 1993년에 다시 RET에서 밖으로 드러나는 행동의 역할 등을 고려하여 오늘날의 '인지 · 정서 · 행동치료(Rational Emotive Behavior Therapy)' 로 개명하였다(박경애, 1997).

엘리스는 매우 활동적이고 생산적인 사람이며, 심리상담 분야에서 가장 저술이 많은 사람 중의 하나다. 그는 50년 이상 심리상담, 집단상담, 부부와 가족 심리상담, 성 심리상담 등을 해왔다. 그는 바쁜 교수생활 중에서도, 1주일에 80명의 내담자를 만나고, 매주 5개의 집단상담을 하고, 매년 전문가와 시민을 대상으로 200여 개의 강연과 워크숍을 개최한 것으로 알려졌다. 그는 REBT의 이론과 적용에 대한 60권 이상의 책과 700편 이상의 논문을 발표하였다. 또한 그는 미국 전문 심리학회에서 임상심리학 면허를 수여받았고, 미국 심리 최면학회와 미국 의학 심리상담자 협회에서 임상최면 자격증을 받았다(Corey, 2001).

3 REBT의 이론적 기초

1) REBT의 원리

엘리스의 이론은 심리학, 생물학, 사회학, 그리고 철학에 기초를 두고 있다. 그의 철학적 접근은 책임 있는 쾌락주의(Responsible hedonism)와 인본주의의 양상이 합리성(Rationality)에 대한 신뢰와 결합되어 성격이론에 영향을 주었다. REBT는 고대로마의 스토아학파 사상에서 근원을 찾을 수 있는데, 스토아학파 사상의 핵심은 에픽테투스(Epictetus)의 사상에 있다(강진령, 2009). 에픽테투스의 인간의 사고에 관한 견해는 인간은 대상 자체에 의해서가 아니라 대상에 대해 갖는 관념에 의해 혼란을 겪는다는 것이다. 즉, 믿는 것처럼 느끼고 자신, 타인 그리고 주어진 조건에 대해 어떻게 생각하느냐가 감정과 행동에 영향을 주므로 정서와 행동에 부적절하게 영향을 주는 비합리적 생각을 바꾸는 것이 필요하다는 것이다.

에픽테투스의 영향을 받은 REBT에서 주장하는 6가지 중요한 원리(박경애, 1997)는 다음과 같다.

① 인지는 인간정서의 가장 중요한 핵심적 요소이다. 이는 어떤 사건이나 타인이 우리를 '기분 나쁘게' 만드는 것이 아니라 우리 스스로 인지적으로 그렇게 만든다는 것이다. 인간의 내적인 사건, 특히 이러한 지각에 대한 평가가 인간의 정서적 반응에 대해 더욱더 직접적이고 강한 영향을 주는 원천이다.

② 역기능적 사고는 정서장애의 중요한 결정요인이다.

③ REBT의 기본개념이 '우리가 사고하는 것을 느끼는 것'이기 때문에 REBT는 사고의 분석부터 시작한다.

④ 비합리적 사고와 정신병리를 유도하는 원인적 요인들은 유전적이고, 환경적 영향을 포함하는 중다요소로 되어 있다.

⑤ REBT도 다른 많은 상담이론과 마찬가지로 행동에 대한 과거의 영향보다 현재에 초점을 맞춘다.

⑥ 신념은 변화한다고 믿는다.

2) 인간관

REBT는 인간의 복합성과 유연성에 강조를 둔 가정에 기초하고 있다. 인간은 합리적이고 '올바른' 사고와 비합리적이고 '올바르지 못한' 사고를 할 수 있는 가능성을 모두 가지고 태어난다고 가정하는 것이다. 이러한 이중성은 생물학적으로 타고난 것으로, 새로운 사고방식이 습득되지 않는 한 존속되기 마련이다(강진령, 2009). 즉, 인간은 자기 보존, 행복, 사고와 언어, 사랑, 다른 사람들과의 대화, 성장과 자기실현 등의 경향을 가지고 있는 존재이다. 또한 인간은 자기 파괴, 사고 회피, 게으름, 실수의 끝없는 반복, 미신, 인내심 없음, 완벽주의와 자기 비난, 성장 잠재력의 실현 회피 등의 경향도 가지고 있다.

엘리스는 인간이 '~하겠다'는 단순한 선호(사랑, 인정, 성공에 대한 욕망)들을 극단적인 욕구로 잘못 생각함으로써 정서적, 행동적 장애를 겪게 되는 존재라고 간주하였다(Ellis, 1996). 또한 엘리스는 인간은 성장이나 실현 경향을 가지고 태어났으나, 타고난 올바르지 못한 사고와 학습해온 자기 패배적 양식 때문에 성장지향성이 방해받기도 하는 존재라고 보았다(Corey, 2001).

또한 REBT에서는 인간은 비합리적 신념에 의해 유발되는 정서장애에 책임이 있는 반면, 인지, 정서, 행동을 변화시킬 능력도 가지고 있다고 본다. 즉, 인간은 특정 상황에 대한 신념을 바꿈으로써 부적절한 감정과 자기 패배적 행동을 변화시킬 수 있다는 것이다. 그래서 REBT에서는 인간이 실수를 할 수 있다는 것을 인정하고, 계속 실수를 하면서도 더 평화롭게 사는 것을 배우는 창조물로서의 자신을 수용하도록 돕는다.

엘리스가 가정하는 REBT의 중요한 인간관을 엘리스와 그의 제자 드라이든(Dryden, 1987; 박경애, 1997 재인용)은 다음과 같이 요약하고 있다.

① 인간은 외부적 요인에 의해서 방해받기보다는 자기 자신에 의해서 방해받는다.

② 인간은 왜곡되게 생각하려는 생리적, 문화적 경향이 있으며 말할 필요도 없이 자신이 스스로를 방해한다.

③ 인간은 자신의 왜곡된 신념을 만드는데 독특하며 자신의 문제에 대해 계속해서 방해받도록 만드는 경향이 있다.

④ 인간은 자신의 인지적, 정서적, 행동적 과정을 변화시키기 위한 역량을 지니고 있다.

3) 심리적 장애에 대한 관점

비합리적인 생각과 행동으로 규정된 신경증은 인간 모두에게 어느 정도 해를 끼치고 있는 자연스러운 인간의 상태이다. 코리(Corey, 2009)는 이러한 상태는 우리가 인간이며 사회 속에서 타인과 함께 살아가야 하기 때문에 발생한다고 하였다. REBT에 의하면 정신병리는 원래 학습되며 아동기에 중요한 타인으로부터 배운 잘못된 신념체계의 주입에 의해 더욱 악화된다. 인간은 서서히 잘못된 신념체계를 자기암시나 자기반복의 과정에 의해서 다시 조금씩 주입해 간다. 그리하여 인간으로 하여금 역기능적 태도를 지니게 하는 것은 부모의 암시보다는 비합리적 신념에 대한 우리 자신의 암시나 암송일 때가 많다. 따라서 역기능적인 태도들이 현재에도 우리에게 영향을 미치게 되는 것은 부모가 반복하였기 때문이라기보다는 초기에 교육받은 비합리적 사고를 우리 자신이 반복하기 때문이다.

엘리스는 대부분의 정서장애의 핵심이 비난이라고 주장한 적이 있다(박경애, 1997). 그러므로 우리가 신경증이나 성격장애를 극복하려면 자신과 타인에 대한 비난을 하지 않는 것이 좋다. 대신에, 우리의 불완전함에도 불구하고 우리 자신을 수용하는 것을 배우는 것이 중요하다. 엘리스(1987; Corey, 2001 재인용)는 우리 인간이 소망하거나 선호하는 것을 '하지 않으면 안 된다', '반드시 해야 한다', '당연히 해야 한다'의 절대적인 지배권 내로 편승하는 경향성을 가지고 있다는 가설을 세웠다. 엘리스는 우리가 혼란에 빠져 있을 때 '반드시 해야 한다'와 '당연히 ~해야 한다' 등과 같은 생각들이 분열적 감정과 역기능적 행동을 만들어낸다고 보았다.

4 주요개념

1) 비합리적 신념

엘리스는 심리적 장애와 건강에 관한 논의에서 두 가지 신념 간의 차이를 구분하였다. 합리적(또는 기능적) 사고는 각 개인의 복지, 만족도 그리고 행복에 기여하는 것으로 보이는 한편, 비합리적(역기능적) 사고는 정서적 장애와 역기능적 행동에 중요하게 기여하는 것으로 보았다. 비합리적 신념은 어린 시절 부모와 문화적 환경에서 습득되는 것으로 생물학적, 문화적 경향을 띤다. 개인은 능동적으로 환경을 통제할 수 있는 선택권이 없었던 어린 시절, 부모로부터 합리적 · 비합리적 사고가 주입된다. 이를 토대로 불행한 사건에 대해 비합리적 신념을 만들어 낸다. 비합리적 신념은 능력, 성공, 사랑, 인정, 공평한 대우, 안정, 편안함에 집중하면서 불행하다고 여기는 사건에 대한 절대적 · 독단적 사고를 통해 생성된다(박경애, 1997).

엘리스는 합리적 사고와 비합리적 사고를 '논리적 일치성', '검증가능성', '실용성', '요구성', '행동적 · 정서적 결과'의 측면에서 비교 설명하고 있다(박경애, 1997). '논리적 일치성'이란 논리적으로 모순이 없고 합리적 추론이 가능한지의 여부를 의미하는 것이다. '검증가능성'이란 경험적 현실과 일치하는지를 의미한다. '실용성'이란 인간의 삶을 생산적으로 이끌고 삶의 목적을 성취하는 데 도움이 되는지를 의미한다. '요구성'이란 경직되지 않고 융통성 있는 사고인지를 의미한다. '행동적 · 정서적 결과'란 사고결과의 파급효과로서 적절한 정서와 적응적 행동에 영향을 주는지를 의미한다. 위의 설명을 정리하여 두 생각의 차이를 비교하면 다음 [표 4-1]과 같다. 엘리스는 그의 임상적 경험에 근거하여 11개의 대표적인 비합리적 신념을 발표하였다(박경애, 1997). 여기에서는 13의 비합리적 사고를 제시하고, 그 밑에 비합리적 사고를 논박한 합리적 생각을 제시하였다. 다음에 제시된 비합리적 사고 중에서 비합리적 사고 7~9번까지는 엘리스가 후에 더 추가한 내용이다.

표 4-1 합리적 사고와 비합리적 사고의 차이

특성 \ 갈래	합리적 사고	비합리적 사고
논리성(논리적 일치성)	논리적으로 모순이 없다.	논리적으로 모순이 많다.
현실성(검증가능성)	경험적 현실과 일치한다.	경험적 현실과 일치하지 않는다.
실용성	삶의 목적 달성에 도움이 된다.	삶의 목적 달성에 방해가 된다.
융통성(요구성)	융통성이 있으며, 경직되어 있지 않다.	절대적/극단적/경직되어 있다.
파급효과 (행동정서적 결과)	적절한 정서와 적응적 행동에 영향을 준다.	부적절한 정서와 부적응적 행동을 유도한다.

출처: 박경애(1997: 75).

① 알고 있는 모든 중요한 사람들로부터 사랑받고, 인정받고, 이해받아야만 가치 있는 사람이다. 그렇지 않으면 이는 끔찍하다.

→ 자기를 존중하고, 실제적인 일에 대해 인정을 받고, 사랑받기보다는 사랑하는 것에 신경을 쓰는 것이 보다 바람직하고 생산적이다.

② 나쁘고 사악한 사람들은 반드시 비난받고 처벌받아야만 한다.

→ 사람들은 비윤리적으로 행동하는 경우가 흔하며, 이들을 비난하고 처벌하기보다는 그들의 행동을 변화시킬 수 있도록 도와주는 것이 더 좋을 것이다.

③ 일이 뜻대로 진행되지 않는다면 이는 무시무시하고 끔찍한 일이다.

→ 일이 내 뜻대로 된다면 좋겠지만, 내가 원하는 대로 되지 않는다고 해서 끔찍할 이유는 없다.

④ 위험하거나 두려운 일이 일어날 가능성을 늘 생각하고 있어야 한다.

→ 걱정한다고 해서 어떤 일이 저절로 사라지는 것은 아니다. 나는 일어날 가능성이 있는 괴로운 일을 처리하기 위해 최선을 다할 것이며, 만약 다루기가 불

가능하다면 그 일이 어쩔 수 없다는 것을 받아들이겠다.

⑤ 완벽한 능력이 있고 성공을 해야만 가치 있는 인간이다.
→ 자신이 인간적인 제한점이 있고, 실수를 범하기도 하는 불완전한 존재라는 것을 받아들이는 것이 좋을 것이다.

⑥ 인간의 문제는 완전한 해결책이 있고 만약 그 해결책을 발견할 수 없다면 이는 끔찍한 일이다.
→ 세상은 불확실한 세계이다. 나의 삶을 즐기기 위해 나는 아무런 보장이 없더라도 결정을 내리고 위험을 무릅쓰겠다.

⑦ 세상은 반드시 공평해야 하며 정의는 반드시 승리해야 한다.
→ 세상에는 불공평한 경우가 자주 있다. 불공평한 경우에 불만을 갖는 것보다는 이를 시정하도록 노력하는 편이 더 낫다.

⑧ 나는 항상 고통이 없이 편안해야만 한다.
→ 고통이 없이 얻을 수 있는 것은 아무것도 없다. 그러므로 내가 비록 이것을 좋아하지 않아도 나는 이런 불편을 참아내고 견딜 수 있다.

⑨ 나는 아마 미쳐가고 있는지도 모른다. 그러나 나는 미쳐서는 안 된다. 왜냐하면 그것을 견딜 수 없기 때문이다.
→ 정서적 곤궁은 확실히 즐거운 것은 아니지만 이것은 참을 수 있다.

⑩ 인생에서의 어려움은 부딪치기보다 피해 가는 것이 편하다.
→ 인생의 어려움은 궁극적으로는 피할 수 없으며 소위 쉬운 방법이 더욱 어려운 방법이다.

⑪ 우리는 다른 사람에게 의지해야만 하고 의지할 강한 누군가가 있어야만 한다.
→ 다른 사람들과 친밀하게 지내는 것을 즐기지만, 내 생활을 도와줄 사람을 원하지는 않는다. 나는 내 자신을 믿고 의지할 수 있다.

⑫ 행복이란 외부 사건들에 의해 결정되며 우리는 통제할 수 없다.
→ 현재에 내가 겪고 있는 정서적인 괴로움은 주로 나의 책임이며, 내가 사건들을 보고 평가하는 방식을 변화시킴으로써 나의 감정을 조절할 수 있다.

⑬ 나의 과거의 사건들이 현재의 행동을 결정한다.
→ 과거의 일들에 대한 나의 지각과 과거의 영향에 대한 나의 해석을 재평가함으로써 과거의 영향을 극복할 수 있다.

2) ABC 이론

A-B-C 이론은 REBT 이론의 핵심이다. A(Activating event)는 사실, 사건, 개인의 행동이나 태도 등이다. B(Belief)는 개인의 신념이며, C(Consequence)는 그 사람의 정서적 · 행동적 결과 혹은 반응이다. 반응은 적절할 수도 있고 부적절할 수도 있다. A(활성화시키는 사건)가 C(정서적 결과)를 직접적으로 일으킨다고 할 수 없다. A에 대한 그 사람의 신념인 B가 주로 정서 반응인 C의 원인이 된다. 그리고 D는 내담자의 비합리적 신념에 대한 논박을 통한 개입을 의미하는 Dispute를 나타낸다. E는 상담자가 논박한 뒤의 효과를 의미하는 Effect, 그리고 F는 효과 때문에 나타나는 새로운 감정을 의미하는 Feeling을 나타낸다.

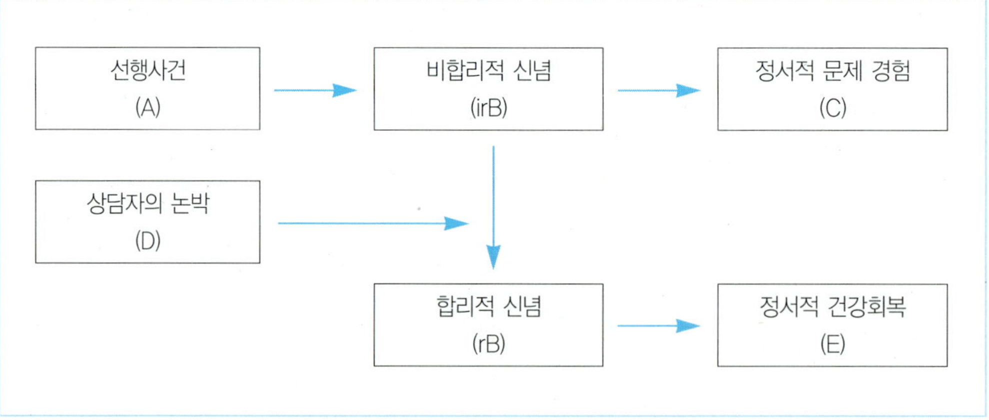

그림 4-1 A-B-C 모형

이 과정을 예로 들면 다음 그림과 같다(천성문 외, 2006).

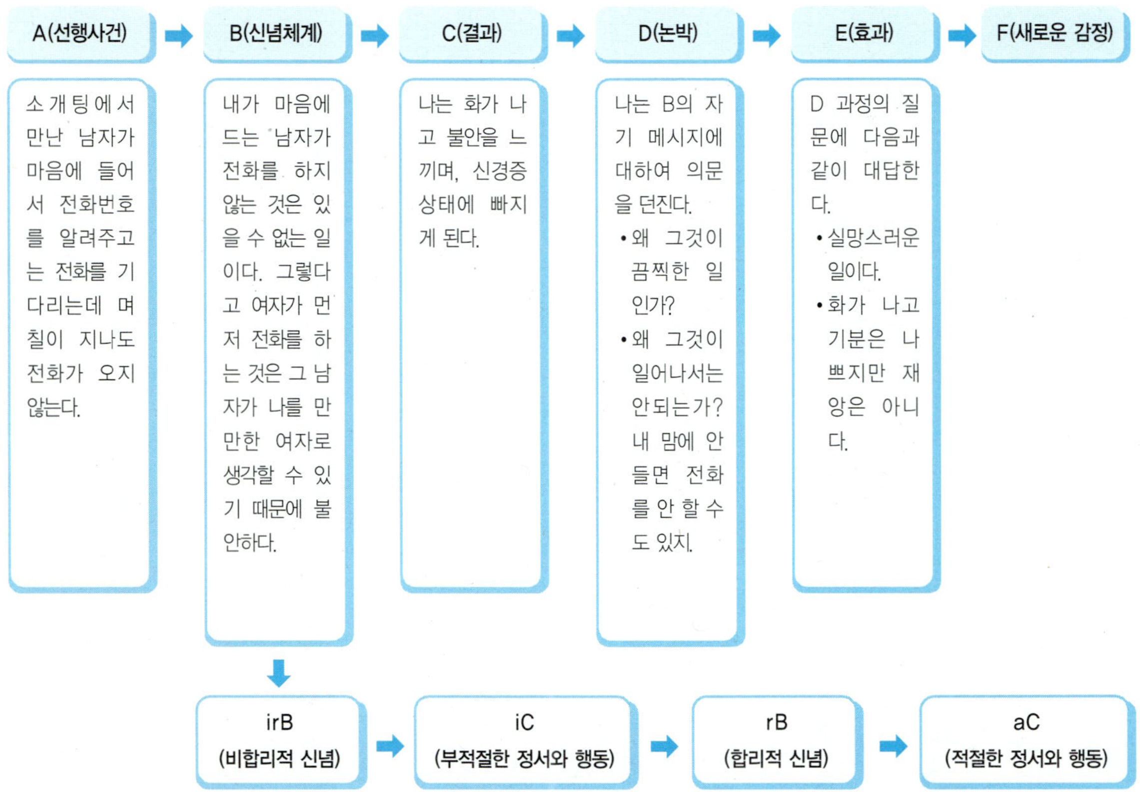

그림 4-2 Ellis의 A-B-C 모형의 예

5 상담의 과정

1) 상담의 목표

REBT에서는 인간의 문제가 철학적인 문제에 있다고 가정하고 철저한 철학적 재평가를 위해 노력한다. 그러므로 REBT는 기본적으로 증상을 제거하기 위한 것이 아니라 인간의 성장을 방해하는 여러 가지 기본적인 가치들을 조사하여 변화시키기 위한 것이라고 주장하고 있다(박경애, 1997). REBT에서의 상담 목표를 다음 몇 가지로 정리할 수 있다.

첫째, 내담자의 비합리적 신념을 합리적 신념으로 재구조화함으로써 내담자가 더 현실적으로 살아갈 수 있고, 정서적인 문제(장애)와 자기 패배적 행동들을 최소화하는 것을 목표로 한다. 즉, 인생에서 잘못된 것에 대해 자신 또는 타인을 비난하는 경향을 감소시키고 차후의 어려움을 다루는 방법을 배우는 것이다. REBT는 내담자를 혼란시키는 가장 기본적인 가치관 중의 일부를 검토하고 변화시키고자 하는 것이다. 예를 들어, 결혼실패에 대한 두려움을 갖고 있는 내담자의 경우, REBT에서의 목표는 구체적인 두려움 감소만이 아니라 일반적인 실패에 대한 내담자의 과장된 공포를 없애는 것이다.

둘째, 자기와 타인에 대한 관대함을 증진시키는 것을 목표로 한다. 사람은 누구나 실수를 할 수 있으므로 실수에 연연해 하면서 고통을 자처하기보다 내담자 자신의 목표 성취에 주력하도록 격려한다.

셋째, REBT에서는 내담자가 정서적으로 건강한 삶을 영위할 수 있도록 돕는 일에 초점을 맞춘다. REBT의 관점에서 정서적으로 건강하고 성숙한 사람의 특성은 다음과 같다(박경애, 1997).

(1) 자기관심(self-interest)

인간이 자기 자신에 대해 완전히 몰두하면 정서적으로 건강한 사람은 자기 자신에 관심을 가질 수 있는 역량을 가지고 있다.

(2) 사회적 관심(social-interest)

인간은 집단 속에서 타인과 관계를 맺으며 살고자 한다. 즉 건강한 사람은 집단 속에서 유리되지 않고 관계적인 맥락 속에서 인간에 대한 관심을 지니고 있다.

(3) 자기지향(self-direction)

비록 정서적으로 건강한 사람이 타인의 지지나 협동을 좋아한다 하더라도, 이러한 지지를 요구하지는 않는다. 인간은 자신의 삶에 대한 책임감이 있으며 자신의 문제에 대해 독립적으로 풀 수 있는 능력이 있다.

(4) 관용(tolerance)

성숙한 사람들은 타인의 실수에 대해 관용적이며 실수하는 사람들을 비난하지도 않는다.

(5) 융통성(flexibility)

건강한 사람들은 생각에 융통성이 있으며 변화에 대해 수긍하고 타인에 대해 편협하지 않는 견해를 가지고 있다.

(6) 불확실성의 수용(acceptance of uncertainty)

성숙한 사람은 불확실성의 세계에 살고 있음을 깨닫는다.

(7) 몰두(commitment)

건강한 사람은 부세계에 대해 중대하게 몰두할 수 있는 능력이 있다.

(8) 과학적 사고(scientific thinking)

성숙한 사람은 깊게 느끼고 구체적으로 행동할 수 있다. 그러나 그들은 정서나 행동의 결과를 숙고해 봄으로써 정서나 행동을 규율화 시킬 수 있다.

(9) 자기수용(self-acceptance)

건강한 사람은 그들이 살아 있다는 사실 자체를 받아들인다. 그리고 그들의 기본적인 가치를 타인의 평가나 외부적 성취에 의해서 평가하지 않는다.

(10) 위험 무릅쓰기(risk-taking)

정서적으로 건강한 사람은 일부러 모험을 시도한다.

(11) 비이상주의(nonutopianism)

성숙하고 건강한 사람은 이상향적 존재를 성취할 수 없다는 사실을 받아들인다.

2) 상담자의 역할

REBT 상담자들은 내담자의 비합리적인 사고나 자기 파괴적인 행동들을 거짓 없이 직면시키려고 하면서도 동시에 내담자들을 인간으로서 평가하기를 거부함으로써 완전한 수용을 보여줄 수 있다. REBT는 인간적 온정이나 공감적 이해는 중히 여기지 않는다. 왜냐하면 너무 많은 온정이나 이해는 상담자로부터의 인정을 얻기 위한 의존심을 길러주게 되어 역효과를 낼 수 있기 때문이다. 대신에 REBT 상담자들은 불완전한 존재로서의 내담자를 받아들이고, 다양한 객관적 기법인 교수, 독서기법, 행동수정을 사용하며, 무조건적인 수용을 가르치고 모델링시킨다(Corey, 2001).

REBT 상담자는 내담자들에게 오래되고 잘못된 생각이 부적응적 결과를 가져오고, 자신을 파괴하고 있음을 보여주고 이해하게 함으로써 그들이 변화할 수 있다는 것을 알도록 도울 수 있다. 상담자의 구체적인 역할은 다음과 같다.

첫째, 내담자에게 자신이 많은 비합리적 신념 '~ 하지 않으면 안 된다', '당연히 ~ 해야 한다'를 구체화해 온 것을 보여주는 것이다. 즉, 내담자들은 자신의 비합리적 신념과 합리적 신념을 구분해내는 것을 배우고, 상담자는 내담자가 자기 패배적 신념에 대하여 행동하도록 격려하고 설득한다.

둘째, 내담자들이 비합리적으로 생각함으로써 계속해서 스스로를 재교육하기 때문에, 자신의 문제에 대한 대부분의 책임은 자신들에게 있음을 보여주고, 그들의 비논리적인 과정을 보여준다.

셋째, 내담자들이 자기 비난과정의 악순환을 이해하도록 도와 사고를 수정하고, 비합리적인 생각을 포기하도록 돕는 단계를 취해야 한다.

넷째, 내담자들의 비합리적 사고의 핵심을 논박하고 내담자에게 비합리적 사고를 합리적 신념과 태도로 대치하는 방법을 가르치는 것이 필요하다. 이것은 미래에 내담자가 또 다른 비합리적인 신념의 희생자가 되는 것을 피할 수 있도록 인생의 합리적인 철학을 발전시키도록 격려하는 것이다.

3) 내담자의 경험

REBT 상담과정은 내담자의 현재 경험에 초점을 맞춘다. 지금-여기의 경험과 자신이 이미 획득했던 사고나 정서를 변화시키기 위한 내담자의 현재 능력을 강조한다. 그래서 내담자의 초기 생활사를 탐색하거나 과거 행동과 현재 행동을 연결시키는 데에 많은 시간을 할애하지 않는다. 또한 부모 형제들과의 초기 관계에 대해서도 깊이 탐색하지 않는다. 대신 내담자 자신과 자신의 세계에 대한 자기-패배적인 관점을 믿고 있기 때문에 현재 문제를 겪고 있다는 것을 강조한다(Corey, 2001).

따라서 REBT에서 내담자는 상담과정에 능동적으로 참여해야 한다. 상담자와 의견을 나누어 과제를 선택하고 내담자 자신의 정서와 태도 변화를 일으키는 긍정적 행동을 이행하도록 목표를 세운다. 이렇게 이행한 과제를 상담자와 함께 점검하고 자기 패배적 사고를 논박하는 효과적인 방법도 배우게 된다. 상담과정에서 내담자는 자신의 상담과정을 살펴보고, 계획을 세우고, 지속적이거나 잠재적 문제를 다루는 방법을 확인하게 된다. 그래서 REBT에서 내담자의 역할은 학생의 역할과 같다고 할 수 있다. 상담과정에서 내담자가 논리적 사고를 문제해결이나 정서 변화에 적용시키는 방법을 배운다는 점에서 재교육과정이라고도 할 수 있을 것이다.

6 상담의 기법들

여기에서는 엘리스가 기술한 중요 기법(Corey, 2001)들을 간략하게 소개하고자 한다.

1) 인지적 기법들

REBT 상담자들은 상담과정에서 대개 강력한 인지적 방법을 사용한다. 이들은 내담자가 스스로에게 계속해서 말하고 있는 것이 무엇인가를 신속하고 직접적인 방법으로 보여준다. 그리고 나서 내담자가 더 이상 그러한 자기 진술을 믿지 않게끔 현실에 기초한 철학을 획득하도록 독려하면서 자기 진술들을 다루는 방법을 가르친다. REBT는 주로 사고, 논박, 논쟁, 도전, 해석, 설명, 교수 등의 방법을 주로 사용한다. 상담자가 이용할 수 있는 인지적 기법들은 다음과 같다.

(1) 비합리적 신념을 논박하기

REBT에서 가장 많이 사용되는 인지적 방법은 상담자가 내담자의 비합리적 신념을 적극적으로 논박해서 이 도전을 스스로 받아들이는 방법을 가르치는 것이다. 내담자들이 비합리적 신념을 버릴 때까지 또는 적어도 강도가 약화될 때까지 구체적인 '~ 해야 한다', '~ 하지 않으면 안 된다', '당연히 ~ 해야 한다' 라는 당위를 검토한다. 내담자가 스스로에게 말하도록 배워야 하는 질문이나 진술의 예들은 다음과 같다.

- 왜 사람들이 나를 정당하게 대해야만 하는가?
- 내가 하고자 하는 중요한 일에 성공하지 못했다고 해서 내가 완전히 실패한 것인가?
- 내가 원하는 직장을 구하지 못하면 실망스럽지만 충분히 참을 수 있다.
- 인생이 항상 뜻대로 되지 않더라도 그것은 끔찍하지 않다. 단지 불편할 뿐이다.

REBT에서는 논리적 논박, 경험적 논박, 실용적 논박이 수행된다. 논리적 논박이란 어떤 조건이 단순히 좋고 바람직하다고 해서 이런 조건이 반드시 존재하는 것은 아님을 보여주는 것이다. 질문이나 진술의 예는 다음과 같다.

- 그 생각의 논리의 근거는 무엇인가?
- 그 생각이 왜 사실인가?

경험적 논박의 목적은 내담자가 가지고 있는 절대적 요구가 항상 현실과 일치하지는 않음을 보여주는 데 있다. "당신이 반드시 성공해야만 한다는 증거는 어디에 있는가"를 묻는 것이 그 예이다.

실용적 논박은 내담자에게 비합리적 생각을 가지고 있음으로 인해 일어나는 실질적 결과를 보여주는 데 초점을 맞춘다. "만약, 당신이 시험을 반드시 잘 치러야만 한다고 지속적으로 믿는 경우에, 당신이 얻을 수 있는 것은 무엇입니까?" 즉, 그 사고가 우리에게 현실적인 도움보다는 삶의 목적이나 목표를 달성하는 데 오히려 방해요인으로 작용함을 보여주는 것이다.

(2) 인지적 과제

REBT 내담자들은 자신의 문제 목록표를 만들고, 절대적 신념을 찾고, 그 신념을 논박해야 한다. 내면화된 자기 메시지의 일부인 절대적인 '하지 않으면 안 된다' 나 '해야 한다' 를 밝혀내기 위해 내담자들에게 과제를 부과한다. 숙제는 내담자가 일상생활에서 부딪히는 많은 문제들을 A-B-C 이론에 적용하도록 하는 것이다. REBT 심리상담자들은 다른 형태의 인지행동치료와는 달리 실제로 내담자에게 다르게 생각하는 방식을 가르치거나 그들의 모델이 되기도 한다.

REBT 숙제를 이행하면서, 내담자들은 자기 제한적 신념에 도전하는 모험을 하도록 독려된다. 내담자는 회기 동안 구체적 과제를 수행하게 되는데, 특히 매일 매일의 상황에서 수행하도록 격려받는다. 이러한 방법으로 그들은 점차적으로 불안을 다루는 방법과 비합리적인 사고에 대항하는 방법을 배운다.

(3) 자기진술 대처

정서에 부정적 영향을 미치는 당위적 진술을 보다 합리적인 진술 형태로 바꾸어 말하도록 돕는 기법이다. 부정확한 언어는 왜곡된 사고과정의 원인이다. 사고는 언어로 표현되고, 언어는 다시 사고에 영향을 주므로 상담자는 내담자의 언어 패턴에 주의를 기울여 자기 패배적 언어 패턴을 합리적 진술 패턴으로 변화시켜야 한다. 예를 들면, "~ 해야만 한다", "~ 하지 않으면 안 된다"는 진술문 대신에 "~ 하고 싶다", "그렇게 되면 더 낫겠다"는 말로 바꾸어 말하도록 하는 것이다.

2) 정서적 기법들

REBT 상담자들은 무조건적 수용, 합리 · 정서 역할 놀이, 모델링, 합리 · 정서적 상상, 수치심 공격 연습 등 다양한 정서적 절차를 사용한다. 내담자들은 무조건적 수용의 가치를 배운다. 내담자들의 행동이 수용하기 어려운 경우에도, 그들은 자신을 가치로운 인간으로 생각할 수 있다. 그들은 자신이 지각한 결함 때문에 만들어낸 '자기비하'가 얼마나 파괴적인가를 배운다.

(1) 합리-정서 상상

이 기법은 새로운 정서 패턴을 확립하도록 설계된 강렬한 정신 훈련이다. 내담자는 그들이 실제 생활에서 생각하고 느끼고 행동하고자 하는 바로 그 방식으로 생각하고 느끼고 행동하는 자신을 상상한다. 그들에게 일어날 수 있는 가장 최악의 것들 중 하나를 상상하는 방식, 이러한 상황에 대해 부적절한 혼란을 느끼는 방식, 그들의 감정을 강하게 경험하는 방식, 그러고 나서 경험을 적절한 감정으로 변화시키는 방식이 있을 수 있다. 일단 그들의 감정을 적절한 것으로 변화시킬 수 있다면, 그들은 그 상황에서 행동을 변화시킬 더 나은 기회를 얻을 수 있게 된다. 이런 기법은 대인 관계와 개인에게 문제가 될 수 있는 다른 상황들에 유용하게 적용될 수 있다.

(2) 역할 연기

역할 연기에는 정서적 요소와 행동적 요소가 모두 포함되어 있다. 내담자가 자신의 말을 통해 스스로 혼란을 야기하는 것과 그들의 부적절한 감정을 적절한 감정으로 변화시킬 수 있다는 것을 보여주기 위해 심리상담자가 개입한다. 내담자는 어떤 행동을 시연함으로써 그 상황에서 느끼는 것을 알아볼 수 있다. 불쾌감과 연관되는 기저의 비합리적 신념을 통한 심리상담을 강조한다.

(3) 수치심-공격연습

엘리스는 사람들이 어떤 행동에 대한 비합리적인 수치감을 감소시키도록 돕는 연습을 개발했다. 그는 누군가가 우리를 멍청하다고 생각하더라도 그것이 비극적인 것은 아니라고 우리 자신에게 말함으로써 우리가 수치감을 느끼는 것을 완강히 거부할 수 있다고 생각한다. 이러한 연습에서 중요한 점은 다른 사람들이 내담자들을 인정하지 않을 때조차도 수치감을 느끼지 않도록 하는 것이다. 이러한 절차에는 대개 정서적 요소와 행동적 요소가 모두 포함되어 있다. 내담자들은 다른 사람들의 생각 때문에 평상시에 하기를 두려워했던 어떤 행동을 해보는 숙제를 받을 수도 있다. 사회적 관습의 부분적인 위반은 유용한 촉매로 작용하기도 한다. 예를 들어, 내담자는 버스나 기차가 멈추도록 큰 소리를 지를 수 있고, 주의를 끌 만한 '화려한' 옷을 입을 수도 있고, 목청껏 노래를 부를 수도 있고, 강연회에서 바보 같은 질문을 할 수도 있고, 식품점에서 왼손잡이용 렌치를 요구할 수도 있고, 그들에게 불친절한 서비스를 제공하는 웨이터나 웨이트리스에게 팁을 주는 것을 거부할 수도 있다. 이러한 숙제를 실행함으로써, 내담자들은 다른 사람들이 자신의 행동에 실제로 그렇게 많은 관심을 가지고 있지 않다는 것을 알게 된다.

3) 행동적 기법들

REBT 심리상담자는 대부분의 일반적 행동치료 절차, 특히 조작적 조건형성, 자기관리 원칙, 체계적 둔감법, 이완 기법, 모델링 등을 사용한다. 실생활에서 행동해 보도록 하는 숙제는 특히 중요하다. 숙제는 체계적인 방식으로 행해지며, 서식에 맞춰 기록되고 분석된다. 대부분 둔감법, 기술 훈련, 표현 훈련을 포함한다. 때때로 REBT 내담자는 스스로를 점차 둔감화하도록 독려하며, 이들이 행하기를 두려워하는 바로 그것을 실행하도록 독려하기도 한다. 예를 들어, 엘리베이터 공포를 가진 사람에게 하루에 20번 혹은 30번씩 엘리베이터로 위아래를 오르내리게 함으로써 공포를 경감시킬 수 있다. 내담자들은 새롭고 어려운 행동들을 실제로 행하고 이러한 방식으로 자신의 통찰을 구체적인 행동으로 만든다. 다른 행동을 함으로써, 그들은 기능적인 신념들을 구체화하기도 한다.

7 REBT의 강점과 한계

1) 강점

(1) 직접성과 명료성

REBT는 반결정론적 관점에서 이론적 기법과 원리가 직접적이고 명확하다. 특히 상담과정에서 얻게 되는 통찰을 토대로 활동과제와 같은 기법을 통해 새로운 행동을 실제로 연습하고 실생활에 적용하도록 한 것은 이론의 직접성과 명료성을 더하게 한다(강진령, 2009).

(2) 효과성과 습득 용이성

REBT의 강점은 구체적인 효과성과 누구든지 쉽게 배울 수 있다는 점이다. 특히 A-B-C 모형은 문제행동이 변화될 수 있는 방법을 간단하고 분명하게 보여주며, 이를 통해 상담자의 직접적인 중재전략 없이 자신이 스스로 이행할 수 있는 방법을 내담자에게 가르칠 수 있다는 이점이 있다.

(3) 단기지향성

REBT의 또 다른 강점은 다른 이론들에 비해 10~50회기 정도의 비교적 짧은 회기로 상담을 종결할 수 있다는 것이다(강진령, 2009). 이러한 점은 경제성과 효과성을 높이는 촉매 역할을 하는 이점이 되기도 한다.

2) 한계점

(1) 적용의 한계

다른 이론적 접근과 마찬가지로 REBT 역시 누구에게나 효과적인 것은 아니다. REBT는 과제수행에 적극적인 내담자나 정서불안이 심각하지 않은 내담자 등에게 더 효과적이다. 그러나 정신증 환자라든가 형식적 조작기에 이르지 못한 아동, 심한 정도의 비논리적인 사람이나 자발성이 결여된 사람 등에게는 적용의 한계점을 갖는다.

(2) 과도한 인지적 접근

REBT에서는 상담자가 설명하고 가르치고 설득하는 등 적극적인 태도를 취함으로써 자칫 내담자가 상담을 통해 얻고자 하는 것과는 무관하게 상담이 진행될 수 있다는 한계가 있다. 이성적, 논리적이지 않은 사고체계를 지닌 사람에게는 이러한 인지적 접근이 어렵고 과거의 경험, 전이, 미해결 감정 등 인간행동에 영향을 주는 중요한 측면을 무시하고 있다는 비판을 받기도 한다.

8 REBT의 적용

다음 [표 4-2]는 존스(Jones, 1968; 노안영 · 강영신, 2003 재인용)가 개발한 비합리적 신념을 알아보기 위한 것이다.

표 4-2 존스의 비합리적 신념

번호	내용	전혀 그렇지 않다		그저 그렇다		매우 그렇다
		1	2	3	4	5
1	나는 모든 사람으로부터 사랑받고 인정받아야 한다.					
2	나는 철저히 유능하고, 적절하고, 성취적이어야 한다.					
3	어떤 사람들은 사악하고 나쁘기 때문에 비난받고 처벌받아야 한다.					
4	내가 바라는 대로 일들이 잘 되지 않으면 끔찍하다.					
5	불행은 외적 요인에서 비롯되기 때문에 나는 불행을 거의 통제할 수 없다.					
6	나는 위험스럽고 두려운 일이 발생할까봐 걱정하며 그런 생각을 떨쳐버릴 수 없다.					
7	어려움에 직면하고 책임감을 갖는 것보다 피하는 것이 보다 쉽다.					
8	나는 나보다 더 힘 있는 누군가에게 의존해야 한다.					
9	과거는 나의 현재 행동의 가장 중요한 결정요인이다.					
10	인간의 문제에는 항상 옳고 정확하고 완전한 해결책이 있다. 만약 그러한 해결책을 찾아내지 못하면 끔찍하다.					

출처: Lichtenberg, J. W., Johnson, D. D. & Arachtingi, B. M.(1992). Physical illness and subscription to Ellis' s irrational beliefs. *Journal of Counseling & Development*, 71, 157-163.

* 채점방식: 10문항의 총점을 구합니다.
* 해석방식: 이 검사는 10점에서 50점까지의 총점 범위를 갖습니다. 35점 이상이면 매우 비합리적인 신념을 갖고 있으며, 25~35점이면 보통입니다. 25점 이하이면 매우 합리적인 신념을 갖고 있다고 볼 수 있습니다. 본래 이 검사는 엘리스가 제안한 열 가지 비합리적 신념을 측정하는 것으로 각 영역당 열 문항씩으로 구성되어 있습니다. 여기에는 각 영역의 대표적인 문항을 선택한 것입니다. 따라서 위의 각 문항별로 당신의 비합리적인 신념을 파악할 수 있습니다. 각 문항에서 4, 5에 표시한 것은 당신이 그 문항의 내용에 해당하는 비합리적인 신념을 갖고 있다는 것을 의미합니다.

생각해 볼 점

1. REBT의 인간관은 무엇인가?
2. 엘리스가 제안한 비합리적 사고를 바탕으로 당신의 삶에 영향을 주어왔던 비합리적인 신념은 무엇인지 그리고 이를 합리적 신념으로 바꾸면 어떻게 바꿀 수 있는지 생각해 보시오.
3. 엘리스가 제안한 ABC 이론에 근거하여 각자 자신의 사고방식의 습득과정을 탐색하고, 논의한다면 어떻게 할 수 있는가?
4. REBT의 주요기법들 중 자신이 실행해볼 수 있을 것 같은 3가지를 방법은 무엇인가?

참고문헌

강진령(2009). 상담과 심리치료. 경기: 양서원.

노안영 · 강영신(2003). 성격심리학. 서울: 학지사.

박경애(1997). 인지-정서-행동치료. 서울: 학지사.

천성문 · 박명숙 · 박순득 · 박원모 · 이영순 · 전은주 · 정봉희(2006). 상담심리학의 이론과 실제. 서울: 학지사.

Corey, G.(2001). *The Theory and Pratice of Counseling and Psychotherapy*(6th ed.). 심리상담과 치료의 이론과 실제. 조현춘 · 조현재 역. 서울: 시그마프레스.

Corey, G.(2009). *The Theory and Pratice of Group Counseling*(8th ed.). Pacific Grove, CA: Thomson.

Dryden, W.(1994). Reason and emotion in psychotherapy: Thirty years on. *Journal of Rational Emotive and Cognitive Behavior Therapy, 12*, 83-89.

Ellis, A.(1996). The humanism of rational emotive behavior therapy and other cognitive behavior therapies. *Journal of Humanistic Education and Development, 35*, 69-88.

5

행동주의적 상담

1 개관

2 대표적 이론가

3 인간관

4 주요개념

5 상담의 목표

6 상담의 과정

7 상담의 기법

8 행동주의적 상담이론의 평가

학습의 목표

1. 행동주의적 상담의 개념을 이해한다.
2. 다른 상담이론과 행동주의적 상담이론의 차이점을 비교해 보도록 한다.
3. 실제 상담현장에서 행동주의적 상담이론이 적용되는 사례를 살펴본다.

1 개관

상담을 함에 있어서 우리는 크게 인간의 감정, 사고, 행동에 포커스를 두고 내담자에게 접근을 시도한다. 프로이트(S. Freud)나 융(C. G. Jung) 등과 같은 정신분석적 상담이론은 보이지 않는 인간의 내면을 중요시 여기는 경향이 있다. 로저스(Carl Rogers)에 의해 집대성된 인간중심적 상담이론은 내담자에게 매우 허용적이며, 내담자 중심의 분위기를 조성하여 내담자의 심리적 안정을 꾀하고자 하는 이론이다. 그러나 행동주의적 상담이론은 인간의 행동을 수정함으로써 심리적 문제, 병리현상, 증후군(Syndrome) 또는 중독 등을 수정할 수 있다고 보는 이론이다.

행동주의적 이론은 인간을 자극에 따라 반응하는 존재로 보고, 학습이란 인간의 바람직한 행동의 변화를 일으키기 위해 적절한 자극과 그 반응을 강화시키는 것으로 이해한다. 즉 이전까지의 심리학은 심리적 탐구의 대상을 의식에 두어야 함을 강조했으나, 행동주의 이론은 심리학의 과학화에 기여한 측면이 크다.

초기의 행동주의적 이론은 고전적 조건형성이론을 적용하였다. 차츰 이론의 발전을 거듭하며 조작적 조건형성이론 등의 원리가 이론에 도입되면서 행동주의적 이론은 강화의 원리를 주축으로 하여 체계화되었다.

행동주의적 상담이론은 학습이론에 근거한다. 상담의 현장에서 공항장애 등 문제 행동을 가지고 있는 내담자에게 많은 상담자들은 행동주의적 접근을 시도한다. 이러한 경우 행동주의적 상담이론은 매우 유효한 효과를 거두고 있음이 여러 학자들에 의하여 보고되고 있다.

행동주의적 상담은 행동수정(behavior modification) 또는 인지행동치료(cognitive-behavioral therapy)로 불리기도 한다. 행동주의적 상담에서는 강화원리와 자극통제, 행동감소치료, 체계적 둔감법, 모델링 치료와 기술훈련 등이 많이 활용되고 있다.

2 대표적 이론가

파블로프
(Ivan P. Pavolov)

행동주의적 상담이론의 기초라 할 수 있는 20세기 초반의 행동치료는 러시아 심리학자인 파블로프(Ivan P. Pavolov)에 의하여 고전적 조건화가 체계화 되었다. 파블로프는 개의 소화선 연구를 하면서 개가 음식물 접시만 보고도 침을 흘리는 것에 착안하여 빛과 종소리 등도 음식의 맛과 연합함을 실험하게 되었다. 파블로프는 개로 하여금 침을 흘리게 하는 것을 무조건적 자극(UCS: unconditional stimulus), 고기 등의 무조건적 자극에 의하여 침을 흘리는 반응을 무조건적 반응(UCR: unconditional response or US)이라고 했다. 또한 종소리는 중성자극으로 조건자극(CS: conditional stimulus)이라 했으며, 조건자극과 무조건자극을 짝지어 학습되는 반응을 조건반응(CR: conditional response)이라 했다.

1) 조건화 이전

무조건자극(UCS) ──→ 무조건반응(UCR)
고기 침

2) 조건화 과정

조건자극(CS) ──→ 무조건반응(UCR)
종 침
무조건자극(UCS) 무조건반응(UCR)
고기 침

3) 조건화 이후

조건자극(CS)	→	조건반응(CR)
종소리		침

즉 파블로프의 고전적 조건형성이론에 의하면 반복적인 학습에 의하여 행동이 습득되거나 수정된다고 보고 있다.

한편 손다이크(Edward L. Thorndike)는 '문제상자(problem box)' 를 만들어 고양이를 가둔 후 고양이가 탈출하기 위해 어떻게 행동하는지 실험하였다. 손다이크는 동물실험을 통하여 학습의 기본방법은 동물과 인간에게 똑같이 적용할 수 있다고 주장하였다(Douglsa Mook, 2007).

파블로프의 영향을 받은 실험심리학자 왓슨(John B. Watson)은 행동주의의 창시자가 되었다. 왓슨은 사고를 '소리 없는 언어(subvocal speech)' 라고 표현하는 등 사고의 중요성을 간과했다는 비난을 받기도 했으며, 또한 '적절한 환경만 주어진다면 어떤 사람이든 아이를 데려다 키울 수 있다.' 라는 말을 함으로써 유전적인 면을 무시했다는 비판을 듣기도 했다.

왓슨의 제자 존스(Mary Cover Jones)는 1924년 토끼에게 심한 공포를 느끼는 3세의 피터(Peter)를 성공적으로 치료하였다. 존스는 토끼를 보면 심한 공포를 느끼는 피터를 치료하기 위해 피터가 몹시 배고플 때 피터가 좋아하는 음식물을 제공한 뒤 피터가 있는 방에 토끼를 잠시 넣어두었다. 이런 치료방법이 반복된 후 피터는 더 이상 토끼를 두려워하지 않게 되었다. 토끼를 방에 넣어두는 시간을 차츰 늘려가고, 피터와 토끼 사이의 거리를 점차 줄여가다 보면 나중에는 토끼가 피터 가까이 있음에도 피터는 개의치 않고 자신의 음식을 먹게 된다. 또한 하버트와 윌리(Hobart & Willie Mowrer)는 고전적 조건 원리의 영향을 받아 1935년 야뇨증 어린이를 치료하는 데 성공하였다.

한편 1930년대 초반 하버드 대학의 심리학자인 스키너(B. F. Skinner)는 쥐와 비둘기를 이용하여 조작적 조건화에 대한 연구를 시작하였다. 왓슨의 후계자라고 불리는 스키너는 왓슨의 극단주의적 행동주의를 조심스럽게 보완하는 작업을 하였다. 스키너의 영향으로 행동주의는 ① 감정이나 사고가 행동의 원인이라고 인정하지는 않지만, 그런 것들이 존재한다는 것을 인정했다. ② 유전적 요인이 인간행동의 중요한 결정요인임을 인정했다. ③ 자기인식(self-knowledge), 창의성 등을 인정했다. 그러나 스키너는 급진적 행동주의자로서 행동의 원인을 인간의 내적인 정신에 있다고 보지는 않았다. 즉 그는 인간의 행동과 환경 간의 인과적 관계를 밝히는 데 주력하였다. 유명한 스키너의 상자(Skinner's box)를 통하여 그는 한정된 조건에서 쥐의 지렛대 누르기 또는 비둘기의 원판 쪼기 등의 실험을 제시하며 급진적 행동주의를 주장하였다(Robert D. Nye, 2002).

1950년대 후반에는 아일론(Ayllon)이 정신질환자의 심각한 불안 행동을 행동치료를 통해 수정함으로써 행동치료의 효과성을 입증하였고, 토큰강화제를 사용한 치료방법을 널리 보급하였다(Michael D. Spiegler, David C. Guevremont, 2005). 라자러스(Arnold Lazarus)는 내담자집단과 어린이에게 체계적 둔감법을 적용하는 행동치료를 실시하였다.

1960년대에는 반두라(Albert Bandura)가 고전적 조건화와 조작적 과정에 관찰학습을 결합시킨 사회학습이론(Social Learning Theory)을 발표하였다. 반두라는 인간행동이 행동적, 인지적, 환경적 영향력 간의 끊임없는 상호작용에 의해서 이루어진다고 주장하고 있다(상호결정주의, reciprocal determinism). 또한 반두라의 이론은 관찰학습이론이라 불린다. 관찰학습이란 사람들이 직 · 간접 경험을 통하여 세상을 배운다는 학습이론이다. 즉 다른 사람의 사고를 보고 자신은 조심해야 한다는 간접경험에 의한 학습을 하게 되며 이것을 대리학습(Vicarious learning)을 통한 학습이라고 한다. 학습자의 모델링 과정을 통한 학습도 같은 맥락이라고 볼 수 있다(최창호, 2002). 또 다른 학습이론가인 헐(Clark Hull)은 학습이 '습관강도(habit strength)'가 차츰 증가함에 따른 결과라고 주장했으며 이것은 헐의 학습이론의 핵심적 특징이 되었다.

그 외에도 벡(Aron Beck)의 인지치료와 엘리스(Albert Ellis)의 합리적 정서 행동치료 등의 이론이 속속 발표되었다. 이들에 의하면 부정적이고 왜곡된 생각이 문제행동이나 행동장애 등을 불러일으킨다고 보았다. 따라서 문제행동이나 행동장애를 치료하기 위해서는 잘못된 신념을 수정해야 한다고 주장하고 있다.

1970년대의 행동치료는 상담분야뿐만 아니고 교육, 정신의학, 사회복지 분야에도 많은 영향을 미치게 되었다. 이후로도 행동치료는 여러 학자들에 의하여 더 많은 연구가 이루어지고 있으며 세계적으로 중요시 여기는 상담의 이론 중 하나가 되었다.

3 인간관

초기의 행동주의자들은 인간의 행동을 설명할 수 있다고 주장했다. 그들은 인간을 환경에 반응하는 수동적인 존재이며, 기계적이고 결정론적이라고 보았다. 그러나 행동주의 이론이 좀 더 체계화 되어가며 차츰 인간은 자유와 의지적 선택을 할 수 있다고 강조하여 인간의 능동적인 면이 강조되고 있다.

반두라에 의하면 인간은 외적인 자극에 단순히 반응하는 존재가 아니라 상징을 사용할 수 있어 사고하고 창조하고 계획 할 수 있다고 했다. 또한 인간은 단순히 환경에 영향을 받는 것이 아니라 환경에도 영향을 미칠 수 있다고 보았다(Robert D. Nye, 2002).

벡에 의하면 인간은 항상 환경으로부터 단서를 포착하여 삶을 향상시키는 방식으로 반응한다고 했다. 따라서 인간은 환경에 적응하기 위해 대응방법을 모색할 뿐만 아니라 사건을 지각하고 해석하며 그것에 의미를 부여하기도 한다. 이러한 인지적 평가에 의하여 정서적 · 행동적 반응은 많은 영향을 받고 있다(Marjorie E. Weishaar, 2007). 즉 벡은 인간이 가지고 있는 인지 · 정서 측면을 매우 중요시 여겼다.

엘리스(Albert Ellis)에 의하면 인간은 자기와 대화할 수 있고(self-talking), 자기를 평가할 수 있고(self-evaluating), 자기를 유지할 수 있는(self-sustaining) 존재라고 결론지었다. 또한 인간은 어린 시절의 환경, 즉 가족 내부의 문제 또는 부모의 잘못된 양육태도에 의하여 문제행동을 습득하게 된다고 보았다. 그러나 이러한 모습은 어른이 된 이후에 자신의 노력을 통하여 비합리적인 생각, 행동, 태도, 사고 등을 합리적인 것으로 바꿀 수 있다고 보았다.

행동주의자들의 인간관은 인본주의자들의 인간관과 유사한 면이 많다고 볼 수 있다. 최근에는 인본주의 상담의 성공을 위하여 행동주의 치료방법들이 도입되는 절충적 방안이 모색되기도 한다.

4 주요개념

행동주의적 상담은 다음과 같은 기본 가정을 전제로 하고 있다.

① 행동주의적 상담은 문제의 원인보다는 행동 자체를 중요시한다. 정신분석적 상담의 가정은 문제행동의 원인을 심리적 병리현상에 의해서라고 보고 있으며, 그러한 병리현상만 치료해서는 근본적인 원인제거가 안 되므로 또다시 병리현상이 나타난다고 한다. 그러나 행동주의 상담에서는 이러한 가정을 거부하고, 행동의 수정이 치료라고 본다.

② 행동주의 상담에서는 긍정적인 행동양식뿐만 아니라 부정적인 행동양식조차도 학습에 의하여 습득된다고 가정하고 있다.

③ 행동주의적 상담에서는 부정적인 행동이 학습에 의하여 습득되어진 것처럼 다시 학습에 의하여 부정적인 행동이 제거될 수 있다고 가정한다.

④ 행동주의적 상담의 목표는 매우 구체적이고 분명하게 설정한다.

⑤ 행동주의적 상담은 전통적인 특성이론을 부인한다. 특성이란 다양한 상황에서도 동일하게 행동하려는 행동경향성이 있다고 보는 것이다. 그러나 행동주의자들은 이러한 행동경향성을 지나치게 일반화한 것이라고 주장한다.

⑥ 전통적 심리상담자들은 내담자의 상황을 떠나 거의 공통적인 하나의 상담이론을 적용하려고 하는 데 반해 행동주의적 상담자들은 내담자의 문제에 따라 적절한 상담방법을 적용한다.

⑦ 행동주의적 상담자들은 내담자의 일상생활의 내용이나 경험을 상담에 적용하지 않으려 한다. 즉 행동주의적 상담자들은 내담자의 유아기나 아동기 시절의 역사보다는 현재에 초점을 둔다.

⑧ 행동주의적 상담은 과학적인 연구에 기반을 두고 있다. 따라서 어떠한 가설이 효과적임을 증명하기 위해서 반드시 가설검증을 통해 확인하는 과정을 거친다.

행동주의적 상담은 크게 고전적 조건형성이론, 조작적 조건형성이론 그리고 인지적 치료이론 등으로 구분하여 살펴볼 수 있다.

1) 고전적 조건형성이론(Classical Conditioning)

고전적 조건형성(Classical Conditioning)이론은 1940년대 파블로프에 의하여 실험되었고, 1950년대에 체계화되어 지금까지 임상에서 꾸준히 사용되고 있는 이론이다. 고전적 조건화에 의하면 먹이는 무조건자극(US)으로 반드시 반응을 일으키며, 이때의 반응은 무조건반응(UR)이라고 한다. 즉 개에게 먹이를 주면 침을 흘리게 된다. 종소리는 조건자극(CS)으로 처음에는 단순히 종소리만으로 침을 흘리지 않지만, 먹이(US)와 결합하면 조건자극(CS)이 된다. 이 반응을 조건반응(CR)이라고 한다(임창재, 2009).

한편 파블로프의 영향을 받은 왓슨(John Broadus Watson)은 11개월 된 아기 앨버트(Albert)를 대상으로 쥐와 큰소리에 대한 공포를 조성하여 앨버트로 하여금 쥐를 두려워하게 반응하도록 학습시키는 데 성공하였다. 이 실험에서 쥐는 앨버트에게 조건자극(CS)이 되었고 두려워하는 반응은 조건반응(CR)이 되었다. 앨버트에게 쥐를 보여주고 동시에 등 뒤에서 큰소리를 낸다. 이후에 앨버트는 쥐를 두려워하게 학습되었다.

반대로 왓슨의 제자인 존스(Jones)는 두려움을 제거하는 학습실험에 성공을 하였다. 존스는 토끼를 두려워하는 어린아이 피터(Peter)에게 좋아하는 아이스크림을 먹게 하고, 그 장소에 토끼를 접근시키는 방법으로 피터의 토끼에 대한 두려움을 제거시킬 수 있었다. 이때 아이스크림은 조건자극(CS)이고 그에 대한 즐거운 반응은 무조건반응(UR)이다. 이때 토끼(CS)와 아이스크림(CS)이 결합하여 즐거운 반응(CR)을 형성하게 된 것이다.

고전적 조건형성이론을 대표할 수 있는 몇 가지의 이론들을 정리하면 다음과 같다.

(1) 일반화(generalization)

효과적인 치료결과를 얻은 내담자는 일상생활과 비슷한 다른 생활에서도 그 효과를 얻을 수 있는데 이러한 현상을 일반화(generalization)라고 한다. 위의 실험에서 개에게 종소리와 비슷한 소리를 들려주거나, 같은 종소리를 크기만 달리해서 들려주어도 개는 침 흘리는 반응을 하게 되는데, 이러한 반응은 일반화 때문이라고 할 수 있다.

예를 들어 일반화란 분노에 대하여 효과적인 치료를 받은 내담자가 자신이 가지고 있던 문제 상황뿐만 아니라 다른 일상생활의 분노에 접했을 때도 편하게 극복할 수 있는 효과를 말한다.

(2) 변별조건형성(discrimination conditioning)

변별조건형성은 자극의 일반화를 막기 위한 조건형성이다. 위의 실험에서 개에게 종소리를 들려 준 후에 음식물을 주는 것이 조건형성 되었을 때, 개에게 다른 소리를 들려준다. 개는 종소리 외에도 다른 어떤 소리에 반응하여 침을 흘릴 수 있으나 이때 개에게 음식물을 제공하지 않는다. 이로써 개는 종소리 외에는 다른 어떤 소리에도 음식물이 주어지지 않음을 학습하게 되어 조건형성을 변별하게 된다.

(3) 습득(acquisition)

실험이 계속되어짐에 따라 조건반응은 더 많이 유발된다. 조건자극이 조건반응을 확실하게 유발하기까지는 조건자극과 무조건자극이 여러 번에 걸쳐 연합되어져야 한다. 이때 조건자극과 무조건자극은 시간적으로 매우 근접한 때에 이루어져야 한다. 즉 종소리를 들려주고 곧바로 음식물이 제공되어야 습득이 더 잘 이루어진다. 조건자극의 강도와 조건형성 되는 반응의 종류에 따라서 지연조건형성, 흔적조건형성, 동시조건형성, 역행조건형성 등으로 구분할 수 있다.

- 지연조건형성: CS가 UCS보다 앞서 제시됨. 즉 종소리를 울리고 바로 고기를 주는 것
- 흔적조건형성: CS가 제시되고 잠시 후 UCS가 제공됨. 즉 종소리가 끝나고 수초 후에 고기를 주는 것
- 동시조건형성: US와 UCS를 동시에 제공
- 역행조건형성: UCS를 준 후 CS가 제시됨. 즉 개에게 고기를 준 뒤에 종소리를 들려 주는 것

조건형성은 CS와 UCS의 제시 시점 간격이 짧은 지연조건형성된 경우 효과가 가장 크다. 동시조건형성과 역행조건형성에는 거의 반응하지 않았다.

(4) 소거(extinction)

일단 습득된 조건반응이라도 무조건자극(음식물)이 주어지지 않은 채 조건자극(종소리)만 주어진다면 더 이상 반응하지 않는다. 즉 음식물이 주어지지 않은 상태에서 개에게 종소리만 들려준다면 개는 더 이상 침을 흘리지 않는다. 이로써 개가 습득했던 조건반응은 소거된다.

(5) 자발적 회복(spontaneous recovery)

소거되었던 조건반응이 회복될 수 있다는 것이 자발적 회복(spontaneousrecovery)이다. 즉 조건반응이 소거된 개를 일정한 시간이 경과한 후에 조건자극과 무조건자극을 제공함으로써 조건반응을 습득시키면 다시 침을 흘리게 된다. 이때 무조건자극을 제거한 상태에서 조건자극을 제공한다면 개는 침을 흘리게 됨으로써 조건반응이 회복될 수 있다.

(6) 고차적 조건형성(high-order conditioning)

잘 습득된 조건형성은 제3의 자극에 대하여 무조건자극이 될 수 있으며 이것을 고차적 조건형성(high-order conditioning)이라고 부른다. 개가 종소리에 반응하여 침을 흘리도록 조건형성 되었을 때, 개에게 종소리를 들려주며 공을 동시에 보여주었다. 이러한 실험이 반복된다면 개는 공을 보고도 침을 흘리게 된다는 것이다. 즉 개는 2차적 조건형성이 가능해진 것이다. 다시 공과 인형을 보여줌으로써 개가 침을 흘리는 반응을 조건형성 시킨다면 개는 3차 조건형성을 하게 된다.

이러한 고전적 조건형성이론이 적용되는 예는 우리의 일상생활에서 많이 찾아볼 수 있다. 예를 들자면 어린 시절 딸기 아이스크림을 먹고 체한 경험이 있는 사람은 세월이 지나서도 딸기우유나 딸기잼 등을 대할 때 역겨움을 느낄 수 있다. 또한 개에게 물려서 놀란 사람은 털이 있는 짐승을 보고 소스라치게 놀라기도 한다. 과거에 교통사고를 당했던 사람은 차를 보면 공포와 불안감을 느끼고 차 타는 것을 두려워하기도 한다.

2) 조작적 조건형성이론(Operant Conditioning)

사람들은 자신의 행동이 보상받는 경우 그러한 행동을 계속하려 하고 반대로 처벌을 받는다면 그 행동은 피하려 할 것이다. 따라서 바람직한 행동은 체계적인 보상을 통해 강화할 수 있는데, 이러한 이론을 조작적 조건형성(Operant Conditioning)이라고 한다.

고전적 조건형성이론이 특정반응을 유발하는 자극의 변화를 관찰하는 이론임에 반해, 조작적 조건형성이론은 자극이 있는 환경에서 여러 가지 반응 중에 특정한 반응을 선택하고 유지하는 현상을 관찰하는 이론이다(이훈구 외, 2004).

조작적 조건형성이론의 대표적 개념은 강화와 처벌이다.

(1) 강화

강화는 어떤 행동을 촉진시켜 내담자로 하여금 그 행동을 계속 수행하도록 도와주는 것이다. 강화는 강화 받는 행동이 다시 일어난다는 경험적 관찰이나 사실에 초점을 두기 때문에 경험적 개념이라고 할 수 있다. 이때 행동의 결과를 강화하는 것을 강화제(reinforcer)라고 한다. 강화제는 대부분 유쾌한 자극이다. 강화제는 행동을 증진시키는 자극으로 정의된다(Michael D. Spiegler & David C. Guevremont, 2005). 예를 들어 수학에서 좋은 성적을 받은 학생이 급우들 앞에서 선생님께 칭찬을 들었다. 이후 그 학생은 다른 과목에 비해 수학을 더 열심히 공부할 것이며 그로 인해 수학점수가 높아질 수 있다.

① 정적 강화(positive reinforcement)

어떤 반응 후에 즐겁고 유쾌한 자극을 주는 것을 정적 강화라고 한다. 예를 들어 숙제를 끝낸 아이에게 컴퓨터를 사용할 수 있게 한다면, 이후에 그 아이는 컴퓨터라는 즐거운 강화제를 갖기 위하여 공부를 열심히 할 것이다. 정적 강화는 보상과 구별된다.

우리가 일상에서 많이 쓰는 정적 강화제를 살펴보면 첫째, 물질적 강화제이다. 매우 많이 활용되고 있는 경우로 어떤 행동을 강화시키기 위하여 대상자가 선호하는 물질을 제공하는 것이다. 즉 과자, 인형, 사탕, 좋아하는 모양의 스티커 등을 제공함으로써 대상자가 수행해야 할 과제를 좀 더 잘 할 수 있도록 강화하는 경우이다.

둘째, 사회적 강화제이다. 어떤 과업을 잘 수행했을 때 관심, 칭찬, 승인, 인정 등을 해주는 것이다. "정말 잘했구나.", "훌륭합니다.", "고맙습니다." 등의 유쾌한 칭찬, 승인, 인정 등이 그 과업에 대한 행동을 강화하여 이후에도 계속 그 행동을 즐겨하게 만드는 것이다.

셋째, 토큰 강화제이다. 토큰 강화제의 대표적인 것이 돈이다. 토큰 강화제의 특징은 그것을 다른 물건이나 서비스로 교환할 수 있다는 매력이 있다. 즉 목표했던 성적이 달성되어서 부모로부터 용돈을 받은 아동은 그것으로 자신이 좋아하는 물건을 구입함으로써 유쾌함을 얻을 수 있다. 노동자는 회사에서 원하는 목표를 달성했을 때 인상된 급여를 받을 수 있다. 이러한 경우를 토큰 강화제라고 한다.

② 부적 강화(negative reinforcement)

어떤 반응 후에 고통스럽거나 혐오스러운 자극이 사라진다면 불쾌함을 제거하기 위하여 그러한 행동을 계속하게 된다는 것이고 이때 행하는 것이 부적 강화이다. 예를 들자면 숙제를 하지 않으면 엄마에게 매를 맞는 아이의 경우 매를 맞기 싫어서 숙제를 주어진 시간에 끝내는 부적 강화행동을 하게 된다.

강화에 대한 개념을 잘못 인식하는 경우 부적 강화와 벌을 혼동할 수 있다. 그러나 분명히 부적 강화와 벌은 구분해야 한다. 즉 정적 강화나 부적 강화 모두 사람들의 행동을 증가시키기 위하여 자극을 제공하는 것이다. 따라서 가정이나 교육의 현장에서 정적 강화와 부적 강화를 적절히 구사한다면 교육의 효과를 높일 수 있을 것이다.

③ 강화제 사용지침

- 강화제는 내담자가 표적행동을 수행했을 때만 조건부로 주어야 한다. 만약 내담자가 수행해야 할 표적행동을 하기 전에 강화제를 제공한다면, 표적행동의 증가를 기대하기 어려울 것이다.
- 강화제는 내담자가 표적행동을 수행한 즉시 제공되어야 한다. 시간을 지연하는 것보다 강화제가 즉시 제공되는 편이 그 효과가 더 크다.
- 강화제는 지속적으로 제공되어야 한다. 내담자가 표적행동을 수행했을 때는 언제든지 강화제가 제공되어야 한다. 신뢰와 약속이 깨지면 강화의 효과가 줄어들 수 있다.

- 강화제를 제공할 때 내담자에게 충분히 설명을 함으로써 강화의 효과를 높여야 한다. 그래야만 내담자가 자신의 표적행동을 강화할 동기를 마련하게 된다.
- 연속적 강화는 초기에 사용하고 차츰 간헐적 강화를 사용해야 한다. 연속적으로 강화제를 제공함으로써 초기에 표적행동을 증가시키고, 이후에는 표적행동의 전이, 일반화, 지속성을 위하여 간헐적 강화를 사용한다.
- 자연적 강화제는 환경에서 제공되기 때문에 치료효과의 전이나 일반화, 지속성을 증가시키므로 반드시 사용해야 한다.
- 강화제의 효과는 장기간 유지되어야 한다. 강화제의 사용효과가 장기간 유지되기 위해서는 새로운 강화제로 바꾸어주어야 하고, 강화제를 한꺼번에 사용하는 것보다는 양을 나누어 사용해야 한다. 또한 쉽게 포만감을 느끼거나 지루해지는 강화제는 피하는 것이 좋다(Michael D. Spiegler & David C. Guevremont, 2005).

(2) 처벌(punishment)

처벌은 어떤 반응에 대하여 혐오스러운 자극을 제공하는 것을 말한다. 처벌은 자극이 제공됨으로써 그러한 행동이 줄어드는 경우를 말한다. 즉 강화는 어떤 자극이 제공되거나 제거됨으로써 행동이 증가되는 반면, 처벌은 혐오스러운 자극이 제공됨으로써 행동의 감소를 조장하는 것이다.

그러나 많은 행동치료자들은 처벌이라는 용어의 부정적인 이미지 때문에 '혐오치료' 또는 '결과 중심 행동감소치료' 라는 용어를 사용하고 있다. 혐오치료는 부적응 행동을 혐오감을 주는 자극과 연합시킨다. 예를 들자면 전기치료나 메스꺼운 약물 등을 들 수 있다. 금연을 위하여, 담배를 피우면 메스꺼워지는 약물을 복용하는 것을 그 예로 들 수 있다.

이러한 혐오치료는 윤리적으로 꼭 지켜져야 할 몇 가지 사항들이 있다.

첫째, 혐오자극은 되도록 짧게 주어야 한다. 아무리 치료효과가 좋다 하더라도 혐오자극 자체는 내담자에게 나쁜 이미지로 작용할 것이고 이러한 자극은 제2의 문제를 유발할 수 있다. 따라서 혐오자극은 되도록 짧게 제공되어야 한다.

둘째, 혐오치료는 부작용이 없는 것으로 제공되야 한다. 약물이 혐오자극으로 제공된다고 할 때 제공되는 약물로 인해 내담자에게 다른 어떤 피해가 일어나지 않아야 한다. 또한 약물로 인해 어떤 부작용이 발생되었다고 판단되면 즉시 혐오자극제를 제거해야 한다.

셋째, 제공되는 혐오자극은 결코 치료의 본질에서 벗어나지 말아야 한다. 즉, 제공되는 혐오자극은 오로지 부정적인 행동을 치료하는 데만 사용되어야 한다.

TIP **시계태엽 오렌지(Clockwork Orange)**

혐오치료에 관한 오해를 일으키는 책과 영화가 있다. '시계태엽 오렌지(Clockwork Orange)' 라는 것인데, 이 책에서는 알렉스라는 젊은 청년이 아무 잘못도 없는 사람들에게 폭력을 행사하여 감옥에 수감되는 것으로 시작된다. 그는 감옥에서 정신과 치료를 받게 되며 이때 알렉스는 의자에 묶여 눈꺼풀은 핀으로 고정되고 폭력을 묘사하는 영화를 보게 된다. 이때 알렉스에게는 메스꺼움을 일으키는 약물이 먹여진다. 이제 알렉스는 폭력이라는 말만 들어도 두려워하게 되었다.

이 영화에서 나오는 방법은 엄밀히 말해서 행동주의 치료자들이 구사하는 혐오치료라고 볼 수 없다. 행동주의 치료에서는 내담자를 불안하게 만들거나 두려움에 떨게 하는 치료를 행하지 않기 때문이다. 물론 메스꺼움을 유발하는 약물이 혐오자극으로 주어졌지만, 이러한 방법은 행동주의치료라고 할 수 없다.

Michael D. Spiegler & David C. Guevremont(2005)

3) 인지적 치료

인지이론에 의하면 학습자는 현상에 대하여 각각의 부분들을 무의미한 조각들로 지각하는 것이 아니라 조직된 형태로 지각한다고 본다. 즉 인간은 어떤 상황이 주어졌을 때 그에 대한 반응을 준비하고 조직할 수 있는 충분히 인지적인 능력을 소지하고 있다고 본다.

행동주의적 관점에서는 새로운 행동 자체가 학습된다고 보는 반면, 인지적 관점에서는 지식은 학습에 의하여 얻어지는 것이고 지식의 변화가 행동을 변화시키는 요인이 된다고 본다. 또한 행동주의에서는 강화가 반응의 강도나 빈도를 증가시키는 역할을 한다고 보는 반면, 인지적 관점에서는 강화를 특정행동들이 반복되면서 어떤 일이 발생할 것인지 알려주는 신호의 역할을 한다고 주장하고 있다. 한편 행동주의 관점에서는 학습자를 환경의 영향에 대하여 수동적으로 반응한다고 보는 반면, 인지적 관점에서는 자발적인 시도와 문제해결을 위한 정보 탐색, 문제 상황에 대한 새로운 통찰력을 얻기 위해 가지고 있던 지식을 재조직하는 능동적인 학습자로 보고 있다. 두 이론은 연구방법에서 큰 차이를 보이고 있는데, 행동주의 관점에서는 통제된 환경에서의 동물실험을 강조한 반면에 인지적 관점에서는 통제 불가능한 실제 학습상황하에서 인간을 대상으로 연구를 진행하였다(김청자 외, 2008).

(1) 통찰이론(행태주의 이론)

통찰이론이란 흩어져 있는 장면들을 필요에 의하여 가장 효과적으로 배합하여 문제해결의 실마리를 만드는 것이다.

통찰이론의 대표적인 학자인 퀼러(W. Köhler)는 우리에 갇힌 침팬지가 밖에 놓인 바나나를 끌어다 먹는 방법에 대하여 연구하였다. 침팬지는 긴 막대기를 이용하여 밖에 놓인 바나나를 끌어다 먹기도 하고 높이 매달린 바나나는 의자를 놓고 올라가 잡아당겨 먹었다. 이러한 실험으로 퀼러는 침팬지가 목적을 위해서 수단을 사용한다는 것과 전체와 부분의 관계를 파악함으로써 학습이 이루어졌다고 결론을 내렸다. 즉 침팬지는 자기 위치, 바나나, 의자, 막대기, 배고픔 등의 전체를 재구성하여 상황을 통찰하는 방법을 획득한 것이다(임창재, 2009).

통찰에 의한 학습은 다음과 같은 과정을 거쳐 이루어진다(김청자 외, 2008 재인용).

① 문제의 파악

침팬지는 현재 자신이 처해 있는 상황하에서 어떤 문제를 해결해야 하는지 파악한다.

② 숙지과정

침팬지가 자신의 문제를 해결하기 위해 어떤 수단과 방법이 있는지 깊이 인지해보아야 한다. 이 단계를 '인지적인 시행착오의 과정' 이라고 한다.

③ 통찰

숙지과정에서 충분한 인지가 이루어진 이후 침팬지는 정답을 찾아냄으로써 통찰에 이르게 된다.

④ 통찰에 의한 해법의 기억

침팬지는 자신이 바나나를 성공적으로 먹을 수 있었던 방법을 잊지 않고 다음 기회에 실수하지 않고 다시 사용할 수 있게 기억한다.

⑤ 해법의 일반화(전이, transfer)

침팬지는 나아가 자신이 학습한 지식을 일반화하여 다른 문제 상황에서도 적용할 수 있게 되는 과정이다.

(2) 기호형태이론(sign-gestalt theory)

기호형태이론은 톨만(E. C. Tolman)에 의하여 체계화 되었다. 톨만에 의하면 학습은 유기체의 기대와 이러한 기대를 충족하는 목표 간에 의미체계를 형성해 줄 것으로 예상되는 환경 내의 단서(기호) 들의 관계에 대한 인지를 획득하는 것이라고 말했다. 즉 어떤 구체적인 자극은 일정한 행동의 결과로서, 어떤 결과를 획득할 수 있게 하는 수단이 되는 기호가 된다. 따라서 학습은 이러한 수단-목적 관계의 성립 또는 기호-의미 체계 간의 관계의 성립으로 볼 수 있다. 이때 학습은 구체적인 행동이 아니라 이들 관계를 사전에 인지하는 것이며, 인지도를 형성하는 것이다. 그래서 톨만은 목적과 수단의 관계에 대한 인지도의 형성을 학습이라고 보았다.

톨만의 이론을 요약, 정리하면 다음과 같다.

① 톨만은 행동을 거시적 · 전체적 입장에서 보았다. 즉 근육, 선, 신경과정의 관련 속에서 하나의 거시적인 전체로서의 행동을 중요시 여겼다.

② 행동은 부단히 무엇인가에 근접하려고 노력하거나 멀어지려고 노력하는 등 목적 지향적인 것을 중요시한다.

③ 전체적 행동은 목적에 이르는 수단으로써 환경을 이용한다.

④ 길고 어려운 방법보다는 짧고 쉬운 방법을 선택하려는 '최소 노력의 원리'를 적용한다.

⑤ 행동이 전체적일 경우는 학습에 의하여 변화되고 개발될 수 있는 가능성을 가지고 있으며, 행동은 가르치기 쉬운 특질을 갖는다.

톨만은 자극과 자극 간에 형성된 결속을 학습이라고 했으며, 새로운 환경으로부터 오는 자극과 이미 접한 바 있어 자기에게 의미를 지니게 된 자극(의미체)을 연결하는 것을 학습이라고 했다(임창재, 2009).

5 상담의 목표

행동주의 상담에서는 상담목표를 매우 중요시 여긴다. 행동주의 상담의 목표는 상담자가 철저한 진단에 의하여 선택된 목표행동을 변화시키는 데 있다. 즉 상담자는 내담자의 잘못 형성되었다고 판단되는 문제행동을 소거하거나 바람직하고 효과적이라고 판단되는 행동에 대해서는 강화할 수 있는 학습의 방법을 찾아야 한다. 대표적인 예로 트라우마(trauma)나 우연한 사고에 의하여 형성된 불안, 공포심 등을 소거하는 것이 행동주의 상담의 목적이다.

행동주의 상담의 목표가 가지고 있는 기능을 정리하면 다음과 같다.

첫째, 행동주의 상담은 그 목표를 명확히 정의함으로써 내담자의 구체적 관심영역을 반영하고 상담의 방향을 결정하는데 도움을 준다.

둘째, 행동주의 상담의 목표는 상담전략이나 구체적인 상담의 기술을 선택하는 데 기초적 자료를 제공해주는 기능을 한다.

셋째, 행동주의 상담의 목표는 사전에 명확히 세워짐으로 상담자는 상담목표의 달성여부를 평가할 수 있는 준거의 틀을 제공받기 용이하다.

한편 행동주의 상담목표의 범주를 다음과 같이 설정할 수 있다(노안영, 2007 재인용).

① 자신의 행동목록에서 잘못된 부분을 찾아 수정하기
② 바람직하거나 효과적인 행동을 찾아 적응적 행동으로 강화하기
③ 부적응적 행동은 소거하거나 약화시키기
④ 불안반응을 제거하거나 약화시키기
⑤ 이완할 수 있는 능력은 무엇인가 찾아보기
⑥ 자기표현 능력을 찾아보기
⑦ 효과적인 사회적응 기술은 무엇인가?
⑧ 성적(性的) 기능의 적절성을 판단하기

⑨ 자기통제 능력 찾아보고 강화하기
⑩ 부적절한 사고의 인지적 재구조화

행동주의적 상담의 목표는 상담자가 내담자의 행동에서 찾아낸 문제행동을 제거 또는 약화시키는 것이다. 그러기 위해서는 문제행동의 학습경로를 파악하여 적응적 행동으로 바꾸기 위한 학습이론을 찾아내는 것이 주요한 목표라 할 수 있다.

6 상담의 과정

행동주의적 상담에 있어서 상담의 목표가 주어졌을 때, 상담자와 내담자의 관계에 대하여 살펴볼 필요가 있다. 왜냐하면 상담자와 내담자의 관계가 명확하게 인지되어야만 상담의 과정에서 상담자의 역할과 내담자의 경험을 토대로 효과적인 문제행동의 개선이 이루어지기 때문이다.

① 행동주의적 상담에서 상담자는 목표를 구체적인 것에 두고, 내담자의 문제행동이 무엇인지, 문제행동이 발생한 상황, 문제의 결과 등에 대한 구체적인 정보를 수집하고 분석하는 역할을 한다. 또한 행동주의적 상담에서 상담자는 내담자에게 모델로서의 역할을 해야 한다. 즉 상담자는 내담자에게 사회적으로 바람직한 방향으로의 모델을 제시해주어 내담자가 상담자를 모방함으로써 문제행동을 제거하거나, 바람직한 행동을 학습하도록 유도할 수 있다.

② 다른 상담에서와 마찬가지로 행동주의적 상담에서 내담자는 상담자가 제시해 준 지침을 능동적인 자세로 따르도록 노력해야 한다. 내담자는 상담자가 제시해 주어 얻게 된 학습내용을 상담 상황이 아닌 실제 생활에까지 전이시켜 일반화하도록 도와주어야 한다. 내담자는 자신이 통찰한 내용을 지식으로만 인지할 것이 아니라 실생활에 적용해야만 성공적인 상담이 이루어졌다고 할 수 있다. 때로 내담자는 자신의 행동을 수정하기 위하여 용기를 내어야 할 것이다.

③ 대부분의 행동주의적 상담자들은 관계변인을 크게 중요시 여기지 않는다. 그들에 의하면 공감, 신뢰, 진실성, 수용 등과 같은 요인들은 행동변화를 일으키기 위해 필요한 조건이지만, 충분조건은 될 수 없다고 주장한다. 행동주의적 상담자에게 있어 관계란 그 자체의 의미가 중요한 것이 아니라, 관계에 의하여 내담자가 원하는 방향으로 변화하도록 돕거나, 상담방법을 찾기 위해 자기 노출을 촉진하는 정도로 본다(김형태, 2009).

행동주의적 상담은 개개인의 특성에 맞는 상담목표를 강조하기 때문에 획일적이고 통일되게 상담과정을 정리하기는 매우 어려우나, 기본적으로 다음과 같은 상담의 과정을 제시할 수 있다. 일단 행동치료라는 관점에서 칸퍼와 쉐프트(Kanfer & Schefft)가 제시한 상담의 과정은 다음과 같다(노안영, 2007).

① 1단계: 역할의 구조화와 치료동맹 맺기
② 2단계: 변화를 위한 다짐 발달시키기
③ 3단계: 행동 분석하기
④ 4단계: 상담목표와 방법에 대하여 협상하기
⑤ 5단계: 상담 실행하기, 동기 유지하기
⑥ 6단계: 상담효과의 조정 및 평가하기
⑦ 7단계: 상담효과의 유지 및 일반화, 상담 종결하기

이 책에서는 행동주의적 상담의 과정을 다음과 같이 제시하고자 한다.

1) 상담관계의 형성

행동주의적 상담에 있어서 초보 상담자가 저지를 수 있는 실수는 내담자와의 관계가 충분히 형성되기도 전에 서둘러 행동의 변화를 위한 상담기술을 적용하는 것이다. 이러한 미숙함은 상담의 효과를 떨어뜨리는 큰 요인으로 작용하게 된다. 상담자가 내담자에게 온정적이며 공감적으로 관심을 보일 때 내담자는 자신의 문제를 솔직히 보여주게 된다. 내담자가 상담자의 이러한 태도를 수긍할 때 자신의 이야기를 모두 말하게 된다. 상담자는 내담자가 내놓는 문제들에 대하여 선입견이나 가치판단을 배제하고 수용하고 이해하려는 노력을 해야 한다. 행동주의적 상담은 신속하지만, 정확하게 이루어져야 성공할 수 있다.

2) 문제(부적응)행동 규명하기

행동주의적 상담에서는 내담자의 문제행동에 대하여 명확하게 파악하고, 찾아낸 문제를 서술적 용어로 정의해야 한다. 또한 부적응문제는 눈으로 확인할 수 있는 범위 내에서 찾아내는 것이 좋다. 즉 구체적이고 관찰 가능해야만 행동상담으로 변화하는

모습을 관찰할 수 있고, 그 결과를 평가할 수 있다.

3) 현재 상태 파악하기

행동주의적 상담에서는 변화시키고자 하는 부적응행동이 언제부터 발생했는지, 그러한 부적응행동이 얼마나 자주 발생하는지, 강도가 어떠한지를 정확히 측정해야 한다. 정확한 측정이 이루어져야 상담 이후 내담자의 변화를 확인할 수 있다.

4) 상담목표 설정

행동주의적 상담에서는 목표설정이 매우 중요하다. 설정된 목표는 행동주의적 상담에 있어서 상담자와 내담자의 행동표적이 되기 때문이다(행동주의적 상담목표는 위에서 이미 설명되어 있으므로 참고 바람).

5) 상담기술의 적용

이 단계에서 중요시 여겨야 할 것은 내담자가 수정을 원하는 부적응행동이 발생하는 구체적 장소에서 내담자의 부적응행동을 수정할 수 있는 상담기술을 적용하는 것이다. 예를 들자면 엘리베이터를 못 타는 내담자에게 실제로 엘리베이터에 근접하거나 탑승하는 상황에서 상담기술을 적용해야 한다. 이때 정적 강화, 부적 강화, 벌 등의 상담기법들이 사용된다.

6) 상담결과의 평가

행동주의적 상담의 목표는 내담자의 문제행동을 변화시키는 것이므로 내담자의 문제행동에 변화가 일어나면 종결을 준비해야 한다. 이때 내담자가 상담을 받기 전과 상담실시 후의 행동변화에 대한 정확한 측정치를 제시해야 한다.

또한 행동상담의 효과를 검증하는 방법으로 '반전' 이라는 방법을 사용해 볼 수 있다. 이것은 내담자로 하여금 상담을 받기 이전의 부적응행동의 상태로 돌아가게 하는 것이다. 만일 행동수정이 잘 되었다면 반전은 없을 것이다. 이때 내담자의 행동을 측정함으로써 상담의 효과를 검증할 수 있다.

7) 상담의 종결

행동주의적 상담의 종결은 추가적인 상담이 필요한지 판단해 보고 종결의 여부를 파악한다. 종결과 함께 상담자는 내담자로 하여금 학습된 적응행동이 일반화되어 일상생활에 전이될 수 있도록 도와주어야 한다.

7 상담의 기법

1) 고전적 조건형성이론

(1) 체계적 둔감법(systematic desensitization)

고전적 조건형성이론에서 유래되었으며 가장 많이 사용되어지는 행동주의 기법의 하나이다. 체계적 둔감법은 불안 및 공포와 같은 부적응행동을 일으키는 자극을 내담자가 직접 접하도록 한 상황에서 상담이 이루어진다. 초기에는 아주 약한 정도의 자극이 주어지지만 차츰 그 강도를 높여서 내담자에게 자극이 주어졌을 때 내담자의 자극력을 감소시키는 기법이다. 물론 내담자에 따라 다르게 적용될 수 있지만 보통 이완훈련, 불안위계표 작성, 불안위계표에 따른 학습 등의 3단계를 거쳐 상담이 이루어진다.

① 이완훈련

체계적 둔감법은 근육이 이완되어 있는 상태에서는 불안하지 않다는 전제하에 근육이완 훈련을 통해 불안 및 공포를 제거하는 방법이다. 상담자는 내담자가 근육이완 훈련을 하도록 학습시켜야 한다.

② 불안위계표 작성

공포나 불안을 일으키는 장면과 관련되어 있는 요인들을 찾아보기 위하여 주관적인 불안검사를 실시한다. 가장 불안한 상태를 '100' 으로 하고 가장 이완된 상태를 '0' 으로 놓고 순서대로 나열하도록 한다.

③ 불안위계표에 따른 학습

불안반응과 불안자극 간의 연결이 사라질 때까지 불안을 일으키는 자극들을 이완 상태에서 반복적으로 연결한다. 즉, 특정한 사물에 불안을 느낄 때 그 사물을 반복적으로 접하게 함으로써 내담자의 불안을 점차 사라지게 하는 방법이다.

1924년 존스(Mary Cover Jones)가 토끼에게 심한 공포를 느끼는 3세의 피터(Peter)를 성공적으로 치료한 것도 체계적 둔감법을 이용한 치료기법이었다. 이렇듯 체계적 둔감법은 공포 및 불안을 제거하기 위한 행동주의적 상담기법이다.

(2) 주장훈련(assertiveness training)

주장훈련은 사회적 기술훈련의 한 형태로서 분노나 짜증을 표현하지 못하는 사람, 거절을 못 하는 사람, 겉으로 보기에 지나치게 공손한 사람, 다른 사람에게 이용당하는 사람, 정서와 다른 긍정적인 반응들을 표현하지 못하는 사람, 자신의 사고나 감정, 신념 등을 표현할 권리가 없다고 생각하는 사람들을 변화시키기 위한 효과적인 상담기법이다(김청자, 2009).

주장훈련이란 상대방에게 피해를 주거나 불쾌하게 하지 않고 또한 상대방의 권익에 해를 끼치지 않는 범위 내에서 자신의 마음속에 있는 감정을 솔직히 표출하도록 장면을 설정하여 학습시키는 것이다. 주로 다음과 같은 과정으로 훈련한다.

① 내담자의 소극적 행동, 주장적 행동, 공격적 행동을 구분한다.
② 주장을 못 하는 이유를 찾는다.
③ 주장적으로 사고하기를 연습한다.
④ 불안을 극복하기 위한 훈련을 한다.
⑤ 실생활에서 주장적으로 행동한다.

(3) 성적 반응법(sexual response)

성적인 감정을 고취시켜 공포, 긴장, 불안 등의 불편한 감정을 해소시키는 방법이다. 도피 중인 범인이 사창가에서 창녀와 성관계에 몰입하는 것도 자신의 두려움과 체포에 대한 불안을 해소하기 위한 행위로 볼 수 있다. 또한 결혼 전 매사에 부족했던 여성이 결혼을 하고 난 이후 영리해지고 일처리에 있어 현명한 모습을 보이는 것도 일종의 성적인 관계에 의한 성숙이라고 볼 수 있다. 그들은 성적 반응으로 인하여 긴장해소와 내면적 성숙이 가능해진 것이다.

(4) 정서 심상법(emotive imegery)

내담자가 어렵고 궁지에 몰려 있는 상황에 속해 있을 때, 내담자로 하여금 자신의 희망적인 상황을 상상해 보도록 학습시키는 방법이다. 예를 들면 나치의 유태인 박해를 피해 다락방에 숨어지내던 안네가 일기를 쓰면서 여러 가지 상상을 통하여 자신의 어려운 생활을 견뎌낸 것과 같은 이치이다.

TIP 자기주장 및 의사소통의 형태

상담자는 내담자가 가지고 있는 자기주장의 모습을 파악해 볼 필요가 있다. 즉 내담자가 가지고 있는 자기주장에 관한 문제가 구체적으로 무엇인지 파악을 한 이후에 좀 더 구체적인 자기주장 훈련을 할 수 있기 때문이다. 자기주장 및 의사소통의 형태를 크게 다음의 세 가지로 구분하여 보자.

1) 소극적 자기주장
소극적이거나 내성적인 성격의 소유자에게서 흔히 볼 수 있는 모습이다. 이러한 의사표현의 소유자는 자신의 감정을 올바르게 표현하지 못하고 간접적인 방법을 통하여 자신의 감정을 드러낸다. 예를 들자면 아내에게 불만이 있는 남편이 아내에게 직접 자신의 불만을 말하지 못하고 아내가 챙겨준 아침밥을 먹지 않고 출근하는 등의 행동으로 자신의 불만을 표현하는 것이다. 그러나 이렇듯 소극적인 자기주장의 소유자들은 자신의 행동에 대하여 불안해하며 자신감이 없고 타인이 자신의 권익을 침해하는 것에 대해 거부하지를 못하는 경향이 있다.

2) 자기 표현적 주장
자기의 의사를 정직하게 직접적으로 표현하는 사람이다. 자신의 정서를 직접적으로 정직하게 표현하는 사람은 자신의 정서도 건강함을 유지하겠지만, 타인의 권익을 해치는 주장도 삼가는 경향이 있다. 즉 자신의 건강한 주장과 더불어 남에 대한 배려도 함께하는 표현을 할 수 있다.

3) 공격적 자기주장
공격적으로 자신의 의사를 표현하는 사람들의 경우는 자신의 의사는 분명히 밝힐 수 있지만, 타인에게 피해를 줄 수 있는 소지가 있다. 그들은 자신의 권익을 위해서 타인을 무시하거나 약점을 드러내는 등 부정적인 공격을 통하여 타인으로 하여금 모멸감을 느끼거나 상처를 입게 한다. 아무리 자신의 의견을 분명히 표현하는 것이 좋다고 하지만, 이렇듯 공격적인 자기주장을 하는 사람의 표현방법은 수정할 필요가 있다.

2) 조작적 조건형성이론

(1) 강화(positive reinforcement)

행동주의적 상담의 이론에서 우리가 흔히 언급하는 강화의 원리는 주로 정적 강화의 원리라고 할 수 있다. 강화의 원리는 내담자의 바람직한 행동을 증가시키기 위하여 상담자가 제시한 행동을 내담자가 수행했을 때 내담자가 선호하는 선물을 제공하는 것이다. 예를 들면 과제물을 완성한 어린이에게 선호하는 모양의 스티커를 줌으로써 어린이가 스티커를 모으기 위하여 계속 과제물을 잘 해 오는 경우이다.

(2) 소거(extinction)

내담자의 부적응적 행동을 없애기 위해 사용되는 방법이다. 예를 들어 다른 친구의 험담을 즐기는 친구에게 그가 험담을 늘어놓을 때마다 못 들은 체하거나 맞장구 쳐주지 않는다면 그는 더 이상 험담을 하지 않게 될 것이다. 또한 아이가 지나치게 유아적인 언행을 할 때마다 양육자는 그러한 행동을 무시하거나 아이의 언행을 수정함으로써 아이의 부적절한 언행을 소거할 수 있게 된다.

(3) 토큰 경제법(token economic)

강화의 원리 중에서 매우 높은 효과를 거두어 강화가 잘 되는 방법 중의 하나이다. 우리의 일상에서나 유치원, 학교 등에서 널리 사용되고 있는 방법이다. 아이들이 강화하고자 하는 행동을 했을 때 스티커 등의 토큰을 나누어 준다. 모아진 토큰으로 아이들은 원하는 물건과 교환할 수 있다. 일반 어린이들에게도 적용하여 강화의 효과를 많이 거두지만 정신지체의 행동수정에도 유용하게 쓰이는 방법이다. 가장 큰 효과를 내는 토큰은 돈이다.

(4) 혐오요법(avoidance therapy)

내담자가 바람직하지 못한 부적응적 문제행동을 할 때 그에게 벌을 줌으로써 그러한 문제행동들을 감소시키거나 없애는 방법이다. 예를 들면 지나치게 비만인 사람에게서 음식물을 거부할 수 있는 자극을 주기 위해 필요 이상의 음식물에는 역겨운 냄새가 나게 한다던가, 술을 줄여야 하는 경우 술에 구토제를 넣어 두는 등의 방법을 사용하여 내담자가 거부하도록 만드는 방법이다. 혐오요법에는 전기쇼크, 약물, 불쾌감 조장하기, 화학적 혐오자극제, 시간적 혐오자극제 등을 사용할 수 있다.

3) 인지적 행동수정

행동주의 심리학자 엘리스(Albert Ellis)에 의하여 체계화된 이론이다. 엘리스에 의하면 내담자의 행동을 수정하기 위해서 내담자의 인지구조를 수정해야 한다는 것이다. 그러나 궁극적으로 인지적 행동수정 역시 인지적 구조의 수정에서 끝나지 않고 행동을 수정해야 한다고 강조하고 있다. 인지적 행동수정 상담이론으로는 자기대화, 인지 재구조화, 자기교시훈련, 스트레스 예방훈련, 사고중지법 등이 있다.

사고중지법(thought stopping)은 스스로 통제하기 힘든 지속적 · 강박적 · 비생산적 생각에 빠져서 다른 일에 집중하기 힘든 내담자의 경우에 적용하는 기법이다. 내담자가 자신의 고통스러운 생각이 떠오르면 '그만' 이라고 스스로에게 외치거나 빨리 현재의 위치에서 이동을 하거나 다른 즐겁고 유쾌했던 기억을 떠올리는 연습을 하게 함으로써 고통스런 기억을 상쇄시킬 수 있는 방법을 찾는 것이다(김형태, 2009).

8 행동주의적 상담이론의 평가

1) 행동주의적 상담이론의 기여

행동주의적 상담기법은 겉으로 드러나는 구체적인 행동을 강화하거나 소거함으로써 새로운 행동을 습득하도록 상담의 목표를 정한다. 따라서 상담이 이루어지고 있는 동안 또는 종결 후에 내담자의 행동에 변화가 있는지 정확히 측정할 수 있다. 또한 내담자의 문제행동의 소거 및 강화에 의한 행동의 습득이 어느 정도 달성되었는지 객관적으로 판단할 수 있다. 이렇듯 행동주의 상담은 객관적인 측정이 가능하기 때문에 과학적이라는 평가를 받는다.

행동주의적 상담기법의 또 다른 기여는 상담자가 제시한 상담기법이 내담자 개개인에게 적합한 방법이며, 그것은 내담자와 합의가 이루어진 이후 적용된다는 점이다. 또한 행동주의적 상담기법에는 다양한 방법들이 있어 내담자의 부적응적 문제행동에 따라 다양한 기법이 적용될 수 있다는 장점을 가지고 있다.

행동주의적 상담기법은 내담자가 내놓은 문제에 대하여 매우 구체적으로 접근을 한다. 예를 들어 내담자가 '나는 불행합니다.' 라고 했을 때 행동주의 상담자는 '무엇 때문에 그렇게 생각합니까?', '누구로 인하여 그렇게 생각을 하게 되었습니까?', '그런 생각이 당신의 생활에 어느 정도 영향을 미칩니까?' 등 구체적인 문제를 찾으려고 노력한다. 즉 행동주의 상담자는 내담자의 문제에 매우 구체적으로 접근을 시도하고 그에 따른 상담기법도 매우 구체적으로 제시한다.

행동주의적 상담기법은 체계화와 발전을 거듭하면서 현재 여러 분야에서 널리 사용되고 있다. 행동주의적 상담기법은 이미 의학, 소아과, 재활과, 스트레스 대처 등에 널리 사용되고 있었으며, 최근 들어 새로운 기법들이 개발되며 더 넓은 범위에서 사용되고 있다. 윌슨(Wilson, 1989)의 주장에 의하면 행동주의적 상담기법은 불안장애, 우울증, 성(性)행동장애, 심장혈관질환의 예방 및 치료 등에 사용되고 있다(김형태, 2009 재인용). 물론 상담의 현장에서도 내담자의 문제행동을 수정하는 등 행동주의적 상담기법은 이미 널리 사용되고 있다.

2) 행동주의적 상담이론에 대한 비판

① 행동주의적 상담이론은 학습이론을 기본 전제로 두고 있다. 그런데 학습이론은 실험실에서 동물을 대상으로 연구한 결과로 이루어진 이론이다. 따라서 실험실이 아닌 인간의 실생활에, 그것도 인간에게 적용한다는 것은 무리라는 비판이 있다.

② 행동주의적 상담이론은 내담자가 가지고 있는 부적응적 문제행동을 수정한 것으로 상담이 성공적으로 종결되었다고 하지만, 일시적으로 사라졌던 문제들이 다시 나타날 수 있다. 즉 정신분석이론 등과 같이 장기간의 상담기간을 두고 내담자가 가지고 있는 문제행동이나 신경증 등의 원인을 파악하여 근본적인 치료가 이루어지지 않는 행동주의적 상담이론으로는 언제 다시 문제행동이 재발할지 모른다고 비판하고 있다. 즉 행동주의적 상담이론은 내담자가 가지고 있는 현재의 문제만을 바라볼 뿐 내담자의 근본적 내력에 대해서는 무시하는 경향이 있다.

③ 행동주의적 상담이론은 상담에서 중요시되어야 하는 내담자와 상담자의 관계를 중요시 여기지 않고 상담의 기법에 치중한다는 비판을 받고 있다. 그러나 행동주의적 상담에서도 내담자와 상담자가 어느 정도 공감이 이루어진 이후 상담기법을 사용해야만 더 효과적인 상담결과가 나타난다고 보고 있기 때문에 반드시 행동주의적 상담이 두 사람의 관계를 경시한다고 비판할 수는 없다. 그러나 행동주의적 상담이론이 상담과정에서의 감정이나 정서에 치중하지 않는다는 것은 사실이다.

생각해 볼 점

1. 행동주의적 상담이론의 인간관은?
2. 일반화와 변별조건형성의 차이는?
3. 정적 강화의 예를 일상생활에서 찾아보시오.
4. 행동주의적 상담의 과정을 나열해 보시오.

참고문헌

김청자 · 장선철 · 최세리 · 김숙영(2008). 심리학의 이해. 서울: 동문사.

김청자 · 정진수(2009). 상담의 이론과 실제. 서울: 동문사.

김형태(2009). 21세기를 위한 상담의 이론과 실제. 서울: 동문사.

노안영(2007). 상담심리학의 이론과 실제. 서울: 학지사.

박경애(2008). 인지 · 정서 · 행동치료. 서울: 학지사.

여광응 · 한현민(1997). 행동수정이론과 특수아동에의 적용. 서울: 도서출판 특수교육.

이훈구 · 한종철 · 정찬섭 · 오경자 · 한광희 · 황상민 · 김민식(2004). 인간행동의 이해. 서울: 법문사.

임창재(2009). 심리학개론. 서울: 동문사.

천성문 · 박순득 · 배정우 · 박원모 · 김정남 · 이영순(2009). 상담심리학의 이론과 실제. 서울: 학지사.

최창호(2002). 20세기를 빛낸 심리학자. 서울: 학지사.

C. James Goodwin(1999). *A history of modern psychology*. 현대심리학사. 박소현 · 문양호 · 김문수 역(2004). 서울: 시그마프레스.

Cynthia G. Last & Michel Hersen(1999). 성인행동치료. 김영환 · 백용매 · 홍상황 역(2000). 서울: 학지사.

Douglas Mook(2004). *Classic experiments in psychology*. 당신의 고정관념을 깨뜨릴 심리실험 45가지. 진성록 역(2007). 서울: 도서출판 부글북스.

Jess H. Wright · Monica R. Bassco · Michael E. Thase(2009). *Learning cognitive-Behavior Therapy*. 인지행동치료. 김정민 역(2009). 서울: 학지사.

Marjorie E. Weishaar. 아론 벡. 권석만 역(2007). 서울: 학지사.

Michael D. Spiegler · David C. Guevremont(2003). 행동치료. 전윤식 · 강영심 · 황순영 역(2005). 서울: 시그마프레스.

Robert D. Nye(1996). 프로이트 · 스키너 · 로저스. 이영만 · 유병관 역(2002). 서울: 중앙적성출판사.

6

현실치료 상담

1 개관

2 윌리엄 글래서

3 인간관

4 주요개념

5 상담의 목표

6 상담의 과정

7 상담의 기법

8 현실치료에 대한 평가

학습의 목표

1. 현실치료 상담의 목표는 무엇인지 알아본다.
2. 현실치료의 이론적 배경이 되는 통제이론에 대해 이해한다.
3. 현실치료 상담의 기법과 과정에 대해 이해한다.

1 개관

현실치료는 1950년대 윌리엄 글래서(William Glasser)에 의해 연구 · 소개되었다. 이 이론의 기본 가정은 우리 모두가 성장할 수 있는 힘을 가지고 있고, 그 힘이 우리의 환경을 통제하면서 자신의 욕구를 충족시키고 성공적인 정체감을 발전시킬 수 있다는 데 있다. 이러한 가정에 근거하여 이 이론은 현재의 자기행동에 대한 책임 즉 현재 진행 중에 있는 행동에 초점을 맞추는 상담방법이다.

현실치료의 상담자는 교사나 모델로서의 기능을 하며 내담자들이 하는 활동이나 행동이 자신이나 타인에게 해를 끼치지 않으면서 자신의 기본욕구를 충족시키는지의 여부를 평가하도록 내담자를 직면시킨다. 현실치료는 개인이 타인과 좋은 관계를 형성하고, 보다 효과적으로 선택하며, 보다 잘 통제하도록 돕는 것이다. 사람들은 자신들이 통제할 수 없는 상황의 희생자가 아니고 자신의 생활에 대해 책임을 진다. 그러므로 현실상담자는 내담자들이 자신의 행동을 변화시키기 위하여 현재 무엇을 할 수 있는지, 무엇을 할 의지가 있는지에 초점을 둔다. 상담자는 내담자에게 다른 사람과 두터운 신뢰 관계를 형성하도록 가르치며 계속해서 내담자가 효과적인 선택을 했는지 스스로 평가하도록 질문한다.

현실치료의 실제는 행동에서 변화를 이끄는 두 가지 요소, 즉 상담환경과 행동변화를 가져다 줄 구체적인 상담과정을 함께 계획하는 것이다. 이 과정은 내담자가 원하는 것을 얻을 수 있게 해준다. 현실치료의 목적은 행동변화와 효과적인 결정하기, 의미 있는 관계로 개선하기, 삶을 향상시키고 효과적으로 심리적 욕구를 만족시키기 등을 포함한다.

2 윌리엄 글래서(William Glasser, 1925~)

윌리엄 글래서
(William Glasser)

글래서는 오하이오 주의 클리블랜드에서 태어나 공업전문학교를 졸업하고 19세에 화공기사가 되었으나 심리학에 관심을 가지면서 23세에 임상심리전문가가 되었다. 그 후 다시 오하이오 주의 클리블랜드에 있는 케이스 웨스턴 리저브 대학교(Case Western Reserve University)에서 의학을 공부하고 28세에 정신과 의사가 된다.

글래서는 캘리포니아 대학의 제대군인관리국 의학센터(Veterans Administration Center)에서 정신의학에 관한 수련을 마친 후 자신이 배운 많은 것들이 불만족스럽다는 것을 깨닫게 된다. 그가 배운 것은 정신분석적 심리치료의 기본경향을 포함하고 있었는데 여기에 의문을 제기하는 전문가들은 거의 없었다. 글래서는 자신에게 동조하는 교육지도 담당의사인 헤링톤을 만나면서 전통적인 심리치료의 가치에 대해 의문을 갖고 함께 연구를 하였다. 그들은 수년간 공동연구를 했으며 소위 '현실치료' 라고 불리는 기본개념들을 개발하였다.

1956년 그는 캘리포니아 주의 벤추라학교(Ventura school for girls: 10대 비행 소녀를 위한 학교)의 정신과 자문의가 되어 비행청소년을 만나게 되었다. 그는 자신이 개발한 개념들을 적용하여 여학생들에게 스스로 책임을 지도록 하고 자신의 장래를 계획하도록 하는 프로그램을 적용하기 시작했다. 이때 처벌은 배제되었으며 규칙을 어겼을 경우에 변명은 받아들여지지 않았고, 개인의 책임이 강조되었으며 자신의 행동을 바꿀 결심을 하고, 결심한 그대로 실행할 수 있을지에 대해 답하도록 하였다. 직원들에게도 학생들의 생활에 관심을 기울이도록 권장하였다.

이러한 조치들에 대해 직원들과 학생들은 프로그램을 즐거워하기 시작했고, 흥미와 열의를 나타냈다. 변화와 개혁에 대한 직원들의 초기 저항도 그들이 타인을 도움으로 말미암아 자신이 의미 있고 보상받는 일에 관여하고 있다고 여겨짐으로써 급속히 사라졌다. 많은 좋은 결과 중에서 특히 상습범의 비율이 감소하였고, 이러한 성공적인 경험과 더불어 현실치료에 대한 이론과 개념이 계속 발전되어 갔다.

1970년대까지 현실치료는 각종 기관, 학교, 정신위생협회 등의 프로그램에 적용되어 왔다. 미국과 캐나다에서 수천 명의 사람들이 이 접근법을 연구하고 현실상담자로서의 자격을 갖게 되었다. 글래서는 캘리포니아의 카노그 공원에 있는 현실치료협회의 설립자이기도 하다. 현재 미국과 캐나다를 비롯한 세계 각국에서 현실치료훈련을 받은 전문가들이 활동하고 있다.

3 인간관

글래서는 인간을 긍정적인 관점에서 보았으며, 결정론적 입장에 반대하였다. 즉, 인간은 자신의 행동과 정서에 대해 스스로에게 책임이 있음을 강조하며 모든 인간은 성장의 힘을 가지고 있다고 믿는다. 이 이론의 인간관을 정리하면 다음과 같다.

- 인간은 자신을 성장시키려는 힘(growth power)을 가지고 있으므로 인간의 행동 변화도 가능하다.
- 인간은 자기결정이 가능한 존재이다. 이는 성장하려는 힘을 가졌다는데 근거한 것으로 인간은 유전이나 환경에 의해 결정되기보다 자기 스스로에 의해 결정되는 면이 더 크다는 것이다.
- 인간은 자신은 물론 환경을 통제할 수 있는 존재이다. 인간이 자기를 결정할 수 있는 것은 자기 자신과 자신의 환경을 어느 정도 통제할 수 있기 때문이다.
- 인간은 자신의 행동을 포함한 자신에 대해 책임질 수 있는 존재이다. 이는 자신의 행동, 느낌, 생각, 환경적 여건에 대해서도 책임질 수 있도록 스스로 통제해 나갈 수 있다는 것을 의미한다.
- 인간은 성공적인 정체감을 발전시킬 수 있는 존재이다. 성공적인 정체감을 통해 인간은 만족스럽고 즐겁고 의미 있는 인간관계를 가지고 싶어 한다.
- 인간은 기본적인 욕구를 충족시키려는 존재이다. 이러한 욕구에는 소속(belonging), 힘 (power), 자유(freedom), 재미(fun) 그리고 생존(survival)의 욕구가 있다.

4 주요개념

현실치료적 상담을 이해하는 데 필요한 주요개념으로 통제이론, 기본욕구, 전행동(全行動), 지각체계에 대해 알아본다.

1) 통제이론

현실치료의 이론적 배경은 이른바 통제이론인데 이 이론의 핵심은 인간의 모든 행동, 사고, 감정은 인간이 선택하였다는 것이다. 예컨대, 내가 누구를 미워하는 것은 그가 그렇게 만든 것이 아니라 내가 미움을 선택하기로 한 것이다. 게임에 빠진 청소년은 시험공부를 하지 않는 대신 게임을 하기로 선택한 것이다. 심지어 우울이나 불안 같은 감정까지도 그것이 어쩔 수 없이 발생한 것이 아니라 개인이 선택한 감정이라고 주장한다. 그래서 이 이론을 선택이론이라고도 부른다.

통제이론은 인간은 누구나 자신의 삶의 주인이 될 수 있으며, 그처럼 자신의 삶을 통제할 수 있을 때 행복감을 느낀다고 보는 개인의 자유를 강조하는 이론이다. 이 이론은 모든 행동은 외부작용이 아니라 내부작용에 의해서 행해지고 있다는 기본가정에 근거하고 있다. 우리가 어떻게 느끼고 생각하고 행동하는가 하는 것은 타인이나 외부 상황에 의해서 좌우되는 것이 아니라 우리 스스로의 선택에 의해서라는 것이 기본 개요이다(Glasser, 1998).

통제이론은 모든 생명체의 생리적이고 사회심리적인 행동을 설명해 주는 생물학적 이론이다. 즉, 우리가 행동하고 생각하는 모든 것, 좋은 것과 나쁜 것, 효율적인 것과 비효율적인 것, 즐거운 것과 고통스러운 것, 정상적인 것과 비정상적인 것들 모두가 우리 내면의 강한 욕구를 충족시키기 위한 선택이라고 본다. 따라서 적절한 선택을 통하여 자신을 통제하는 방법을 배우게 되면 문제를 비난하는 대신에 문제를 해결하기 위해서 긍정적으로 에너지를 사용하게 된다는 것이다.

2) 인간의 기본적인 욕구

인간의 행동은 기본적인 욕구를 충족시키기 위해 행해진다. 우리의 뇌는 생리적 욕구를 관장하는 무의식적인 구뇌(old brain)와 심리적 욕구를 관장하는 의식적인 신뇌(new brain)가 있는데 구뇌는 신뇌의 명령을 받아서 우리로 행동을 하게 한다. 모든 인간의 행동은 언제나 최선의 선택으로 우리가 선택할 때는 그 욕구들 중의 한 가지 혹은 그 이상의 욕구를 충족시키려고 하는 것이다(Glasser, 1998).

인간은 다섯 가지 기본욕구에 의해서 끊임없이 행동하게 되는데 매순간 최선의 선택을 한다는 것이다. 인간의 기본적인 욕구는 신뇌에 자리한 4개의 심리적이고 정신적인 욕구, 즉 사랑과 소속의 욕구, 힘에 대한 욕구, 자유에 대한 욕구, 즐거움의 욕구와 구뇌에 자리한 생존의 욕구가 있다.

(1) 사랑과 소속의 욕구(love and belonging need)

인간은 소속감을 충족시키고자 한다. 사랑하고 사랑받으며 서로 나누고 협력하고자 하는 인간의 속성이며, 자기 자신의 가족을 형성하기 위해 결혼하고 싶어 하고, 친구를 사귀고 싶어 하는 것, 사회집단에 들어가고 싶어 하는 것 등을 말한다.

(2) 힘에 대한 욕구(power need)

인간은 동물과 다르게 생존에 위협받지 않고도 힘에 휘둘리게 된다. 힘의 욕구는 인간의 경쟁하고 성취하고자 하는 속성이다. 주위사람과 경쟁을 통해서 또는 혼자서 무엇인가를 이루었을 때, 어떤 일을 계획하고 실천에 옮기는 것도 힘에 대한 욕구를 채우는 데 도움이 된다. 힘에 대한 유사어는 성취감, 존중, 인정, 기술, 능력 등을 의미한다.

(3) 자유에 대한 욕구(freedom need)

자유의 욕구는 이동하고 선택하는 것을 마음대로 하고 싶어 하고 내적으로 자유롭고 싶어 하는 속성이다. 자유욕구는 자신이 하는 선택을 통해 충족된다. 각자가 원하는 곳에서 살고 대인관계와 종교 활동 등을 포함한 모든 삶의 영역에서 어떠한 방법으로 삶을 영위해 나갈지를 선택하고 자신의 의사를 마음대로 표현하고 싶어 하는 욕구를 말한다. 그러나 자신의 욕구를 충족시키는 데 있어서 다른 사람의 자유를 침범하지 않도록 타협을 통하여 이웃과 함께 살 수 있는 절충안을 찾아야 한다.

(4) 즐거움에 대한 욕구(fun need)

즐거움의 유사어는 흥미, 기쁨, 학습, 웃음 등이다. 이것은 인간이 많은 새로운 것을 배우고 즐기고자 하는 속성을 가지고 있다는 것을 말한다. 즐거움의 욕구를 충족시키기 위해 때로는 생명의 위험도 감수하면서 자신의 생활방식을 과감히 바꾸어 나가는 예를 볼 수 있다. 생명을 걸고 암벽을 타거나 자동차 경주를 하는 것과 같은 위험한 활동을 택하는 것이 예라 할 수 있다.

(5) 생존에 대한 욕구(survival need)

생존에 대한 욕구는 인간이 생물학적 존재로서 살고자 하고 생식을 통한 자기 확장을 원하는 속성으로, 구뇌에서 생성된다. 호흡, 소화, 땀, 혈압조절 등 신체구조를 움직이고 건강하게 유지하도록 하는 중요한 과업을 수행하고 있다. 구뇌의 기능은 우리가 생존하는 데 없어서는 안 되는 요소이지만 우리가 일상생활을 영위하는 데 지배적인 힘을 직접 발휘하지는 못한다.

이러한 인간의 기본적인 욕구는 기본적이고 본질적인 것이며, 중복적이다. 또한 상호 갈등적이기도 하다. 개인적 욕구는 순간적으로 충족되었다가 다시 불충분한 상태로 가기 때문에 계속 충족된 상태로 지속되기는 어렵다. 충족상태가 지속될 수 없기 때문에 이것이 동기의 근원이 된다. 욕구를 충족시켜주는 구체적인 대상인 바람(want)은 각 개인에 따라 독특하고 고유하다. 이 바람들은 비현실적인 것일 수도 있고 변할 수도 있으며 서로 갈등을 일으키기도 한다. 글래서는 인간의 바람이 모여 있는 곳을 내면세계 혹은 사진첩(picture album)이라 지칭했으나 1990년 초부터 질적인 세계(quality world)라고 개칭했다. 개인의 욕구와 바람과의 관계를 보면 개인의 욕구는 유전적인 속성이기 때문에 모든 사람이 공통적으로 가지고 태어나지만 그 욕구를 채우는 방법으로서의 바람은 개인마다 독특하고 차이가 있다. 현실에서 얻고 있는 것이 바람을 충족시켜주지 못할 때 욕구좌절을 경험하며, 이때의 불균형과 고통이 행동의 동기가 된다.

3) 전행동(total behavior)

글래서는 모든 행동에는 목적이 있다는 아들러의 영향을 받았다. 우리가 기능하는 방법과 자동차가 기능하는 방법을 비교하여 우리의 전체 행동을 설명한다. 우리들의 욕구는 자동차의 엔진에 해당되고 바람은 핸들이 되어 전행동이라는 차를 이루어 가고 싶은 방향으로 가게 되어 있다. 전행동은 자동차의 앞바퀴에 해당되는 활동하기(acting), 생각하기(thinking)와 뒷바퀴에 해당되는 느끼기(feeling), 신체반응하기(physiology) 등의 4가지 요소로 구성되어 있으며, 이 요소들이 모두 모여 하나의 행동으로 나타나기 때문에 모든 행동에는 이 4가지 요소가 반드시 포함되어 있다고 본다.

전행동의 구성요소 중에서 활동하기 요소에 개인의 통제력이 강력하게 작용한다. 생각하기 요소에서는 활동하기보다는 다소 적은 통제력을 갖는다. 느끼기는 통제하기가 어렵고 신체반응하기는 통제하기가 매우 어렵다. 즉, 활동하기는 거의 언제나 통제력을 가지고 있으므로 4가지 요소 중 활동하기에 초점을 맞추어 변화를 준다면 나머지 생각하기, 느끼기, 신체반응하기는 자동적으로 변화가 따른다는 것이다.

인간은 전행동을 통해 자신이 원하는 것을 얻으려고 노력한다. 또한 화내는 것, 우울해하는 것, 죄책감을 갖는 것과 같은 부정적인 활동들도 실제는 우리가 원하는 것을 찾기 위해 주어진 그 순간에 자신이 취하는 최선의 노력이며 선택이라고 보고 있다. 그러므로 현실치료에서는 개인의 행동변화는 활동하기에서부터 출발한다. 그리고 환경이나 타인의 행동을 변화시키기 보다는 변화를 원하는 자신의 활동하기에서 출발하는 것이 훨씬 현실적이라고 본다.

4) 지각체계

우리의 욕구나 바람의 충족은 결국 현실세계를 통해서만 가능하다. 따라서 이들의 관계를 이해하는 것이 중요하다. 이를 위해서는 지각체계에 대한 이해가 필요하다.

현실세계는 우리가 현재 경험하는 모든 것을 말한다. 인간은 오감, 즉 시각, 청각, 미각, 촉각, 후각을 통해서 현실세계를 경험하게 되는데, 이와 같은 경험은 지각체계(감각체계와 지식여과기, 가치여과기로 구성)를 거치면서 특별한 사진기로 찍혀서 지각세계에 전달된다. 지각세계에는 우리가 경험한 모든 것, 즉 긍정적이거나 부정적으로 또는 중성적으로 지각한 것들이 저장되어 있다. 이와 같이 가치 있는 경험의 인식과 더불어 가장 가치 있다고 여기는 경험, 즉 우리의 욕구를 가장 잘 충족시켜주었다고 여기는 방법이 질적인 세계라는 곳에 하나의 사진첩으로 저장되어 있다. 그리고 그 사진첩의 사진들이 현실과의 일치여부에 따라서 개인의 만족도를 평가하게 된다. 따라서 개인의 갈등은 현실세계에서의 경험과 이미 경험되어 있는 지각세계에서의 경험의 차이를 말한다. 지각세계에서의 경험의 차이가 크면 클수록 인간의 갈등은 크고 욕구좌절을 가져오게 된다. 개인은 이러한 갈등의 차이를 줄이려고 끊임없이 새로운 행동을 창조한다.

통제이론은 사람들이 현실을 각각 다르게 받아들이는 이유가 각자에게 독특하고 중요한 좋은 세계(quality world) 때문이라고 설명하고 있다. 이 세계는 태어나자마자 우리의 기억 속에 만들어지기 시작해서 일생동안 창조하고 또 재창조하는 세계이다. 이 세계는 기본욕구 중의 하나 또는 그 이상의 욕구를 가장 잘 충족시켜주는 것들로 이루어져 있다. 우리는 욕구가 충족되지 않으면 좋은 세계 안의 사진들을 바꾸어서 우리의 욕구를 충족시키려고 할 것이다. 좋은 세계 안의 그림들은 대체로 다음의 세 범주 안에 포함된다.

- 우리가 가장 같이 있고 싶은 사람들
- 우리가 갖고 싶거나 경험하고 싶은 일들
- 우리 행동을 주관하는 아이디어나 신념의 체계들

불행한 사람들의 경우는 좋은 세계 안에 그들의 욕구를 충족시킬 그림이 없거나 예전에는 충족시켰지만 지금은 더 이상 충족시켜주지 않는 경우이다. 그 이유는 그 사진들을 빼어내는 것이 고통스럽기 때문이다. 그래서 우리들 대부분은 원하는 만큼의 욕구충족이 되지 않아도 오랫동안 그런 그림들을 좋은 세계 안에 지니고 있다. 우리는 좋은 세계 안에 나와 다른 사람의 욕구를 함께 충족시킬 수 있는 사진들을 저장하려고 노력하며 살아가고 있다.

5 상담의 목표

현실치료 상담의 목표는 정서적으로 강하고 합리적인 내담자가 되도록 돕는 것이다. 내담자가 보다 자율적이고 효율적인 욕구충족 방법을 선택하고 실행하도록 도와서 책임 있는 행동을 선택하고 보다 성공적인 정체감을 갖도록 원조하는 것이다(Glasser, 1980). 성공적인 정체감이란 자신이 원하는 것을 실천하게 되었을 때 성공적인 경험이 많아짐에 따라서 스스로가 나는 성공할 수 있는 사람이라고 자신에 대해 느낄 수 있는 안정되고 지속되어지는 감정을 말한다.

글래서는 살아가면서 내가 원하는 것을 이루어 낼 수 있다는 믿음을 갖는 것이 매우 중요하다고 하였다. 상담자는 내담자 자신이 원하는 것이 현실적으로 실현가능한 것인지, 그리고 그러한 행동이 자신의 욕구충족과 관계에 있어 유용한지의 여부를 평가하도록 돕는다. 또한 변화에 대한 책임을 자신이 수용할 수 있도록 행동선택의 주체자로서의 경험을 강조한다. 즉 내담자는 자신의 욕구충족을 위한 새로운 행동을 선택함에 있어서 책임과 옳고 그름, 그리고 현실성을 갖춘 개념을 고려한다.

6 상담의 과정

현실치료 상담과정은 크게 두 부분으로 나누어 살펴볼 수 있다. 우선 상담환경의 조성을 통해서 내담자가 상담자와의 관계에서 욕구충족이 이루어질 수 있도록 하며, 무엇보다도 상담에 대한 기대와 자발적인 참여를 돕는 것이 중요하다. 그리고 'WDEP 과정'[1]을 통해서 내담자의 바람을 충족시킬 수 있는 창조적인 행동을 선택하고 실행하도록 돕는 것이다.

1) 상담환경의 조성

현실치료에서는 상담자와 내담자의 상담관계 형성을 매우 중요하게 여긴다. 상담 절차를 밟아가는 과정에서는 상담환경이 기본이 된다. 상담환경 조성에는 구체적으로 권장사항들과 금지사항들이 있다(Wubbolding, 1991).

(1) 권장사항(내담자와 친구가 되기 위해 해야 할 것)

① 주의 기울이기(use attending behavior)

눈 맞춤과 얼굴 표정, 수용적 자세, 언어적 행동(반영적 경청하기), 비언어적 행동(목소리의 억양과 내담자의 표현방식), 바꾸어 말하기 등

② ABs 법칙 실시하기(practice the AB-CDEFG)

- 항상 예의 바를 것(Always be calm & courteous)
- 항상 신념을 가질 것(Always be determined)
- 항상 열성적일 것(Always be enthusiastic)

1) 행동변화를 일으키는 절차인 'WDEP'는 현실치료의 과정을 두문자로 표시한 것인데, 각 철자들은 다음과 같은 단계를 의미한다. W(욕구, 바람, 지각탐색), D(현재 행동 탐색하기), E(내담자에게 바람, 행동, 계획에 대해 자기 평가하도록 요청하기), P(계획하기)

- 항상 확고할 것(Always be firm)
- 항상 진실할 것(Always be genuine)

③ 판단보류하기(suspend judgement)

상담자가 전문적인 관계를 유지하기 위해서는 판단을 보류하는 것이 중요하다. 상담자가 판단하거나 비난하지 않고 내담자의 행동을 볼 수 있다는 뜻을 내포하고 있다. 즉, 상담자는 자신의 욕구를 충족시키기 위한 최선의 노력으로 내담자의 행동을 이해해야 한다는 것을 의미한다.

④ 예상하지 않은 행동하기(do the unexpected)

사람들은 흔히 고통스럽고 힘든 좌절을 겪기 때문에 상담하러 온다. 예상 밖의 행동을 보임으로써 상담자는 내담자가 그의 또 다른 내적 바람을 보도록 하여 잠시나마 고통에서 벗어날 수 있도록 도와준다. 역설적 기법을 사용하여 직접적으로 문제를 다루기보다는 잠시 그 문제를 옆으로 밀어두는 것이 도움이 된다.

⑤ 유머 사용하기(use humor)

유머는 적대적인 것이 아니라 선량한 것이어야 하며, 우월한 것이 아니라 평등해야 하고 강요된 것이 아니라 순수한 것이어야 한다. 또한 유머는 적당한 시기에 사용되어야 한다. 내담자와 상담자 양쪽 모두 웃을 수 있고 학습하는 데 도움이 되어야 한다.

⑥ 자기답게 개성 있게 상담하기(be yourself)

현실치료는 아주 조직적이고 엄밀하게 보이는데 여러 면에 있어서 그것은 사실이지만 상담자가 자신의 인성에 맞게 조절해야 한다.

⑦ 자기 자신을 개방하기(share yourself)

친구가 되기 위해서는 서로 자기 자신을 개방하고 어떤 점에서는 상대방에게 자신의 부족한 점을 보일 수 있어야 한다. 자기 개방은 신경증적인 행동표현을 하는 것이 아니며, 내담자를 상담자의 세계로 들어오게 하는 건강하고 자발적이고 진지하며 순수한 의도의 표현이어야 한다.

⑧ 은유적 표현에 귀 기울이기(listen for metaphors)

은유적인 표현은 내담자에게서 자연스럽게 나올 수도 있고 상담자가 제안할 수도 있다. 은유적 표현은 이미 알려진 것을 더 많이 이해하도록 하기 위해서, 알려지지 않은 것에 대해 더 많은 통찰력을 제공해주기 위해서, 심리적이고 정서적인 강도를 표현할 수 있도록 하기 위한 목적으로 사용하며 이 목적은 변화를 가져다주는 환경을 만드는 데 이바지한다.

⑨ 주제에 귀 기울이기(listen for theme)

내담자들은 어떠한 주제를 사용하여 그들의 상황을 묘사하고자 한다. 상담자들은 내담자들의 주제를 경청한 후 명료화하여 반영한다.

⑩ 요약하기와 초점 맞추기(use summarize and focus)

유능한 상담자는 내담자가 하는 이야기를 요약하여 진실로 원하는 것에 초점을 맞추도록 도와준다. 이런 초점 맞추기는 한 가지 또는 그 이상의 요점들, 주제, 평가적 사고 등을 강조하는 것을 의미한다.

⑪ 자기선택에 대한 결과를 책임지게 하기(allow or impose consequences)

행동이 결과를 초래한다는 것을 인식시키고 책임을 지게 하는 기술로서 비처벌적으로 행해져야 한다.

⑫ 침묵을 허용하기(allow silence)

침묵은 내담자가 자기의 생각을 모으게 하고 통찰을 얻게 하고 심리적 사진첩 속의 사진과 지각을 명백하게 하며 계획을 세우게 한다.

⑬ 윤리적이기(be ethical)

내담자와의 진실한 관계는 상담자의 높은 수준의 윤리적 행동에 기초한다. 상담자는 내담자와 이해관계에 대한 갈등, 이중적인 관계 등을 피해야 한다.

(2) 금지사항(내담자와 친구가 되기 위해 하지 말아야 할 것)

우볼딩(Wubbolding, 1996)이 제시한 피해야 할 것들을 살펴보면 다음과 같다.

① 변명하기

"왜"라는 질문을 하지 말아야 한다. 변명을 받아들이는 것은 내담자가 나약하고 변화가능성이 없음을 받아들인다는 메시지를 전달한다.

② 처벌하고 비판하거나 논쟁하는 것, 결과를 허용하지 않는 것

일반적으로 처벌은 가하는 자의 감정에 복받쳐서 화가 나서 가해지며 비교육적이고 분개와 복수를 야기하기도 하며, 내담자가 좌절하는 원인이 되기도 한다. 반면 결과는 합리적이고 사실적으로 부과되고 교육적이며 책임 있는 행동과 재활할 수 있는 계기가 된다.

③ 쉽게 포기하기

힘든 시간은 영원히 지속되지 않는다. 강인한 현실치료 상담자들은 해내고 만다. 내담자를 절대로 포기하지 않고 최선을 다하는 상담자의 이미지를 내담자의 질적 세계 안에 간직하게 하여 내담자가 필요할 때마다 꺼내 쓰기 쉽게 한다.

④ 강압하거나 무시하기

⑤ 공포분위기 조성하기

2) 행동변화를 일으키는 절차(WDEP)

글래서와 우볼딩(1996)은 현실치료의 실제에서 사용할 수 있는 중요한 절차들을 설명하기 위해서 현실치료의 과정을 두문자어로 표시한 "WDEP"란 말을 사용한다. 각 철자들은 다음과 같은 단계를 의미한다. W(욕구, 바람, 지각탐색), D(현재 행동 탐색하기), E(내담자에게 바람, 행동, 계획에 대해 자기평가 하도록 요청하기), P(계획하기).

변화를 촉진시키기 위해 계획된 이러한 방법에 대해 알아본다.

(1) 욕구, 바람, 지각탐색(want)

내담자의 질적 세계를 탐색하기 위해 내담자가 주변 사람이나 자기 자신에게 원하는 것을 알아보고 자신의 심리적 욕구 중 충족된 것과 충족되지 않은 것을 구분해 준다. 또한 내담자가 주위 사람이나 세상을 어떻게 보는지를 질문을 통해 알아본다(김인자 역, 1991).

① "무엇을 원하는가?"라고 질문하기

내담자가 자신의 질적인 세계를 탐색하고 이제까지 희미하게 알았던 자신의 바람을 확실하게 알게 한다. 내담자 마음속의 사진들이 분명하면 할수록 내담자 자신이 원하는 것을 얻을 수 있는 가능성은 더욱 높아지기 때문이다.

② "진정으로 원하는 것이 무엇인가?"라고 질문하기

내담자의 바람을 가장 원하는 것과 별로 중요하지 않은 바람까지 수직으로 나열해 보게 한다. 내담자의 진정한 바람이 무엇인지를 알아낼 때 그들이 충족시키고자 하는 욕구가 드러나게 된다.

③ "사람들이 당신에게 원하는 것이 무엇이라고 생각하는가?"라고 질문하기

내담자가 자신에게 영향을 끼치고 있는 세상을 어떻게 보는가에 대한 질문이다. 가족, 친구, 학교, 동료, 상사, 사회 등의 기대에 대한 지각을 알아본다.

④ "당신은 어떤 시각으로 사물과 환경을 바라봅니까?"라고 질문하기

내담자의 지각체계를 탐색, 즉 외부세계로부터 여과되어진 것을 점검하는 단계이다. 내담자가 1차 수준의 지각(지식체계)으로 현실상황을 보는지 혹은 2차 수준의 지각(가치여과기)으로 보는지를 묘사해 보도록 하는 동시에 내담자가 자신의 삶의 방향을 바꿀 것인지에 관해 질문을 할 수 있게 한다.

⑤ "무엇을 원하는가, 어떻게 바라보는가?"라고 질문하기

상담자인 당신이 무엇을 제공해야 하는지, 내담자들에게서 무엇을 원하는지, 또한 상담자가 상황을 어떻게 바라보는지에 대해 내담자에게 말해본다.

⑥ 상담에 대한 약속 얻기

상담에 대한 약속을 받아내는 것은 중요한 부분인데 이 약속은 상담자가 관계형성에서 오는 혜택을 설명해 줄 때 자연스럽게 뒤따르게 된다. 상담전반에 걸쳐 내담자 자신들이 선택한 삶을 좀 더 신중히 바라보아야 한다는 사실을 강조해야 하는 것을 의미한다. 이러한 우호관계가 상담 시작에서부터 끝날 때까지 깊게 형성되지 못한다면 상담과정은 좀처럼 효과를 거두지 못할 것이다(Glasser, 1980).

(2) 현재 행동 탐색하기(doing)

현실치료는 현재 행동을 강조하고 과거 사건에 대해서는 내담자가 지금 하고 있는 행동에 영향을 끼칠 때에만 관심을 가진다. 현재에 초점을 두는 것은 현실치료자들이 자주 묻는 다음과 같은 질문에 잘 나타나 있다. "당신은 지금 무엇을 하고 있습니까?"

현재 행동 탐색하기는 상담초기에 내담자가 어디로 가고 있고, 그의 행동이 그를 어디로 끌고 가는지 등 생활의 전반적 방향을 알 수 있도록 도와주는 절차이다. 현실치료 상담자들은 내담자가 통제할 수 있는 활동을 스스로 탐색하도록 강조하고 있는데 내담자는 활동요소를 바꿈으로써 그가 지녔던 우울, 격분, 외로움 등의 느낌요소와 생리기능까지 변화시킬 수 있기 때문이다.

(3) 내담자에게 바람, 행동, 계획에 대해 자기평가 하도록 요청하기(evaluation)

이 단계는 내담자의 행동과 욕구와의 관계를 점검해 보는 것이다. 내담자의 행동변화를 위해 자신이 원하는 것과 원하는 것을 이루기 위해 지금 행동하고 있는 것이 정말 도움이 되는지, 도움이 된다면 어떤 도움이 되는지를 스스로 평가하도록 한다.

보통의 가치평가는 도덕적이고 윤리적인 기준에 맞추어 하는 것이지만 여기서의 평가는 개인의 행동과 욕구와의 관계를 점검해보는 것이다. 상담자는 내담자의 욕구, 지각, 전체행동에 대해 질문함으로써 가치판단을 내릴 수 있도록 내담자를 격려할 수도 있다.

내담자가 자신의 행동결과에 직면하도록 하고 자신의 활동을 평가할 수 있도록 돕는 것이 상담자의 중요한 역할이다. 현실치료에서 상담자는 내담자의 역할에 관한 견해나 판단을 자유롭게 제공할 수 있지만, 내담자가 우선적으로 상담에 대한 판단을 내리지 못한다면 자유로움은 별 다른 가치가 없게 된다. 숙련된 질문을 통해서 상담자는 내담자가 자신의 행동을 평가하도록 도울 수 있다. 이러한 질문에는 다음과 같은 것들이 있을 수 있다(김인자 역, 1991).

- 당신이 하는 행동이 당신에게 도움이 되는가 아니면 해가 되는가?
- 당신이 지금하고 있는 행동은 당신이 진정으로 원하는 것을 얻는 데 도움이 되는가?
- 당신이 하는 행동은 규칙에 어긋나는 것인가?

- 당신이 원하는 것은 현실적이며 실현가능한 것인가?
- 그러한 방식으로 보는 것이 당신에게 도움이 되고 있는가?
- 당신은 상담이나 생활변화에 얼마나 열심히 노력했는가?
- 당신이 주의를 요하는 것을 검증하고 난 뒤에 당신이 가장 흥미롭게 여기고 타인이 가장 흥미롭게 여기는 것이 나타나는가?

(4) 계획하기(plan)

내담자의 바람과 이러한 바람 충족을 위한 현재 행동에 대한 탐색이 이루어지면 그것이 진정으로 원하는 행동인가를 스스로 평가하도록 돕는 과정이 이루어지게 된다. 상담자가 내담자의 바람 충족을 위한 구체적인 방법을 찾도록 돕는 것이다. 대부분의 내담자들은 예전에 계획하기에 실패한 경험이 있기 때문에 새로운 계획을 세우고 실행하는 데 커다란 두려움을 느끼고 있으므로 상담자는 내담자를 신뢰하면서 용기를 북돋아 주어야 한다. 계획을 수립하고 실천하는 과정을 통해 사람들은 자신의 생활을 통제할 수 있다.

계획의 목적은 성공적 경험을 하도록 하기 위한 것이다. 이러한 계획단계를 통해 내담자에게 그들 자신의 선택이나 활동에 대해 책임 능력이 있다는 사실을 인정하도록 상담자가 도와준다. 무엇보다 바람 충족을 위한 계획을 세우는 데 있어 고려해야 할 사항들은 계획은 단순하고 현실적이고 실현가능해야 하며, 즉각적이고 측정 가능해야 하며 계획자에 의해 통제되어야 하고 일관성이 있어야 한다는 것이다. 또한 계획은 확고한 의지를 가지고 수행되어야 한다.

7 상담의 기법

현실치료에서는 상담자와 내담자의 친밀한 관계를 바탕으로 내담자가 자신의 행복 세상에서 자신이 선택한 사람들과 관계를 맺게 도와주며 자신의 바람을 달성할 수 있도록 조력한다. 여기서는 현실치료 상담자의 역할과 상담과정에서 주요하게 사용하는 조력전략과 반응기법에 대해 알아본다.

1) 상담자의 역할

현실치료에서 상담자의 이차적 기능 중 하나는 내담자가 현재를 다루도록 돕는 것이다. 만족스런 상담자와 내담자의 관계로부터 상담자는 내담자의 모든 관계에 대해 평가할 수 있고 그들이 원하는 것이 무엇이고, 또 원하는 것을 어떻게 효과적으로 얻을 수 있는지를 탐색할 수 있게 한다. 따라서 내담자가 상담자를 인식하는 데 있어 삶에 대해 많은 것을 알고 있는 사람, 또 성공적으로 삶에 대처하는 사람, 내담자 자신과 어떠한 주제에 대해 논의해도 결코 싫어하지 않는 사람으로 인식하는 것이 매우 중요하다.

2) 질문하기

현실치료에서 질문은 내담자의 전체행동 탐색, 바람 파악, 현재 하고 있는 행동파악, 구체적 계획수립에 있어 중요한 역할을 한다. 우볼딩(1991)은 질문하기가 다음의 4가지 방식에서 현실치료에 유용하다고 제안하였다. 내담자의 내적 세계로 들어가기, 정보 얻기, 정보 주기, 내담자가 보다 효과적인 통제를 하도록 조력하기 등이다. 효과적인 질문은 내담자가 자신의 행동에 초점을 맞추고 그러한 행동을 평가하고 계획하도록 한다. 또한 질문은 내담자에게 선택하도록 하며 선택을 통해 자신의 삶을 변화시키는 방법을 통제하도록 돕는다.

3) 직면하기

현실치료 상담자는 직면하기를 통해 내담자의 변명을 다룰 때 긍정적 태도를 유지하면서 변명을 수용하지 않는다. 상담자는 내담자를 비판하거나 그와 논쟁하지 않으면서 내담자가 자신의 전체행동을 탐색해서 효과적인 계획을 수립하도록 한다. 상담자의 역할은 내담자가 달성하기를 소망하는 바람과 그가 현재하고 있는 행동이 그러한 바람을 달성해 주는지의 여부를 따지는 것이다. 상담자는 바람의 달성과는 일치하지 않는 행동을 하는 내담자를 조력하는 데 있어 직면하기를 통해 내담자가 선택한 행동에 대해 책임을 지도록 한다.

4) 역설적 기법

상담자는 내담자에게 모순된 요구나 지시를 주어 그를 딜레마에 빠지게 하는 역설적 기법을 사용한다. 예를 들면, 실수하지 않으려고 강박적으로 생각하는 내담자에게 오히려 실수를 하도록 요구할 수 있다. 내담자가 상담자의 제안대로 실수를 하려고 시도하면 내담자는 문제에 대한 통제를 입증했다고 볼 수 있다. 만약 내담자가 상담자의 제안에 저항하면 그 행동은 통제되고 제거된다.

역설적 기법은 틀 바꾸기와 증상처방의 두 가지 유형이 있다. 내담자가 보다 많이 우울하기를 선택하는 것은 덜 우울하기를 선택할 수 있다는 것을 의미한다. 이러한 틀 바꾸기를 이용해서 내담자가 어떤 상황이나 주제에 대해 생각하는 방식을 변화시키도록 조력하는 것이다. 즉, 내담자가 이전에 바람직하지 않았다고 보았던 행동을 바람직한 행동으로 보도록 조력한다. 증상처방은 내담자가 증상을 선택하도록 지시하거나 요구하는 것을 말한다. 예를 들면, 얼굴이 붉어져서 타인에게 말을 못하는 사람에게 그가 얼마나 많이 그리고 자주 붉어지는가를 다른 사람에게 말하도록 하는 것이다.

5) 유머 사용하기

현실치료는 즐거움이나 흥미를 기본욕구로 강조한다. 상담자와 내담자가 농담을 공유한다는 것은 서로가 동등한 입장에서 흥미욕구를 공유한다는 것을 의미한다. 상담자가 유머를 통해 내담자와 친근한 관계를 유지함으로써 내담자의 소속감 욕구를 충족시킬 수 있다.

8 현실치료에 대한 평가

현실치료는 개인심리상담 · 치료, 부부 및 가족심리상담 · 치료, 집단심리상담 · 치료, 사회복지, 교육, 위기중재, 교정 및 재활, 기관운영, 지역사회 발달 등 다양한 부분에 적용할 수 있는 상담이론이며 방법이다. 이 접근의 장점은 첫째, 비교적 단기간에 내담자에게 도움을 제공할 수 있으며 자신의 행동에 대해서 스스로 평가할 수 있도록 돕는다는 것이다. 현실치료는 통제이론의 토대하에 사람들을 무력한 존재로 보지 않고 오히려 무력함을 스스로 선택한다고 본다. 따라서 사람들은 자신에게 책임이 있고, 그들이 할 수 있는 최대한의 노력을 하거나 혹은 그들이 희망하는 선택을 함으로써 그들의 욕구를 만족시키는 결과를 갖게 될 것이다. 둘째, 현실치료는 내담자의 행동변화를 위한 실천계획을 구체적이고 성공 가능한 것으로 계획함으로써 내담자가 성공적인 정체감을 갖도록 돕는다.

현실치료의 한계는 첫째, 거의 의식에만 초점을 맞추고 있기 때문에 우리가 사고하고, 느끼고, 행동하고, 선택하는 방식에 영향을 미치는 억압된 갈등이나 무의식적인 힘을 고려하지 않았다는 것이다. 둘째, 현실치료에서 사용되는 단순하고 효과적인 방법도 한계가 된다. 이러한 방법은 쉽게 다룰 수 있고 뚜렷한 결과를 보여줄 수 있는 피상적인 증상 위주의 문제만을 다루도록 되어 있기 때문이다. 이것은 상담자에게는 빠른 치료라는 생각을 가지도록 하지만 내담자 내면의 근본적인 문제를 지나칠 위험이 있다.

생각해 볼 점

1. 현실치료의 상담목표는 무엇인가?
2. 현실치료의 기초가 되는 통제이론은 무엇인가?
3. 현실치료의 상담과정은?

참고문헌

김인자 역(1991). 현실요법의 적용. 한국심리상담연구소.

김인자(1996). 현실요법과 선택이론. 한국심리상담연구소.

김청자 · 정진선(2009). 상담의 이론과 실제. 서울: 동문사.

김충기 · 김현옥(1993). 상담과 심리치료의 원리와 실제. 서울: 성원사.

김형태(2009). 상담의 이론과 실제. 서울: 동문사.

조현춘 · 조현재(2004). 심리상담과 치료의 이론과 실제. 서울: 시그마프레스.

노안영(2005). 상담심리학의 이론과 실제. 서울: 학지사.

Glasser, W.(1980). *Reality therapy: An explanation of the steps of reality therapy. In N Galsser(Ed.), What are you doing? How people are helped through reality.* New York: Harper & Row.

Glasser, W.(1998). *Choice theory: A new psychology of personal freedom.* New York: Harper Collins.

Wubbolding, R. E.(1991). *Understanding reality therapy.* New York: Harper & Row.

Wubbolding, R. E.(1996). Reality therapy: Theoretical understandings and implementation in practice. *Directions in Mental Health Counseling, 6(9).* pp. 5-12.

7

단기해결중심 상담

1. 개관
2. 대표적 이론가
3. 이론의 기본전제
4. 상담의 과정
5. 상담의 기법
6. 단기해결중심 상담의 평가
7. 단기해결중심 상담의 실제

학습의 목표

1. 단기해결중심 상담 이론의 특성을 이해한다.
2. 단기해결중심 상담 이론의 질문기법들을 학습한다.
3. 단기해결중심 상담의 과정과 적용을 잘 이해한다.

1 개관

1980년대 드 세이져(Steve De Shazer)와 김인수에 의해 개발된 단기해결중심 상담은 문제보다는 해결을 중시한다. 팔로 알토(Palo Alto)에서 전략적인 치료이론 MRI(Mental Reserach Institute)를 기초로 발전하였으며 밀톤 에릭슨의 가치, 철학, 기술이나 전략들이 중심이 되어 발전하였다. 문제의 형태와 역기능보다는 상호순화적인 과정과 피드백 고리에 초점을 두고, 시도되었던 문제해결책에 초점을 둔 상담이론이다. 문제란 어려움을 반복적으로 잘못 다룬 것으로 규정하며, 해결중심적인 치료목표를 설정하는 것이 중요하다. 그리고 가족의 기능과 역기능적 위계에 관심을 두지 않으며, 생각과 행동에 대한 자기 강화 패턴에 초점을 두었다. 내담자의 잘못된 것에 관심을 두기보다는 성공한 것과 성공하게 된 구체적인 방법을 발견하는 데 관심을 둔다.

내담자가 원하는 결과를 성취하기 위해 내담자가 이미 가지고 있는 자원, 기술, 지식, 믿음, 동기, 행동, 증상, 사회 관계망, 환경, 개인적인 특성 등을 활용한다.

단기해결중심 상담은 탈이론적이고 규범에 매이지 않으며 내담자 자신이 문제의 전문가이며 자신의 견해를 존중한다.

첫 세션부터 해결중심상담은 "당신이 여기에 온 목적이 무엇이지요?"라며 시작한다. 또는 "여기에 더 이상 오지 않으려면 어떤 일이 일어나야 하지요?"라고 질문하면서 구체적인 목표설정으로 들어간다. 상담에서 치료자는 질문과 경청, 공감적인 반영을 통하여 수용과 지지로 호소하는 문제들을 심층적인 공감(해결중심)으로 바꿔주면서 반영하는 능력이 필요하다. 해결을 위한 질문법으로는 기적질문과 가상질문, 예외질문, 대처질문, 척도질문, 관계성질문을 적절하게 사용하여 내담자의 인식의 변화에 초점을 둔다. 한 세션을 마치고 상담자는 내담자에게 메시지를 작성하여 피드백을 주며 과제를 부여한다.

단기해결중심의 전략적이면서도 내담자에게 초점을 맞추는 상담의 다양한 질문법과 상담의 과정들을 주로 다루고자 한다.

2 대표적 이론가

스티브 드 세이져와 김인수

단기해결중심의 대표적인 치료자는 스티브 드 세이져(Steve De Shazer)와 한국인 김인수 씨다. 김인수 씨는 한국에서 대학을 마치고 미국으로 유학을 가서 사회사업을 공부하였다. 1970년대 캘리포니아 팔로 알토(Palo Alto)에 있는 MRI(mental research institute)에서 드 세이져는 이론연구, 조사연구, 저술활동을 하였고 김인수는 치료자들을 위한 교육훈련과 저술활동을 하였다. MRI의 전략적이며 단기적인 모델 위에서 해결중심 상담이론은 발전하였다.

1978년 미국 위스콘신 주 밀워키(Milwaukee)에서 드 세이져와 김인수 씨는 단기가족치료센터(BFTC: Brief Family Therapy Center)를 설립하여 해결중심 가족치료 모델을 발전시켰다. 미국에서 세계적으로 잘 알려진 최면치료자 밀톤 에릭슨(Milton Erickson)의 영향을 아주 많이 받았다. 특히 에릭슨(M. Erickson)의 '단기최면치료의 특수기법(Special Techniques of Brief Hyponotherapy)'이란 논문에서 많은 도전을 받았다. 드 세이져는 그의 치료 사례들을 500회 이상 보며 분석, 토론, 연구하여 단기적인 치료전략과 역설적인 개입, 인식론, 최면치료에 많은 관심을 가졌다. 김인수 씨는 특히 유일한 아시아의 한국 여성으로 동양의 철학과 불교사상을 기저로 하여 해결중심이론의 가치나 전제에 기여하였다. 한국인의 인간성 회복에 대한 신념, 강한 생존력과 성장의 역동성, 근면한 태도, 친절성과 배려성, 인생의 동반자를 존중하려는 태도들을 치료과정에 언어로 표현하고 치료적 접근으로 사용하였다. 김인수 씨의 모델은 아주 세련되고 간편하고 실용적이고 효과적이지만 실제로 사용하기에는 상당히 어려운 모델이라는 평이다(김인수 외, 1998).

전통적인 문제의 원인분석에서 벗어나 해결중심(solution focus) 관점과 해결방안 구축(solution building)에 중심을 둔 이 치료모델에 함께 기여한 사람은 립칙, 와이너 데이빗, 오할론(Eve Lipchik, Michele Weiner-Davis, Bill O' Hanlon) 등이다. 특히 립칙(E. Lipchik)은 해결중심으로 이끄는 치료적 질문법을 개발하는 데에 공헌하였고, 오할론(B. O' Hanlon)은 에릭슨의 치료 훈련을 직접 받은 사람으로 그의 치료적 기술들을 해결중심에 효율적으로 접목시키고 일상적인 대화중심를 강조하였다. 드 세이져의 대표적인 저서 '해법: 단기치료에서의 해결방안(Clus: Investigation Solutions in Brief Therapy)' 은 1988년 해결중심상담 이론의 기초가 된 기적질문 등 다양한 해결중심 질문법과 적용한 사례를 잘 설명하고 있다.

주로 임상가로 알려진 김인수 씨는 저서 '가족보호, 단기치료 워크북(Family Preservation. A Brief Therapy Workboo)' 을 통해 1991년 자신의 임상경험에 의한 해결중심치료 이론을 세상에 널리 알렸다. 임상감각이 뛰어나며 알코올 중독자에게 그의 이론을 활용하기도 하였다(Berg Kim, 1994). 결혼상담에도 단기해결중심 이론을 적용하고 빈민층 가족들을 위한 방문상담서비스에도 적용하였다.

드 세이져는 유럽에서 출생하였지만 미국에서 성장하여 활동하였으며 김인수 씨와 함께 단기해결중심 상담이론을 세계적으로 널리 알리는 데에 힘썼다. 드 세이져의 삶 자체가 세계시민의 한 사람으로서 살았던 것처럼 그의 이론은 세계를 넘나들고 시공을 초월하는 이론으로 북미, 유럽, 아시아에서 성공적인 치료이론으로 부각되고 있다. 내담자는 알코올 중독자, 약물중독자, 마약중독자, 거식증, 신경성 식욕부진 환자, 우울증 환자, 노이로제 환자, 정신분열증 환자 등으로 개인치료, 가족치료 그리고 집단치료로 적용의 폭이 넓다. 김인수 씨는 한국 신촌에 단기해결중심 센터를 설립하는 데에 함께 공헌하였고 매년 후학을 양성하기 위해 세미나를 개최하였으나 현재는 세상을 작고하여서 다른 교수님들이 운영하고 있다.

3 이론의 기본전제

단기해결중심 상담의 토대가 된 MRI 이론이 문제의 형태와 기능에 초점을 두고 문제정의를 분명히 하였다면 해결중심상담은 시도했던 해결방안에 초점을 두고 문제를 유지해온 상호관계성이 변화되도록 하는 데 중점을 두었다. MRI에서는 제시된 문제를 해결하기 위하여 시도했던 방법들을 찾았다면 해결중심에서는 문제가 되지 않았던 상황이나 예외상황을 더 중요시 하였다. 두 모델의 가장 큰 차이점은 무엇보다도 행동의 변화와 인식의 변화에 대한 차이점이다. 해결중심에서는 부정적인 감정으로 휩싸여 있는 내담자들은 마음도 닫혀 있어서 효율적인 행동을 하기가 어렵다고 본다.

드 세이져(De Shazer, 1991)는 내담자들은 문제가 언제나 일어나고 있는 것으로 인식하고 있어서 문제가 없을 때의 상황은 사소하고 하찮은 것으로 여기고 있다고 본다. 실제적으로 아무것도 변하는 것이 없기 때문에 예외상황이 보여도 문제상황과 그 차이를 인식하지 못한다고 주장한다. 치료적인 개입은 내담자들이 지각적인 전환을 할 수 있도록 돕는 과정이고 이런 전환이 문제해결로 이어지는 길이라고 강조한다.

해결중심 상담이론은 다음과 같은 기본 가정과 전제 가치, 철학을 가지고 있다(De Shazer, 1988; 김인수 외, 1998; 김혜숙, 2008).

① 병리적인 것 대신에 건강한 것에 초점을 둔다.

잘못된 것에 관심을 두기보다는 성공한 것과 성공하게 된 구체적인 방법을 발견하는 데 관심을 둔다.

② 내담자의 강점, 자원, 건강한 특성을 발견하여 치료에 활용한다.

내담자가 원하는 결과를 성취하기 위해 내담자가 이미 가지고 있는 자원, 기술, 지식, 믿음, 동기, 행동, 증상, 사회 관계망, 환경, 개인적인 특성 등을 활용한다.

③ 탈이론적이고 규범에 매이지 않으며 내담자의 견해를 존중한다.

인간행동에 대한 이론의 가설적 틀에 맞추어 내담자를 사정평가하지 않는다.

④ 간단하고 단순한 것에서 출발한다.

복잡한 것에서 시작하지 않는다. 작고 간단한 성공적 경험이 누적되면 큰 변화도 가능하며, 한 가지 변화는 연쇄작용을 일으켜 다른 변화까지도 가져오게 한다.

⑤ 변화는 지속적으로 일어나고 있고 불가피하다.

누구에게나 변화는 삶의 일부이고 자연스런 현상이다. 치료자는 변화를 발견하고 그 변화를 해결방법으로 활용한다. 대부분의 경우 문제가 발생할 때도 있고, 문제가 발생하지 않을 때도 있다. 그러나 내담자들은 문제에만 관심을 두기 때문에 예외적인 상황을 무시한다. 해결중심 치료는 문제가 발생하지 않는 예외적인 상황을 알아보고 그 상황을 증가시킨다.

⑥ 현재와 미래를 지향한다.

내담자의 과거와 문제에 관하여는 관심이 적고, 미래와 해결방안 구축에 관심을 더 집중한다.

⑦ 내담자의 자율적인 협력을 중요시한다.

치료자와 내담자가 함께 해결방안을 발견하고 구축하는 과정에서 협력을 중요시 한다.

⑧ 해결중심치료는 다음의 철학을 중요시한다.

첫째, 어떤 것이 잘 기능하면 그것을 고치지 않는다. 둘째, 일단 효과가 있는 것을 알면 그것을 좀 더 한다. 셋째, 효과가 없다면 다음에는 같은 방법을 사용하지 말고 다른 방법을 사용한다.

4 상담의 과정

1) 단기해결중심 상담과정

해결중심 상담은 단기적이며 치료과정이 구조화되어 있다. 먼저 문제에 대한 기본 가정, 내담자와 목표설정, 적절한 시기에 질문기법 사용, 내담자 유형에 대한 개별적인 치료적 접근, 마지막으로 메시지와 과제부여 등으로 치료과정이 체계적이다. 보통 면담시간은 전체적으로 1시간 정도이며 30~40분은 치료자와 내담자의 면담, 그리고 10분 정도 휴식시간에 치료자는 일방경 뒤에서 관찰하는 다른 치료자와 함께 메시지를 작성하고 치료에 관한 이야기를 나눈다. 그 후 치료자가 내담자 가족에게 10분 정도 작성한 메시지와 과제를 부여하고 치료를 종결한다.

해결중심치료에서는 보통 치료자가 두 명씩 한 팀으로 일한다. 한 치료자가 내담자와 면담하는 동안 또 다른 치료자는 일방경을 통해 다른 방에서 인터폰으로 면담에 적절한 자문을 줄 수도 있다. 또한 면담에 대한 메시지 작성과 치료방향을 함께 설정한다. 이런 방법은 치료자가 혼자인 것보다 내담자의 문제에 훨씬 객관적이고 다양한 관점으로 접근할 수 있는 장점이 있다.

치료자가 혼자서 진행하는 경우에도 치료과정은 똑같다. 중간에 치료자가 혼자서 가족에게 줄 메시지를 작성하고 과제를 주므로 종결한다. 치료과정에 10분 정도의 휴식 시간 동안 내담자가 스스로 면담내용을 한 번 더 생각할 수 있는 기회를 주며 치료자가 어떤 반응을 보일지에 대하여 무척 궁금하게 한다. 많은 내담자들은 자신들의 문제나 어떤 잘못에 대한 추궁이나 비난을 염려하기도 한다. 그러나 피드백 메시지는 이런 내담자에게 전문가의 입장에서 칭찬과 긍정적인 부분, 내담자의 장점이나 강점을 인정해 주기 때문에 강한 동기 부여와 문제해결에 대한 자신감을 부여할 수 있다. 치료자가 내담자에게 전달하는 메시지의 피드백은 그래서 아주 효과가 있고 진지하게 받아들인다. 이런 치료과정 또한 전략적인 해결중심이 추구하는 강한 강점이라고 본다(김혜숙, 2008).

표 7-1 단기해결중심 5단계 치료과정

단계	치료과정	내용
제1단계	내담자에게 초점 맞추기	• 치료자와 내담자의 신뢰관계 형성 • 내담자의 준거틀 내에서 작업 • 내담자의 문제에 대한 지각과 판단이 수용받고 이해받을 때에 해결중심적 대화 시도 • 내담자의 관계유형 파악
제2단계	치료목표 설정	• 내담자와 치료자의 협상에 의한 구체적이고 명확한 치료목표 세우기
제3단계	해결책 안으로 들어오기	• 해결중심으로 이끄는 다양한 질문법을 활용하기(면담 전 변화에 대한 질문, 기적질문, 척도질문, 대처질문, 관계성 질문)
제4단계	해결중심적 개입	• 치료자는 내담자에게 동료치료자와 함께 피드백으로 전달할 메시지를 작성하여 전달한다. 피드백은 칭찬, 연결과정, 과제 부여로 내담자의 장점을 인정해주고 강한 동기와 자신감을 부여함
제5단계	작은 변화 유지하기	• 내담자에게 일어난 작은 변화를 계속적으로 유지하게 하기 • "무엇이 어떻게 달라졌어요?", "그것이 더 좋아진 것인가요?", "그때는 어떻게 가능했어요?" 등의 질문으로 변화에 대한 확장인식하기

출처: 김혜숙(2008). 재인용.

2) 내담자의 유형

내담자가 자의로 또는 타의로 방문하였는지가 중요하다. 치료의 시작은 치료자와 내담자가 한 팀이 되어 서로 협조적이며 신뢰와 믿음 안에서 출발하기 때문이다. 내담자와 치료자 간의 관계의 질은 상담 진행 중에 변화가 가능하다.

드 세이져는 치료자와 내담자의 관계 유형을 내담자의 다음의 상황에 따라 고객형(Customer), 불평형(Complainant), 방문형(Vistor)으로 분류하였다(De Shazer, 1984; Berg Kim, 1994).

① 내담자가 치료에 오게 된 목적이 어떤 것인지
② 누구에 의해서 오게 되었는지, 스스로 왔는지, 타인이 의뢰해서 왔는지

③ 현재 처해진 어떤 절박한 상황을 가지고 있는지
④ 왜 하필이면 지금 치료를 받기 위해 왔는지
⑤ 현재 문제에 대하여 내담자의 해결 동기가 얼마나 강한지
⑥ 문제에 대한 관련성의 정도를 어느 정도 인식하고 있는지 파악한다.

표 7-2 내담자의 유형

고객형 내담자	불평형 내담자	방문형 내담자
• 문제를 분명히 인식하고 있고 변화를 위해 자발적인 동기와 적극성을 표현하며 치료자와 협력적인 치료관계로 쉽게 발전할 수 있고 치료자가 원하는 이상적인 내담자이다.	• 문제의 내용은 잘 알지만 문제를 자기 책임이 아니라 남의 책임으로 돌리는 유형으로 문제 상황을 다른 관점에서 관찰하고 깊게 생각할 수 있게 해 주는 것이 중요하다.	• 누구에 의하여 보내진 내담자로 자신의 문제에 대한 의식이 없으므로 변화하고자 하는 동기가 매우 약한 편임, 문제에 대한 인식을 스스로 알 수 있도록 협조해 주는 태도가 중요하다(폭력가해자, 비행청소년, 약물중독자, 알코올 중독자)
• 과제부여가 가능함 • 상호 간의 협의하에 목표설정하기	• 심리적인 위로와 지지가 필요함, 해결중심적 대화 필요, 예외상황 발견하기, 관찰형, 심사숙고형 과제 부여하기	• 고객형 내담자로 변하는 것이 중요, 보낸 사람과의 관계와 방문 목적 인식하기

5 상담의 기법

1) 면담 전 변화에 관한 질문

내담자들은 일상생활 속에서 발생하는 문제를 해결하기 위해 계속적인 노력을 하고 있으며, 그 방법의 하나로 가장 위기 상황이라고 생각할 때에 치료를 받으러 온다. 그리고 치료자에게 가면 무엇인가 좀 더 나은 해결방안이 있을 것이라는 희망과 기대로 찾아와 암담하기만 한 상태에서 벗어나는 경험을 하게 된다. 치료자는 내담자에게 치료에 오기 전까지 문제의 심각한 상태가 어떻게 나아졌는지를 질문한다. 예를 들면 "전화로 면담 약속을 하고 오늘 여기에 오시기까지 혹시 어떤 변화는 없었나요?"라고 물을 수 있다. 그리고 내담자의 답변에 따라 어떠한 방식이든지 무의식적이라도 시도한 방법에 관하여 인정하고 칭찬해 준다. 누구 도움도 없이 혼자서 시도한 방법에 대한 용기와 노력한 점을 칭찬해 주며 그런 사실을 강화하고 확대하도록 한다. 치료에서는 내담자가 시도했던 강점이나 자원들을 이용할 수 있도록 한다.

2) 해결중심의 목표설정

내담자에게 문제를 정리해주고 구체화시키며 치료목표를 위한 방안으로 목표를 설정하는 자체가 매우 치료적이다. 목표설정은 치료자와 내담자가 변화와 성장을 구체적으로 확인할 수 있는 도구가 될 수 있다.

목표설정에서 질문법으로는 내담자에게 긍정적인 상상을 이끌어내기 위해서 "그 대신", "그것 대신" 내담자가 할 수 있는 것이 무엇인지를 질문한다. 내담자가 "전, 제 아내가 제발 잔소리를 안 했으면 좋겠습니다"라고 말한다면 그럼 "그 대신 무엇을 원합니까?"라고 질문함으로써 내담자 자신이 원하는 것을 좀 더 긍정적으로 묘사하도록 제안한다. 예를 들면 "제 아내가 잔소리하는 대신 좀 더 다정하게 자기의 바람을 이야기하면 좋겠어요."라고 말하는 것이다.

해결중심치료자(De Shazer, La Court, Nunnally)들의 제안에 의하면 가족들이 애매모호하게 추상적으로 불평과 불만을 호소하고 확실한 목표를 제시하지 못할 때는 가족들이 그들의 목표를 명확하게 제시할 수 있도록 다음과 같은 과제를 줄 수 있다.

> 선생님의 생활 속에서 정말 원하는 것이 있다면 앞으로 일어나기를 바라는 것 중에서 한 가지라도 선생님이 생활하면서 이미 일어난 것이 무엇인지 잘 관찰하셔서 기록했다가 다음 이 시간에 설명해 주시면 고맙겠습니다.
>
> De Sazer & Molnar(1984: 298)

일반적으로 목표설정을 할 때에 다음과 같이 중요한 몇 가지 원칙들에 유의하는 것이 바람직하다.

(1) 가족들에게 가장 중요한 것을 목표로 삼는다

내담자가 가장 중요하게 생각하는 것을 목표로 설정해야 한다. 목표는 구체적이며 행동적이어야 한다. 또한 관찰 가능하여 누구나 인정할 수 있어야 한다. 내담자 가족이 원한 것, 이야기한 것을 그들의 말 그대로 기록하는 것이 좋다. 내담자 가족들이 자신들이 원하고 있는 각자의 견해를 모두 자유롭게 표현하도록 돕는 것이 치료자의 역할이다.

(2) 아주 작은 것을 목표로 묘사되어져야 한다

내담자의 목표는 작은 것 하나부터 시작되어야 실패할 가능성이 적다. 내담자들은 단 한 번에 모든 것을 성취하려는 경향이 있다. 그래서 변화되지 못하는 것에 또 쉽게 좌절하고 할 수 없다고 단념하는 경향이 있다. 목표가 구체적이고 작을수록 실행 가능하며 가족들이 성취감을 스스로 맛볼 수 있고 변화 가능성을 보여줄 수 있기 때문이다(예 하루에 한 시간씩 걷는 운동을 하는 것, 일주일에 한 번은 내 방 청소를 한다.).

(3) 내담자에게 없는 것보다는 있는 것을 할 수 있도록 한다

내담자가 하지 말아야 하는 것보다는 "그것 대신" 할 수 있는 것을 목표로 정할 때 더 효과가 있다. 상대방을 부정적이고 비난적인 언어로 표현하기보다는 긍정적인 언어로 바라는 것, 원하는 것, 자신이 할 수 있는 것을 표현하도록 한다. 부정적인 것보다는 남편이 해 주면 더 좋은 것, 남편이 할 수 있는 것, 남편에게 바라는 것에 초점을 맞추는 것이 좋다. 문제행동을 없애려고 노력하는 것보다는 할 수 있는 다른 것으로 대체되어질 때 문제행동이 사라질 수 있기 때문이다. 내담자가 문제행동 대신에 과거에 무의식적으로 했던 바람직한 행동을 다시 할 수 있도록 하는 것이 새로운 것을 시도하는 것보다 더 효과적이다.

(4) 구체적이고 행동적인 것을 목표로 잡는다

예를 들어 목표가 "전 살을 빼는 거예요", "공부를 잘하는 거예요", "술을 마시지 않는 것입니다"라고 한다면 목표는 너무 먼 미래에 있고 구체성이 떨어져서 힘들어진다. 이 목표는 아주 먼 장래에나 일어날 수 있는 사건으로 간주되어진다. 목표를 현재의 과정형으로 설정하게 하여 내담자가 지금 당장 할 수 있는 일에 초점을 맞추도록 한다. 목표를 현재 지향적으로 설정하기 위하여 내담자에게 "어떻게 다르게"란 단어로 어떻게 할 수 있는지 질문한다.

한 내담자가 10kg을 다이어트 하는 것이 목표라고 한다면, 이것은 고정된 형태로 미래의 막연한 일로 보여진다. 치료자는 이런 목표를 "지금 바로 여기"로 전환해서 치료실을 당장 나가면 다이어트를 위해서 "어떻게 다르게 할 수 있습니까?"라고 물을 수 있다. 그래서 내담자가 자기 목표를 지금 당장 실행할 수 있도록 도와줘야 한다.

분명하고 구체적인 목표는 내담자의 성공을 즉각적으로 인정할 수 있는 기회가 되며 성취하지 못하였을 경우 그 이유를 파악하고 다른 대안을 모색해 볼 수 있다.

(5) 목표 성취는 어렵고, 가치 있고, 힘든 일이라는 것을 알려준다

새로운 것을 시도하고 변화를 시도하는 것 자체가 익숙한 문제행동보다 더 어려울 수 있다는 것을 인식하게 한다. 치료과정에서 목표실행이 어려운 만큼 수행 후의 가족들의 성취감과 자존감은 더 크게 느껴질 수 있다. 목표가 아무리 작아도 내담자 입장에서는 힘든 일이라는 것을 인식시켜주며 자신의 노력이 중요하다는 것을 인식해야 한다.

(6) 내담자의 목표설정은 개인적으로 표현되어져야 한다

다른 사람과 비교해서 설명하지 않도록 한다. 아이 엄마가 자녀의 행동의 변화를 원할 때 "우리 아이가 제발 다른 애들처럼만 행동하면 소원이 없겠어요."라고 언급한다면 곤란하다. 일반적인 표현이 아니라 개인적으로 구체적, 행동적으로 설명되어야 한다(Berg Kim, 1994; Walter & Peller, 1996). (예 아이가 컴퓨터 대신 하루에 한 시간씩 공부하는 것을 보는 것입니다.)

3) 해결중심상담의 질문법

해결중심질문법은 드 세이저, 김인수, 립칙(Steve De Shazer, In Soo Kim Berg, Eve Lipchik)에 의해 발전한 기법으로 치료자가 내담자에게 무엇이 변해야 하고 어떤 기대수준에 맞춰야 한다는 치료자 중심의 초점에서도 벗어난다. 해결중심치료자들은 해결을 위한 방안이 무엇보다도 내담자 생각에 전적으로 달려 있다고 전제한다.

해결중심 질문은 내담자가 문제를 보는 관점에 영향을 주기 위한 것이며 또한 내담자가 자신의 생활 속에서 힘과 동기를 찾을 수 있고 긍정적인 자원을 활용할 수 있도록 돕는 데에 최상의 전략으로 작용한다. 내담자가 자신의 문제를 재구성할 수 있을 때에 행동의 변화에 자극을 줄 수 있고 변화를 초래할 수 있다고 믿는다(Berg Kim, 1994).

여기서는 상담의 현장에서 가장 많이 활용되어지는 기적질문법, 예외질문법, 척도질문법, 대처질문법, 관계성 질문법에 대하여 다루고자 한다.

(1) 기적질문(miracle question): 가상적 해결방안구성

치료자는 막막한 상황에 처해 있는 내담자에게 마치 기적이 일어나기라도 한 것처럼 문제가 해결된 상황을 가상적으로 상상해 보라고 권한다. 내담자가 진정으로 해결하기를 원하는 것을 그려내고 구체화 하도록 하기 위하여 질문을 한다. 이 기적질문은 최면치료자인 에릭슨(Erickson, 1954)의 수정볼 기법(crystal ball technique)을 응용한 것으로 최면상태의 내담자가 문제가 해결된 미래의 상황을 그려낼 수 있다는 것을 전제로 하고 있다. 내담자가 과거에서 현재로의 시점이 아니라 미래에서부터 현재의 상황을 볼 수 있게 하여 해결책 안으로 들어설 수 있도록 하는 것이다. 중요한 것은 문제를 제거시키거나 감소시키지 않으면서도 문제와 해결을 분리하여 해결 상태를 상상하여 그려보는 것이다.

밀워키 단기가족치료센터에서 개발한 기적질문은 다음과 같다.

- 오늘밤에 당신이 잠자는 동안에 기적이 일어나서 모든 문제가 해결된다면 기적이 일어난 것을 어떻게 알 수 있을까요? 무엇이 달라질까요?(De Shazer, 1988: 5)
- 지난밤에 잠을 자는데, 잠자는 동안 정말 기적이 일어나서 가족의 문제가 모두 해결되었어요. 그렇다면, 아침에 어머님은 먼저 무엇을 보고 기적이 일어난 것을 알 수 있을까요?
- 기적이 일어났을 때 너에게 처음으로 나타난 징후는 무엇일까? 네가 기적이 일어났다는 것을 알아차리게 될 첫 번째 일은 무엇일까?

이런 질문들은 내담자로 하여금 마치 해결될 수 있는 방 안으로 들어서도록 돕는 것이다. 내담자의 감정을 위한 행동의 변화보다 내담자의 행동에 의한 감정의 변화가 더 빠르고 쉬울 수 있기 때문에 가능한 한 어떤 동작, 행동을 내담자 자신이나 타인에게 하도록 유도한다. 일단 내담자가 가상적인 해결책 안으로 들어오면 대개 예외상황으로 이동할 수 있고 목표를 조금이라도 이룰 수 있는 상황으로 연결되어질 수 있다.

기적질문은 내담자가 지금 당장 원하는 것을 어떻게 할 수 있는지 규정해 줄 수 있다. 가상적 해결책으로 인도하는 기적질문은 내담자가 처해 있는 '문제현실'이 아닌 '해결적 현실'을 불러일으킨다. 즉 내담자가 전에 지녔던 문제의 구조에서 발견할 수 없었던 것을 이제는 찾을 수 있게 된다. 그리고 치료목표를 '문제해결'에 두기보다는 '계속 앞으로 나가게 하는' 새로운 구조로 만들 수 있다.

(2) 예외질문법(exception question): 예외 구성하기

해결중심질문법은 가능한 한 내담자의 전체적인 문제에 대한 시각과 해석에서 빨리 문제가 일어나지 않은 상황을 파악하도록 초점을 돌린다. 모든 문제상황은 항상 24시간 동안 진행되는 것이 아니기 때문이다. 알코올 중독증 환자도 일주일 내내 쉬지 않고 술만 마시는 것은 절대 아니다. 단지 우리가 상대방에 대한 지각의 표현을 과장해서 "당신은 항상 술만 마셔요"라고 단정 짓는 것이다. "당신은 우울증 환자야"라는 단정도 엄밀한 의미에서는 상대방에 대한 주관적인 강조에 의한 표현이다. 하루 종일 아침부터 잠 잘 때까지 비관적이고 우울한 상태가 똑같을 수는 없기 때문이다. 그래서 치료자는 내담자의 예외상황을 하루 가운데 시간별로 오전, 오후, 저녁, 대상 가운데서 증세가 누구에게는 일어나고 누구에게는 일어나지 않는지를 구분하여 추적해 볼 수 있다. 예외상황을 발견하여 강화, 유지, 확대에 초점을 맞추어 나간다. 내담자가 할 수 있는 그 상황을 더 강화시키고 확대하도록 돕는다. 내담자가 할 수 없는 다른 시도보다는 할 수 있는 것, 현재하고 있는 것을 지지하고 강화시키는 것이 문제를 없애기 위해 에너지를 소비하는 것보다는 훨씬 더 효과가 있다고 본다(De Shazer, 1991).

문제에 대한 예외를 찾는 것은 문제가 있었던 시점, 사람, 상황에서 다르게 나타나는 것을 발견하여 찾는 작업이다. 해결중심치료에서는 내담자가 이미 했던 일들을 다시 할 수 있게 하는 것이 새로운 시도를 하게 하는 것보다 더 효과적이라고 주장한다.

자녀가 싸우지 않을 때에 더 많은 관심을 갖게 되면, 자녀의 행동은 더 협조적이고 솔직하게 된다. 엄마가 자녀의 가능성을 찾는다면 예외상황은 더 반복되어질 수 있다. 그러면 문제행동, 즉 싸우는 것의 의미가 없어지고 싸우는 것이 점점 사라질 수 있다. 변화란 다양한 수준에서 즉 감정 수준, 인식 수준, 행동 수준에서 다양한 방식으로 일어날 수 있다. 감정이 변하면 행동을 달리 할 수도 있고, 어떤 상황을 긍정적인 관점으로 보면 행동을 달리 할 수 있다. 또한 똑같은 문제인데도 다른 사고와 감정으로 보면 문제가 아닐 수 있다. 한 사람의 행동이 변화된다는 것은 감정과 인식 부분의 변화가 있었다는 것이다. 해결중심치료는 내담자의 변화를 가져오도록 도와준다. 내담자의 변화된 감정에서든지 아니면 변화된 행동에서부터든지 아주 작은 변화는 결국 문제해결을 위한 실마리를 제공하는 것이다(Kim Berg, 1994).

내담자의 예외상황을 적절하게 찾아내기 위해서는 먼저 어떤 내담자인가를 규정할 필요가 있다(De Shazer, 1991).

① 내담자가 자발적으로 예외상황을 찾아내면 우연히 일어난 것처럼 내담자에게 예외상황을 실행하도록 한다. 예를 들어 동전을 던져서 숫자가 나오면 우연한 것처럼 예외적으로 행동하도록 한다.

② 만약 내담자가 예외상황을 스스로 찾아내지 못할 때는 내담자에게 과제를 부여

한다. 예외적으로 꼭 해보고 무엇이 달라졌는지 관심 있게 관찰하여 적어 오는 과제를 준다.

③ 만약 내담자가 문제를 다른 사람에게만 두려고 할 때는 내담자와 다른 사람의 문제의 관계성을 인식하도록 과제를 준다.

해결중심치료에서는 예외질문법으로 다음과 같이 질문할 수 있다(De Shazer & Lipchik, 1986).

① 예외 찾아내기

- 증세가 일어나지 않을 때가 언제 있었습니까? (목표 진술과 함께)
- 누구에게는 문제가 일어나지 않았습니까? (문제 진술과 함께)
- 이런 변화가 조금이라도 일어났었던 적이 언제 있었나요?

② 구체화시키기

- 남편이 다르게 한다는 것은 어떻게 하는 것입니까?

③ 차이에 대한 이해

- 남편이 이 일(예외적인 일)을 계속한다는 것을 부인은 어떻게 알 수 있을까요?
- 어떻게 그렇게 예전과는 다르게 할 수 있었지?

④ 예외 구성

- 문제가 나타나지 않도록 어떻게 그렇게 할 수 있었지요?
- 문제가 생기지 않은 상황을 어떻게 하면 지속할 수 있을까요?

이런 질문법은 문제에 대한 예외를 찾아내고 무엇이 다른가를 발견하고 치료목표와 연관시켜 예외를 구성하도록 한다. 예외를 찾는 데는 아래와 같이 몇 가지 방법이 있다(Walter & Peller, 1996).

- 내담자가 문제보다는 목표에 대하여 이야기할 때 "그런 일이 일어났으면 하고 바라던 것이 언제입니까?"라고 질문한다.
- 내담자가 자신의 문제를 언급할 때 "문제가 생기지 않았던 경우는 언제 있었지요?"라고 물을 수 있다.

- 내담자가 치료자를 찾아온 이유에 대하여 이야기하는 도중에 상태가 조금 호전되었다든가 상황이 조금이라도 달라진 것에 대하여 이야기한다면 "어떻게 조금 달라졌지요?" 아니면 "어떻게 좋아졌나요?"라고 묻는다.

이런 차이점에 대한 질문을 하면 내담자는 예외상황을 좀 더 이야기할 수 있게 된다.

내담자가 한 번의 예외상황을 성공적으로 잘했다면 더 잘할 수 있도록 격려와 지지를 보낸다. 예외상황이 목표기준과 맞는지를 검토하고 치료목표와 연결시켜서 내담자가 스스로 지속시킬 수 있는지를 검토한다. 많은 내담자들이 아내 입장에서는 남편이 먼저 변해야 아내가 변할 수 있다고 하고 남편 입장에서는 아내가 먼저 변해야 남편이 변할 수 있다고 생각한다. 이런 사고에 가상적인 해결방안을 부부 가운데 어느 한 사람이 행동을 함으로써 다른 사람도 어떻게 다르게 행동할 수 있는지를 규명하므로 해결책을 얻은 사례이다(Walter & Peller, 1996).

(3) 척도질문법(scale question): 수치화 표현

척도질문은 내담자가 문제상태에서 해결중심으로 변하는 과정에서 추상적인 사고를 구체적인 사고로 무엇이, 언제, 어디서 어떻게 발전해야 할지 지각하고 점검하도록 도와준다. 척도질문은 자신의 문제상태, 심각성, 치료목표, 성취 정도, 변화 동기를 구체적인 숫자로 표현하므로 좀 더 객관적으로 사정 평가와 결과 평가를 검토할 수 있다. 내담자에게 변화에 대한 동기를 부여하고 목표를 향해 한 단계 한 단계 오를 수 있도록 돕기 위한 질문법이다.

척도화(scaling)라는 기법을 통해 내담자의 양자택일이나 흑백논리 그리고 애매모호한 사고방식을 깨뜨릴 수 있는 방법이다. 척도질문법은 내담자의 목표뿐 아니라 예외 혹은 가상적 해결책을 보다 구체적으로 규명하는 데에 사용할 수 있다.

치료자는 내담자에게 0부터 10까지 카드 숫자를 보여주면서 척도질문에 대하여 설명한다. 그리고 다음과 같이 질문을 할 수 있다.

- 문제가 가장 심각한 상태가 0점이라고 하고 문제가 완전히 해결된 상태가 10점이라고 한다면 남편(아내)의 지금 현재 상태는 몇 점으로 나타낼 수 있을까요?
- 일주일 동안 문제가 몇 점 정도 해결될 수 있다고 남편(아내)은(는) 생각하십

니까?

- 남편께서 현재 상태가 5점이라고 하셨는데 다음주 까지는 몇 점을 더 올릴 수 있습니까?
- 남편께서 1점을 올리기 위해서 무엇을 좀 더 다르게 하셔야 된다고 생각하십니까?
- 남편께서 1점을 높인다면 누가 가장 먼저 변화를 알 수 있을까요? 남편께서 무엇을 보면 아내가 1점 정도 향상된 것을 알 수 있을까요?

또한 부부관계에서 서로의 대한 생각들을 순환질문으로 물어볼 수 있다.

- 아내가 1점 정도 올라갔다고 하셨는데 아내에게 무엇이 달라졌다고 생각하십니까?(김혜숙, 2008)

(4) 대처 및 극복 질문법(coping question): 내담자의 자원과 강점

내담자가 생존하기 위해서 나름대로 최선의 방책을 했다는 것도 알게 해주는 질문법이다. 문제로 인하여 오랫동안 절망적이거나 좌절한 상태에서 도저히 희망이 없다고 생각하는 내담자들에게 대처질문은 더 효과적이다. 대처질문법은 내담자에게 자신의 경험과 좋은 점, 가지고 있는 자원이나 강점들을 재발견할 수 있는 기회를 제공한다. 어려운 상황이나 도저히 불가능하다고 생각하는 내담자에게 더 나빠지지 않고 극복할 수 있었던 힘은 어디에서 나온 것인지를 알 수 있게 한다. 내담자의 강한 인내심, 극복력, 잠재적인 에너지, 잘해보려는 강한 동기, 다양한 경험 등을 인식하게 하며 해결방안에 이런 자원을 활용할 수도 있다(김혜숙, 2008).

"모든 것이 아무 의미가 없다"라고 하든지, "상태가 더 나빠졌다", "아무것도 달라진 것이 없다"라고 말하는 내담자에게 다음과 같이 질문할 수 있다.

- 어떻게 더 이상 나빠지지 않을 수 있었습니까?
- 당신이 극복할 수 있었던 것은 어떤 것이 있었습니까?
- 무엇이 당신을 지금 여기까지 오게 하였습니까?
- 어떻게 지금까지 포기하지 않고 유지할 수 있었습니까?

(5) 관계성 질문(relationship question): 상호 간의 반응과 관계 탐색

관계성 질문은 면접 전 상황부터 이후 상황까지 폭넓게 사용될 수 있는 것으로 가족성원 간의 관계양식과 반응을 알고자 하는 질문이다. 가족들이 상황에서 어떻게 서로 반응하는지 상호작용과 관계성을 잘 알 수 있다. 질문유형은 다음과 같다.

- 당신이 약속한 대로 행동하면 어머니는 어떤 반응을 보일까요?
- 어머님이 집에 있는 날은 자녀의 행동에 어떤 변화가 있는지 발견합니까?
- 부인이 남편에게 잔소리를 하지 않았을 때 남편의 태도는 어떠합니까?

(6) 이후 상담질문

지난주 동안의 내담자의 변화 가운데 어떤 변화가 있었는지 긍정적인 변화에 대하여 구체적이고 자세하게 질문한다. 어떤 작은 변화라도 있었는지 일주일 가운데 어떤 날, 하루 오전과 오후로 구분하여 추적해 나간다. 내담자의 일상 가운데 작은 변화가 있었다면 치료자는 언어적 · 비언어적으로 지지와 칭찬을 해 준다(김인수 외, 1998).

- 내담자에게 변화에 대한 구체적인 척도질문을 한다.
- 내담자가 변화가 없거나 나빠졌다고 이야기할 경우는 상황에 대한 후퇴나 악화도 하나의 변화로 전제하고 더 탐색해 나간다. 나빠진 상황에 대해 자세히 질문하고 대처방안에 관하여 질문하며 작은 해결책을 발견한다.

예를 들면,

- 이번에 나빠진 것은 과거와는 어떻게 다른지 설명해 주시겠어요?
- 상황이 더 악화될 수도 있었는데 어떻게 그 정도에서 멈추게 되었는지 좀 설명해 주시겠어요?
- 상황이 더 나빠지지 않도록 대처했던 방법은 무엇이었습니까?
- 내담자와 관계유형과 치료목표를 검토하고 고객형 관계로 발전시킨다.
- 내담자에게 대처질문과 예외질문을 한다.
- 예외상황을 목표와 연결시켜 강화하기 위한 과제를 부여한다.

4) 피드백 메시지 작성과 전달

해결중심치료자들은 일반적으로 30～45분 동안 면담을 하고 난 후에 휴식시간을 갖는 것을 원칙으로 한다. 내담자와 치료자가 면담을 가진 후 한 번 더 생각할 수 있는 시간을 가지기 위하여 치료자는 잠시 상담실을 나가서 내담자에게 전해 줄 피드백 메시지를 작성한다. 치료사가 두 명 이상인 경우에는 관찰실에 있는 치료 팀과 의논해서 내담자에게 전해 줄 피드백과 과제를 내준다. 휴식시간을 통하여 치료자는 자신의 치료적인 관점이나 갑자기 떠오른 생각들을 정리할 수 있는 기회가 된다. 특히 관찰실에 있는 치료자는 내담자와 감정에 직접 휘말리지 않기 때문에 객관적인 견해를 면담한 치료자와 함께 나눌 수 있다. 내담자는 휴식시간에 자신이 한 말을 한 번 더 생각해 볼 수 있고 면담 중에 제기된 질문에 대해 한 번 더 생각할 수 있는 기회가 된다. 치료 팀들이 휴식시간에 관심을 두는 부분은 내담자의 문제나 증상에 관한 것이 아니라 치료자와 내담자 간의 치료과정에 집중하며 해결책 구성방안에 있다. 치료자가 내담자에게 해결과정을 어떻게 촉진시킬 수 있을 것인가에 관점을 두고 피드백 메시지를 준다. 내담자에게 전해야 할 피드백 메시지는 내담자에 대한 칭찬과 메시지와 과제로 구성된다(De Shazer, 1985).

(1) 칭찬

칭찬의 필요성은 근본적으로 문제해결을 위한 촉진에 있다. 치료자는 내담자의 긍정적인 부분을 강조하며 내담자가 지금까지 시도해 왔던 노력과 결과를 인정하며 칭찬해 주는 것이 매우 중요하다. 전문가로부터 자신의 어떤 부분을 칭찬받을 때 어떤 내담자라도 기분이 상승되며 해결을 위한 동기 부여가 강하게 되며 좀 더 적극성을 보이게 된다. 내담자를 칭찬하는 데에는 치료자의 인간을 보는 시각이나 관점이 중요한 역할을 한다. 평소에도 인간을 대하는 태도에서 긍정적이고 숨은 의도를 잘 읽을 수 있는 통찰이 있어야 한다.

치료자가 내담자의 어떤 부분들을 칭찬해야 하는지, 또한 그로 인해 유익한 점 몇 가지를 설명하면 다음과 같다(Walter & Peller, 1996).

① 칭찬은 긍정적인 맥락과 분위기를 조성한다.
② 내담자가 하고 있는 긍정적인 노력을 강조한다.

③ 치료자의 판단에 대한 두려움을 감소시킨다.
④ 정상화시키기 위해 칭찬은 효과적이다.
⑤ 칭찬은 내담자의 책임감을 증진시킨다.
⑥ 칭찬으로 여러 가지 견해를 지지하기 위한 것이다.

(2) 메시지

피드백 메시지 내용은 칭찬과 더불어 치료자가 내담자의 문제나 변화되기 원하는 것들을 기초로 작성한다. 내담자가 문제해결을 위하여 이미 실행한 것 가운데 성공적인 것은 지속적으로 할 수 있도록 한다. 메시지 전달의 의의는 내담자의 상황이나 해결에 관하여 다른 관점을 가지게 한다. 또한 메시지는 궁극적으로는 문제해결을 촉진하도록 내담자에게 용기와 동기를 부여한다는 큰 이점이 있다(김인수 외, 1998; 김혜숙, 2008).

- 피드백 메시지 내용은 칭찬과 더불어 내담자의 문제나 변화되기 원하는 것들을 기초로 작성한다. 특히 그동안 내담자가 문제해결을 위하여 시도했던 긍정적이고 성공적인 노력들을 지적해 준다.
- 메시지 내용에는 내담자가 설명하는 목표를 재확인하고 가치를 부여해 주며 해석을 하기도 한다.
- 메시지 전달 시 치료 팀이 함께 노력해서 만든 결과임을 설명하고 내담자의 노력과 변화결과를 인정하고 칭찬하며 내담자의 자원과 강점을 지적해 준다. 내담자의 노력과 자원은 문제를 해결하고 과제를 이행하는 데에 도움이 될 것이라고 연결시켜 준다.
- 치료자는 신중하게 중요한 메시지를 천천히 가족들의 반응을 읽으면서 전달한다.

피드백 메시지 내용은 다음 네 가지 목적 중에 하나를 중심으로 구성하여 작성한다.

① 교육적인 것

치료자는 내담자에게 때로는 교육적인 메시지를 전달할 수 있다. 부모가 자녀양육으로 어려움을 겪고 있다면 바람직한 자녀양육법에 관한 정보와 지식을 전달한다. 내담자가 자신의 처지나 해결에 관해 다른 관점을 가질 수 있도록 한다.

② 정상화시키기

내담자 가족이 겪고 있는 상황이나 어려움은 누구나 다 겪을 수 있는 상황이라고 정상화시키는 메시지를 준다. 내담자의 입장을 긍정적으로 느끼며 자신의 노력을 인정할 수 있도록 하기 위해서다.

③ 대안적 의미

메시지는 현재 발생하고 있는 문제에 대하여 다른 의미를 제공해 줄 수 있는 내용이 될 수 있다. 문제에 대한 재정의나 긍정적인 관점으로 재해석해 줄 수 있다.

예를 들어 딸을 '문제아'로 생각하는 부모가 있었다. 십대 여학생은 전통적이고 보수 지향적인 중산층의 가족문화나 가치에 반기를 들고 다르게 행동하는 것을 더욱 중요시 여기는 것이었다. 부모는 딸의 이런 태도나 행동을 성격적인 결함으로 해석하고 있었다. 이런 경우 피드백 메시지에서 다음과 같이 전달할 수 있다.

> 두 분은 따님을 성장시키는 데에 최선을 다하고 있습니다. 그렇지만 따님은 자신의 길로 가는 용기를 가지고 있으며 다른 사람과는 다른 방식으로 배웁니다. 다시 말하면 따님은 기존의 방식에서 벗어난 방법으로 배우는 십대입니다.
>
> Walter & Peller(1996: 150)

이런 메시지는 부모에게 딸의 문제행동이 무조건 나쁘거나 행동의 결함이 아니라 다른 방법으로 배우는 자녀로 인식하게 할 수 있다. 문제에 대한 의미의 차이를 알 수 있도록 하는 대안적 의미를 메시지로 전달할 수 있다.

④ 과제에 대한 이론적 근거

내담자에게 과제를 수행할 수 있도록 과제에 대한 이론적 근거를 메시지에 담아 전달한다. 이런 내용은 단순하며 직설적이고 이해하기 쉽도록 작성한다. 내담자가 해결과정에서 많은 것들을 자발적으로 할 수 있다고 한다면 계속 더 잘할 수 있도록 하는 과제와 근거를 부여한다. 또한, 해결을 위한 내담자의 변화 동기가 약하다면 내담자에게 관찰하고 통찰할 수 있는 기회를 주어 좀 더 변화된 상황에 대하여 설명하도록 한다. 과제는 내담자의 유형에 따라서 심사숙고형 과제, 관찰형 과제, 행동지향형 과제를 선택적으로 제공할 수 있다.

6 단기해결중심 상담의 평가

단기해결중심 상담은 단기모델로 MRI에서 유래를 찾아볼 수 있지만 다양한 해결중심으로 이끄는 질문법이나 메시지와 과제를 부여하는 참신한 방법들은 나름대로 독특성을 가지고 있다. 그리고 치료과정과 절차가 복잡하지 않고 분명하고 형식화되어 있다는 것도 많은 치료자들에게는 편안함을 가지게 하는 부분이다. 내담자의 잠재력과 가지고 있는 자원을 최대한으로 활용하려 하기 때문에 상대적으로 치료자의 권한이나 책임은 적어진다. 내담자의 문제를 개선하고 분석하고 내부에서 찾으려는 시도가 아니라 자신의 능력을 강화시키며 자신의 현실을 재구성해 나가도록 하는 구성주의(constructivism) 사고에 근접해 있다.

김인수 씨와 드 세이져는 미국을 중심으로 세계 각국에서 임상실험을 한 결과 해결중심 단기상담의 전략과 기법은 모든 사회나 문화권에서 모든 클라이언트에게 잘 적용될 수 있다고 주장한다. 초기 미국의 단기가족치료센터에서 수행된 164명의 연구결과를 보면(Walter & Peller, 1996), 치료 종료 6~12개월 후의 추후조사면접에서 80.3%의 성공률을 보고하고 있다(164명의 클라이언트 중 65.6%가 그들의 목표를 이루었다고 보고하였고 14.7%가 의미 있는 진보를 보였다고 보고하였다). 추후 조사로 18개월 동안 접촉한 결과, 전반적인 성공률은 80.3%로 증가하였다. 1995년 275명의 클라이언트들을 대상으로 수행된 두 번째 연구결과 치료 종료 후 7~9개월 후의 전화면접에서 응답자의 45%가 치료가 그들의 목표에 효과가 있었다고 보고하였고(Berg & De Jong, 1996), 32%가 "조금 진척이 있었다고" 응답하였다. 연구 치료과정의 평균 회기는 3회기였다. 전반적인 단기가족치료센터의 평균 회기는 4.3회기였다(De Shazer, 1988).

우리나라의 단기가족치료센터에서 시행한 단기해결중심 가족치료의 효과도 비슷하게 나타나고 있다. 치료 횟수는 평균 4.6회로 나타났고, 치료의 성공률은 86%로 나타났다(최인숙 · 김성천 · 노혜련, 1996). 허남순의 연구에서는 해결중심적 단기가족치료가 치료기간이 평균 6회 미만으로 비교적 짧고 효과적이며 모든 가족이 참여할 필요가 없기 때문에 치료에 비협조적인 한국의 가족에게도 적합하다고 보았다. 현재 한국에서 사례연구를 통해 본 결과 이 모델이 주의 산만한 아동, 부부상담, 가정폭력 상담, 정신분열증 환자집단, 우울증 환자집단, 청소년상담, 아동학대, 금연, 알코올 중독자집단 등의 문제를 해결하는 데 효과적으로 활용되어지고 있음을 알 수 있다.

7 단기해결중심 상담의 실제

해결중심 질문법을 이용한 사례를 보면 다음과 같다.

치료자: 여기에 오신 목적이 무엇입니까?

내담자: 현재 우울한 나날에서 좀 벗어나고 싶습니다. 저는 하루 종일 빈둥빈둥 그저 텔레비전만 보고 있어요. 다른 할 일들은 모두 미루고 TV만 봐요. 그래서 더욱 우울해지기만 하지요.

치료자: 그렇군요, 다르게 살고 싶으시군요. (긍정적인 진술로 바꿈)

내담자: 네. 우울하게 지내고 싶지 않아요.

치료자: 그러면 그 대신에 어떻게 지내고 싶으신가요? (목표 탐색)

내담자: 현재 우울한 상태에서 벗어나 다시 한 번 생활….

치료자: 네, 그래요, 생활의 활력을 다시 한 번 찾고 싶으시군요. 혹시 요즘 그런 일이 일어난 적이 언제 있었나요? (예외 탐색)

내담자: 전혀 활동적이지 못해요. 제가 할 수 있는 모든 것은 온종일 빈둥거리며 스스로 죄책감을 느끼는 것이지요.

치료자: 그래요. 당신은 아무 일도 하지 않고 지내는 것처럼 생각하는군요. 자, 만약 우리가 하나의 척도를 이용하여 당신이 상상할 수 있는 최악의 행동인 당신이 의자에 앉아 TV만 보는 행동을 1점이라 하고 당신이 상상하기에 가장 이상적으로 활동하는 행동을 10점이라고 한다면 당신은 지난주의 평균점수가 어느 정도였다고 생각하세요? (척도 질문)

내담자: 평균 2점 정도라고 생각해요.

치료자: 2점 정도요! 그래요, 그렇다면 당신은 2점 이하로 행동하였을 때도 있었겠네요?

내담자: 맞아요. 하루 종일 불쾌한 날들도 며칠 있었어요. 저는 침대에서 나오질 않았어요.

치료자: 음, 당신은 그 이상의 것을 원치 않았다고 생각되는군요. 자, 평균 점수가 2점이고 1점을 시도한 시기도 몇 차례 있었다면, 2점보다 약간

더 적극적이었던 시기도 있었음을 의미할 수 있겠네요? (척도에 내포된 예외를 설정)

내담자: 예, 아마도 2.5점 혹은 3점 정도였던 시기도 있었죠.

치료자: 그때 당신은 무엇을 좀 다르게 행동했었나요?

내담자: TV만 보는 것에 질려서 누군가와 이야기를 해야겠다고 생각했어요.

치료자: 어떻게 그것을 생각할 수 있었지요? 약물이나 TV 등의 다른 불건전한 행동을 결정할 수도 있었을 텐데(그가 예상되는 좌절(disqualification)에 협력하면서 보다 세분화할 것을 요구)….

내담자: 알아요, 하지만 저는 무엇인가를 해야 한다고 생각했어요.

치료자: 무엇을 의미하는 것이지요? 당신은 계속 당신의 마음대로 할 수 있었고 누구도 당신을 말리지 않았을 텐데, 그렇지 않나요? (내담자에게 확신시킨 내용을 다시 질문함)

내담자: 알아요, 하지만 그것은 사는 것이 아니예요. 저는 좀 더 생산적인 일을 하고 싶었어요.

치료자: (2.5점 혹은 3점이었던 예외적인 시간들에 관해 좀 더 토론한 후) 며칠 전에 한 것처럼 보다 적극적으로 시도하는 것이 당신이 정말 하고 싶어 하는 것입니다. 당신이 여기에 더 이상 올 필요가 없을 때, 당신의 평균은 10점 혹은 그 이상이 될 것이라고 생각하세요? 그때가 되면 당신의 평균 점수는 얼마나 될까요? (척도를 사용하여 치료종결의 암시를 보낸다.)

내담자: 글쎄요. 10점은 불가능할 것 같은데요. 하지만 평균이 7점 이상이 된다면 성공하였다고 볼 수 있겠지요.

치료자: 그럼 7점 정도에서는 어떻게 행동을 할까요? (목표의 구체화)

내담자: 하루 일과표를 작성하고 그것을 대부분 할 것 같아요. 아시겠지만, 저도 쇼핑도 하고 제 아파트 청소도 할 거예요.

치료자: 그래요? 당신은 지금 2.5에서 할 수 있었던 행동을, 현재 상태에서 적극적인 노력으로 좀 더 계속한다면 결국에는 평균 7점에 도달할 수 있겠네요? (예외를 치료목표로 연결시킴)

내담자: 네, 아마 그럴 거예요. 계속 노력해야겠지요.

Walter & Peller(1996: 248-250)

이 대화는 척도질문을 사용하여 해결중심으로 이끈 것이다. 예외적인 상황(언젠가 지루해서 한 행동)과 평균적인 점수를 물어서 해결방안을 좀 더 구체화하며 적극적으로 할 수 있도록 하였다. 내담자가 하루 계획을 세워서 쇼핑하고 청소하는 일을 계속 할 수 있게 척도 점수를 올리고 목표를 수행할 수 있도록 한 것이다.

TIP 첫 1회 상담양식

내담자: 날짜: 상담자:

1) 불평이나 배경 이해
- 여기에서 어떤 것이 도움이 될까요?
- 해결을 위하여 어떤 시도를 해 보셨나요?
- 상담이 도움이 된다는 것은 무엇인가요?

2) 목표설정(가상질문, 기적질문)
- 여기에서 무엇이 달라지기를 바라십니까?
- 무엇을, 어떤 것을 보면 우리 문제가 다 해결되었구나 하고 생각할까요?
- 당신은 어떻게 다르게 행동하고 있을까요?
- 당신이 ~한다는 것을 보여주는 것은 어떤 행동을 하고 있을 때인가요?

3) 예외적 행동 탐색하기
- 문제가 발생하지 않은 때는 언제, 어떻게, 누구에게 가능하였나요?
- 예외적으로 누군가 조금 달라지면 당신은 어떨까요? 뭐가 달라질까요?
- 만약(혹시) 당신이 조금 다르게 한다는 것이 무엇인지 이야기해줄 수 있나요?

4) 척도측정 (0점-부정적, 10-긍정적)
- 상담 전 변화는 어떤 것이 있었나요?
- 현재 심리적 상태는?

- 해결을 위하여 노력하고자 하는 의지는?
- 자신감 정도는?
- 좋은 관계를 위해서는 몇 점 정도 가능한가요? 그렇게 되기 위해서는 어떻게 하는 것인가요?

5) 피드백 메시지

- 칭찬: 내담자의 특성, 시도했던 것, 목표설정, 가능성
- 연결문: 피드백 내용에 정상화, 교육적 대안, 과제에 대한 근거
- 과제나 제안: 관찰형, 심사숙고형, 행동형

6) 종결

상담자와 내담자 상호 간의 피드백 나누기

생각해 볼 점

1. 당신의 문제와 갈등 상황에서 문제중심의 대화와 해결중심의 대화를 둘 다 충분히 해보고 어떤 점들이 다른지 생각해 봅시다.
2. 당신은 기적질문을 시도하여 내담자와 대화를 이끌어 가면서 어떤 어려운 점들이 있었는지 생각해 봅시다.
3. 해결중심의 상담에서 상담자의 위치나 역할, 태도들에 대하여 생각해 봅시다.
4. 단기해결중심 상담은 사회구성주의 이론에 기초하고 있는데 사회구성주의 이론이란 무엇이지 알아봅시다.
5. 내담자의 문제상황에 대하여 긍정적인 언어로 해결중심의 원하는 의도 등을 반영해주면 어떤 반응이 일어나는지 실습해 봅시다.

참고문헌

김인수 · 송성자 · 정문자 · 김유숙 · 이영분(1998). 무엇이 좋아졌습니까? 해결중심치료의 적용. 서울: 동인.

김혜숙(2008). 가족치료 이론과 기법. 제2판. 서울: 학지사.

최인숙 · 김성천 · 노혜련(1996). 한국가족문제를 해결하기 위한 해결중심적 단기치료 기법의 적용효과에 관한 연구. 한국사회복지학, 제 28호.

Berg, I. K.(1994). *Family based service: A solution-focused approach*. New York: W. W. Norton.

Berg, I. K., & De Jong, P.(1997). *Interviewing for solutions*. Broks/Cole Publishing Company.

De Shazer, S.(1985). *Keys to solution in brief therapy*. New York: W. W. Norton & Company.

De Shazerr, S.(1988). *Clus: Investigating solutions in brief therapy*. New York: W. W. Norton & Company.

De Shazer, S.(1991): *Putting difference to work*. New York: W. W. Norton & Company.

De Shazer, S., & Molaner, A.(1984). Rekursivitat. Die Praxis-Theorie Beziehung. *Zeitschrift fuer systemische Therapie, 1(3)*, 2-10.

De Shazer, S. Berg, I. K., E. Lipchik, E.(1986). Brief Therapy Focused Solution Development. *Famlily Process, 25*, 207-221.

Walter, J. L., & Peller, J. E.(1996). *Loesungs-orientierte Kurztherapie*. Dortmund: Moderne Lernen.

8

게슈탈트 상담

1. 개관
2. 대표적 이론가
3. 이론적 배경
4. 상담의 주요개념
5. 상담의 목표
6. 상담의 과정
7. 상담의 기법
8. 게슈탈트 상담의 적용과 평가

학습의 목표

1. 게슈탈트 상담의 이론적 배경을 이해한다.
2. 게슈탈트 상담의 주요개념들에 대하여 익힌다.
3. 게슈탈트 상담의 주요기법들을 이해한다.

1 개관

형태심리학이라고 번역하는 게슈탈트 심리학은 1912년 베르트하이머(Max Wertheimer, 1880~1943)의 연구로 시작됐다. 게슈탈트(Gestalt)는 우리가 어떤 사물이나 현상을 지각할 때 떠오르는 어떤 형태(모양)를 말한다. 독일어에서 'Gestalt' 라는 낱말은 사물이 '형성된' 방법, 즉 어떤 자리에 '놓이거나', '조립된' 방식을 뜻할 때 쓰인다. 게슈탈트 상담이론은 1920년대 독일에서 하나의 지각된 내용을 전체로 통합하고 분리된 자극들을 의미 있는 유형으로 통합하고자 하는 학파들에서 시작되었다. 초기의 형태심리학파는 지각의 영역, 특히 착각이라는 현상으로 설명되는 시각적 지각구조에 대해 관심을 가졌고, 당대 심리학자들이 무시했거나 과학의 범주를 벗어난 것이라고 생각했던 형태 · 의미 · 가치라는 속성들에 초점을 두었다.

베르트하이머가 1912년에 발표한 논문은 형태심리학의 토대가 되었다. 베르트하이머는 정지해 있는 물체가 분명히 움직이고 있는 것처럼 보이는 착각현상을 '파이 현상' 이라고 불렀다. 예를 들어 영화처럼 정지된 장면들을 연속적으로 제시하면 정지된

화면들의 단순 조합으로는 설명할 수 없는 움직임이 나타나게 되는데 베르트하이머는 이러한 지각현상을 토대로 '전체는 부분의 단순한 합이 아니다' 라는 유명한 명제를 내놓았다. 인간의 심리적 활동도 부분의 인지의 합으로 이루어질 수 없으며, 전체를 보게 되고 항상 전체에 의해서 규정되어야 한다고 주장하였다. 베르트하이머, 쾰러, 코프카 및 그들의 제자들은 형태심리학 접근방식을 지각의 다른 영역인 문제해결, 학습 및 사고 작용 같은 문제에도 확대 적용했다. 특히 쿠르트 레빈(Kurt Lewin)은 그 후 게슈탈트의 원리를 동기부여와 사회심리학 및 성격 연구에 적용했으며, 미학과 경제적 행동에도 이 원리가 적용되었다. 미국에서는 루돌프 아른하임과 한스 발라치가 지각 연구들을 통해 형태심리학의 전통을 계승했다(브리태니커 백과사전, www.blog.daum.net 재인용).

형태심리학의 개념을 게슈탈트 심리학으로 발전시킨 사람은 프릿츠 퍼얼스(Fritz Perls)로 독일의 정신과 의사였다. 그는 '지금-여기' 에 관심을 기울이고 개인의 현재 상황의 중요성을 강조하며, 인간이 왜 그렇게 행동하는가에 초점을 두기보다는 현재 어떻게 행동하는지를 이해하는 것이 더 중요하다고 보았다. 즉 인간이 자신의 경험을 통찰함으로써 증가되는 인식과 책임감에 초점을 두었다. 게슈탈트 상담이론의 배경적인 특성과 주요개념들 그리고 치료 기법들을 여기서 다루고자 한다.

2 대표적 이론가

1) 프릿츠 퍼얼스(Frederick, S. Perls, 1893~1970)

프릿츠 퍼얼스 (Frederick, S. Perls)

프릿츠 퍼얼스는 독일의 베를린 유태인 중 하류층 출생으로 비록 7학년에서 두 번이나 낙제하고 학교에서 퇴학당할 뻔했지만 나중에는 의대에 입학하여 의학박사 학위 따냈다. 정신과 의사로 7년간 정신분석 수련을 받았지만 그때는 자신이 매우 혼란스러웠다고 말한다. 1926 프랑크푸르트에서 뇌손상 군인들을 치료하는 신경정신의학자 쿠르트 골드슈타인(Kurt Goldstein) 연구소에서 인간을 개별적으로 기능하는 부분들의 단순한 합으로 보지 않고 전체적으로 보아야 한다는 사실을 처음 알게 되었다. 후에 빈에서 빌헬름 라이히(Wilhelm Reich)와 카렌 호나이(Karen Horney)에게 정신분석 수련을 받았다. 라이히(Reich)는 신체를 통한 자기이해와 성격변화 방법을 개발한 사람이었다(Corey, 1998).

1936년 마리엔바드에서 개최되는 세계정신분석학회에서 퍼얼스는 '구강적 저항' 이라는 이론을 발표하였지만 프로이트에게 수용되지 않아 정신분석과 멀어지기 시작하였다. 골드슈타인의 유기체이론과 스마트의 생태학적 이론을 바탕으로 개인과 환경을 전체적인 통합체로 보는 새로운 관점을 확립해나가기 시작하였다. 1942년 퍼얼스는 프로이트의 공격적 본능이론을 비판하는 '자아, 배고픔, 공격' 이라는 책을 발표하였다. 1946년 미국으로 이주하여 정신분석과 결별하였고 1950년 '알아차림' 에 관한 이론 정립과 '게슈탈트 치료' 라는 용어를 사용하였다. 1951년 헤퍼린(Hefferine), 굿맨(Goodman)과 공저로 '게슈탈트 테라피(Gestalt Therapy)' 를 출판하였다.

1952년 뉴욕 형태치료연구소(New York Institute for Gestalt Therapy)를 설립하였고 캘리포니아 빅 서어(Big Sur)에 있는 에살렌(Esalen) 연구소에서 연구집회와 세미나를 개최하면서 심리치료자로 명성을 확고히 하였다. 1960년대부터 실존주의 정신의학 사조와 인본주의 심리학의 대두로 제3의 세력의 물결을 타고 1970년대 구미에서는 게슈탈트 치료가 대중 속에서 큰 인기를 얻기 시작하였다. 게슈탈트 상담이론은 과정중심적이고 종합적인 심리학으로 전체 장의 관점에서 통합적으로 이해하는 상담이론으로 발전하였다. 1970년 퍼얼스는 77세의 나이로 적지 않은 연구논문들을 남기고 세상을 떠났다. 퍼얼스의 생활에 대한 직접적인 것을 원하는 사람은 그의 자서전인 'In & Out of the Garbage Pail(1969)'을 읽으면 도움이 될 것이다.

3 이론적 배경

게슈탈트 상담이론은 카렌 호나이의 정신분석이론과 골드슈타인의 유기체 이론, 빌헬름 라이히의 호흡과 신체이론, 모레노의 사이코드라마, 라인하르트의 연극과 예술철학, 하이데거와 마틴 부버의 실존철학, 동양사상, 도가와 선사상의 광범위한 영향을 받았다(김정규, 1995).

게슈탈트 상담은 적용범위를 인간의 사고, 감정, 감각, 욕구, 행동 등 모든 영역으로 확대하였다. 게슈탈트(Gestalt)란 전체, 형태, 모습이란 뜻을 의미하며 치료적인 의미에서는 "게슈탈트란 개체가 지각한 자신의 행동의 동기를 의미한다(Perls, 1976)." 그래서 자신의 욕구나 감정을 하나의 의미 있는 행동 동기로 조직화하여 지각한다. 인간은 자신이 처한 환경에서 실현가능한 행동 동기로 지각하여 해소되어지는 것이 게슈탈트이다. 게슈탈트는 어떤 상황 속에서 자신의 욕구나 감정, 환경조건과 맥락을 고려하여 가장 절실한 행동으로 나타난다. 개체는 자신의 활동을 게슈탈트를 형성함으로써 조정하고 해결하며, 개인이 게슈탈트 형성에 실패하면 심리적, 신체적 장애를 겪는다. 개인이 자연스런 환경과의 활동을 인위적으로 차단하고 방해하는 행위를 '접촉경계혼란' 이라고 한다(Hansen et al., 1977). 게슈탈트 상담의 이론적 특성을 보면 아래와 같다.

1) 전경과 배경

인간은 관심부분을 전경으로, 나머지는 배경으로 나누어 지각한다. 골드슈타인(Goldstein)은 생명체가 자기조정원리에 따라 장을 전경과 배경으로 나누어 지각한다고 주장한다. 관심이나 욕구가 강한 부분은 전경으로 작용하고 나머지는 배경으로 작용한다. 건강한 개체에게는 '게슈탈트의 형성과 해소' 가 순환적으로 작용한다. 예를 들어 남자친구나 애인은 전경이고 다른 사람들은 배경으로 물러난다. 인간은 자신의 현재 욕구를 바탕으로 게슈탈트를 형성하여 지각한다.

Gleitman, 루빈의 컵

전경은 앞에 떠오르는 형상이고 배경은 전경 이외의 형상이다. 인간은 전경과 배경을 조직화하여 지각의 장(場)을 마련하고 의식 속에 받아들인다. 배고픈 사람은 음식이 전경이 되고 그 이외의 것은 모두 배경이 된다. 검정 바탕의 회색은 흰색 바탕의 회색보다 밝아 보이고, 루빈의 컵은 마주보는 사람의 얼굴 모습으로 보이기도 한다. 루빈의 컵을 볼 때 지각을 결정하는 요인은 그 사람의 지각적 습관에서 나온다.

개인이 전경으로 떠올렸던 게슈탈트를 해소하고 나면 그 전경은 배경으로 물러나고, 새로운 게슈탈트가 형성되어 전경으로 떠오른다. 미해결 과제는 계속 전경으로 떠올라 새로운 게슈탈트 형성을 방해한다. 미해결 과제를 연기하고 미룰 경우 내 희망과 상관없이 전경으로 계속 떠오르게 되고 이 과정이 반복되면 심리학적 치료가 필요한 경우가 발생하기도 한다(김정규, 1995).

2) 인간의 착시현상

게슈탈트 심리학의 가장 기초적인 단계에서 논의되는 것 중의 하나가 착시현상이다. 눈에 의해 제공된 감각자료가 처리되는 과정 중에 여러 가지 지각오류가 발생된다. 한 예로서 동산에 떠오르는 달은 중천에 떠 있는 달보다 훨씬 크게 지각된다. 달 크기의 착시는 지평선이 하늘 정 가운데보다 멀리 있다는 거리오판과 관계된다는 학설이 있다(Kaufman, 1974).

거리 착시도형은 선분 끝의 두 깃의 생김새가 거리의 원근감을 준다는 것으로 선의 길이가 같지만 달라 보인다([그림 8-1]의 뮐러-리어 도형). 둥근 원의 크기가 똑같지만 원의 위치나 맥락에 따라서 다르게 지각되는 착시현상도 아래 그림 5번, 7번에서 볼 수 있다. 크기뿐 아니라 색, 모양도 자극조건에 따라 착시를 일으키는데 아직 어떤 지각 과정에 의해 착시가 일어나는지에 대해서는 확실하지가 않다.

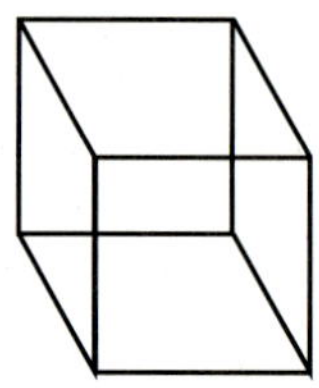

① 네커 큐브 도형
정육면체의 방향이 바뀐다.

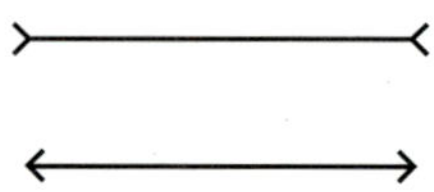

② 뮐러-리어 도형
선은 같은 길이이다.

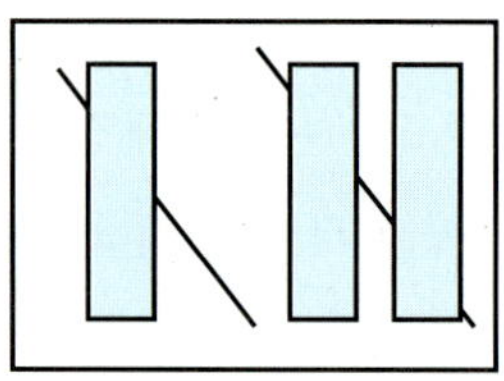

③ 포겐도르프 도형
직사각형에 가려진 선은 직선이다.

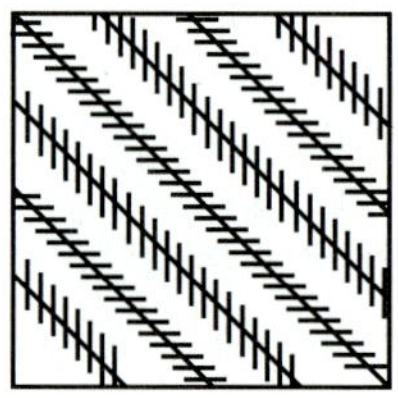

④ 쵤러 도형
모든 선은 평행이다.

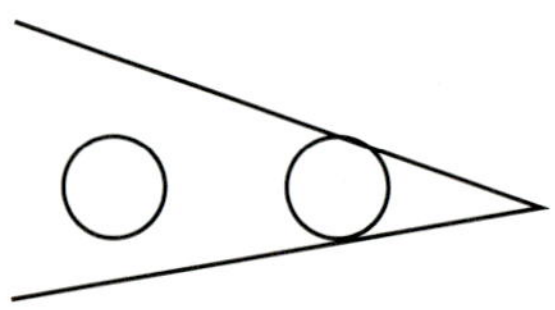

⑤ 폰초 도형
두 개의 원은 같은 크기이다.

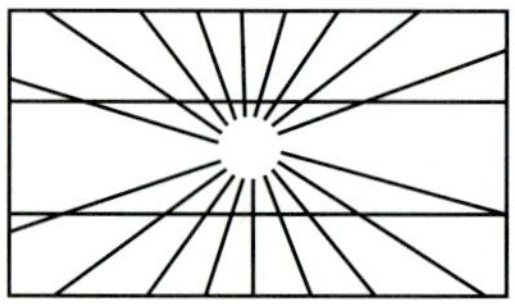

⑥ 헤링 도형
두 개의 수평선은 평행이다.

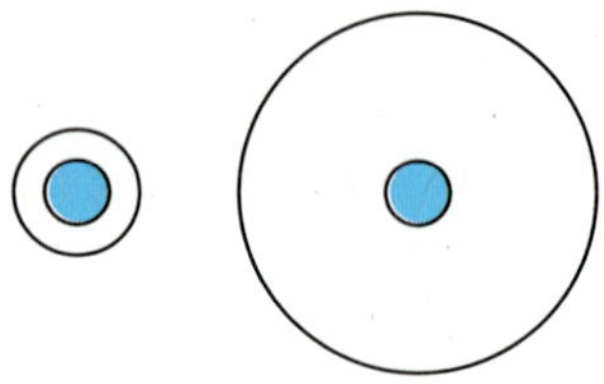

⑦ 크기
가운데 점은 같은 크기이다.

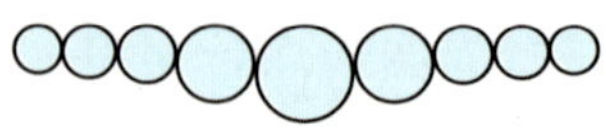

⑧ 쾨니히의 목걸이
원의 윗부분은 동일 선상에 있다.

그림 8-1 착시의 현상

3) 인간의 미해결과제

개인은 미해결된 상황이나 과제를 완성하려는 경향을 지닌다. 어떤 과제(사건)를 완료하는 것을 떠오른 전경을 배경으로 보내는 과정이라고 볼 때, 완성된 과제보다 미완성된 과제가 기억에 오래 남는 현상을 차이가닉 효과(Zeigarnik-Effekt)라고 한다. 개인은 미완결된 상황을 완결 지으려는 경향이 있다. 게슈탈트 심리학에서는 이를 지각 반응의 경제 원리, 즉 절약 원리로 설명한다. 완성된 과제와 미완성된 과제에 기억을 동일한 양으로 배분하는 것은 비효율적이기 때문에 인간의 지각은 미완성 과제에 기억을 보다 많이 할당함으로써 효율성을 도모한다는 것이다(www.blog.naver.com). 미해결상황이나 과제는 유기체의 활동을 차단하며 욕구나 감각을 생동감 있게 체험하지 못하게 한다. 그래서 우리는 마음의 한, 적개심, 부정적인 감정, 화풀이, 맺힌 것을 푸는 과정이 중요하다.

4) 전체는 부분의 합 이상이다

라이히의 신체이론에서는 인간의 신체작용과 감각활동은 심리작용과 밀접한 관계가 있다고 보았다. 신체언어의 중요성을 강조하며 인간의 신체와 감각, 감정, 욕구, 사고 행동은 서로 의미 있는 전체로 이해해야 한다. 퍼얼스(Perls, 1965)는 라이히의 신체이론을 바탕으로 인간을 환경과 분리하여 이해하는 것이 아니라 환경을 포함하는 통합적인 전체로 보려고 하였다. 그래서 인간의 사고나 행동도 전체의 맥락을 보아야 이해된다고 하였다. 전경과 배경을 이해하고 나서 이를 확장해 보면, 게슈탈트 심리학의 대표적인 문구가 된, '전체는 부분의 합 이상이다.' 에 이른다. 이것은 인간이 어떤 장면을 시각적으로 인지할 경우 하나하나의 이미지의 합이 아니라 전체적인 장면으로 인지한다는 것이다. 지각 대상들은 큰 단위 또는 전체성(Ganzheit)이다(김경희, 2000: 21). 멜로디는 C장조에서 A장조가 될 때에도 그대로 그 멜로디인 것이다. 멜로디는 개개의 음의 합보다 더 많고 새로운 것이다(김경희, 2000: 52)라는 사실을 알게 된다. 전체적으로 이해하는 것은, 지각되는 각 대상들과의 관계에 주목하며 맥락이라는 차원을 간과해서는 안 된다는 점이다. 우리는 횡단보도에서 신호등의 파란 불을 보고, '가도 된다' 혹은 '빨간불이 아님, 정지하지 않아도 됨' 이라고 인식한다. 바쁜 출근길에 계속 빨간 신호에 걸려서 짜증났던 증권사 직원이 온통 빨갛게 점등된 주식 전광판을 보고는 기분이 좋아진다. 빨간 것이 빨간 것을 의미하는 게 아니다. 모든 것은 결국 관계의 문제이고 맥락의 문제로 이해되는 것이다(www.blog.naver.com).

4 상담의 주요개념

1) 알아차림-접촉 주기

유기체의 삶은 개체가 배경으로부터 분명한 게슈탈트를 형성하여 전경으로 떠올리고 이를 환경과 상호작용으로 해결하여 배경으로 사라지고 다시 새로운 게슈탈트를 형성하여 전경으로 떠올리는 순환과정을 반복하게 된다.

개인의 욕구나 감정이 신체감각을 통해서 나타나면, 개인이 자신의 욕구나 감정을 '알아차림(Bewusstsein)'을 통해 게슈탈트를 형성하여 전경으로 떠올린다. 그러면 이것을 해소하기 위하여 개인은 환경과 상호작용을 통하여 에너지를 동원하여 행동으로 옮긴다. 에너지를 동원하여 실제로 행동으로 옮기는 것을 '접촉(Contack)' 이라 한다.

2) 알아차림의 방해물

(1) 배경으로부터 감각이 나타나는 과정의 장애

유기체의 욕구나 감정이 신체감각이나 정서에 장애를 갖는 경우이다. 신체의 고통이나 상태가 지각이 안 되는 경우로 감각장애를 갖는다.

(2) 감각과 알아차림 사이의 장애

자신의 욕구를 억압하므로 자신의 신체감각을 욕구나 감정으로 지각할 수 없는 경우이다. 의도적으로 무시하거나 주의를 기울이지 않으므로 알아차림에 혼란을 가져올 수 있다(감정을 회피, 억압, 부정).

(3) 알아차림과 에너지 동원 사이의 장애

어떤 욕구를 알아차리고 해결하고 싶지만 실제 행동으로 일어나지 않는 경우이다.

개인이 분노감, 성적 감정, 부드러움, 사랑의 감정, 자기주장 등 다른 유기체와 접촉하는 것에 대한 두려움을 갖는다. 감정표현에 대한 강한 두려움, 조롱, 비난받을 것이라는 두려움이 있다.

(4) 에너지 동원과 행동 사이의 장애

개인은 에너지를 동원하지만 외부환경으로 향한 행동으로 옮기지 못하고 차단해 버린다. 예를 들면 자신의 분노감을 자각하고 에너지를 동원하지만 분노를 느끼는 대상에게 표출하지 못하고 자기 자신에게로 돌리고 자책하고 비난 · 질책하는 행동으로 바꾸어 버린다. 개체가 게슈탈트의 완결 대신 긴장과 죄책감으로 만성적이 되면 긴장 에너지로 만성긴장, 신경증환자로 발전할 우려가 있다. 외부현실과의 접촉에 두려움을 느끼기 때문에 자기 공상, 망상, 자기합리화로 나타낸다. 현실과 제대로 접촉하지 못하면 내적인 실제감을 느끼지 못하고 공허감을 느낀다. 내적 공허감을 메우기 위해 한 가지에 집착하거나 알코올, 마약, 성, 강박행동 등을 나타내는데 이는 유기체의 욕구를 제대로 해소하지 못할 때 나타나는 것들이다(김정규, 1995).

(5) 접촉과 물러남 사이의 장애

개인은 접촉이 끝나면 만족해서 전경이 뒤로 물러나고 배경이 된다. 자연스럽게 기능하는 유기체는 긴장과 이완, 일과 휴식, 낮과 밤, 삶의 리듬에서 활동한다. 그러나 접촉과 물러남 사이의 지각, 자신의 욕구달성, 체험의 쟁점인식, 접촉의 양 등이 제대로 이루어지지 않는 경우가 있는데. 주로 완벽을 고집하는 사람, 휴식을 모르는 사람, 강하게 집착하는 사람, 과거의 상처와 고통, 무의식적인 두려움 때문에 체험을 음미하지 못하는 사람이다.

3) 접촉경계혼란 행동

게슈탈트 상담에서 변화와 성장이 일어나기 위해서는 접촉이 꼭 필요하다. 접촉은 보고, 듣고, 냄새 맡고, 느끼는 등의 신체감각으로 나타난다. 좋은 접촉은 개성을 상실하지 않으면서도 자연이나 타인과 상호작용하는 것을 의미한다. 좋은 접촉의 전제조건은 분명한 인식, 완전한 활력, 자신을 표현할 수 있는 능력이다(Zinker, 1977).

폴스터(Polster, 1987)는 접촉을 성장에 필요한 생명수라 말하며 여기에는 열정, 상상, 창조성이 필요하다고 하였다. 인간은 게슈탈트를 형성하고 이를 환경과의 상호작용을 통해 완결시키는 과정을 반복하게 된다. 이 과정에서 이러한 자연스런 게슈탈트의 형성과 해소과정을 방해하는 정신 병리현상을 '접촉경계 혼란' 으로 설명할 수 있다. 건강한 개인은 접촉경계에서 환경과 교류하면서 자신에게 필요한 것은 경계를 열어 받아들이고, 환경에서 들어오는 해로운 것에 대해서는 경계를 닫음으로써 이들의 해독으로부터 자신을 보호한다. 그러나 경계에 문제가 생기게 되면 이러한 환경과의 유기적인 교류접촉이 차단되고 심리적, 생리적 혼란이 생기게 되는데 이것을 '접촉경계혼란 행동' 이라 부를 수 있다. 여기에서 퍼얼스와 폴스터가 주장하는 접촉경계혼란이 발생하는 여섯 가지 유형을 살펴보고자 한다(Polster & Polster, 1973).

(1) 투사(projection)

투사는 내사와는 반대로 자신의 생각이나 욕구, 감정 등을 외부의 것으로 지각하는 현상이다. 개인이 직면하기 힘든 자신의 내적 욕구나 감정을 회피하기 위하여 무의식적이고 반복적으로 하는 행동이다. 미움이나 질투, 분노, 사랑, 자신감, 긍정적, 부정적 감정, 가치도 포함된다. 개인이 투사를 하는 것은 그렇게 함으로써 자신의 욕구가 좌절되는 것보다 고통을 덜 받게 되기 때문이다. 즉, 개인이 자신 속의 받아들이기 힘든 부분들을 부정해버리고, 그것들을 타인의 것으로 돌려버림으로써 심리적 부담을 덜 수 있기 때문이다(Clarkson, 1990).

투사의 결과로는 내 욕구, 내 생각과 가치로 상대방을 지각하므로 진정한 접촉을 어렵게 만든다. 타인의 존재를 있는 그대로 보지 못하게 하고, 나의 생각, 나의 욕구로 상대편을 지각하게 만듦으로써 타인들을 진정으로 만나지 못하게 한다. 또 나의 내부세계와 외부세계를 잘 구별하지 못하게 된다. 경계선 성격장애자들은 부모와 경계를 명확히 하는 작업을 하고 개인의 욕구를 자각하고 자신의 선택과 행동에 책임지는 것을 가르치며 의존적이고 자신감이 부족하므로 지지치료가 필요하다.

(2) 내사(introjection)

내사는 다른 사람의 가치, 신념을 무비판적으로 받아들임으로써 자신의 행동이나 사고방식에 악영향을 미치는 타인의 행동방식이나 가치관을 말한다. 내사가 강한 사람은 자신의 욕구 결핍이 많으며, 타인의 기대에 맞춰서만 살려고 한다. 타인의 눈치나 평가에 지나치게 의존하고 자기 책임을 회피하려 한다. 내사가 강한 개인은 고정된 행동패턴이 습관적이고 자동화된 행동을 반복하거나 수동적으로 행동하게 된다. 그래서 자율적이고 책임감 있는 인간으로 성장하는 것을 방해한다. 부모의 비난, 부정적인 가치, 부모의 한숨이나 한이 내사된 자녀들은 부모의 인생이 자기 자신인 줄 잘못 알고 살아가게 된다.

내사에 있어서 치료란 어느 것이 자기이고 어느 것이 자기가 아닌지를 명확히 구분하도록 도와주는 것이다. 즉, 자기 자신이 되는 것을 방해하는 요소들을 제거함으로써 진정한 자기 자신이 되도록 도와주는 것이다. 대부분의 심리치료는 부모에 대한 나쁜 이미지를 바꾸어 주는 데 상당한 비중을 둔다. 내담자로 하여금 나쁜 부모 이미지와 결별하도록 도와주고, 자신의 경계를 확실히 느끼도록 해주어야 한다. 내사에는 좋은 내사와 나쁜 내사가 있으며 좋은 내사는 내담자가 스스로 자립할 능력이 생길 때까지, 나쁜 내사를 일시적으로 대치하는 역할을 할 수 있다고 말한다. 치료자의 말과 같은 좋은 내사는 내담자에게 마치 이유식과 같이 긍정적으로 작용하여 내담자가 스스로 일어설 때까지 당분간 지지적인 효과를 발한다(Polster, 1990).

(3) 융합(confluence)

융합은 서로가 서로를 필요하다고 생각하므로 상대편을 놓아주지 않고 붙들고 있으며 의존 관계에 빠져 있는 상태이다. 공허함이나 고독감을 피하기 위한 목적으로 시작되며 자신감이 없어 다른 사람의 힘이 없으면 혼자서 아무 일도 할 수 없다고 생각한다. 자신의 개성과 주체성을 포기하고 타인과 합치는 것이 고독하거나 공허한 것보다 낫다고 생각한다.

퍼얼스는 죄책감(융합관계를 위반하는 사람)과 짜증(계약을 깨뜨리는 것에 대한 시정을 요구하는 사람)은 융합관계의 위험이 나타났을 때 일어나는 현상이라고 한다. 퍼얼스는 융합이 되면 서로의 경계가 없고 서로의 차이가 인식되지 않기 때문에 자신의 욕구와 감정에 대한 자각이 생기지 않아 병리적으로 갈 가능성이 높다고 보았다. 두 개체가 항상 서로 같은 감정이나 생각을 가지는 것은 어려우므로 융합관계를 유지하기 위해서는 자신의 정체성을 포기하게 되고 그것은 삶의 활기를 없애는 일이 된다.

융합관계의 사람들에게 의견불일치가 생길 경우에는 대화를 통해 조율하거나 서로 다른 의견이 있다는 데 합의할 능력이 없어서 자신의 욕구를 억압하고 순종하여 다른 사람에게 맞추거나 상대방을 설득, 협박, 강요하여 억지로 관계를 유지하려고 한다. 또한 어릴 적에 융합관계를 체험한 내담자는 독립을 원하지만 독립해서 살아보지 못했기 때문에 분리공포를 갖게 된다(Perls, 1965).

(4) 반전(retroflection)

개인이 타인에게 하고 싶은 행동을 자기 자신에게로 돌리는 것이다. 혹은 타인이 자기에게 해주기를 바라는 행동을 스스로 자기 자신에게 하는 것을 뜻한다. 타인이나 환경에 상호작용하는 대신 자기 자신에게 화를 내거나 위로받는 것이다.

반전이 발생하는 원인으로는 개인이 성장한 환경이 억압적이거나 부모가 자녀의 감정이나 욕구를 무시해버리므로 자신의 욕구충족을 포기해야만 하는 상황들 속에서 자신을 억압하는 일들이 반복적으로 나타날 때 형성된다. 부모와 환경의 태도를 자신의 인격 속으로 내사하여 내면세계가 두 부분으로 분열되어 한쪽은 행위자로 또 한쪽은 피행위자가 된다. 개인-환경 간의 갈등을 내부갈등으로 바꾸어 나타내며 이것이 습관화되어 나중에는 무의식적이게 된다. 원래는 개인의 욕구를 억압하는 것이 부모의 환경이었지만 지금은 개인 자신이 환경을 대신하여 자신의 욕구를 억압한다는 것이다. 반전을 통하여 부모에게 분노를 느끼지만 부모가 무섭고 혹은 부모가 불쌍해서 표출하지 못하고 대신 자기에게로 향하게 되는데 이런 죄책감은 분노감정의 반전으로 본다. 반전은 자신의 부모에 대한 분노를 소화할 수 없으므로 억압하는 한편 부모의 말이나 행동을 보고 부모들이 자기에게 화를 낸다고 생각하는데 이것은 자기에게 내사된 부모의 상으로 자기 자신은 죄책감을 느낀다. 이런 죄책감은 투사에 의한 분노감정으로 보았다(Clakson, 1990).

반전은 용납하지 않는 행동을 하지 않음으로써 환경으로부터 어떤 처벌이나 불이익을 받지 않으며, 또한 그 대상이 자기 자신이기는 하지만 부분적으로 욕구나 행동을 해소할 수 있다. 타인에게 어떤 욕구를 표현하거나 행동을 했다가 거부당하거나 처벌받을 수 있다는 두려움으로 자신의 충동을 억압하고 자신을 희생양으로 삼는다. 그래서 자신은 만성두통, 고혈압, 소화기 장애, 호흡기 장애, 가슴통증 등을 경험한다. 자신의 감정을 억압하여 밖으로 나가려는 에너를 차단하므로 신체가 긴장에너지로 바뀌어서 정신신체질환이 발생한다.

반전을 사용하는 내담자는 새로운 경험에 대한 두려움이 있어서 자해, 자기학대, 자기비난의 자아("너는 못 해")와 거기에서 벗어나려는 긍정적인 자아 "나는 할 수 있어"와 대립을 이루며 갈등을 경험한다. 내담자는 내적으로 심각한 분열상태에 처해 있어서 서로 대립되는 에너지들이 갈등을 일으키고 있다. 치료자는 내담자의 이런 내적 갈등과 싸움을 알아차려야 하며 억압된 욕구나 충동들을 통합시키면서 단계적으로 에너지를 외부로 돌리도록 도와주어야 한다.

(5) 자의식(egotism)

자의식은 자신에 대해 지나치게 의식하고 관찰하는 현상이다. 보통은 자신의 행동에 대한 타인의 반응을 지나치게 의식하는 데서 비롯된다. 자기애적 욕구를 의식하지만 행동으로는 표출하지 못하고 억압함으로써 갈등상황에 빠지게 되는 현상이다. 자신의 행동에 대해 다른 사람이 비난하거나 거절당할까 두려워서 타인의 무리한 요구를 거절하지 못한다. 무리한 부탁을 한 사람에게 분노를 가지고 있지만 표현할 수 없어서 신체적인 긴장감과 함께 자의식이 발생한다(Perls, 1965).

자신의 욕구와 감정은 알고 있지만 결과에 대한 확신이 없기 때문에 행동을 억제하여 욕구와 감정이 억압되어 의식에 남아있는 상태이다. 때로 이런 사람은 강하고 무서운 대상에게 비난이나 책망의 경험, 자신의 원함을 이루어지지 못하는 상황을 경험함으로 인해 자신감 결핍이 강하게 있다. 타인과의 관계에서도 감정이나 행동을 억제할 때 발생하여 타인의 비난이나 거부 반응에 대한 두려움과 분노가 신체적인 긴장감으로 나타나기도 한다(김정규, 1995).

자의식의 현상은 자신의 행동을 스스로 관찰하고 통제하며, 사소한 자신의 행동이나 신체증상에 대해 과도한 걱정을 한다. 자의식이 심하면 타인의 시선을 의식하며 염려와 공상 속에서 살아간다.

(6) 편향(deflection)

환경과의 접촉이 감당하기 힘든 심리적 결과를 초래할 경우 환경과의 접촉을 피해 버리거나 자신의 감각을 둔화시켜서 접촉을 약화시키는 경우이다. 편향은 불안, 죄책감, 갈등, 긴장 등의 부정적인 심리상태를 피하기 위한 적응기제의 하나로 본다. 불안을 막는 방법으로 흥분 에너지를 피하거나 둔화시킨다. 환경과의 접촉을 회피하므로 감정의 무미건조를 경험한다. 편향행동으로는 말을 장황하게 하거나, 초점을 흩뜨리거나, 말하면서 상대방을 보지 않거나, 웃어 넘겨버리거나, 구체적으로 말하지 않고 추상적인 차원에서 맴도는 것, 자신의 감각을 차단시키는 것 등이다. 성장과정에서 자신의 욕구가 좌절당했거나 과거의 고통스런 충격경험, 거부당한 경험 등이 작용할 수 있다. 불안, 죄책감, 갈등, 긴장 등이 여러 가지 부정적인 심리상태를 피하기 위하여 사용하는 적응기제이다. 불안의 방어가 강하다. 불안감정은 욕구 충족을 위하여 흥분을 행동으로 옮기지 못하고 막아버림으로써 해소되지 못한 흥분에너지로 인해 생기는 감정이다(Corey, 1998).

5 상담의 목표

1) 개인의 체험확장

징커(Zinker)는 개인이 환경과의 만남에서 자신의 사고와 감정, 욕구, 상상물, 신체 감각, 환경에 대한 지각을 넓히고 접촉할 수 있도록 한다. 심리증상을 정신 신체적 기능이 제약받아 나타나는 현상으로 보기 때문에 내담자의 감정이나 욕구를 억압한 방어를 해제하고 억압했던 자신의 부분들을 다시 접촉하여 체험영역을 확장시킨다(Zinker, 1977). 인간의 다양한 삶의 영역을 인정 수용하고 체험함으로써 불안이나 공포를 극복하고 더욱 새로운 삶이 가능하도록 한다.

2) 통합

개인의 심리장애는 자신을 전체적으로 지각하지 못하고 일부분으로만 자신을 지각하고 소외시킨 결과로 본다. 퍼얼스는 이것을 '인격의 구멍' 이라고 표현하였다(Perls, 1969). 인격의 분할은 접촉경계 장애로 인한 강한 의존심, 투사, 자신과 타인의 혼동, 자신의 것이 아닌 것을 자신의 일부로 잘못 지각해서 발생한다. 내담자의 분할되고 소외된 에너지나 외부로 투사한 억압된 에너지를 찾아서 지각하고 통합하므로 개체가 전체로서 유기적으로 기능하도록 한다. 내담자는 경험을 통해 자신에 대한 새로운 개념을 형성한다. 구체적 상황에서 구체적인 행동을 실험해보고 그 결과를 체험하므로 행동변화가 일어나고 새로운 자아개념이 형성된다(김정규, 1995).

3) 자립

내담자들이 자신의 에너지를 외부에 투사하여 타인에게 잘 보이려 하거나, 스스로 판단 능력이 없다고 하면서 타인에게 의지하려 하거나, 자신에 대한 신뢰감이 부족하여 내적으로 불안정함을 나타낸다. 이런 내담자로 하여금 자신의 에너지와 능력, 자원을 활용하여 주체적으로 행동하고 자기 지지를 배우도록 한다(Harman, 1989). 자신을 신뢰하지 못하고 항상 내적으로 불안정한 내담자가 막다른 골목에 처하여 자신의 실존에 진지하게 직면하게 한다. 내담자가 허구적인 이상과 공상적인 역할연기에서 벗어나 자신의 에너지를 접촉하고 체험함으로 자신감을 회복할 수 있도록 돕는다. 결국은 타인의 기대보다는 자신이 원하는 삶, 자신의 자립적인 삶을 살 수 있도록 원조한다.

4) 책임 자각

책임이란 "어떤 상황에 대하여 능동적이고 자율적으로 반응할 수 있는 능력이다"(Perls, 1969). 열등감으로 책임을 회피하려는 경향이 강한 경우 어떤 상황에서든 자신의 선택임을 자각하게 한다. 자신의 삶에 대하여 내담자가 모든 선택은 각자의 선택으로 본다. 타인을 의존하려는 자세를 버리고 스스로 선택하고 자신의 행동에 책임지도록 돕는다.

5) 개인의 성장

게슈탈트 상담의 치료목표는 퍼얼스가 말한 대로 내담자의 병리적 부분을 제거하는 것이 아니라 내담자의 자생력을 도와주며 새로운 변화와 성장을 하도록 조력하는 것이다. 내담자의 인격적인 성장이 이루어지도록 하며 "모든 존재의 본질은 생성과 변화의 과정이다", "만물은 항상 변화한다"는 헤라클레이토스 명제와 일치하는 부분이다.

퍼얼스(1951)는 개체가 존속하는 것은 새로운 것을 동화시켜서 변화하고 성장하므로 가능하다고 설명하였다. 성장은 모험을 감수해야 하며 모험 없는 성장은 없다, 내담자들에게 새로운 것을 시도하는 용기와 지지 협조를 한다.

6) 실존적인 삶

역할 연기적인 삶에서 타인의 기대나 욕구에만 민감하게 반응하고 자신의 것에 대해서는 불만과 불평이 많고 반항과 회피로 내적인 갈등을 초래한다. 또 내담자에게 스스로 자기 자신이 되도록 격려하며 변화와 성장을 촉진한다. 또 자신의 행동과 감정, 생각에 대하여 책임을 지며 온전히 자기 자신이 되게 한다. 진정한 존재 가능성을 매 순간 실현하므로 삶의 진정한 의미를 발견하도록 한다(김정규, 1995).

6 상담의 과정

거절하고 싶은 마음과 거절하지 못하는 마음이 상반되어 힘들어 하고 있는 내담자의 경우, 상대에게 좋지 않은 인상을 줄까 봐, 또한 스스로 무능하다고 생각하기 때문에, 책임을 맡으면 다 해야 된다고 생각하여 거절하지 못하고 힘들어 한다. 이런 내담자는 인지행동치료로는 이런 생각들이 타당한가를 논박하고, 현실검증을 하고, 대안행동을 다룬다면 게슈탈트 상담에서는 이것을 내사라고 하며, 내사에 대한 배경, 맥락, 가치관이 어떻게 형성되었는가를 탐색하면서 자기 행동을 스스로 자각할 수 있도록 도와준다. 지금-여기에서 올라오는 감정, 욕구, 생각, 행동을 같이 다루어 줌으로써 내담자가 자신의 행동, 생각, 욕구를 잘 알아차리게 되면 스스로 능동적으로 대처해 나갈 수 있다고 본다. 상담자가 '지금-여기에서도 자신을 자책하시네요' 라고 언급함으로써 내담자가 '지금-여기에서 상담 받는 이 순간에도 그렇게 하고 있구나' 를 자각할 때 자신의 행동을 능동적으로 선택할 수 있다고 여긴다.

내담자의 전경보다는 배경을 충분히 이해할 수 있는 접근을 먼저 한다. 내담자의 이야기를 들어보면 그렇게 왜곡된 생각은 아니지만, 자기 삶을 살아가는 데 있어서는 과도한 경우가 있다. 따라서 게슈탈트 상담에서 상담자가 내담자의 배경을 공감해주고 충분히 이해해주고 수용해줄 때에 '내가 이렇게 살아가고 있구나' 라며 자각할 수 있다. 배경에 대한 충분한 탐색이 있고 공감이 있은 후에 내담자의 생각에 대해 나누는 것이 성급한 직면이나 반박으로 인한 혼란이나 자책감을 느끼지 않도록 할 수 있다. 상담자는 내담자가 공감을 통해 온전히 자신을 느끼도록 만들어 주어야 한다. 내담자의 생각에 대한 의미를 찾아내고 내담자가 어떻게 하면 현실에서 적응할 수 있을까를 대화를 통해 풀어나간다.

1) 문제의 구체화와 명료화

게슈탈트 상담에서는 내담자와의 대화를 통해 상담 시간에 다룰 문제에 대한 정의를 명확히 하는 것이 중요하다. 그것이 왜 중요하고, 어떻게 문제가 되는지, 문제가 얼마나 심각한지를 물어봄으로써 내담자의 문제를 구체화시킬 수 있다. 어떤 상황에서 어떤 방식으로 문제가 되는지, 내담자의 지각, 경험, 기대, 사고방식, 행동 등을 알아보는 것이 중요하다. 이런 탐색 과정에서 개인차가 드러나며, 사고방식과 행동방식 등이 어떻게 해서 문제가 되는지를 알아볼 수 있다. 내담자의 개인적인 경험, 정서, 욕구, 사고 행동 등 내담자의 현상학적 실제를 탐색함으로써 문제를 정의할 수 있다. 내담자의 문제를 구체화시키기 위해서는 상담자의 질문이 중요하며, 현상학을 이해하기 위해서는 공감반응이 중요하다. 또한 내담자의 감정이나 고통을 공감적으로 이해하고 반응하면서 내담자의 현 상태를 그대로 따라 가야 한다. 이런 과정에서 내담자는 자신의 진짜 문제 또는 지금-여기에서 드러나고 있는 그 문제의 현상학을 뚜렷하게 보게 된다. 내담자가 문제를 설명하는 것 보다는, 내담자가 자신의 현상을 발견하고 보게 되는 경험을 통해 스스로 알아차림을 경험함으로써 문제정의 과정에서 문제가 해결되는 것을 볼 수 있다. 문제를 명확하게 정의하는 과정이 문제해결의 시발점으로, 문제가 명확해지면서 저절로 문제가 해결되는 경우가 종종 발생한다. 상담의 과정은 내담자의 핵심문제 파악뿐만 아니라 그 문제를 다룰 수 있어야 하는데, 치료는 지금-여기에서 무언가를 경험하면서 변화가 일어나는 과정으로 만들어가는 것이다.

무엇을 한다는 것은 내담자의 생각, 판단, 행동(회피, 접근, 억압, 저항)을 통해 지금-여기에서 무엇을 하는가, 혹은 무엇을 하지 않는가를 살피는 것이다. 상담자는 이를 경청, 공감하고 질문, 반영 등을 통해 내담자에게 현존(presence)함으로써 알아차림을 이루어가는 것이다.

2) 상담자의 역할

상담자의 역할은 내담자가 자신의 감각을 충분히 사용하여 신체언어와 접촉할 수 있도록 내담자를 독려하는 것이다. 징커(Zinker, 1977)는 변화의 창조자, 발명자, 정다운 보호자로서 치료자의 역할을 강조한다. 폴스터(Polster, 1994)도 상담자를 "도구로서의 치료자"로 그림을 그리고 있는 화가처럼 "새로운 삶을 창조하는 예술가"로 자신의 경험을 사용해야 한다고 주장한다. 창조적인 치료자는 내담자 속에서 아직 드러나지 않은 생명력, 잠재력을 보고 새로운 가능성을 발견할 수 있어야 한다. 내담자는 상담자를 믿고 상담자의 창조적 행위에 자신을 맡기고 초대에 응할 수 있어야 한다.

① 상담자는 내담자의 생각(상상, 판타지)과 행동(비언어적 의사소통)을 탐색하고 반영하며, 내담자가 자신의 의식적, 무의식적인 것들을 알아차릴 수 있도록 도와준다. 그렇게 함으로써 자기와의 접촉이 회복되며, 억압되어 왔던 정서, 욕구, 원함을 알아차리도록 도와준다.

② 내담자의 내사된 가치관을 탐색한다. 성장과정과 경험을 통해 형성된 사고과정, 행동패턴, 지각을 파악해서 핵심과정이 어떻게 일어나고 있는가를 파악한다. 상담자는 대화를 통해 지금-여기에서 일어나는 현상을 피드백해 준다. 그러면 내담자는 깨닫게 되고 자기 목소리를 내면서 부분 간들의 갈등이나 싸움을 표출하게 된다. 예를 들어 내면에서 출동하고 있는 양가감정들인 상전과 하인 역할, 선과 악의 역할, 과정의 자아와 현재의 자아, 억압하는 자아와 자유로운 자아를 빈 의자기법을 통해 내사된 목소리를 깨닫고 알아차리면서 통찰이 일어나도록 돕는다.

③ 상담과정에서 내담자와 상담자가 함께 함으로써 실험적인 기법을 통해 무엇을 경험하고 느끼는지 물어보고 지금의 현상, 관계, 과정에서의 알아차림을 증가시키도록 한다. 자신의 생각, 경험, 관계, 체험의 과정을 통해 자기에 대한 새로운 인식과 발견을 할 수 있다.

3) 현상학적 태도와 입장

상담자는 내담자의 현재의 느낌, 상황, 주제, 일어나는 모든 순간들의 흐름에 따라가며 상담을 진행한다. 내담자로 하여금 스스로 문제를 발견하도록 하며 탐색과 실험을 통하여 스스로 문제를 해결해 나가도록 도와주어야 한다. 상담자는 내담자를 따라가며 산파와 같은 역할로 내담자가 자신의 상담의 주제를 선택하게 하며, 작업의 방향이나 깊이도 스스로 정하도록 허용해준다. 허용적인 치료적 관계를 통하여 내담자가 정서적인 체험을 충분히 하도록 상담자는 "내가 내담자의 존재를 진정으로 허용하는가?", "내담자가 자신의 길을 허락해주고 있는가?" 자문해 보아야 한다. 내담자가 자신의 상황에서 선택이나 결정을 하도록 격려하며 자신의 길을 가도록 용기를 북돋아 주어야 한다. 내담자가 상담자의 눈치나 체면을 떠나서 자신의 길을 가더라도 관심과 사랑을 잃지 않을 것이라는 신뢰를 주어야 한다.

현존에 머물면서 상담자는 내담자의 관심이 어디에 있는지, 에너지 수준은 어느 정도인지 세심하게 점검한다. 작업이 끝났을 때는 아직 미진한 부분이 있는지 물어보고 확인하고 종결하는 것이 좋다. 치료를 위해서도 상담자가 너무 빨리 개입하거나 포기해서는 안 된다. 상담자는 인내심을 가지고 내담자가 자기 내면의 감정, 사고 행동을 잘 이해하고 통찰하도록 도와주어야 한다(Yontef, 2008).

상담자의 현상학적 입장은 관찰적 입장으로 모든 현상을 관찰하고 이해하고 탐색하고 구별하는 방식이며 치료하는 방법이다. 내담자의 설명과 해석으로부터 관찰을 구분하고, 내담자의 기대와 해석으로부터 실제적 경험을 구분하는 것이다. 상담자는 무엇이 사실이고 진실인지에 대한 가정을 내려놓고, 겸허한 마음으로 자신의 편견을 인식해야 한다. 상담자의 적극적 기법들이 미리 의도한 결론을 지향하는 것은 아니다. 내담자와 과정 알아차림이 더욱 중요하다고 게리 욘테프는 설명한다(Yontef, 2008). 이런 현상학적인 원칙들을 일관성 있게 유지하기 위해서 상담자는 아래의 질문에 항상 주의 집중하여야 한다(Yontef, 2008).

① 내담자는 무엇을 접촉하고, 또 어떻게 접촉하는가?
② 내담자는 무엇을 하고 있는가?
③ 내담자는 일어나고 있는 것과 스스로가 하고 있는 것을 어떻게 경험하고 있는가?
④ 치료자는 일어나고 있는 것과 내담자가 하고 있는 것을 어떻게 경험하고 있는가?
⑤ 내담자는 치료자와의 상호작용을 어떻게 경험하고 있는가?
⑥ 내담자와 치료자의 행동은 알아차림과 접촉으로 인해 어떤 방향으로 나아가고 있는가?

7 상담의 기법

게슈탈트 상담기법은 하나의 실험을 하는 과정으로 치료자와 내담자가 함께 문제를 밝히고 해결을 위하여 창의적인 것을 구상하는 과정이다. 상담자의 다양하고 창의적인 기법들은 내담자의 문제를 명료화하고 내담자에게 새로운 경험과 체험을 가능하게 해주며 이를 통해 문제해결을 위한 인식의 변화와 통찰의 변화를 시도한다고 볼 수 있다.

1) 알아차림 연속

지금 여기에서 내담자가 자신과 환경 사이에서 일어나는 모든 것들을 있는 그대로 연속해서 알아차리는 것이다. 즉 전경으로 떠오르는 것을 그때그때 놓치지 않고 계속해서 알아차리는 것을 의미한다. 알아차림 연속이란 자신의 감정과 욕구의 흐름 그리고 환경적인 변화들을 놓치지 않고 자연스럽게 따라가는 것이다.

단순히 지금 여기에서 일어나고 있는 신체감각이나 욕구, 감정, 혹은 환경, 상황, 자신의 행동방식을 자각하고 체험하는 작업이다.

정신분석에서의 자유연상이 머리에서 떠오르는 대로 이야기하므로 무의식적인 내용을 찾아내는 것이라면 알아차림 연속은 현재의 중요한 현상들을 자각하여 해결하려는 목적으로 사용한다. 자유연상처럼 이 생각에서 저 생각으로 왔다 갔다 하지 않고 오히려 어느 한 순간에 중요한 현상에 충분히 집중하여 몰입하고 그것이 해결되고 나면 다음 현상으로 넘어가는 자연스러운 흐름에 따르는 것이다(김정규, 1995).

이것을 연습하는 방법은 내담자가 자신의 모든 경험에 예외 없이 "지금 나는 무엇 무엇을 알아차립니다"라는 식으로 언어화해서 표현해 보는 방식이다.

> 나는 지금 방 안에 걸려 있는 그림을 알아차립니다. 나는 지금 밖에 차 소리가 나는 것을 알아차립니다. 나는 지금 내 얼굴이 경직되는 것을 알아차립니다….

이 알아차림에서는 개인의 사고뿐만 아니라 신체, 정신, 정서, 상상 차원들이 다 포함되어 있고 현재 일어나는 모든 현상들을 억압하거나 회피하지 않고 체험하는 데 있다. 내담자는 이런 훈련을 통해 특히 끝없이 설명하고 해석하는 행동을 멈추고 자신의 경험의 밑바닥과 만날 수 있다는 것이다. 퍼얼스가 "생각을 버리고 감각으로 돌아오시오"라고 주장하는 것에 해당된다. 내담자들에게서 증상이나 문제의 원인을 알아내려는 노력보다는 자기 행동의 "무엇"과 "어떻게"를 발견하도록 도와줄 수 있는 기법이다. 현재의 감정에 계속적으로 직면하다 보면 울고 싶거나 갑자기 무서움이 생기기도 한다. 그렇게 되면 알아차림 연속으로 계속 할 수 없게 되고 이를 방해하는 행동이 나타나 설명을 시작하거나 잡념이 들거나 다른 충동적인 행동으로 도피하여 알아차림을 중단하게 된다(김정규, 1995).

호흡을 통한 자기 관찰법으로는 내담자에게 호흡을 자각하면서 신체 내부로부터 오는 감각을 느껴보게 하고 근육의 긴장과 호흡장애를 자각하게 하며 다음에는 자신의 방어행동이 억압하고 있는 자신의 감정이나 충동을 알아차리게 해주고 나중에는 에너지를 조금씩 밖으로 원래의 방향으로 표출시키면서 통합하도록 한다.

> …. 숨을 깊이 들여 마시고 내쉬면서 당신의 의식이 어디에 머물러 있는지 느껴 보십시오. 신체의 어느 부위가 초점으로 떠오르는지, 신체의 어느 부위가 긴장감으로 느껴지는지 알아차려 보세요. 거기에 따뜻한 숨을 보내어 굳은 부위를 풀어 녹여준다는 기분으로 깊이 호흡해 보세요. 그리고 그 부위에 어떤 행동이든 한번 해보라고 속삭여 주세요. 근육의 움직임을 관찰해 보세요.
>
> Zinker(1977)

2) 창조적 투사

병적으로 투사하는 사람은 세상이나 사람을 자신의 관점으로만 색칠해서 이해하는 경향이 있다. 이런 병적인 투사가 강한 사람들은 자신의 시각으로만 세상을 보고 자신의 생각으로만 판단하고 행동하므로 타인을 있는 그대로 지각하지 못한다. 이런 사람은 세상을 바로 만나지 못하고 타인을 진정으로 만날 수 없다. 그러나 창조적인 투사는 자신의 억압되고 소외된 부분들을 다시 자신의 것으로 알아차리고 받아들이는 작업을 선결조건으로 하기 때문에 자신과 타인에 대한 더 깊은 통찰이 가능하다. 병적인 투사를 자신의 투사로 시인하고 깨닫는 순간 개인은 자신의 나르시즘적인 세계에서 깨어 나오게 된다. 가상의 세계에서 실제의 세계로 지각하고, 자신의 것을 진정한 자신의 것으로, 타인의 것을 타인의 것으로 지각할 수 있게 된다. 창조적 투사는 타인과의 대화를 통해 끊임없이 자기 자신의 존재를 되찾는 동시에 나와 다른 타인을 발견하고 만나게 해준다. 창조적 투사는 타인이나 세계를 지각함에 있어 자신의 경험을 토대로 지각하지만 자신의 지각이 사실과 다를 수 있다는 것을 알며 사실을 확인하여 자신의 지각이 틀렸을 때 이를 수정할 수 있다(Zinker, 1977).

내담자에게 자신이 지각한 것에 대해 거꾸로 행동해보도록 한다. 어떤 사람이 자기를 미워한다고 생각하는 내담자에게 "내가 그 사람을 미워합니다."라고 말하게 하므로 증오감을 접촉시켜줄 수 있다. 그 다음 말한 내용을 구체적으로 이유를 들어 설명하도록 한다. 내담자는 자신의 내면에 있는 억압자의 소리를 지각할 수 있다.

- ________ 보는 것은 내 시각입니다.
- ________ 은 내 책임입니다.

창조적인 투사가 가능하면 내담자는 자신의 내면과 접촉이 가능하며 내적인 에너지에 대해 더 이상 두려움을 가지 않으며 외부세계를 더 탐색할 수 있게 된다.

때로는 다음과 같은 질문으로 내담자에게 창조적인 투사 놀이를 시도할 수 있다(김정규, 1995).

① 우리가 어떻게 보입니까?
② 우리가 당신에 대해 어떻게 생각한다고 생각하십니까?
③ 그 사람이 한 번 되어 보십시오(미움, 원망, 부러움).
④ 지금 상황이 혹시 과거 가족상황과 어떻게 유사합니까?
⑤ 당신이 그 사람에게 한 말을 당신 자신에게 해 보십시오.

3) 현재화 기법

과거의 사건을 마치 지금 여기에서 일어난 것처럼 체험하게 해줌으로써 과거 사건과 관련된 내담자의 생각이나 감정, 욕구, 환상, 행동들을 지금 여기에서 일어나는 현상들로 다룰 수 있게 한다. 미해결과제나 감정처리 문제, 엄마의 애도작업, 슬픔, 억압한 딸, 죽음의 장면을 현재화시켜 재체험하도록 한다. 첫 애인 때문에 사랑이 차단된 여성은 첫 애인에 대한 사랑의 미해결 감정을 처리하도록 한다. 미래에 예기되는 사건에 대해서도 막연한 예상이 아니라 마치 그런 사건이 지금 일어나는 것처럼 현재화하여 내담자의 공상적인 차원에서 현실적인 차원으로 문제에 직면하여 해결책을 모색할 수 있도록 한다(Corey, 1998; 김정규, 1995).

실직에 대한 비현실적인 과대한 공포 때문에 아무것도 할 수 없는 남성의 경우 두려운 상황을 현재화시켜 직면하게 하여 극복하도록 한다. 예를 들어 한 유능한 회사원이 실직에 대한 비현실적인 두려움과 공포로 아무것도 손에 잡히지 않는다고 할 때, 치료자는 "만약 당신이 오늘 해고 통지서를 받았다면 지금 어떤 심정일까요? 어떤 생각이 떠오르겠어요? 지금 당신은 어떻게 하고 계실까요? 오늘 저녁에 무엇을 하실 생각입니까?" 등을 질문하여 두려운 상황을 직접 현재로 직면해 보게 함으로써 상상했던 것보다는 쉽게 적응해 나갈 수 있다는 것을 인식할 수 있다.

4) 실연화 기법

내담자가 자신에게 중요했던 과거 어떤 장면이나 혹은 미래에 있을 수 있는 장면을 현재 상황에 벌어지는 장면으로 상상하면서 어떤 행동을 실제로 시연해 보이는 것이다. 내담자가 그 상황에서 자신의 감정이나 입장을 직접 연기해 보며 미처 몰랐던 자신의 감정이나 행동패턴을 발견할 수 있다.

실연의 치료적 의미는 알아차림을 증가시켜 주고 미해결과제를 해결해 준다. 또한 자신의 인격의 양극성을 다룰 수 있다. 지각된 강점과 약점을 모두 연기해보면서 자신의 소외된 측면을 통합할 수 있고 새로운 행동방식을 습득할 수 있다.

5) 빈 의자 기법

현재 치료 장면에 오지 않은 사람과 관련이 있을 때에 사람 대신 의자를 이용하여 다룬다. 부모에 의하여 내사된 행동방식의 경우 아버지 또는 어머니 대신 의자를 이용하여 하고 싶은 말을 하도록 시킨다. 또 자신이 빈 의자에 앉아 봄으로써 상대방의 심정을 이해할 수 있는 기회를 제공한다. 빈 의자와의 대화는 외부로 투사된 자신의 욕구나 감정, 가치관을 자각하게 해주며 내사된 가치관이나 도덕, 양심을 의식화하고 이들과의 직면을 통해 자신을 통합하도록 돕는다.

자기 부분의 대화도 빈 의자 기법을 이용한다. 내담자의 인격이 내사된 부분들로 서로 분열되어 통합되지 못할 때 내담자의 내적 부분들끼리 서로 대화를 시키므로 내담자의 내면을 통합할 수 있도록 한다. 폴스터(Polster, 1994)는 자기 부분들 간에 치열한 싸움을 붙여서 서로의 입장을 명확히 드러내게 해주어야 한다고 주장한다. 이때 치료자는 내담자의 약한 부분을 지원하여 "저쪽이 당신 말은 듣지도 않는 것 같군요. 그 점에 대해서 어떻게 생각하세요?", "그 말을 듣고 아무렇지도 않으세요?" 등의 말을 하여 갈등을 유발하기도 한다. 내담자가 거부하면 거부하는 이유를 질문하여 새로운 내사를 찾을 수 있고 이를 근거로 새로운 작업을 해 나갈 수 있다(김정규, 1995).

6) 직면기법

내담자가 하는 말의 내용이나 행동, 얼굴 표정, 목소리나 감정이 불일치하는 것을 일치하도록 지적하는 것이다. 내담자들은 자신의 진정한 욕구나 감정을 회피하므로 미해결과제를 쌓아두고 있다. 치료자는 내담자의 회피적인 행동이나 진정한 동기를 지적해 줌으로서 미해결 과제를 해소할 수 있다. 직면의 어려움은 두려움이나 공포 같은 잘못된 상상을 갖는다. 문제에 대한 해결책은 문제상황을 회피하지 않고 직면하는 것이다. 심지어 죽음까지도 직면해야 한다. 회피하는 욕구나 감정은 대부분 미해결과제로 죄책감이나 분노감이 있다. 이런 욕구나 감정들을 직면시키므로 알아차림-접촉 주기를 다시 활성화시킬 수 있다(Levitsky, & Perls, 1970).

내담자가 어떤 상황을 회피할 때는 그 상황에 머물게 하여 이겨 나가도록 한다. 아래와 같은 질문으로 내담자의 직면을 도울 수 있다(김정규, 1995: 257).

① 그런데, 지금 어떤 의미로 그런 말씀을 하셨나요? (동기 직면)
② 누구 혹시 마음에 들려고 하십니까? (동기 직면)
③ 그런 말을 하는 사람이 누구입니까? (내사 직면)
④ 지금 내가 하는 말을 아무 비판 없이 그대로 삼키시는 것 같군요?
⑤ 어떤 일이 일어날 것이라고 상상하십니까? (투사 직면)
⑥ 방금 하신 말씀을 좀 더 진지한 표정으로 말씀해 주시겠습니까? (감정 직면)

7) 반대로 하기

내담자가 새로운 행동영역과 접촉을 시도하게 하여 행동영역을 확장해 줄 수 있다. 내담자의 행동 가운데는 자신의 실제 욕구와 정반대로 하는 경우가 있다. 반대로 해봄으로써 자신의 솔직한 욕구나 지각에 직면할 수 있다. 다른 사람이 자기를 이해하지 못한다고 하는 사람은 자기가 다른 사람의 말을 잘 듣지 않는 경향이 강하다. 아들이 자기 말을 잘 듣지 않는다고 불평하는 어머니에게 반대로 아들이 되어 보게 함으로써 자신의 투사를 인식하도록 한다.

- 자기 비난이 심한 내담자에게 그 비난을 원래 대상에게 향하도록 해본다.
- 청결 강박적인 사람에게 주변을 지저분하게 하도록 해본다.
- 지나치게 양보적이고 친절한 사람에게 자신을 위해서 이기적으로 행동해 보게 한다.
- 자신이 싫어하는 측면을 버리지 말고 수용해 보도록 해본다.

8) 상상기법

어떤 장면을 상상하거나 그냥 저절로 마음에 떠오르는 심상들을 이용함으로써 내담자의 무의식적 욕구나 감정, 미해결과제, 고정된 행동패턴, 사고패턴 등을 발견할 수 있다. 상상력을 이용하여 현실적으로 실현 불가능한 것들을 체험해보고, 그로 인해 새로운 변화를 가져올 수 있다. 상상기법은 감정, 욕구, 감각, 상상력, 직관, 사고, 시연 등 인간의 모든 지각기능과 행동방식을 사용하는 총체적이고 종합적인 작업이다. 인지, 정서, 감각, 행동 등 개체의 모든 기능을 동시에 다 사용함으로써 이들의 통합을 가져다준다. 상상기법은 내담자의 문제를 바로 직면시키지 않고 간접적으로 접근하므로 불안을 감소시켜주며, 일상적 테두리를 벗어나는 신선한 체험을 하게 해주어 내담자의 흥미와 관심을 끌어준다(김정규, 1995).

예를 들어 자신의 미래의 상황을 5년 후, 10년 후, 죽기 직전의 모습 등으로 미리 그려봄으로써 그 결과를 알아보게 하고, 결정을 내리는 데 참고하도록 해주는 방법이다. '만약 ~가 ~라면, 나는 ~할 텐데' 라는 문장으로 내담자의 행동 동기의 자각하는 방법, 어린 시절의 대상과의 경험을 상상하므로 긍정대상, 부정대상에 대해 자기에게 내사된 가치, 신념을 알아보는 방법 등이 있다.

9) 머물러 있기

내담자가 불쾌한 감정이나 기분에서 도망치고 회피하고 싶은 순간에 치료자는 내담자에게 그 감정, 기분에 그대로 머물러 있도록 한다. 감정의 고통이나 분노, 부정적인 감정을 더 깊이 느끼고 체험하도록 한다. 내담자가 감정에 머무름으로 그 감정을 통합하고 변화시킬 수 있다. 슬픈 감정을 느끼고 대항해서 싸우기보다는 수용하고 받아들일 때에 슬픈 감정은 변화될 수 있다. 고독의 감정, 외로움, 즐거움, 지루함과 진정으로 접촉하여 체험할 수 있도록 해 주어야 한다. 공백의 상태나 혼란의 상태에도 그대로 머무르게 하여 직면하고 견뎌 낼 수 있도록 해야 한다. 그런 후에 개인은 창조적으로 변화를 체험한다. 신경증환자나 공포의 환자들에게는 명상법이나 이완법으로 아무 생각 없이 그대로 머무르도록 할 수 있다. 방어하지 않은 상태를 느끼도록 하므로 긴장에서 벗어날 수 있다.

8 게슈탈트 상담의 적용와 평가

게슈탈트 상담은 개인이 억압된 정서나 욕구 혹은 무의식적 행동패턴 등을 지금 여기에서 알아차리고 접촉함으로써 억압된 감정이나 소외된 자기 부분을 다시 건강하게 기능할 수 있도록 도와주는 것이다. 게슈탈트 상담은 전통적으로 감정을 억압하고 욕구표출이 어려운 사람, 생각이 너무 많아서 산만한 사람, 의사결정에 우유부단한 사람, 대인관계에서 회피하고 소극적인 사람, 막연한 불안증에 시달리는 사람, 신체화를 보이는 신경증 환경, 공포증 환자에게 효과적으로 적용할 수 있다고 주장한다(김정규, 1995).

게슈탈트 상담에서 예술치료로는 미술치료, 음악치료, 무용치료, 동작치료, 연극치료, 판토마임, 시, 인형치료 등 다양한 창조적 도구들을 사용하며, 이러한 예술매체를 개인이나 집단의 문제를 진단하거나 치료하는 데에 사용한다.

예술치료는 특히 아동이나 청소년, 성인들의 개인 심리치료나 집단 심리치료에 모두 활용될 수 있다. 아동이나 청소년들은 대개 언어적 능력이 아직 미숙하고, 또한 자신의 문제를 언어로 표현하는 것에 서툴기 때문에 예술치료로 하면 자연스럽게 표현이 가능하다. 성폭력이나 성추행 등의 성 피해 아동 및 청소년, 학교생활에 부적응하는 아동 및 청소년, 왕따나 학교폭력의 피해 아동 및 청소년, 우울 아동 및 청소년, 불안장애의 아동 및 청소년, 대인관계에 어려움이 있는 아동 및 청소년에게 예술치료가 매우 효과적이다. 해결되지 않은 강한 분노의 감정을 찰흙을 뭉개거나 바닥에 치므로 혹은 철사 줄로 자르는 작업을 하면서 분노감정을 해소할 수 있다. 어릴 때 어머니를 상실한 성인 남자의 경우, 어머니의 얼굴을 그리는 작업을 통해 어머니에 대한 그림과 슬픔이나 원망 등 진정한 감정들과 접촉하면서 자신의 미해결과제를 해소할 수 있다.

우울증 환자, 경계선 성격장애를 대상으로 한 게슈탈트 상담사례연구나 적용사례도 효과성이 입증되고 있다(Kempler, 1974; Bauer, 1985).

부부상담에게 게슈탈트 이론은 두 사람 간의 알아차림과 접촉을 증진시키므로 상담자는 부부가 자신들의 문제를 스스로 해결할 수 있도록 조력자 역할을 한다. 가족치료에서 게슈탈트 상담은 아동의 문제를 부모의 갈등차원에서 다룬다. 또한 게슈탈트 상담은 성격장애, 아동의 학습장애, 품행장애, 교사 교육, 새로운 수업방식 개발, 주의 집중 훈련, 약물중독 치료, 성폭행피해자 치료, 목회상담 및 종교적 치료, 명상치료, 노인 집단 치료, 에이즈 환자, 산업과 조직 경영에서도 활용이 가능하다(김정규, 1995).

병원에서 게슈탈트 심리치료자로 일하는 사람이 미국이나 유럽에는 많다. 독일에서는 게슈탈트 치료연구소와 교육기관이 국가로부터 인정받는 기관으로 정착되었다. 국내에서는 김정규 교수가 2008년 게슈탈트 포럼(www.gestalt.co.kr)에서 미국 UCLA 심리학과 교수인 게리 욘테프(Gary Yontef)를 초청하여 학습대회를 가졌다. 게슈탈트 치료는 임상적으로 환자들을 대상으로도 가능하지만 일반인들을 대상으로 잠재력 발휘, 자기성장에도 유용한 기법으로 알려져 있다. 게슈탈트 상담에서 상담자는 자신의 편견이나 한계를 극복해야 하며 내담자의 다양성을 존중하고 수용하는 태도를 지녀야 한다.

생각해 볼 점

1. 게슈탈트 상담에서 전경과 배경의 알아차림 과정을 자신의 욕구를 예로 들어 생각해 봅시다.
2. 현상 알아차림에서 나의 장애물은 어떤 부분에서 일어나는지 생각해 봅시다.
3. 컴퓨터에서 웹을 탐색하고 어떤 사이트를 방문하는 과정에서 마주치게 될 게슈탈트가 과연 어떤 관계 속에서 내게 '전경'으로 떠오르는지 한 번 생각해 봅시다.
4. 게슈탈트 상담에서 상담자, 내담자, 관찰자로 역할을 지정하여 실습을 해보고 어떠한지 생각해 봅시다.
5. 게슈탈트 상담시연 비디오를 보고 자신의 느낌과 통찰을 나누어 보고 생각해 봅시다.

참고문헌

김경희(2000). 게슈탈트 심리치료. 서울: 학지사.

김정규(1995). 게슈탈트 심리치료. 서울: 학지사.

김정규(2003). 김정규의 게슈탈트 치료 사례연구 CD 동영상자료. 서울: 학지사.

Bauer, R.(1985). A case representation in Gestalt Therapy. *Gestalt Journal, 8(2)*, 27-48.

Brown, J, A.(1961). *Freud and the Post-Freudians*. Boltimore: Penguin Books.

Clarkson, P.(1990). *Gestalt Counselling in Action*. London: Sage Pub.

Corey. G.(1998). 심리상담과 치료의 이론과 실제. 조현춘 · 조현재 공역. 서울: 시그마프레스.

Gerunde, H.(1990). Zur gestalttherapeutisch orientierten Arbeiten mit Schizophrenen. *Gestalttherapie, 4(1)*, 22-31

Hansen, J., Stevic, R. & Warner, R. W.(1977). *Counselling Theory and Process*. Boston: Allyn & Bacon, Inc.

Harman, R.(1989)(ed.). *Gestalt Therapy Discussions with the Masters*. Springfield: Charles C Thomas Pub.

Kempler, W.(1974). *Principles of gestalt family therapy*. Costa Mesa, CA: Kempler Institute.

Levitsky, A. & Perls, F.(1970). *The Rules and games of Gestalt Therapy*. In: J. Fagen and I. Shepherd(Eds.). Gestalt Therapy now. Palo Alto, CA: Science and Behavior Books.

Perls, F. S., Hefferin, R. E.(1951). *Gestalt Therapy. Excitement and Growth in the Human Personality*. New York: Delta.

Perls, F. S.(1969). *Gestalt Therapy Verbatim*. Moab, UT: Real People Press.

Perls, F. S.(1976). *The Gestalt Approach & Eyewitness to Therapy*. New York: Bantam Books.

Polster, E. & M. Polster, M.(1987). *Gestalttherapie Theorie und Praxis der integrativen Gestalttherapie*. deutsche Uebersetzung von Gestalt Therapy Integrated. Frankfurt: Fisher TB.

Polster, M.(1990). In: R. L. Harman.(Ed.) *Gestalt Therapy Discussion with the Master*. Springfield: Charles C Thomas Pub.

Polster E.(1994). *Gestalt Therapy*. Unpublished lecture in Gestalt workshop in

University of California in San Diego.

Polster, E. & M. Polster, M.(1973). *Gestalt Therapy Integrated.* New York: Vintage Books.

Smith, E.(1990). In: R, S. Harman(Ed.). *Gestalt Therapy Discussion with the Master.* Springfield: Charles C Thomas Pub.

Yontef, G.(2008). 실험, 기법 그리고 대화. 한국게슈탈트 포럼. 동영상 자료집.

Zinker, J.(1977). *Creative Process in Gestalt Therapy.* New York: Vintage Books.

Zinker, J.(1990). In: R, L. Harman.(Ed.) *Gestalt Therapy Discussion with the Master.* Springfield: Charles C Thomas Pub.

www.blog.daum.net

www.blog.naver.com

PART II

상담의 실제

9

상담자의 반응기술

1. 개관
2. 언어적 반응기술
3. 적극적 경청(active listening)
4. 신체적 반응기술

학습의 목표

1. 상담자의 반응기술에 관하여 학습한다.
2. 상담자의 반응기술을 언어적 반응기술과 비언어적 반응기술로 구분하여 학습한다.
3. 각 기법의 예를 통하여 상담장면에 적용할 수 있는 능력을 연마한다.

1 개관

상담을 진행함에 있어 필요한 요소들이 무수히 많이 있겠으나, 무엇보다도 중요한 요소는 상담자와 내담자일 것이다. 인본주의자들은 상담을 이끌어감에 있어서 내담자의 역할을 매우 중요시 여기고 있다. 그렇다고 상담자의 역할을 완전히 배제하는 것은 아니다. 정신분석이론에서는 어느 이론보다도 상담자의 역할을 매우 중요시 한다. 상담의 장면에서 내담자는 상담자의 모습과 말투를 보며 때로 안정감을 느끼기도 한다. 또한 상담자는 내담자가 하는 말은 물론이거니와 내담자의 표정 및 태도에서 내담자의 진실성과 아픔의 정도를 찾아내기도 한다.

상담의 장면에서 내담자는 상담자가 내놓는 한마디에서 자신의 문제를 알아차리기도 하고 필요한 해답의 실마리를 찾아내기도 한다. 또한 상담자가 우연히 던진 한 마디 말이나 비언어적 반응으로 인하여 내담자는 자신의 상처에 더 깊은 아픔을 겪게 되기도 한다.

물론 전화 상담이나 사이버 상담의 경우와 같이 내담자와 상담자가 서로의 모습을 보지 않는 상태에서 이루어지는 상담의 경우는 언어적인 요소가 중요한 상담의 기법이 되겠으나, 대부분의 상담에서 상담자와 내담자의 관계는 매우 조심스럽고 예민한 부분일 것이다. 따라서 본 장에서는 상담장면에서 상담의 효과를 높이기 위한 상담자의 반응기술에 대하여 알아보고자 한다.

TIP

상담소를 찾는 대부분의 내담자는 마음에 깊은 상처를 가지고 있다. 따라서 내담자들은 상담자의 말 한 마디에 또 다른 상처를 입을 수 있다.
상담자: 오늘은 빨간 셔츠를 입고 오셔서 더 젊어 보이시는군요.
내담자: (그럼 지난 번은 늙어 보였단 말인가?) 아, 네….

※ 상담자는 내담자 앞에서 늘 조심스러워야 한다. 우연히 던진 한 마디의 말과 제스처가 내담자의 발길을 끊게 할 수도 있고, 내담자에게 삶의 희망을 찾게 해 줄 수도 있다.

2 언어적 반응기술

내담자는 자신의 아픔을 호소하며 상담자에게 답을 구하려고 한다. 고통 속에 빠져 있는 내담자가 상담자를 찾아와서 호소하는 것은 지푸라기라도 잡을 수 있을까 하는 기대감 때문이다. 따라서 내담자는 상담자의 말 한마디에도 민감한 반응을 한다. 상담자의 역할은 내담자에게 무엇을 하라고 지시하는 것이 아니다. 그렇다고 내담자가 해답을 찾아내서 스스로 문제해결을 하라고 내버려두는 것도 아니다. 상담자는 내담자로 하여금 스스로 해결책을 찾도록 돕는 촉매 역할을 하는 사람이다. 내담자 스스로 자신을 변화시키려고 노력하는 것이 중요하다. 이때 상담자는 대화라는 언어적 반응기술을 통하여 내담자를 도울 수 있다(Egan, 2003).

한편 상담자는 내담자의 말 속에서 많은 정보를 얻어낸다. 내담자가 왜 고통스러워하는가, 내담자의 고통의 원인은 무엇인가, 내담자가 가지고 있는 자원은 무엇인가, 내담자의 고통을 해소해 줄 수 있는 해답은 무엇인가 등의 정보를 얻기 위하여 내담자와 많은 대화를 시도한다. 내담자로 하여금 자신의 속마음을 열고 많은 정보를 보여주게 하는 것도 상담자의 매우 중요한 역할이다. 이렇게 상담의 현장에서 상담자가 대화의 도중에 내담자의 호소 내용에 적당히 추임새를 주어 마음을 열게 하는 기술을 언어적 반응기술이라 한다. 언어적 반응기술로는 질문, 침묵, 승인, 정보제공, 되짚기, 내담자의 감정반응하기, 조언과 지시, 명료화, 직면, 해석, 자기노출 등이 있다.

1) 질문

대부분의 상담장면에서 질문기법은 가장 많이 사용되는 중요한 기법 중 하나이다. 상담자가 질문을 어떻게 이끌어 가느냐에 따라 내담자가 마음을 얼마나 빨리 열고 자신의 문제를 호소할지가 결정된다고 해도 과언이 아니다. 또한 상담자는 질문을 통하여 내담자가 가지고 있는 고통이 무엇인지 더 정확히 알아낼 수 있다.

상담장면에서 상담자가 내담자에게 질문을 통하여 상담을 이끌어 갈 때 주의해야 할 몇 가지 사항들이 있다.

(1) 너무 많은 질문을 삼가라

너무 많은 질문을 하게 되면 내담자가 혼란을 겪기 쉽다. 내담자는 무엇인가 많이 위축되어 있을 수 있고, 상담자의 존재를 자신보다 높은 사람, 무언가 조언을 들어야 하는 사람이라는 인식을 가지고 있기 때문에 상담자가 너무 많은 질문을 하는 것을 부담스러워할 수 있다. 마치 취조를 당하는 죄인이라는 느낌이 들게 하여 내담자가 상담을 피하게 될 수도 있다. 내담자는 이미 너무 많은 혼란 속에 있으므로 그들에게 부담을 주는 질문을 삼가야 한다.

(2) 필요에 따라서 개방형 질문과 폐쇄형 질문을 적절히 구사해야 한다

개방형 질문을 많이 사용함으로써 내담자가 자신이 가지고 있는 속마음을 자세히 구사하도록 유도하는 것이 좋다. 개방형 질문은 내담자의 의견, 정서, 숨겨진 감정 등을 알아보는 데 좋은 기법이다. 그러나 지나치게 말수가 적고 소극적인 내담자에게 개방형 질문은 어려운 상황을 연출할 수 있다. 또 개방형 질문을 꺼리는 내담자에게는 폐쇄형 질문을 적절히 구사함으로써 내담자에게 부담을 덜어주는 것도 훌륭한 상담자가 해야 할 역할이다.

(3) 질문을 구체적으로 하라

지나치게 막연한 질문을 함으로써 내담자에게 혼란을 줄 수도 있다. 즉 상담자는 알고자 하는 내용에 대하여 정확한 질문을 던져야 한다. 예를 들자면 "아버지는 어떠셨어요?"라는 질문보다는 "유치원에 다닐 때 아버지는 본인에게 어떤 존재셨어요?" 라고 질문함으로써 내담자가 자신의 어린 시절 아버지에 대한 감정을 드러낼 수 있도록 질문하는 것이 내담자가 편하게 대답할 수 있게 배려하는 것이다.

(4) 이중 질문을 삼가라

이중 질문은 내담자가 어떤 대답부터 해야 할지, 어떤 질문이 더 중요한지, 상담자가 무엇을 묻고자 하는지 헷갈리게 할 수도 있다. "아픈 아내를 두고 다른 여자를 만나 외도할 생각은 언제부터 시작되었나요?"라는 질문에 내담자는 무엇부터 대답해야 할지 망설이게 된다. 따라서 간단하게 한 가지의 대답을 할 수 있도록 단일한 질문기법을 사용하는 것이 바람직하다(예 "다른 여자는 언제 만났나요?", "언제부터 외도할 생각이 들었나요?").

(5) 내담자에게 자신을 탐색할 기회를 주는 질문을 활용하라

상담자의 훌륭한 질문이 내담자에게 지금까지 자신이 가지고 있었던 문제나 자원이 무엇인지 탐색할 수 있는 기회를 마련해 주기도 한다. 따라서 상담자는 상담을 시작하기 전에 내담자에게 던질 질문에 대하여 충분히 심사숙고할 필요가 있다.

(6) '왜?' 라는 질문에 대하여

대부분의 상담자들은 '왜?' 라는 질문에 대하여 사용을 금기시 하고 있다. 그러나 '왜?' 라는 질문을 사용하지 말아야 할 이유가 없다. 단지 '왜?' 라는 질문도 다른 모든 질문처럼 적절히 구사함으로써 내담자에게 거부감 없이 자신의 문제 또는 상황을 호소할 수 있는 계기를 마련해 줄 수 있다. 예를 들자면 내담자가 "오늘 학교에 또 못 갔어요." 라고 말했을 때 상담자는 "왜~?"라는 질문을 할 수 있고, 그때의 어투는 매우 걱정스럽다는 식으로 표현하면 될 것이다. 그러기 위해 다정하며 걱정스러운 말투를 사용, 말끝을 길게 끌며 표정은 매우 근심스러움을 표현하면 적절할 것이다. 모든 질문은 구사하기에 따라 그 효과의 차이가 크다.

(7) 가장 중요한 것은 내담자의 대답을 경청하는 것이다

아무리 훌륭한 질문을 했더라도 내담자의 대답을 정확히 경청하지 않으면 모두 소용없다. 가장 중요한 것은 내담자에게 경청하는 자세를 보이는 것이다.

부적절한 질문을 하는 것은 자칫 상담을 실패로 이끌 수 있다. 질문은 적당히 필요한 만큼만을 사용해야 한다. 지나치게 질문을 많이 하거나 부적절한 질문을 함으로써 내담자의 말문을 닫아버리게 하거나 심지어 내담자의 마음을 다치게 하는 일이 없도록 주의해야 할 것이다.

TIP 질문의 예

내담자1: 저는 그 사람이 나에게 잘 대해주는 것이 싫지는 않아요.
상담자1: 그럼 어떤 경우에 싫은가요?
내담자2: 글쎄요. 지나치게 괴롭힐 때….
상담자2: 괴롭히다니요? 남자친구가 어떻게 괴롭히나요?

2) 침묵

상담장면에서 침묵은 매우 중요한 의미를 가지고 있다. 자칫 초보 상담자는 침묵을 견디지 못하고 무엇인가 질문을 해야 할 것 같은 조바심을 느낀다. 그러나 종종 침묵은 내담자로 하여금 자신에 관하여 깊은 통찰을 하기에 꼭 필요한 시간이기도 하다.

침묵은 크게 '의미 있는 침묵' 과 '불필요한 침묵' 으로 나누어 볼 수 있다. '의미 있는 침묵' 은 상담자가 적절한 질문을 던졌을 때 내담자가 자신에 관하여 깊이 통찰하는 시간을 가지는 것이다. 이럴 때 상담자는 내담자의 통찰에 방해되지 않도록 주의하면서 조용히 기다려 주는 인내심이 필요하다. 그러나 아무리 '의미 있는 침묵' 이라 하더라도 너무 긴 시간을 조용히 있는 것은 도리어 내담자로 하여금 상담자가 무관심하게 내버려두고 다른 생각에 빠져 있는 것은 아닌가 하는 의심을 할 수 있기 때문에 내담자가 어느 정도 정리된 것을 인지하면 상담자는 조심스럽게 침묵을 끝내야 한다. 그러나 '불필요한 침묵' 의 경우, 침묵이 길어진다면 내담자는 상담자가 무언가를 해주길 기다리게 되므로 상담자는 지체하지 말고 다음 섹션으로 넘어가는 것을 잊지 말아야 한다. 상담자는 내담자의 '불필요한 침묵' 을 종결시켜야 한다.

또한 침묵을 하더라도 내담자의 침묵이나 질문에 전혀 반응을 하지 않음으로써 내담자가 자신의 이야기가 무시당했다고 느끼지 않도록 상담자는 '음', '아', '네' 등과 같이 짧게나마 반응을 하는 것도 좋다.

TIP **침묵의 예**

내담자1: 저는 정말 남편을 사랑했어요.
상담자1: 그런데 남편이 배신을 했으니 마음이 많이 아프시겠군요.
내담자2: 예. 저는 남편이 저를 버릴 줄은 몰랐어요. 제가 남편에게 너무 무관심해서 그 사람의 마음이 떠난 거예요. (몹시 흐느껴 울기 시작한다.)
상담자2: (조용히 휴지를 내담자 앞에 놓아준다. 내담자의 울음이 어느 정도 멈출 때까지 기다려 준다.)

3) 승인

많은 내담자는 매우 의기소침해 있다. 내담자들은 자신이 잘못 살아온 것은 아닌가 하는 의구심으로 우울하기도 하고, 자신의 상황을 비관하기도 한다. 그런 내담자에게 상담자의 승인은 매우 훌륭한 약이 될 수 있다. 상담자의 지지, 칭찬 등은 내담자에게 자신감을 심어줄 수 있고 자기도 살아볼 만한 충분한 가치가 있는 존재임을 인식시켜 줄 수도 있다.

상담의 과정 중에 상담자가 내담자에게 주었던 행동수정 과제를 수행했을 때 상담자의 "아주 잘하셨습니다.", "훌륭하십니다.", "정말 훌륭하게 잘하셨네요.", "역시 대단하십니다." 등의 지지적 언어는 내담자의 행동을 강화하는 효과가 있다.

그러나 지나친 지지적 발언이 때로는 내담자에게 마치 자신을 놀리는 것은 아닌가 하는 의구심을 불러일으킬 수 있으므로 적당한 승인이 더 효과적일 것이다. 중요한 것은 상담자는 늘 내담자의 언행에 대하여 비판하는 언어보다는 승인하는 언어를 사용하는 것이 더 바람직하다는 것이다.

TIP 승인의 예

내담자1: 어제 남편을 위해 남편이 좋아하는 반찬을 해 놓고 기다렸다가 함께 식사를 했어요.

상담자1: 그러셨어요? 정말 잘하셨네요. 남편의 반응이 어떻던가요?

내담자2: 싫어하는 눈치는 아니던데요. 좀 분위기가 서먹하기는 했지만, 아이들과 함께 오랜만에 식사를 하니까 저도 마음이 많이 풀리는 것 같았어요.

상담자2: 정말 잘하셨군요. 이제 앞으로도 그런 식으로 남편과 관계를 회복해 나가는 것이 좋겠군요.

4) 정보제공

상담을 하는 과정에서 정보라 하면 여러 가지 범위를 말한다. 상담의 기본적 전제 조건이나 진행방식, 상담의 횟수나 장소, 시간, 상담자에 관한 정보 그리고 내담자가 궁금해 하는 여러 가지 정보들을 모두 포함한다. 물론 계약서 등을 통하여 이러한 사항들에 대하여 알려줄 수 있으나, 상담자가 내담자에게 자세히 설명해 줌으로써 내담자와 상담자 사이에 좀 더 친밀한 인간관계를 형성할 수 있다. 그러나 유료상담의 경우 지나치게 상담자 위주의 설명이라든가, 내담자에게 크게 유익하지 못한 정보를 제공하는 것으로 시간을 허비하는 것은 삼가야 한다.

또한 내담자가 이해하기에 너무 전문적이거나 내담자의 나이에 맞지 않는 수준의 정보를 주려 하는 것은 내담자를 불쾌하게 하거나 내담자로 하여금 위화감을 조성할 수 있으므로 내담자의 수준을 고려하여 정보를 전달하는 것이 바람직하다. 직접적이고 정확하며, 구체적이고 간결하며, 실질적인 정보를 제공하면 내담자는 쉽게 정보를 받아들일 수 있다.

아무리 좋은 정보라 하더라도 한꺼번에 너무 많은 양을 제공한다면 내담자는 그것을 모두 기억하기 힘들다. 따라서 매 회기마다 내담자에게 꼭 필요한 정보를 적절히 제공하는 것도 유능한 상담자가 해야 할 역할이다. 또한 내담자에게 정보를 제공해 준 이후에 상담자는 내담자가 정보를 정확히 이해하고 수용할 의지를 가지고 있는지 확인해야 한다. 내담자에게 수행할 의지를 묻거나 내담자가 정보를 이해했는지 되풀이 해 보도록 하는 것도 좋은 방법이다(이장호, 2009).

주의할 또 다른 사항은 아무리 좋은 정보라 하더라도 내담자의 문화나 가치관, 신념과 어긋나는 것이라면 신중히 전달해야 한다. 특히 종교적인 문제는 매우 예민하다.

TIP 정보제공의 예

내담자1: 저는 몽정을 너무 자주해요.
상담자1: 본인의 나이에 있을 수 있는 일이죠.
내담자2: 그렇지만 일주일에 2~3번씩 하는데요? 친구들이 저보고 그렇게 많이 몽정을 하는 것은 제가 야한 생각만 하기 때문이래요. 그리고 몽정을 많이 하면 나중에 결혼해서 제대로 사랑을 할 수 없다고 그랬어요.
상담자2: 반드시 그렇지는 않아요. 꼭 야한 생각만 한다고 몽정을 하는 것은 아니고, 몸이 성숙한 나이에 있을 수 있는 자연스런 현상이에요. 또 몽정을 한다고 나중에 결혼하여 사랑을 못 한다는 것은 친구들이 잘 모르고 하는 말이에요. 이제 지나치게 많은 몽정을 하는 이유와 몽정을 줄일 수 있는 방법이 무엇인지 알려 줄게요.

5) 되짚기

상담자는 내담자가 했던 말을 되짚음으로써 내담자의 말을 더욱 구체적으로 정리할 수 있다. 내담자의 말을 상담자가 되짚기 함으로써 내담자로 하여금 자신이 한 말의 내용을 탐색하도록 기회를 주게 된다. 또한 내담자의 말을 되짚음으로써 상담자가 내담자의 말에 귀 기울이고 있음을 알게 해준다. 이것은 내담자에게 신뢰가 쌓이게 하는 기법이기도 하다. 그러나 자신에 대하여 탐색을 잘하는 내담자라면 굳이 상담자가 되짚기를 할 필요는 없다. 또한 초보 상담자의 경우 단순히 내담자의 말을 그대로 반복함으로써 무의미한 시간낭비를 하는 것은 조심해야 한다.

TIP 되짚기의 예

내담자: 어제는 남편과 심하게 싸웠어요. 이것저것 집기류를 집어던져서 아이들이 울고 난리가 났었어요.

상담자: 아이들이 많이 울었다고요? 아이들이 많이 놀랐겠군요.

6) 내담자의 감정 반영하기(reflection)

내담자의 느낌을 상담자가 반영한다는 것은 내담자의 말에서 표현된 기본적인 태도, 주요 감정의 내용을 상담자가 다른 참신한 말로 부연해 주는 시도라고 할 수 있다. 이것은 내담자로 하여금 자기가 이해받고 있다는 인식을 주게 된다. 감정반영에는 반드시 언어가 개입된다. 감정을 반영할 때는 내담자의 과거 감정보다는 현재 감정에 초점을 두어야 한다. 공감은 인간관계에서 보편적으로 나타나고 경험되는 현상이고, 반면에 감정반영은 상담자들이 사용하는 전문적 기법에 관한 용어이다. 쉽게 말하면 감정반영은 공감을 전달하는 중요한 수단 중 하나로 볼 수 있다. 감정반영은 반드시 공감을 조건으로 활용되어야 하는 상담기법이다. '당신은 ~게 느낀다는 것처럼 들리는군요.', '아마 당신은 ~게 느끼나 보군요.', '내가 당신이라면 ~게 느낄 것 같군요.', '나는 당신이 ~게 느끼는지 궁금하네요.', '그래서 당신이 ~게 느끼고 있군요.' 등의 언어로 내담자의 감정을 반영할 수 있다.

내담자의 말을 반영해 줄 때는 반드시 내담자가 사용했던 말은 피하고 다른 참신한 말을 사용하여, 내담자가 지겨움을 느끼지 않고 자신이 상담자의 관심을 받고 있다고 생각하도록 해야 한다. 이때 내담자의 감정은 복잡한 여러 가지 감정들이 섞여 있으므로 내담자의 감정을 적절히 반영함으로써 내담가가 자신의 감정을 정리할 수 있도록 도와주는 것이 상담자가 할 임무이다. 때로 내담자는 자신의 감정과는 다른 행동을 하기도 한다.

상담자는 감정반영을 통해 내담자에게 자신이 느끼는 것을 알아차리게 해준다. 이로써 상담자와 내담자 사이에 견고한 관계가 형성될 수 있게 된다.

TIP 반영하기의 예

내담자1: 남편 사별 후에 딸 하나 키우며 살았습니다. 그 아이가 결혼을 했어요. 너무 잘 커주어서 자랑스러워요(자랑스럽다고 하지만 한숨을 쉰다.).

상담자1: 혼자 따님을 키우며 고생이 많으셨겠군요. 그런데 막상 따님이 결혼을 해서 엄마 곁을 떠나니 많이 서운하신가 봅니다.

내담자2: 예. 제가 그 애를 어떻게 키웠는데…. 막상 제 짝을 찾으니 엄마는 안중에도 없나 봅니다.

7) 조언과 지시

적절한 조언은 매우 효과적인 상담의 결과를 가져올 수 있다. 그러기 위해서 상담자는 내담자에게 언제, 어떤 조언을 해 주어야 할지 정확히 파악할 필요가 있다. 그러나 내담자가 원하지 않는 조언을 함으로써 도리어 상담에 악영향을 미칠 수 있으므로 상담자는 조언을 할 때 매우 조심스럽게 고려해야 할 사항들이 있음을 명심해야 한다.

첫째, 내담자의 호소문제가 매우 구체적이고, 상담자가 조언이나 지시를 적절히 해줌으로써 문제해결에 실마리가 제공될 것 같아도 상담자는 빠르게 조언이나 지시를 하기보다는 충분한 시간을 가지고 신중하게 제공해야 한다.

둘째, 내담자는 문제해결을 위하여 현재까지 어떤 노력을 했었는지, 어떤 방법을 동원했었는지, 어떤 방법을 원하는지, 내담자가 가지고 있는 해결의 자원은 무엇이 있는지 충분히 살펴보아야 한다. 이러한 내용들에 대하여 자세히 살펴본 이후 상담자는 내담자가 문제해결에 실패한 원인을 파악하고, 실패에서 오는 낙심한 마음을 위로해 주어야 한다. 이때 상담자는 내담자가 과거에 사용하였던 방법에 대하여 "그것도 좋은 방법이군요.", "그런 방법도 있겠군요." 등의 말로써 충분히 인정을 해줄 필요가 있다. 또다시 조언이나 지시를 할 때에는 되도록 기왕에 사용하였던 방법을 피하는 것이 좋다. 그러나 어쩔 수 없이 내담자가 실패를 경험했던 방법을 사용하더라도 다시 실패를 번복하지 않도록 충분히 검토를 한 이후, 조언이나 지시를 해주어야 한다.

셋째, 내담자로 하여금 자의에 의하여 조언이나 지시에 따르도록 유도해야 한다. 만일 내담자가 망설이거나 주저하는 경우, 상담자는 내담자를 충분히 납득시켜야 하며 내담자가 지시나 조언에 따를 수 있도록 충분한 시간을 두고 기다려주어야 한다.

넷째, 조언이나 충고는 간단명료한 것이 좋다. 구체적으로 지시하는 것이 좋으며, 되도록 한 번에 한 가지의 조언이나 지시를 하는 것이 내담자가 수행하기에 용이하고 효과도 크다.

다섯째, 조언이나 지시를 전달한 이후에 상담자는 반드시 피드백을 해야 한다. 피드백을 하는 과정에서 상담자는 내담자가 지시나 조언을 잘 수행하고 있는지, 그렇지 못한 경우에는 그 이유가 무엇인지, 내담자가 지시나 조언의 내용을 잘 이해하고 있는지 살펴보고 만일 내담자가 수행하는 데 어려움을 호소하거나 잘못 이해하는 데서 오는 오류가 있다면 수정해 주어야 한다. 또한 이러한 지시나 조언이 내담자의 실생활에서 얼마나 유효한 효과를 거두고 있는지 확인하여야 한다.

한편 내담자가 조언이나 지시를 제대로 수행하지 못하는 것이 반드시 내담자의 실수나 이해 부족이 원인이라고 생각하면 안 된다. 상담자가 적절하지 못한 지시나 조언을 했을 수도 있다. 상담자는 자신의 조언이나 지시가 반드시 옳다고 생각하지 말고 실패의 원인이 상담자에게 있는 것은 아닌지 분석해 보아야 한다(김청자 외, 2009).

8) 명료화

명료화는 내담자가 미처 의식하지 못한 의미나 감정까지 지적해주거나 설명해주는 것이다. 즉 명료화는 내담자가 실제로 보였던 반응 및 언어에 숨겨져 있는 감정 또는 생각 속에 암시되어 있거나 내포되어 있는 감정 또는 생각을 내담자에게 직접 말해줌으로써 확인하는 것이다. 상담자는 예를 들거나, 새롭게 표현함으로써 상담자가 말하고자 하는 의미를 분명히 정의해 준다. 내담자에게 명료화를 요청할 때 내담자가 비판받고 있다고 느끼지 않도록 주의해야 한다(김춘기 · 강봉규, 2003).

명료화 기법이 효과적으로 사용되려면 다음의 네 단계를 고려하는 것이 바람직하다.

① 1단계: 내담자가 언어적 · 비언어적으로 표현한 실제 메시지의 내용을 확인한다.

② 2단계: 상담자는 내담자의 말 중에서 의미가 애매한 부분이나 혼란스러운 부분,

좀 더 정확한 확인을 요하는 부분을 구분한다.

③ 3단계: 명료화 할 내용을 적절히 표현한다. 주로 의문형을 사용한다. "무슨 뜻이지요?", "남편이 밉다는 의미인가요?" 등의 방법을 사용한다.

④ 4단계: 내담자의 반응을 관찰함으로써 명료화의 효과를 평가한다. 명료화 기법 역시 지나치게 많이 사용하면 내담자로 하여금 대화의 자연스러운 흐름을 막을 수 있으므로 반드시 필요한 경우에만 사용하도록 한다(박성희 · 이동렬, 2001).

TIP **명료화의 예**

내담자 1: 저는 아내의 지나친 관심이 이제 지겨워요.

상담자 1: 무슨 의미입니까?

내담자 2: 음, 너무 지나치게 간섭합니다. 회사에서 회식이 있으면 전화에 불이 납니다. 심지어는 식당 근처에 차를 대기시켜 놓고 제가 나올 때까지 기다립니다. 저는 편하게 식사를 할 수 없죠. 동료들 보기에도 창피하고요. 길을 가다가 젊은 여자가 지나가면 공연히 트집을 잡습니다. 나는 쳐다보지도 않았는데 한눈을 팔았다고 집요하게 추궁합니다.

상담자 2: 선생님 말씀은 아내가 선생님에게 너무 지나치게 집착한다는 의미시군요.

9) 직면

상담자는 내담자가 미처 깨닫지 못하고 있는 생각이나 상황, 그리고 내담자가 받아들이기를 거부하는 것에 대하여 직면할 필요가 있다. 직면은 내담자로 하여금 충격적인 방법을 통하여 변화와 성장을 촉구할 수 있지만, 심리적인 분노와 상처를 줄 수도 있으므로 매우 신중히 사용되어져야 하는 기법이다.

또한 직면은 내담자를 위해서만 사용되어져야 하며, 상담자의 내담자에 대한 분노나 좌절을 표현하는 수단으로 사용되어져서는 안 된다. 즉 직면은 일상적인 방법으로 사용하기보다는 반드시 필요할 때 사용해야 한다.

직면은 다음과 같은 상황에서 사용하면 효과적이다.

① 내담자의 문제에 좀 더 깊이 개입해야 할 필요를 느꼈을 때

② 내담자와 친밀한 관계가 형성되어 내담자의 상담자에 대한 신뢰가 높을 때

③ 상담자가 진심으로 내담자의 변화와 성장을 위하여 직면이 필요하다고 느꼈을 때 사용되어야 하며, 상담자의 호기심이나 욕구를 충족시키기 위하여 사용되어져서는 안 된다.

④ 내담자가 현재 진술하는 것과 과거에 말한 내용에 차이가 있을 때

⑤ 내담자가 언어적으로 표현하는 것과 비언어적으로 표현하는 것에 차이가 있을 때

⑥ 내담자가 기존에 가지고 있는 사고 · 정서 · 행동에 모순되는 말을 하였을 때

⑦ 내담자에게 우려되는 문제를 회피하려 할 때(김충기 · 강봉규, 2003; 이수정, 2007)

⑧ 내담자가 자신이나 타인의 삶에 위해를 입히고자 할 때

⑨ 내담자가 앞뒤가 맞지 않는 행동을 하거나 모순된 행동방식을 보일 때

⑩ 내담자가 비현실적인 목표를 세울 때

직면은 반드시 내담자가 숨기려 하는 것을 들추거나 결점, 비난받을 만한 것을 찾아내는 것에 사용하기보다는 내담자가 왜곡하고 있거나 미처 깨닫지 못하는 내담자의 장점을 알게 해주는 것도 직면의 중요한 기능이라고 할 수 있다.

TIP **직면의 예**

내담자1: 시어머니가 돌아가셔서 마음이 아픕니다.
상담자1: 마음이 아프시다며 표정은 많이 힘들어 보이지 않으시네요.
내담자2: 그렇게 보이세요?
상담자2: 예. 많이 슬퍼보이지는 않으세요.
내담자3: 실은 시어머니와 사이가 많이 나빴습니다. 시어머니를 많이 미워했습니다.

10) 해석

해석은 내담자가 미처 자각하지 못한 의미와 관련성을 상담자가 지적해주는 것이다. 해석은 내담자가 본인의 문제를 새로운 시각에서 바라볼 수 있도록 내담자의 경험이나 행동의 의미를 설명해주는 것이다. 즉 내담자의 말 속에 담긴 다른 의미를 내담자에게 전달해주는 적극적 상담기술이다. 해석을 하기 위해서는 내담자 말 속에 숨어 있는 내용을 파악해야 한다. 상담자는 숨은 내용을 다른 관점으로 전달한다.

해석은 내담자가 받아들일 준비가 되어 있을 때 조심스럽게 이루어져야 한다. 상담의 초기에서는 내담자가 가지고 있는 상담에 대한 선입견이나 불성실하게 상담에 임하는 태도에 대하여 해석할 필요가 있다. 상담이 중기로 접어들면 내담자의 성격과 태도, 가치관 등에 대하여 명료화하기 위한 해석을 한다. 이때 구체적이고 심층적인 해석을 시도해 볼 필요가 있다.

해석은 내담자 스스로 깨달을 수 있도록 이끄는 것이다. 내담자와 우호적인 관계가 형성된 후 해석을 해주어야 하며, 상담 시간이 충분히 남아 있을 때 해야 한다. 만일 내담자로부터 부정적인 감정의 반응을 느꼈다면 충분히 답변을 해주어야 하기 때문이다.

문제는 내담자가 상담자의 해석을 받아들이려 하지 않을 때 저항이 발생한다는 것이다. 또한 지나치게 전문적인 해석으로 인하여 내담자가 마음의 문을 닫아버리지 않도록 주의해야 한다.

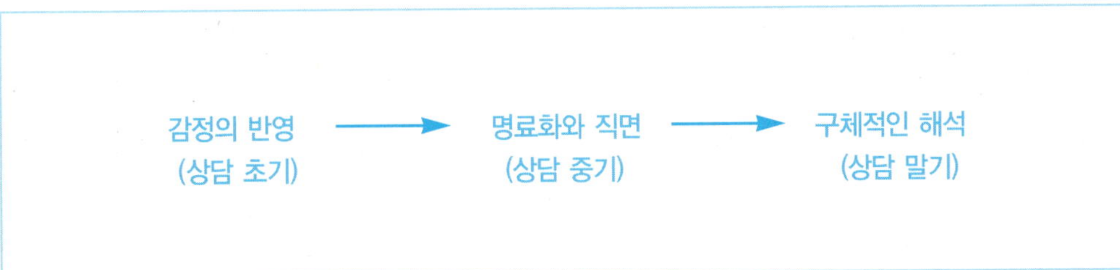

그림 9-1 **해석의 시기**

TIP 해석의 예

내담자1: 저는 남편만 보면 가슴이 떨려요.

상담자1: 남편이 두려우신가 보군요.

내담자2: 머리카락이 쭈뼛 서는 것 같고, 주저앉을 것 같아요.

상담자2: 말씀하셨던 것보다 남편의 폭력이 심하군요. 더 이상 남편의 폭력에 저항할 에너지가 없으신 것 같습니다.

상담자는 위의 상담기법을 사용함에 있어서 반드시 어떤 방법을 먼저 사용해야 한다는 원칙을 세우기보다는 상담의 장면에서 필요한 기법을 잘 응용할 필요가 있다. 그러나 보통 내담자에게 접근하는 정도에 따라 반영 → 명료화 → 직면 → 해석의 순서대로 사용하는 것이 유용할 것이다.

11) 자기노출

내담자가 자신의 문제를 호소하며 괴로워할 때 유능한 상담자는 적절한 시기에 자신의 경험을 내담자에게 노출시킴으로써 내담자와의 친밀감을 형성하며 한편으로는 내담자를 안심시킬 수 있다. 대부분의 내담자들은 자신이 겪고 있는 문제가 자신만 가지고 있는 심각한 문제라고 인식하여 절망하는 경우가 많다. 또한 부끄럽고 창피한 감정을 가지고 있어 상담자에게 자신의 문제를 노출하기를 꺼리는 경우가 많다. 이런 경우에 상담자는 자기노출을 적절히 함으로써 내담자를 안심시킬 수 있다.

그러나 자기노출을 하는 상담자가 지나치게 자신의 문제에 빠져 들어가고 감정이입시킴으로 인하여 내담자에게 부담을 줄 수 있다. 아무리 좋은 기법이어도 시기와 빈도를 적절히 구사하지 못하면 내담자에게 불필요한 부담이 된다. 내담자에게 부담을 주는 노출은 삼가야 한다. 또한 지나치게 무거운 내용의 노출은 내담자에게 부담을 줄 수 있으며, 상담자에 대한 신뢰를 무너뜨리게 할 수 있으므로 삼가는 것이 좋다. 자기노출은 그 시기가 중요하다. 지나치게 때 이른 자기노출은 내담자에게 부담을 줄 수 있다.

TIP 자기노출의 예

내담자1: 저는 시어머니와 사이가 나쁩니다. 그 바람에 시누이들과도 사이가 많이 벌어졌습니다. 이제 왕래도 없어요. 남편은 그런 나를 미워합니다. 남들은 제가 시집가서 잘 사는 것으로 알아요. 이런 사실이 외부에 알려질까 봐 두렵습니다. 아마 이런 한심한 집은 우리 밖에 없을 겁니다.

상담자1: 아닙니다. 시댁과의 갈등으로 힘들어하는 분들이 주변에 많습니다. 제가 알고 있는 어떤 분의 경우는 한 집에 살고 있는 시어머니와 함께 밥도 안 먹는답니다. 각자 먹을 밥과 반찬을 해서 따로 먹는다고 그러던데요.

내담자2: 그런 집도 있군요. 저희는 그 정도는 아닌데요. 단지 우리는 감정적인 불편함만 있습니다.

상담자2: 예. 그러니 댁의 경우는 가족관계를 회복할 여지가 훨씬 더 많다고 볼 수 있죠. 일단 누구와의 관계부터 개선할지 생각해 보죠.

3 적극적 경청(active listening)

적극적 경청이란 귀로 내담자의 음성언어를 들으며 동시에 눈으로는 내담자의 신체언어를 관찰하는 것을 의미한다. 이때 내담자로 하여금 상담자가 자신의 이야기를 적극적으로 듣고 있음을 알게 하는 것이다(이수정, 2007).

적극적 경청은 주로 칼 로저스(Carl Rogers)와 같은 인본주의자들에 의하여 강조되고 있다. 그들이 주장하는 내담자 중심의 심리치료는 상담자가 내담자의 이야기를 주의 깊게 경청하고 그에 따른 피드백을 제공해 줌으로써 내담자의 문제를 해결하도록 도와줄 수 있다는 것이다.

내담자의 말을 주의 깊게 듣고 적극적으로 경청하는 것을 매우 쉽고 단순한 기술로 생각하는 상담자가 많다. 그러나 많은 경우에 상담자는 적극적 경청에 실패한다. 내담자는 상담자가 자신의 말을 적극적으로 경청하지 않고 있다고 느끼면, 상담자에게 불신을 느끼게 되어 더 이상 상담의 진행이 힘들어진다. 또한 상담자가 경청에 너무 치중한 나머지 내담자에게 온통 이야기할 시간을 할애함으로써 내담자로 하여금 자신이 너무 방치되어 있다고 생각하게 할 수 있다. 특히 우울증이 있는 내담자의 경우 자신의 처지를 비관하는 이야기를 계속적으로 되풀이하다 보면 도리어 자신의 처지를 더 비관하는 상황까지 몰고 갈 수 있기 때문에 적절한 시기와 적절한 분량의 경청 이후에는 상담자가 적당히 개입하는 것이 필요하다. 이 또한 유능한 상담자의 능력이다.

경청이 적절히 잘 이루어지기 위해서는 다음과 같은 요인들이 충족되어야 한다.

① 상담자는 내담자의 시선을 적절히 마주쳐야 한다. 너무 뚫어지게 쳐다보아도 내담자가 무안할 수 있다. 그러나 내담자의 시선을 외면하면 내담자는 무시당하고 있거나 상담자가 자신에게 무관심하다고 느낄 수 있다.

② 내담자와의 거리는 너무 멀리 떨어져 있는 것보다 약간의 거리를 두고 앉는다. 너무 가까이 앉아도 내담자가 부담스러워할 수 있다. 혹시 이성의 상담자라면 내담자가 불필요한 오해를 갖게 될 수도 있다.

③ 적극적 경청을 한다는 것은 단순히 상담자가 내담자의 이야기를 들어주는 것뿐만 아니라 종종 내담자의 말 사이사이에 "아, 예" 등의 반응을 해줌으로써 내담자가 자신의 이야기가 잘 전달되고 있음을 느끼게 해 준다.

④ 상담자의 표정이나 태도는 경청에서 중요한 요인이 된다. 상담자는 고개를 끄덕인다든가, 내담자의 이야기 내용에 걸맞은 얼굴표정을 짓는다. 슬픈 이야기를 하는 내담자 앞에서 친절한 미소를 짓고 있다면 내담자는 자신이 우롱당하고 있다고 느낄 수 있다. 슬픈 이야기를 하는 내담자 앞에서는 상담자도 약간은 어두운 표정을 짓는 것이 내담자로 하여금 자신의 이야기가 경청되고 있다고 느낄 수 있게 해 준다.

경청에 관하여 구체적으로 살펴보기 위해 적극적 경청을 위한 지침과 적극적 경청, 잘못된 경청에 관하여 살펴보고자 한다.

1) 적극적인 경청을 위한 지침

상담자가 내담자에게 집중하며 적극적인 경청을 하기 위해서는 다음 사항을 지키는 것이 더 효과를 거둘 수 있다(노안영, 2007 재인용).

- 내담자의 언어적 메시지를 듣고 이해해야 한다.
- 내담자의 말을 수용적인 태도로 받아들인다.
- 내담자의 음조를 조심스럽게 듣는다.
- 내담자의 감정에 대한 단서가 무엇인지 유념하며 듣는다.
- 내담자가 호소하는 내용들의 공통적인 감정과 주제가 무엇인지 파악하며 듣는다.
- 내담자의 말에서 일반화, 왜곡, 간과한 부분이 무엇인지 유념하며 듣는다.
- 항상 관심의 중심을 내담자에게 둔다.
- 내담자와의 의사소통 과정에서 나타나는 개인적인 반응, 함축적 의미나 영향을 인식한다.
- 내담자의 자세, 표정, 움직임, 목소리 톤 등 비언어적 표현과 언어적 표현 간의 관계를 놓치지 말아야 한다.

- 적절한 침묵과 정지를 위해 상담자는 내담자를 기다릴 수 있어야 한다. 그러나 지나치게 긴 침묵을 적당히 종료시키는 것도 상담자의 중요한 역할이다.
- 내담자가 내레이션 하는 동안 상담자는 인내를 가지고 기다릴 수 있어야 한다. 그러나 같은 내용의 반복 등 경우에 따라서는 상담자가 적절한 기법을 이용하여 내담자의 말을 정리해주어야 한다.
- 부적절한 경청, 평가적 경청, 선별적 경청, 사실 중심적 경청, 동정적 경청을 피한다.
- 내담자가 표현하는 은유, 상징 등을 이해하며 숨은 의미를 파악해야 한다.
- 내담자가 처해 있는 사회환경까지 고려하여 경청해야 한다.

단순히 듣는 것이 매우 쉬운 일이라고 생각하면 오산이다. 내담자가 끊임없이 쏟아내는 말을 인내심을 가지고 듣는 것은 결코 쉬운 일이 아니다. 게다가 내담자가 자신의 마음과는 다르게 표현하고 있거나, 호소 내용과는 다른 표정이나 태도를 보일 경우 상담자가 해야 하는 작업은 매우 많아진다. 상담자는 내담자가 호소하는 문제의 드러난 부분 외에 또 다른 숨은 내용도 파악해야 한다. 또한 내담자의 호소를 경청하는 동안 침묵이 의미하는 진실도 파악해야 한다. 적극적인 경청을 통하여 상담자는 내담자가 신뢰할 수 있는 관계형성을 이끌 수도 있다. 이렇듯 적극적 경청은 상담에 있어 가장 중요한 기법이라고 할 만큼 중요한 수단이다.

2) 적극적 경청

내담자는 자신의 말을 통하여 많은 정보를 제공한다. 상담자는 적극적 경청을 통하여 내담자의 관점, 문제, 가치관, 잘못된 신념 등을 파악하고 해결을 위한 자원도 찾아내야 한다.

(1) 이야기 듣기

경청의 가장 기본적인 작업은 내담자의 이야기를 듣는 것이다. 내담자의 이야기 속에는 내담자가 호소하는 문제, 내담자의 상황, 내담자의 경험, 내담자가 가지고 있는 자원이 포함되어 있다. 게다가 내담자가 이야기하는 동안 유능한 상담자는 내담자가 미처 깨닫지 못한 여러 가지 문제들을 알아낼 수도 있다.

(2) 내담자가 경험한 행동 경청하기

내담자가 자신의 경험을 이야기할 때 적극적으로 경청할 필요가 있다. 내담자의 경험에서 내담자가 의도하지 않았던 행동들로 인하여 문제가 발생되었을 수도 있다. 내담자는 자신의 행동을 숨기거나 자신이 경험한 내용을 바꾸어 말할 수 있으며, 자신의 책임회피를 위하여 남의 탓으로 돌릴 수 있기 때문에 내담자가 경험했다는 내용에 대하여 무조건 신뢰할 수 없다.

(3) 정서, 감정 경청하기

내담자가 말하는 내용에는 자신의 정서, 가치관, 신념, 감정 등이 포함되어 있다. 상담자는 내담자의 이야기를 들으며 내담자의 정서, 감정, 가치관 등을 파악해야 한다. 경청은 단순히 듣는 것이 아니라 그 속에서 많은 정보를 얻어내야 한다.

(4) 내담자의 관점 경청하기

내담자들은 자신을 표현하면서 자연스럽게 자신의 관점을 노출시킨다. 때로 자신의 관점을 정당화하기 위해 다른 사람을 깎아 내리기도 한다. 예를 들자면 부부문제로 상담을 하는 부인의 경우 자신이 정당함을 주장하기 위하여 남편의 행위나 태도를 나쁘게만 말할 수 있다. 그러나 부인의 이야기를 경청하며 부인이 가지고 있는 관점을 냉정하게 파악하면, 부부의 문제가 누구의 관점에 의하여 불거졌는지 파악할 수 있게 된다. 비록 부인의 호소문제이지만, 원인이 부인에게 있을 수 있다.

(5) 내담자의 결정, 제안 경청하기

상담이 몇 회기 진행되면 내담자는 스스로 자신이 결정을 내리고 그것을 상담자에게 말한다. 또한 문제해결을 위해 필요한 자신의 생각을 제안하기도 한다. 내담자의 결정이나 제안이 올바른 것일 수도 있다. 상담자는 내담자가 올바른 판단을 했을 때 충분한 지지를 보내 주어야 한다. 그러나 상담자는 정확한 경청을 통하여 내담자의 결정이나 제안이 올바르지 않다고 판단되면 내담자에게 피드백을 해주어야 한다.

(6) 자원 찾아내기

상담을 하는 도중 내담자의 이야기에서 문제해결을 위한 자원을 찾아내기 위하여 적극적으로 경청해야 한다. 내담자도 미처 파악하지 못한 자원을 내담자 자신이 가지고 있거나 내담자 주변에 있을 수 있다. 내담자 주변을 모두 알 수 없는 상담자는 내담자의 말을 적극적으로 경청함으로써 내담자에게 필요한 자원을 찾아낼 수 있다 (Gerard Egan, 2003).

3) 잘못된 경청

성공적인 경청은 저절로 이루어지는 것이 아니다. 효과적인 적극적 경청이 이루어지기 위해서는 다음과 같은 잘못된 경청을 피해야 한다.

(1) 건성으로 듣는 경청

상담자가 내담자의 말을 듣는 척했지만 내담자의 말을 건성으로 듣는 경우가 있다. 내담자의 어투가 매우 느리거나 조용한 경우 특히 이런 실수를 저지를 수 있다. 또는 상담자가 자신의 개인적인 생각에 몰두하다가 자칫 내담자의 말을 놓치는 경우도 있다. 주의할 것은 점심식사 후의 오후 상담이다. 내담자가 자신의 문제를 지루하게 호소하는 경우 식후 포만감에 의하여 상담자는 내담자에게 집중하지 못할 수도 있다. "선생님은 그럴 때 어떻게 하시나요?" "네? 뭐라고 하셨죠?" 이런 상황이 되면 내담자는 상담자가 자신의 말을 경청하지 않았음을 알고 매우 불쾌해 할 것이고, 차후의 상담에서 상담자를 신뢰하지 못하게 될 수 있다. 심한 경우, 내담자는 더 이상의 상담을 거부할 수도 있다.

(2) 내담자의 말을 반복하기

상담자는 간혹 내담자에게 집중하고 있음을 나타내기 위하여 내담자의 말을 그대로 반복하여 진술하는 경우가 있다. 그러나 내담자가 원하는 것은 자신의 말을 똑같이 반복하여 말하는 것이 아니고 상담자가 파악한 부분이 무엇인지를 알려주는 것이다.

(3) 상황대처 능력의 결여

능숙하지 못한 상담자의 경우 내담자가 내놓은 문제를 들으며 '이럴 때는 어떤 답을 줘야 하나?' 라는 자신의 생각에 빠져 계속 이어지는 내담자의 호소를 듣지 못하는 경우가 있다. 그러나 정말 능숙한 상담자가 되려면 내담자의 호소를 들으며 자신이 내담자에게 해 주어야 하는 것이 무엇인지 파악을 할 수 있어야 한다. 내담자가 잠시의 침묵을 가지면 능숙한 상담자는 그러한 침묵을 이용하여 내담자에게 자신이 해 줄 수 있는 것이 무엇인지 파악해야 한다.

(4) 내담자 평가 경청

내담자가 자신의 문제를 호소할 때 상담자는 자신의 평가기준으로 내담자를 평가하는 경우가 있다. 간혹 일반적인 상식을 벗어난 내담자의 행동이나 사고, 가치관 등을 접할 때 혼란을 느끼는 상담자가 있다. 그러나 유능한 상담자라면 내담자의 말을 경청할 때 내담자를 직접 평가하거나 비난해서는 안 된다. 물론 상담자가 자신의 가치기준을 완전히 배제하기는 힘든 일이다. 그러나 상담자가 내담자에게 곧바로 직접적인 표현을 사용하는 것은 올바르지 못하다. 우선 내담자의 가치관이나 관점을 정확히 파악한 후에 적절한 방법으로 내담자에게 접근해야 한다.

(5) 동정적 경청

상담자가 내담자의 처지에 대하여 공감을 넘어서 동정적 경청을 하는 경우가 있다. 내담자의 고통을 공감하는 것은 상담자가 갖추어야 할 덕목임에는 분명하지만, 냉정을 잃은 동정적 경청은 상담의 올바른 진행에 방해가 된다. 유능한 상담자라면 객관적인 경청을 해야 하며 냉정함을 가지고 내담자의 말을 경청해야만 문제해결의 실마리를 찾아낼 수 있다.

4 신체적 반응기술

상담은 내담자와 상담자의 끊임없는 의사소통으로 이루어진다. 의사소통의 수단으로 가장 보편적이며 흔히 사용되는 기법이 언어적 대화이다. 그러나 의사소통은 오직 언어적 기법으로만 이루어지는 것이 아니다. 언어적 의사소통을 하는 동안 내담자는 무수히 많은 비언어적 방법으로 자신의 감정이나 고통, 문제, 상황 등을 암시할 수 있다. 내담자의 비언어적, 신체적 반응은 내담자가 가지고 있는 내면의 세계를 들여다볼 수 있는 좋은 정보가 된다. 따라서 유능한 상담자라면 내담자의 신체적 반응을 놓치지 말고 잘 파악해야 한다.

간과하지 말아야 할 것은 상담자의 온화한 표정, 필요에 따라서는 엄격한 표정까지도 내담자에게 많은 효과를 줄 수 있다는 것이다. 상담자의 따뜻하고 편안한 표정은 마음에 상처를 가지고 찾아온 내담자로 하여금 자신의 문제를 털어놓게 하는 계기가 될 수 있다. 반면 자신을 과대포장하거나 무례한 내담자, 상담에 불성실한 내담자에게 간혹 상담자의 엄숙한 표정은 내담자의 마음을 바로잡을 수 있는 분위기를 마련하기도 한다.

1) 표정

상담자와 내담자가 마주 앉아 상담을 하는 동안 가장 많이 접하는 신체는 얼굴이다. 내담자의 얼굴에 나타난 표정에서 상담자는 많은 정보를 얻을 수 있다. 대부분의 사람들은 자신의 기분이나 감정을 얼굴표정을 통해 타인에게 표출한다. 비록 언어는 "괜찮습니다."라고 말할지라도 표정이 몹시 찌푸려져 있거나 상기되어 있다면, 불쾌감을 느끼고 있다고 판단할 수 있다.

물론 표정으로 내담자의 감정이나 정서를 정확히 판독하는 작업은 결코 쉬운 일이 아니다. 더욱이 표정이라는 비언어적 수단을 객관화시키는 작업도 간단한 일이 아니다. 예를 들면 내담자가 눈물을 흘린다고 해서 그가 반드시 슬프다고 판단할 수는 없다. 눈물을 흘리고 있지만 내담자는 행복을 느낄 수도 있고, 분노를 느낄 수도 있다. 물론 기쁨을 느끼고 있을 수도 있다. 또한 내담자의 웃음에서도 여러 가지 의미를 찾을 수 있다. 진심으로 기쁨을 나타내는 웃음, 비웃음, 거짓 웃음 등 웃음이라는 한 가지 표정으로도 여러 가지 의미를 구분할 수 있다.

얼굴표정으로 파악할 수 있는 감정은 다음과 같다(박성희 · 이동렬, 2001).

(1) 주도적인 내담자

상기된 표정, 즐거운 듯한 표정, 다소 흥분된 표정을 보인다. 눈을 뜨고 있으며 주위를 둘러보기도 한다. 주변에 관심이 있는 듯 둘러본다. 상담자와 자신감 있고 대담한 시선접촉을 한다. 상담자를 뚫어지게 쳐다보기도 한다. 입 주변에 가벼운 미소를 띠기도 한다. 치아를 보이며 미소를 짓기도 한다.

(2) 흥분한 표정

내담자의 언어적 의사표현도 매우 활기 있고 표정도 함께 흥분을 나타낼 수 있다. 간혹 언어적 의사표현은 없어도 내담자가 흥분되어 있다는 것을 표정으로 파악할 수 있다. 말을 할 때 정면을 똑바로 응시하거나 눈을 자주 깜빡인다. 시선은 흔들림이 별로 없다. 그러나 상담자가 말을 할 때 기다리기 싫다는 표정을 짓기도 하고 시선을 외면하기도 한다. 부정적인 기분으로 흥분상태인 경우는 상담자가 말하는 동안 몸을 기울여 집중하려 하지 않고 이마에 주름을 짓는 등의 표정을 보인다. 미소를 보이지 않는다.

(3) 비난하는 표정

비웃는, 경멸하는, 싫은, 거부하는, 짜증 난, 불쾌한, 화난 표정을 보인다. 짜증스럽거나 경멸스런 표정으로 외면을 하고 있다가 상담자가 직면 등의 기법으로 내담자를 자극하면 상담자에게 시선을 집중한다. 정면으로 대응하는 표정도 지을 수 있으나 옆얼굴을 보이는 경우도 많다. 상담자의 말을 거부한다는 의사표시로 고개는 들고 있으나 눈을 아래로 내리깔고 있기도 한다. 입술을 꼭 다문 채 양쪽 끝을 아래로 향하게 하고 비웃는 듯한 턱과 얼굴 모양을 만든다.

(4) 의심하는 표정

무엇인가 계속 두리번거리거나 찾는 듯한 표정을 보인다. 차가운 시선으로 상담자를 계속 쳐다본다. 무표정하다. 상담자와 눈이 마주치면 당혹스러워 한다. 상담자의 얼굴뿐만 아니라 상담자의 전체를 계속 훑어보기도 한다. 입가에 옅은 미소를 띠고 있다 하더라도 시선은 상담자를 집요하게 응시한다.

(5) 불안한 표정

눈빛이 흔들린다. 무엇인가를 찾는 듯 계속 두리번거린다. 시선을 한 곳에 오랫동안 고정시키지 못한다. 입술을 꼭 다물고 있다. 얼굴은 긴장한 모습이다. 작은 소리나 상담자의 질문에 화들짝 놀라는 듯한 모습을 보인다.

(6) 거짓된 표정(상담자에게 거짓을 말한 경우)

가장 중요한 특징적 표정은 상담자를 응시하지 못하는 것이다. 상담자에게 거짓된 모습을 보이는 내담자의 대부분은 상담자의 눈을 똑바로 쳐다보지 못하며, 간혹 상담자와 눈이 마주치면 바로 외면하거나 고개를 숙인다. 비굴한 미소를 띠기도 한다. 공연히 두리번거리기도 한다.

(7) 무표정

내담자가 무표정한 모습을 보인다면 상담을 거부한다는 의미이기도 하다. 또는 자신을 거부하는 반응이기도 하다. 흔히 우리는 일상생활에서 무표정한 모습을 보임으로써 타인에게 관심이 없음을 나타내기도 한다. 공연히 낯선 사람에게 미소를 보인다면 상대방이 오해할 소지가 있으므로 무표정한 비언어적 표시를 함으로써 타인에 대한 무관심을 표현한다.

내담자의 얼굴 표정에는 많은 정보가 있으며, 그러한 정보는 단일하게 작용하지 않고 복합적으로 나타나기 때문에 종종 얼굴 표정만으로는 내담자의 상태를 파악하기 곤란하다는 제한점이 있다. 따라서 상담자는 내담자의 표정에서 복합적인 정보를 찾아내는 연습을 해야 한다.

2) 시선

흔히 눈은 마음의 창이라고 말한다. 그만큼 내담자의 시선은 상담자에게 많은 정보를 준다. 능숙한 상담자는 내담자의 경미한 시선의 변화를 감지해야 하고, 내담자의 시선이 의미하는 바를 파악해야 한다.

한국적인 정서로는 아랫사람이 윗사람의 눈을 지나치게 똑바로 쳐다보는 것을 무례하게 생각한다. 동등한 관계라 하더라도 상대방의 눈을 뚫어지게 쳐다보는 것은 일종의 도전적인 표현이라고 여겨진다.

친근함을 나타내려면 상대방의 두 눈과 턱 아래를 지나서 신체의 다른 부분까지 바라보는 것이 좋다. 가까운 사이인 경우 두 눈과 가슴 사이에 만들어지는 삼각형 부분을 바라보면 무난할 것이다(김형태, 2009).

정서 상태에 따른 시선의 모양을 정리하면 다음과 같다(박성희 · 이동렬, 2001).

- 흥미, 흥분: 눈썹이 쳐지고 시선은 대상을 따라가면서 주시한다.
- 즐거움: 웃는 눈, 눈가에 곡선의 주름 형성
- 스트레스, 걱정: 눈썹이 아치형을 이룸
- 두려움, 공포: 동공이 커짐, 눈이 커짐
- 부끄러움, 모욕감: 시선이 아래를 향함, 눈을 마주치지 못함
- 분노: 눈이 가늘어짐, 눈 꼬리가 위를 향함

상담의 현장에서 내담자가 보이는 시선에 관하여 다음과 같이 판단하면 크게 무리가 없을 것이다.

① 내담자가 상담자를 지속적으로 응시한다. 상담자의 움직임을 따라가며 시선을 고정시키는 경우, 내담자는 자신의 문제를 상담자와 의논할 마음의 준비가 되어 있다는 표현이다. 상담자에게 의지하고 자신의 문제를 상의하고 싶어 한다.

② 상담자가 어떤 주제를 꺼내거나 내담자와 관련된 질문을 하였을 때 내담자가 상담자의 시선을 피하는 경우, 그 주제에 관하여 언급하기를 꺼린다. 그 주제와 관련된 상황을 상기시키는 것이 몹시 거북하거나 불쾌하다. 또는 그 주제와 관련된 충격적인 사건이 있다. 그 주제와 관련되어 아직 상담자와 의논할 마음의 준비가 안 되었다.

③ 내담자가 대화 도중 가끔 상담자의 시선을 피한다. 또는 상담자와 시선이 마주치면 즉시 시선을 아래로 향하는 경우, 상담자에게 자신의 마음을 드러내기가 싫은 것이다. 한국의 정서로는 상담자에게 공손함을 표시하기 위하여 그런 시선 처리를 하는 경우도 있다.

④ 내담자가 어떤 주제로 이야기를 하다가 시선을 아래로 향한다. 다시 이야기를 시작하며 상담자와 시선을 맞추는 경우, 내담자는 무언가 잠시 생각을 정리한다. 다시 시선을 들어 상담자와 접촉하는 것은 자신의 생각을 정리했음을 의미한다. 또는 상담자에게 자신의 문제를 위한 답을 구하기 위해서이다.

⑤ 내담자가 어떤 주제를 이야기하다가 혹은 상담자가 질문을 하였을 때 어떤 한 가지 사물에 시선을 고정시키고 있는 경우, 자신의 답을 정리하거나 생각에 빠져 있다.

⑥ 상담자가 내담자에게 행동지침이나 내담자의 문제행동을 수정하기 위한 역할부여를 하였다. 이때 내담자의 눈매가 가늘어지거나 찌푸리는 경우, 내담자가 당황스러워한다. 주어진 역할이나 행동지침에 대하여 불만스럽다.

⑦ 내담자가 상담자의 말에 대답을 회피한 채 찌푸리기만 하는 경우, 상담자에게 불만이 있다. 받아들이기 싫다. 대답하기 싫다.

⑧ 내담자가 고개를 숙인 채 눈물을 흘리는 경우, 대부분 슬픔을 나타낸다.

⑨ 내담자가 말을 하며 눈물을 흘린다. 그러나 눈을 크게 뜨고 큰소리로 말하는 경우, 내담자는 자신의 분노를 이기지 못하여 눈물을 보이는 것이다. 이럴 경우는 슬픔을 나타내기보다는 내담자가 몹시 흥분해 있다고 판단할 수 있다.

⑩ 내담자가 차분히 자신의 경험을 이야기하며 눈물을 보이는 경우 행복하다, 기쁘다, 만족한다, 너무 감격하여 눈물이 난다라고 해석할 수 있다.

⑪ 내담자의 눈이 커진다. 확대된 동공으로 상담자를 응시하는 경우, 많이 놀랍다, 대단히 중요한 문제이다, 다급한 문제이다.

시선 또는 눈동자의 처리를 이용한 다양한 기법들이 상담의 한 영역으로 개발되고 있다. 예를 들자면 NLP, EMDR 등은 실제로 상담의 현장에서 내담자의 고통을 감소시키는 데 많은 공헌을 하고 있다.

TIP EMDR의 8단계 과정

최근 상담기법의 한 영역으로 EMDR(Eye Movement Desensitization & Reprocessing, 안구운동 민감소실 및 재처리요법)이라는 눈동자를 움직이는 기법이 소개되어 임상현장에서 사용되고 있다. EMDR이란 안구운동 요법이라고 말할 수 있다. 안구의 움직임에 의한 자극은 위축된 감정뇌의 활동을 변화시켜준다. 이런 감정뇌의 변화로 예전에 받았던 외상 후 스트레스 장애나 현대인들의 정서 장애를 유발케 하는 심적 외상을 없애주는 심리학 기법이라고 할 수 있다.
1987년 프란신 샤피로(Francine Shapiro)가 고통스런 생각을 할 때 눈동자가 빠르게 움직인다는 것을 인지하고 고통스러운 생각이 떠오르면 눈동자를 빠르게 움직이는 실험을 해보았다. 결과적으로 안구운동을 통해 고통스러운 기억을 지울 수 있다는 결론을 얻었다. 이러한 EMDR은 8단계의 과정을 가지고 시행된다.

1) 병력청취단계
내담자의 병력에 관하여 상담을 하며 치료방법 등 치료과정을 생각한다.

2) 준비단계
내담자에게 EMDR에 관하여 설명한다. 내담자가 원하지 않으면 EMDR을 사용하지 않을 수 있다는 것과 사용도중이라도 치료의 목적과 적합하지 않거나 효과가 없다면 치료를 중단할 수 있음을 알려준다.

3) 치유 작업을 위한 평가단계
치료의 전단계로서 문제와 연관된 해결하고자 하는 목표를 정확히 재인식한다. 내담자에게 문제가 되는 고통스러운 장면이 무엇인지 떠올리게 해서 VoC(진실도), SUDS(문제의 장면이 환자의 정신을 산란하게 하는 정도) 를 체크한다.

4) 민감소실단계

EMDR을 실시한다. 실시 후 내담자가 어떤 느낌을 받았는지 확인한다. 이러한 과정을 반복하며 내담자의 SUDS를 확인한다. 0점에서 1점으로 상향되면 다음 단계로 진행한다.

5) 주입단계

문제가 되었던 장면과 VoC 체크를 통한 긍정적 이미지를 함께 떠올리게 한다. 두 가지 자극을 동시에 주며 VoC를 확인해서 6점이나 7점이 나오면 반복적으로 훈련을 시킨다. 이때 점수가 5점 이하면 원인을 파악하여 제거하거나 수정한 후 다시 훈련을 시작한다.

6) 신체검색단계

반복적인 치료 훈련과정을 거친 후 어느 정도 내담자의 고통이 해결되었다고 판단될 때, 내담자에게 눈을 감고 자신의 고통스런 장면과 긍정적 이미지를 떠올리게 한다. 내담자에게 몸의 어떤 부위 중에 불편함을 느끼는 곳이 있는지 확인하도록 한다. 확인된 통증이 있다면 다시 EMDR을 실시한다. 이러한 훈련을 반복하여 완전히 고통이 사라지게 한다.

7) 종결단계

내담자에게서 고통스런 장면이 완전히 사라졌음을 판단하면 종결을 한다. 내담자에게 훈련과정에 관하여 느낀 점을 말하도록 한다. 또한 내담자가 얻은 새로운 긍정적 생각들에 대하여 자세하게 말해보도록 한다. 이러한 내담자 진술은 내담자를 안심시켜주고 편안하게 만들어 줄 수 있다.

8) 재평가단계

모든 치료의 과정이 종료된 이후, 차기의 상담 회기에서 내담자의 상태를 확인하는 단계이다. 치료가 완벽하게 되었는지 확인한다. 또한 다시 고통이 떠오르지 않았는지 확인한다. 만약 고통스런 감각이 떠올랐다면 어떻게 처리했는지 확인한다.

EMDR은 외상 후 스트레스 증후군, 우울증 등을 치료하는 데 많은 효과를 거두고 있다. 그 밖에도 학교나 직장에서 공부와 업무로 인한 스트레스와 대인관계로 인한 우울증, 공황장애와 불안증을 치료하는 데에도 효과가 있다. 또한 운동선수, 연기자, 예술가, 학생, 슬럼프 극복 및 수행능력을 증진하는 데 있어 창의력 개발과 동기를 강화하는 데 효과가 있다.

3) 목소리

같은 단어, 문맥을 말하더라도 음의 고저, 발음, 언어 구사력 등에 따라 나타내는 의미가 다양하다. 상담의 현장에서 내담자가 다음과 같은 목소리로 말을 한다면 상담자는 그에 따른 판단을 해야 한다.

① 내담자가 말이 거의 없거나 들리지 않을 만큼 작은 목소리로 말하는 경우, 상담을 거부하거나 상담자를 신뢰하지 않는다. 내담자는 자신에 관하여 오픈하고 싶지 않다.

② 정상적인 목소리의 고저로 말을 하다가 어떤 주제에 이르러서는 목소리의 고저가 바뀌는 경우, 내담자의 목소리가 높아지는 경우는 그 장면이 내담자를 흥분시키거나 분노케 한다는 것이다. 또한 목소리를 낮춘다는 것은 그 장면을 말하기 싫다거나 숨기는 것이 있다는 뜻이다. 아니면 자신만이 소유하고 싶은 비밀이 있다는 의미이다.

③ 말을 더듬거나 머뭇거리는 경우, 내담자가 무엇인가 속이고 있다, 불안하거나 불편하다.

④ 말을 길게 늘여서 느리게 말하는 경우, 내담자가 어리광을 부리거나 상담자에게 의존하고 싶어 한다. 자신의 고통을 강조한다.

⑤ 갑자기 말의 속도가 빨라지는 경우, 내담자가 말하는 주제가 내담자를 흥분시킨다.

상담의 현장에서 내담자의 목소리도 중요한 정보를 제공하지만, 상담자의 목소리 또한 내담자에게 매우 중요한 작용을 한다. 차분하고 안정적인 상담자의 목소리는 흥분한 내담자를 가라앉히기도 하고 불안감을 해소시키기도 한다. 그로 인해 내담자가 상담자를 믿고 자신의 문제를 상담자에게 털어놓을 수 있다. 또한 내담자가 잘못된 행동을 보이거나 상담자에게 무례할 경우 상담자의 엄숙한 목소리는 내담자를 제압할 수 있다.

4) 자세(동작)

내담자의 자세에서 상담자는 내담자에 관한 많은 정보를 알아낼 수 있다. 특히 내담자의 자세로 내담자의 평소 습관이나 정서 상태, 상담자에 대한 반응 등을 파악할 수 있다.

(1) 팔짱끼기

많은 사람들이 팔짱을 끼는 것은 방어적인 자세라고 해석하고 있다. 그러나 팔짱끼기를 반드시 방어적이라고 해석하기보다는 상황에 따라 달리 해석할 여지가 크다. 팔과 팔꿈치가 몸에 바짝 붙어 있는 경우는 급성 신경과민이나 만성불안증을 가지고 있는 내담자일 수 있다.

그러나 팔을 가슴 쪽으로 가볍게 붙이고 양쪽은 바깥을 향해 올리고 있다면 내담자는 자신이 상담자를 감시하거나 상담자보다 우위에 있음을 과시하는 것이다. 내담자는 거부감, 거만함, 감시자의 의사표시를 하는 것이다. 이런 경우 내담자는 상담자와의 대화를 회피한다.

간혹 내담자가 팔짱을 끼고 있는 경우, 상담실이 너무 춥거나 내담자가 오한을 느낄 수도 있으므로 상담자의 세심한 주의가 필요하다.

(2) 입 벌리기

상담자의 말에 내담자가 입을 벌리고 바라본다면 내담자는 '잘 모르겠다, 당혹스럽다, 무슨 말인가' 라는 의사를 표시하는 것이다. 즉 내담자가 입을 벌리고 있다는 것은 내담자의 놀라움, 당혹스러움의 표현이다.

(3) 어깨를 으쓱하기

무슨 의미인지 모르겠다는 의사표시이다.

(4) 내담자가 몸을 앞으로 기울이기

상담에 관심이 많다. 흥미롭다. 상담자에게 집중하고 싶다.

(5) 다리를 꼬았다 풀기를 반복하기

내담자가 자신의 다리를 꼬았다 푸는 행동을 반복한다는 것은 매우 불안하다는 의미이다. 또한 불편함을 나타내기도 한다. 간혹 우울을 표현하기도 한다.

(6) 내담자가 비스듬히 앉는 경우

상담자에게 내담자 자신을 오픈하지 않고 있고 상담자를 거부하는 것이다. 이런 경우 시선도 다른 곳을 응시할 수 있으며 혹시 상담자와 시선이 마주치더라도 곧 외면하는 경우가 많다.

(7) 안절부절못하는 손

내담자가 몹시 불안하다. 또는 분노를 이기기 힘들다.

(8) 머리카락을 만지는 행동의 반복

혼란스럽다. 지루하다. 표출하지 못한 정서가 있다.

이 밖에도 상담의 현장에서 내담자가 보이는 신체적 언어는 무수히 많다. 유능한 상담자는 내담자의 언어적 의사표현은 물론 내담자가 무의식 중에 보이는 신체적 언어의 의미를 정확히 판단하는 데 익숙해야 한다. 내담자가 언어로 표현한 감정 또는 문제 이상의 많은 정보가 내담자의 신체적 언어로 나타나는 경우가 많기 때문이다.

생각해 볼 점

1. 상담에서 상담자의 질문은 어떤 역할을 하는가?
2. 상담의 현장에서 어떤 경우에 직면을 해야 효과적일까?
3. 잘못된 경청의 예로는 어떤 경우가 있을까?
4. 상담자는 내담자의 다양한 표정을 통하여 내담자의 기분을 파악할 수 있어야 한다. 어떤 표정들이 있는지 정리해 보자.

참고문헌

김소야자 · 서미아 · 남경아(2007). 전문적 정신상담기술. 서울: 창지사.

김충기 · 강봉규(2003). 현대상담이론과 실제. 서울: 교육과학사.

김홍규(2003). 상담심리학. 서울: 형설출판사.

노안영(2007). 상담심리학의 이론과 실제. 서울: 학지사.

박성희 · 이동렬(2001). 상담과 상담학. 서울: 학지사.

이수정(2007). 상담/심리의 주요이론과 실제. 서울: 도서출판 열린교육.

이장호(2006). 상담심리학. 서울: 학지사.

David R. Evans, Margaret T. Hearn, Max R. Uhlemann, Allen E. Jvey(2000). *Essential Interviewing*. 상담의 필수기술. 성숙진 역(2004). 서울: (주) 나남출판.

Gerard Egan(1999). The Skilled Helper. *A Problem-Management and Opportunity-Development Approach to Helping*. 유능한 상담자 제 7판. 제석봉 · 유계식 공역(2005). 서울: 시그마프레스.

Gerard Egan. *The Skilled Helper*. 유능한 상담자. 제석봉 · 유계식 · 박은영 공역(1999). 서울: 학지사.

Rosemary A. Thompson. *Counseling Techniques*. 상담기법. 김춘경 역(2007). 서울: 학지사.

10

상담에서의 윤리문제

1 개관

2 상담자 윤리의 개요

3 상담자 윤리의 주요 쟁점

학습의 목표

1. 상담자가 갖추어야 할 상담자 윤리에 대하여 인지한다.
2. 상담자 윤리가 적용되는 상담의 실제적 예를 통하여 이해를 돕는다.
3. 상담자 윤리 간의 갈등이 발생되었을 때 우선적으로 지켜져야 하는 것은 무엇인지 판단할 수 있는 능력을 키운다.

1 개관

우리나라에 상담학이란 학문이 도입된 후 아직도 뿌리를 깊이 내리지 못하고 있다. 따라서 상담의 현장에서 적용되는 각종 이론들도 외국의 이론들이 그대로 도입되거나 응용되는 수준에 머무르고 있다고 보아도 과언이 아니다. 한편 상담의 현장에서 활동하고 있는 상담자들의 자질도 방관할 수 없는 상태라고 볼 수 있다. 상담학이 체계적으로 자리잡기 이전의 시기는 물론이거니와 최근까지도 각종 민간자격증을 내세워 상담자로서의 자격을 갖추지 못한 사람들이 상담의 현장에서 직접 내담자를 치료하고 있다. 마치 의사자격증 없는 사람이 환자를 치료하는 것과 같은 횡포가 자행되고 있는 것이다. 이러한 횡포는 내담자에게 직·간접적으로 피해를 줄 수 있고, 나아가 자격을 갖춘 상담자들에게도 많은 악영향을 미치고 있다.

이렇듯 열악한 한국 상담의 현실에서 벗어나기 위해 상담자의 윤리기준이 법적으로 제도화 되어야 할 때가 되었다. 따라서 상담자의 자격기준, 상담자의 자질문제, 상담자의 법적 책임문제, 비밀보장 문제 등을 비롯하여 이중 또는 다중 관계문제 그리고 상담료에 관한 상담자의 윤리문제에 대하여 정리해 볼 필요가 있다.

2 상담자 윤리의 개요

1952년 미국 교육사절단이 우리나라를 방문하여 교육 전반에 대한 지원을 하며 상담, 검사, 생활지도 등을 소개하였다. 1962년에는 서울대학교와 이화여자대학교에 학생생활연구소가 공식적으로 창립되었고, 이후에 여러 대학에서 교양과목으로 상담심리학 강좌가 개설되었다. 1968년부터 일부 학자들의 상담 불필요론, 무용지물론이 대두되자 이에 대한 상담학계의 반성으로 상담자의 자질에 대한 재검토, 그리고 상담을 전문적으로 확립할 필요를 느끼게 되었다. 1973년에는 한국심리학회 내에 임상심리분과를 두어 전문가 자격증 제도를 실시하였다. 1982년에는 문교부가 대학의 교육학과, 심리학과, 교육심리학과, 기독교교육학과, 종교교육학과에서 상담 및 상담 관련분야를 전공하고 교육과정을 이수하면 중등학교 '상담교사'로 발령을 낸다는 방침을 세웠다(이장호, 2006).

1990년대 이후는 상담 관련분야의 노력으로 우리나라 상담의 전문성이 향상되어 가는 시기가 되었다. 그러나 아직도 상담심리사의 국가자격 법제화가 이루어지지 못하고 있다. 또한 '전문상담교사' 제도 역시 정착되지 못한 채 봉사자들의 비전문적 활동에만 비중을 두고 있다. 현재 상담 현장에서의 비전문적 봉사자들 또는 자격부족의 상담자들의 활동으로 인하여 한국사회에서 상담은 진통을 겪고 있다. 이러한 비전문적 상담자들은 제대로 된 상담교육은 물론 상담자로서의 기본적인 윤리조차도 갖추지 못한 경우가 많다. 따라서 상담을 전공하거나 관련분야에 몸담고 있는 기존의 상담자들에게 상담자의 윤리강령을 인지시키는 것이 무엇보다도 시급한 문제이다.

1) 상담자 윤리강령의 필요성

상담자 윤리강령의 필요성은 내담자의 이익을 극대화하고, 비윤리적인 상담으로부터 내담자를 보호하며, 상담자에게 상담의 지침을 제공하고, 상담자의 품위를 유지하기 위하여 제정되었다. 그러나 현재의 윤리규정들은 대부분 각 학회에서 제정되어 약간의 차이를 가지고 있어 일정한 제도적 틀을 만들지 못하고 있다. 따라서 상담자들은 자신이 속한 학회의 윤리규정을 따르게 되며 해당 윤리규정 외의 사항에 대해서는 도외시할 수도 있다는 딜레마에 빠질 수 있다.

또한 다양한 내담자의 욕구를 정확히 해결해 줄 수 있는 완벽한 윤리규정이라는 것은 현실적으로 제한점이 있다. 이러한 제한점을 극복하기 위하여 각종 사례집들을 통하여 윤리규정에 관하여 설명하고 있으나, 복잡다양한 내담자의 모든 어려움을 충족시키기에는 역부족이다.

따라서 유능한 상담자는 자신이 채택한 혹은 자신이 속한 기관의 윤리규정을 항상 숙지하며, 각 사례에 따른 윤리문제에 적절히 대응할 준비를 갖추어야 한다.

2) 상담에서의 비윤리

내담자가 상담자를 찾아오기까지 그는 매우 많은 고통을 느끼고 고민했을 것이다. 내담자는 마지막 수단으로 상담이라는 방법을 찾았을 수도 있다. 비윤리적인 상담자는 이러한 내담자에게 돌이킬 수 없는 상처를 줄 수 있다. 어쩌면 내담자를 죽음으로까지 몰고 갈 수 있고, 내담자가 자신을 재구성할 수 있는 기회, 치료받을 수 있는 기회를 영원히 박탈할 수도 있다. 따라서 상담자의 비윤리문제는 매우 심각하게 다루어져야 하며, 비윤리적인 상담자에 대한 조치가 신속히 이루어져야 한다.

상담자의 비윤리문제는 현재 한국의 경우 상담자가 속한 학회 차원에서 다루어지는 경우가 많다. 각 학회는 회원의 비윤리적 행위에 대한 시비가 생기면 윤리위원회가 결성되어 조사를 하게 된다. 결과에 따라서 위원회는 적절한 제재를 가하는데 일반적으로 견책, 집행유예 혹은 일정 기간의 정직, 회원으로 하여금 소속기관으로부터의 사임권고, 회원자격의 파면 혹은 지속적인 수련감독이나 개인치료 등과 같은 교정조치 과정의 참여를 권고받을 수 있다(강진령 외, 2009). 이러한 조치가 취해지는 사례의 경우, 단순히 학회 차원에서 종결될 수도 있지만 사건의 경중에 따라서 법적 조치가 취해지기도 하므로 상담자는 늘 자신이 지켜야 할 윤리강령을 염두에 두고 있어야 한다.

3 상담자 윤리의 주요 쟁점

상담의 현장에서 발생하는 여러 가지 상담자의 윤리문제가 있다. 그 중에서 가장 대표적인 문제라고 볼 수 있는 상담자의 윤리, 비밀보장, 내담자와 상담자 간의 이중 또는 다중 관계, 사전 동의, 상담자의 책임의 범위, 신체적 접촉에 관하여 살펴보고자 한다. 또한 이러한 윤리규정에도 한계가 있으므로 그 한계점을 파악하여 상담자는 상담현장에서 닥칠 수 있는 문제들에 적절히 대응할 수 있는 능력을 키워야 한다.

1) 상담자의 전문가로서의 자질

상담이란 사람의 마음을 다루는 고귀한 작업이다. 의술은 눈에 보이는 몸의 질병을 다룬다. 그러나 상담은 눈에 보이지 않는 마음의 상처를 치료하는 매우 복잡하고 조심스러우며 섬세함을 요구하는 작업이다. 유능한 상담자는 죽으려는 사람을 살릴 수도 있고, 누군가를 죽이려는 사람의 마음을 바꿀 수도 있다. 즉 살인도 막을 수 있는 것이 상담의 효과이다. 이렇듯 상담이라는 작업은 사람의 생명을 다루는 고귀한 과정인 만큼 상담자가 갖추어야 할 조건도 까다로울 수밖에 없다.

현재 국내에서 활동하고 있는 상담자 중에는 기본적인 소양이나 자격도 갖추지 못한 경우가 많다. 단지 경제적인 이유로 그들은 자신을 포장하여 버젓이 상담전문가로 활약하고 있는 경우가 많다. 물론 상담이라는 작업이 단순히 학위나 자격증으로 해결될 문제는 아니다. 기본적인 자격증이나 학위를 취득한 이후로도 진정 전문가가 되려면 꾸준한 자기개발과 역량을 키워야 한다. 상담자도 전문가로서 거듭날 수 있도록 성장해야 한다.

상담자는 크게 세 가지의 직업관을 가지고 있다(강진령 외, 2009).

첫째, 경제적 목적으로 상담을 하는 경우이다. 현재 상담이라는 분야는 한국 사회에서 급성장하는 학문 중의 하나이다. 학계에서뿐만 아니라 일반인들에게도 상담의 필요성이 매우 급속하게 대두되며 각 분야에서 상담을 도입 · 적용하는 분위기가 확산

되고 있다. 이러한 분위기에 편승하여 각종 크고 작은 학회, 모임, 협회 등에서 급기야 민간자격증을 남발하는 등의 폐단이 이루어지고 있다. 경제적인 목적으로 상담에 발을 들여놓은 많은 사람들이 이러한 민간자격증을 이용하여 상담자로서 활동하고 있다. 특히 일정한 금액만을 지급하면 손쉽게 취득할 수 있는 민간자격증을 여러 개 소지함으로써 상담 분야에 문외한인 내담자들의 눈을 현혹시키는 경우가 다반사이다.

둘째, 사회적 지위의 취득을 위하여 상담을 하는 경우이다. 이러한 상담자는 주로 주부들에게서 많이 찾아볼 수 있다. 가사에 힘쓰던 주부들 중에는 자신의 자아성취를 위하여 무언가를 찾던 중에 상담을 시작하는 경우가 많다. 그들 중에는 적절한 과정을 거쳐서 전문적 상담자로 거듭나는 경우도 있지만, 많은 경우 손쉽게 취득할 수 있는 민간자격증을 이용하여 자신의 사회적 지위를 만드는 데 열중하는 경우가 있다. 자신의 여가를 이용하여 또는 늦게 시작한 공부를 통하여 사회에 봉사도 하고 자신의 사회적인 지위를 얻을 수 있다는 것에는 매우 깊은 의미를 둘 수 있다. 그러나 단기의 공부만으로 또는 쉽게 취득한 민간자격증 만으로 상담전문가임을 내세우려 하는 용감한 상담자는 상처 입은 내담자에게 또 다른 아픔을 더해 줄 수 있다.

셋째, 상담을 소명으로 여기는 경우이다. 이런 상담자는 종교관에 많은 영향을 받고 있으며, 자신의 일을 신이 지시한 소명으로 여긴다. 그들은 자신의 상담을 위하여 어떠한 대가를 바라지 않으며, 단지 성취감 내지는 내담자의 행복을 위하여 힘쓴다. 그들은 결과를 중요시 여기기 때문에 필요하면 자비를 들여서까지도 내담자를 위하여 상담을 게을리 하지 않는다. 또한 소명을 가지고 상담을 하는 상담자일 경우 자신의 부족함을 채우기 위하여 늘 자신의 개발에 힘쓴다.

'어떤 직업관이 더 좋다' 라고 판단하기보다는 자신의 직업관에 만족하지 말고 다른 시각으로 다른 상담자들의 모습을 살펴보는 것도 객관적인 비판을 할 수 있는 계기가 될 수 있다. 또한 어느 직업관을 가지고 있든지 전문가로서의 상담자는 자신의 개발에 늘 많은 시간과 노력을 투자해야 한다. 상담자는 보이지 않는 사람의 마음을 다루는 작업을 해야 하기 때문이다.

2) 비밀보장

(1) 비밀보장의 중요성

상담자가 알게 된 내담자의 정보에 대해서는 비밀을 보장함이 필수이다(헌법 제17조: “모든 국민은 사생활의 비밀과 자유를 침해받지 아니한다.”). 대부분의 내담자는 자신이 가지고 있는 문제에 대하여 타인이 알게 되는 것을 꺼린다. 내담자들은 상담의 초기에는 상담자에게조차 마음을 쉽게 열지 못한다. 그들은 자신의 문제가 알려지는 것이 두렵기 때문이며, 문제를 가지고 있는 자신을 부끄럽게 생각할 수도 있기 때문이다. 따라서 내담자가 상담자에게 자신에 대하여 솔직히 알리기까지는 어느 정도의 시간이 필요하며 내담자들은 상담자와의 신뢰가 형성되었을 때 자신의 고통을 보여주기 시작한다. 이때 내담자와 상담자 사이에 형성된 신뢰의 바탕에는 상담자가 자신의 비밀을 지켜줄 것이라는 믿음이 형성되었기 때문이다.

상담자는 내담자의 사생활을 보호하고 상담 내용의 비밀을 절대적으로 보장해 주어야 한다. 상담자가 우연히 흘려버린 내담자의 정보가 여러 경로를 거쳐 내담자에게 전달된다면 내담자는 큰 상처를 받게 될 것이며, 더 이상의 상담은 이루어질 수 없을 것이다. 이후에 내담자는 상담이라는 치료에 대해 심한 거부반응을 갖게 되어 다른 상담자와의 상담도 거부하게 될 수 있다.

신중한 상담자라면 내담자의 상담실 출입에 관해서도 배려해주어야 한다. 내담자는 자신이 상담실을 드나드는 것을 지인에게 들키기라도 할까봐 노심초사할 수 있다. 따라서 상담자는 내담자와 사전에 방문약속을 정할 때 반드시 다른 내담자와 겹치는 것을 방지해야 한다. 혹시 다음 차례의 내담자가 미리 상담실에 도착하게 되면 별도로 마련된 대기실에 머물게 함으로써 앞서 있었던 내담자와 마주치는 일이 없도록 배려해야 한다. 여건이 된다면 상담실의 출구와 입구를 달리하는 것도 하나의 방법일 것이다. 별도로 마련된 대기실이 반드시 갖추어져야 함은 잊지 말아야 할 사항이다.

의뢰받은 상담과 관련하여 녹음이나 녹화가 필요할 수 있다. 이때에도 상담자는 반드시 내담자에게 사전에 동의를 얻은 후 실행해야 한다. 내담자가 자신의 상담 내용이 녹음되고 있거나 녹화되고 있는 상황에 적응하지 못하고 계속 불안감을 느끼면 원활한 상담이 이루어지지 않을 수 있다. 또한 상담자는 학술적인 목적이나 사례관리의 차원에서 내담자에 관한 정보를 공개할 수 있으나, 중요한 것은 내담자가 누구인지 알 수 없도록 철저히 각색해야 한다는 것이다.

(2) 비밀보장의 한계

① 내담자의 비밀이 절대적으로 지켜져야 함에도 불구하고 그럴 수 없는 상황이 있다. 예를 들자면 아동복지법 제38조(비밀누설의 금지)에 의하면 "아동복지 사업 또는 아동보호전문기관을 포함하여 아동복지 업무에 종사하였거나 종사하는 사람은 그 직무상 취득한 비밀을 누설하지 못하며, 이를 위반할 경우는 1년 이하의 징역 또는 500만 원 이하의 벌금에 처하도록 되어 있다." 그러나 동법에서는 다시 아동이 학대를 받고 있는 것을 알게 된 경우나 가정폭력 범죄를 알게 된 경우는 누구든지 아동보호 전문기관 또는 수사기관에 신고할 수 있도록 하였다. 만일 상담 중에 학대받는 아동이 있음을 인지한 경우 상담자는 비밀보장과 아동권익 사이에서 갈등을 겪게 된다. 아직 신고의 의무를 이행하지 않았을 경우 가해지는 법적 처벌규정은 마련되어 있지 않다.

② 「청소년 성 보호에 관한 법률」에서도 마찬가지이다. 제18조(비밀누설 금지)에 의하면 청소년 대상 성범죄의 수사 또는 재판을 담당하거나 이에 관여하는 공무원은 피해 청소년 또는 가해 청소년의 주소, 성명, 연령, 학교 또는 직업, 용모 등 그 청소년을 특정할 수 있는 인적 사항이나 사진 등 그 청소년의 사생활에 관한 비밀을 공개하거나 타인에게 누설해서는 안 된다고 규정하고 있다. 그러나 동법 제21조에 의하면 '청소년 대상 성범죄의 신고의무' 에서 누구든지 이 법이 정한 성범죄가 발생한 것을 알게 되면 수사기관에 신고하라고 명시되어 있다. '성폭력 범죄의 처벌 및 피해자보호 등에 관한 법률' 제22조의 5에 의하면 '신고의무' 에서 "18세 미만의 사람을 보호하거나 교육 또는 치료하는 시설의 책임자 및 관련 종사자는 자기의 보호 또는 감독을 받는 사람이 강간이나 추행 등으로 상해와 치상 등을 입은 피해자인 사실을 알았을 경우에는 즉시 수사기관에 신고하여야 한다."라는 규정과 함께 '정당한 사유 없이 신고 또는 보고하지 아니하거나 허위로 신고 또는 보고한 자는 300만 원 이하의 과태료에 처하도록 되어 있다.' (제36조) 이러한 경우 비밀보장에 앞서 피해자의 처리문제가 우선시되기 때문에 법률로써 의무를 규정해 놓았으므로 비밀보장의 한계라 할 수 있다.

③ 「사회복지사업법」 제47조 "비밀누설의 금지" 조항에서 "사회복지 사업 또는 사회복지 업무에 종사하였거나 종사하고 있는 자는 그 업무수행의 과정에서 알게

된 다른 사람의 비밀을 누설하여서는 안 된다."고 규정되어 있다. 그러나 사회복지사 또는 관련 종사자가 내담자의 피해 사실이나 내담자의 범죄 사실을 인지한 경우 신고하여야 한다. 이 또한 비밀보장의 한계이다.

④ 「학교폭력 예방 및 대책에 관한 법률」 제18조에서는 학교폭력 현장을 보거나 그 사실을 알게 된 자는 즉시 학교 또는 관계기관에 신고하게 되어 있다.

⑤ 「가정폭력 범죄의 처벌 등에 관한 특례법」 제4조 '신고의무'에서 누구든지 가정폭력 범죄를 알게 된 때는 이를 수사기관에 신고할 수 있다.

⑥ 「노인복지법」 제39조 제6항 '노인신고 의무와 절차'에 따르면 누구든지 노인학대를 알게 된 때는 노인보호 전문기관 또는 수사기관에 신고할 수 있다.

위에서 살펴본 법률조항 이외에도 상담자가 상담을 하는 과정에서 알게 된 내담자의 피해사실 또는 가해사실을 인지한 경우 상담자는 혼란에 빠질 수 있다. 상담자가 알게 된 사실을 관련기관에 신고 또는 보고하는 것이 맞는지, 내담자가 상담자를 믿고 알려준 정보이니 끝까지 비밀을 지켜주어야 할 것인지에 관하여 망설일 수 있다. 중요한 것은 '무엇을 위하여 상담을 하는가?'이다. 그것이 내담자 또는 관련되어 있는 누군가의 생명과 관련되어 있다면 상담자는 신고 또는 보고를 게을리 해서는 안 된다. 특히 내담자가 기존에 자살 또는 자해의 경험이 있는 경우 상담자는 지체 없이 내담자를 보호할 수 있는 방법을 모색해야 한다. 단지 비밀유지라는 명목하에 내담자를 방치했다가 내담자가 자살을 하거나 제2의 범죄를 저지르게 되면, 그것은 상담자의 업무태만 내지는 의무 불이행이라고 볼 수 있다. 내담자 스스로 또는 가족 중에 신고할 자가 없는 경우 상담자는 관련기관에 신고할 의무가 있다. 법과 윤리 사이에서 상담자는 가장 현명한 선택을 해야 한다. 가장 중요한 것은 생명이기 때문이다. 그러나 필요에 의해 상담내용을 알려야 할 때라도 사전에 반드시 내담자가 충분히 납득할 수 있도록 설명해 주어야 한다.

3) 이중 또는 다중 관계

상담자 중에는 자신의 내담자를 상담실이 아닌 외부에서 스스럼없이 만나는 경우가 있다. 그런 행동을 하는 상담자는 그 이유를 '친근감을 형성하기 위하여' 또는 '내담자가 원해서', '소속된 상담소의 제약 때문에' 라고 답하는 경우가 있다. 그러나 이런 상담자의 행동은 매우 위험하다. 이러한 상담자의 경우 위험한 윤리적인 문제를 일으킬 소지가 크다. 이런 상담자는 상담자로서의 기본적인 소양조차 갖추지 못했다고 보아야 하며, 상담자로서의 자질부족으로 더 이상의 상담을 금지시켜야 한다. 이런 상담자는 최악의 경우 내담자에게 큰 상처를 주는 상황까지 몰고 갈 수도 있다.

상담자와 내담자의 이중 또는 다중 관계란 상담이 시작되기 전부터 혹은 상담이 진행되거나 종료된 이후에 다른 추가적인 관계를 맺는 경우를 말한다. 상담자와 내담자의 이중 또는 다중의 몇 가지 유형을 살펴보자.

(1) 우정과 상담

우연한 기회에 상담자가 자신과 우정의 관계를 가지고 있는 내담자를 만나게 되었다. 이때 그들의 관계는 무엇이 더 중요한 관계인지를 수립해야 한다는 기로에 서게 된다. 반드시 같다고 볼 수 없지만, 가족 간에 상담자와 내담자의 관계가 성립할 수 있는지 생각해 보자. 자신의 가족과 상담자와 내담자 관계를 맺는다는 것은 결코 쉬운 일이 아니다. 마찬가지로 친구가 내담자가 되는 경우, 상담자는 많은 고민에 빠지게 된다. 그들은 이미 우정이라는 좋은 관계를 맺고 있다. 따라서 상담자와 내담자라는 관계를 떠나 단순히 우정으로서도 친구의 고통을 덜어줄 수 있다. 그들은 우정을 바탕으로 한 상담 이후로도 계속 친구관계를 유지할 수 있다. 내담자로서 상담을 받기를 원한다면 그에게 적합한 다른 상담원을 소개시켜 주는 것도 좋은 방법일 것이다.

(2) 계급이나 신분의 차이

흔히 내담자는 자신이 속한 기관의 장이나 관리자에게 상담을 받을 기회가 있다. 상담자와 내담자의 관계가 수련감독자와 수련자, 소속부대 간부와 병사일 경우 다중 관계가 형성된다. 이런 상담에서 내담자는 상담자의 의견을 무시할 수 없다. 따라서 상담자는 강압적인 자세를 버리고 온유한 언어와 표정을 사용하며 상담을 해야 내담자가 상담자를 자신의 상관으로 보지 않고 자신의 문제를 드러내고, 문제해결을 위한 상담자의 조언을 받아들일 수 있다.

(3) 상담료 외의 보수

상담이 진행되는 도중 내담자는 상담자에게 여러 종류의 선물을 제공할 수 있다. 이런 경우 상담자는 혼란에 빠질 수 있다. 내담자로서는 자신의 고통을 덜어주고 자신에게 공감해 주는 상담자에게 고마움을 표시하고 싶어서 또는 상담자와 좀 더 친밀감을 형성하기 위해서 값비싼 선물을 준비하는 경우가 있다. 내담자의 이런 마음을 충분히 헤아릴 수 있지만 상담자는 계약서에 명시되어 있는 상담료 외의 어떠한 보수도 거절하는 것이 마땅한다. 이런 값비싼 선물로 인하여 상담자는 내담자에게 종속될 수 있다. 알게 모르게 내담자의 물질적인 위력에 의해 내담자를 직면할 장면에서 주춤할 수 있다. 또한 차후에 경제적으로 여유 있는 내담자를 만났을 때 상담자는 이전에 받았던 선물의 기억에 의하여 또다시 내담자에게 기대를 할 수 있게 된다. 따라서 상담자는 되도록 내담자의 선물을 정중히 거절해야 하며, 가능하면 자선단체 또는 종교단체 등에 기부하는 방법을 권유하는 것이 좋다.

(4) 상담실 이외의 장소에서의 만남

상담자와 내담자가 어느 정도의 상담이 이루어지게 되면 서로 친밀감을 느끼게 되고, 때에 따라서는 상담자와 내담자 관계 이상의 감정까지 느낄 수 있다. 이럴 때 내담자는 상담자에게 함께 식사하기를 권할 수 있다. 어떤 상담자는 내담자의 문제를 깊이 논의한다는 명목하에 내담자를 상담실 외의 장소에서 만나는 경우도 있다. 이런 상담자는 스스로 함정을 만들어 뛰어드는 모습이 된다. 상담자는 내담자와 상담실 외의 장소에서 사적인 만남을 갖는 것 자체가 이중 또는 다중의 관계를 만드는 것이므로 절대적으로 삼가야 한다. 물론 내담자의 문제를 해결해줄 수 있는 다른 기관을 소개시켜준다거나 다른 상담자에게 연결해 주는 등의 상담과 직접적인 관계가 있는 만남이라면 어쩔 수 없을 것이다. 내담자의 어떠한 친절한 권유에도 내담자가 거절에 의한 상처를 받지 않도록 정중히 거절해야 한다. 단지 모든 상담의 과정이 종결되고 이제는 더 이상 상담자와 내담자의 관계가 아닌, 개인 대 개인의 신분으로 보다 더 친밀한 관계를 갖기 위한 만남은 각자의 판단에 의하여 행할 수 있다.

상담자는 전문가이다. 내담자와 친밀한 정서적 관계를 맺는 것도 상담의 효과를 높이기 위하여 필요하겠지만, 전문가로서 상담자는 항상 냉정함과 객관성을 잃지 말고 내담자를 대해야 할 것이다.

4) 사전 동의

상담자는 상담이 시작되기 전에 내담자에게 상담에 관하여 충분히 설명한 뒤에 내담자의 동의를 구하고 상담을 시작해야 한다. 그럼으로써 내담자는 자신이 받게 될 상담에 더욱 적극적으로 참여할 수 있게 된다.

사전에 내담자에게 동의를 구해야 하는 항목은 첫째, 상담의 목표이다. 구체적으로 내담자의 무슨 문제를 해결해야 하는지, 무엇을 치료받을 수 있는지 등에 대하여 목표를 세우고 내담자에게 설명한 후에 상담이 시작되어야 한다.

둘째, 많은 경우 내담자들은 상담자의 경력에 대하여 궁금해 하고 있다. 이러한 내담자의 궁금증을 해결해 주는 방법은 상담자가 상담의 초기에 자신의 학력, 상담관련 경력, 주로 다루는 상담의 분야 등을 설명해 줌으로써 내담자가 상담자를 선택할 기회를 줄 수도 있고, 한편으로는 상담자에 대한 신뢰도 생기게 할 수 있다.

셋째, 상담자는 내담자에게 상담의 내용에 관하여 비밀을 보장해 줄 것을 약속한다. 비밀보장의 약속으로 내담자가 편하게 자신에 대하여 개방함으로써 상담의 효과를 상승시킬 수 있다. 또한 비밀보장의 예외 상황에 관하여도 설명을 해 줌으로써 만일에 발생할 수 있는 상황에 대응해야 한다. 이러한 조치는 내담자 스스로 자신이 절대 공개하면 안 되는 부분을 사전에 차단할 수 있도록 배려해주는 것이다(강진령, 2009).

넷째, 상담자는 내담자가 상담이 진행되는 도중이라도 원한다면 상담을 종결할 수 있음을 사전에 알려주어야 한다. 상담자의 역량이 부족하거나 아니면 내담자와 공감을 형성하지 못하여 내담자가 더 이상의 상담을 거부할 경우, 언제든지 상담자는 내담자에게 종결할 수 있음을 알려주고 나아가서는 내담자가 원하는 상담자에게 연결해 주는 작업까지 진행해야 한다. 그러나 내담자가 다른 상담자와의 연결을 거부하는 경우는 그것도 내담자의 권리이므로 수용해야 한다.

다섯째, 매우 예민한 부분 중 하나인 비용의 문제이다. 상담자는 상담이 시작되기 전에 상담료 및 검사료 등에 관하여 자세히 설명해 주고 내담자의 동의를 구한 상태에서 상담을 진행시켜야 한다. 비용문제는 상담이 진행되는 동안 시비의 빌미가 될 수 있기 때문에 무엇보다 분명한 사전 동의가 필요한 항목이다.

사전 동의의 절차도 매우 중요하다. 일반적으로 서면으로 작성된 사전동의서를 상담소의 직원이 상담 전에 내담자에게 내밀고 읽은 후 사인하라고 권하는 경우가 다반

사다. 그러나 가장 좋은 방법은 초기 상담을 시작할 때 상담자가 충분한 설명을 한 이후 내담자의 동의하에 서면으로 작성된 동의서에 서명하도록 하는 것이 바람직하다. 반드시 서면 동의까지 받지 않아도 된다 생각되는 부분은 구두로 상세히 설명해 주는 것이 좋다.

보통 아동이나 미성년자의 경우 부모의 동의를 취한 후 상담이 시작된다. 그러나 아동 및 미성년자에게도 상담의 과정 및 목적 등을 충분히 설명해 주고, 혹시 그들이 동의하지 않는 경우는 부모에게 통보하여 충분히 납득시키도록 한다. 나이 어린 미성년의 상담자라 하더라도 그들의 동의가 없다면 상담의 효과는 매우 적을 것이므로 그들을 충분히 설득시키는 것이 상담의 효과를 높이는 데 중요한 요인이 될 수 있다.

5) 상담자의 책임

상담을 진행하는 동안에 '상담자는 내담자를 얼마만큼이나 책임져야 하는가?' 라는 질문을 하게 된다. 상담자가 내담자의 심리적인 문제에 깊이 관여하여 어느 정도 책임을 지고 상담을 진행시켜야 하는 것은 사실이다. 그러나 내담자 주변에는 상담자 외에 여러 종류의 환경 및 관계들이 산재해 있다. 따라서 상담자가 내담자를 전적으로 책임질 수는 없다.

이러한 책임의 문제는 특히 내담자가 자살을 하거나 약물과다 복용 등의 문제가 발생했을 때 상담자를 매우 곤혹스럽게 만든다. 따라서 상담자는 다음과 같은 사항을 준수하는 것이 좋다.

① 상담자는 상담 중에 알게 된 내담자에 관한 정보에 대해서 비밀을 유지할 것을 약속한다.

② 상담 과정에서 만들어진 면접기록, 검사자료, 녹음자료 등은 상담을 위하여 사용되어야 하며 기타 학술적인 용도로 사용되더라도 내담자를 식별할 수 없도록 각색되거나 철저히 신분의 노출을 막아야 한다.

③ 상담자는 상담 시작 전에 내담자에게 상담자의 책임의 한계를 알려주어야 한다. 즉, 내담자의 자살이나 자해, 내담자에게 전염병이 있는 경우 또는 타인을 해칠 위험이 인지되면 비밀보장의 의무 이전에 위험의 방지를 위하여 적절한 노출을

할 수 있음을 알려 주어야 한다.

④ 상담자는 상담의 과정에서 자신의 능력을 벗어나는 무리한 상담을 지속하는 것을 삼가야 한다. 상담자는 불필요한 책임감 내지는 영웅심에 의하여 내담자의 문제가 자신의 한계를 넘어섬에도 불구하고 상담을 종결까지 이끌려고 노력해서는 안 된다. 이런 경우 신속히 적절한 상담자에게 연결시켜 주거나 타기관을 소개해 줌으로써 내담자가 적당한 서비스를 받도록 도와주어야 한다.

⑤ 상담자는 가능하면 필요한 정보를 제공해 주고 선택이나 결정은 내담자에게 맡기도록 한다. 상담이 이루어지는 도중이나 추후에 생길 수 있는 여러 가지 책임 소재의 상황에서 상담자가 모든 책임을 지게 될 사태를 미연에 방지하는 것도 현명한 방법이다. 한편 내담자는 스스로 결정한 것에 대해 더욱 애정을 가지고 상담에 임할 수 있을 것이다(김형태, 2009).

⑥ 상담자는 내담자가 상담의 과정에서 아무런 효과를 거두고 있지 못하다고 판단되면 조속히 상담을 종결해야 한다. 이런 경우에도 상담자는 내담자에게 적합한 상담자나 기관을 연결해 준다. 이때 잊지 말아야 할 것은 내담자와 충분히 상의한 이후 이러한 모든 것을 결정해야 한다. 상담자가 자신의 책임감에 의해 모든 것을 판단해 놓고 내담자에게 통보만 한다면 내담자는 거부감을 느낄 수 있다. 상담에서 내담자의 판단은 매우 중요하게 다루어져야 할 요소이다.

6) 신체적 접촉

상담자를 방문한 내담자가 악수를 위해 손을 내밀었을 경우 상담자는 어떻게 반응해야 할까? 자신의 고통스런 문제를 끄집어내며 고개를 숙이고 흐느끼는 내담자의 손을 상담자가 잡아주는 것은 비윤리적일까? 힘든 상담을 마치고 돌아가는 내담자의 어깨를 툭툭 두드려 주는 것은 상담자의 윤리에 어긋나는 것일까? 상담자는 늘 이러한 문제조차도 쉽게 여기지 말고 조심스럽게 다루어야 한다. 내담자는 상담자에게 마음의 문을 열고 자신의 모든 것을 보여줌으로써 상담에 임하게 된다. 그럴 때 내담자는 진정한 자신의 아픔으로 인해 고통스러워하고 가슴속에서 우러나오는 눈물을 흘리게 된다. 힘들게 어깨를 들썩이며 흐느끼는 내담자의 손을 상담자가 따뜻이 잡아주는 행위 자체가 백 마디의 말보다 큰 위안이 될 수도 있다. 또한 어린 시절 부모로부터 충분한 애정을 받지 못하고 양육되어진 내담자가 그로 인해 신경증이나 정신질환 등을 갖게 된 경우 상담자가 따뜻하게 손을 잡아준다거나 어깨를 감싸주는 정도의 신체적 접촉은 내담자에게 큰 위안이 될 수도 있다.

(1) 신체적 접촉의 효과

많은 상담자의 경우 건전한 신체적 접촉은 상담의 과정 중에 많은 도움을 준다고 보고 있다. 특히 동성 간의 상담일 경우, 자신보다 우위에 있다고 느끼는 상담자로부터 따뜻한 신체적 접촉을 받으면 내담자는 많은 위안을 얻을 수 있고 자신이 존중받고 있다고 느낀다. 내담자가 청소년일 경우 역시 자신보다 나이가 많은 상담자의 친밀한 신체적 접촉은 부모로부터 애정을 받는 것과 같은 위안을 얻을 수 있다. 물론 이런 경우에도 신체적 접촉의 한계는 분명히 명심해야 한다.

(2) 조심해야 할 신체적 접촉

불필요하거나 지나친 신체적 접촉으로 인하여 상담자와 내담자 사이에 바람직하지 못한 관계가 형성될 수도 있다. 특히 이성 간의 상담이라면 이러한 신체적 접촉은 매우 조심스러우며 위험할 수 있다. 사소한 신체적 접촉조차도 내담자로 하여금 오해를 불러일으킬 수 있다. 고통스러운 내담자가 상담실을 찾아왔을 때에는 그가 더 이상 의지하고 기대거나 자신의 속마음을 떨어놓을 대상이 없다고 판단했기 때문이다. 실제로 내담자 주변에 그런 존재가 있고 없고의 사실이 중요한 것은 아니다. 일단 자신이 의지하고 있는 상담자가 따뜻한 위로를 넘어서 따뜻한 신체적 접촉을 해준다면 내담자는 충분히 상담자에게 깊은 애정과 신뢰를 형성하게 것이다. 문제는 그러한 애정이 단순히 상담자와 내담자 관계에서 끝나는 것이 아니고, 그 이상의 관계까지 발전하는데 있다. 남편으로부터 충분한 애정을 받지 못한다고 느끼는 내담자의 경우 이성의 상담자가 선의의 신체적 접촉을 하는 것조차도 다르게 해석할 수 있다. 그런 내담자 중에는 상담자가 자신에게서 매력을 느낀다고 오해할 수도 있다. 내담자의 오해는 내담자로 하여금 상담자를 이성으로 생각하고 성적인 접근을 할 빌미를 제공할 수 있다. 따라서 이성 간의 신체적 접촉은 가능하면 최소로 줄여야 하고 되도록 하지 않는 것이 바람직하다.

상담자가 여성이고 내담자가 남성일 경우 더욱 조심해야 할 것이 신체적 접촉이다. 비록 상담실에서 상담이 이루어지고 있다 하더라도 정신적으로 문제가 있는 내담자의 경우 언제 어떤 모습으로 돌변할지 예측하기 힘들다. 특히 상담실에 상담자와 내담자 외에 아무도 없는 경우 이러한 위험은 더욱 가중된다. 따라서 상담자는 위험이 감지되는 내담자의 경우 어떠한 신체적 접촉도 삼가야 하며, 내담자가 원하더라도 사소한 신체적 접촉조차 냉정하게 판단하여 정중히 거절해야 한다. 경우에 따라서 상담실에서 위급한 상황이 발생하였을 때, 외부에서 알 수 있게 하는 장치를 마련하는 것이 필요하다. 또한 상담자는 가능하면 출입문과 가까이 자리를 마련하는 것이 좋다.

(3) 상담실 외부에서의 접촉

직접적인 신체적 접촉은 아니지만 상담자와 내담자가 이성의 관계라면 상담실 이외의 장소에서 만나는 것도 자제해야 한다. 내담자가 감사한 마음을 표현하고자 식사 제안을 했을 때 상담자는 내담자가 마음을 다치지 않도록 주의하며 정중하게 거절을 해야 한다. 상담실 외의 장소에서 만남을 갖는 것은 내담자로 하여금 오해를 불러일으킬 수도 있고, 상담자의 입장에서도 내담자를 다른 시각으로 볼 수 있게 된다. 따라서 상담자는 되도록 내담자와 상담관계 외의 사적인 관계를 맺는 것은 상담이 종결되기까지 삼가야 하며, 종결 후에도 추후상담 등의 과정을 고려하여 되도록 상담관계를 크게 벗어나지 않는 것이 바람직하다.

7) 상담자 윤리강령의 한계

10장에서는 상담자의 윤리강령에 관하여 살펴보았다. 상담자의 윤리강령은 내담자의 권익을 보장하고 내담자의 피해를 최소화하며 상담의 효과를 높이는 데 반드시 필요하다. 나아가서 상담자의 안전 및 품위를 유지하기 위해서도 반드시 지켜져야 한다. 그러나 이렇게 좋은 의미에서 만들어진 상담자 윤리강령에도 한계가 있다.

첫째, 상담자 윤리강령은 단순히 권장할 수 있는 덕목이지 어떠한 법적 강제력이 있는 것은 아니다. 따라서 상담자가 윤리강령을 지키지 않는 것에 대한 어떠한 제재조치를 취하기 곤란하다는 한계가 있다. 단지 상담자가 속한 학회 내지는 기관에서 정하는 규칙이나 정관에 따른 제재조치만이 가능할 것이다.

둘째, 상담자 윤리강령은 상담자의 시각에서 제정되었으므로 내담자의 의사나 시각이 반영되지 못했다는 한계가 있다. 물론 상담자 윤리강령이 내담자의 권익을 증진시키고 내담자를 보호하기 위해 만들어진 것은 사실이지만, 내담자의 참여 없이 제정되었기에 내담자의 실제적 의견이 반영되지 못했다는 한계가 있다(김형태, 2009).

셋째, 상담자 윤리규정과 내담자 권익 보장 사이에 갈등이 발생할 수 있다. 가장 흔한 예로 상담자의 비밀보장 의무와 내담자의 자살 방지라는 윤리적 딜레마에 빠질 수 있다. 상담자의 성향이 매우 경직되어 있는 경우 윤리강령을 벗어나는 상황을 접했을 때 적절한 대안을 찾지 못해 혼란스러워할 수 있다. 예를 들어, 상담자와 내담자는 같은 학교를 다니는 자녀들을 두고 있어 그들이 학교의 학부모 모임에서 마주쳤을 때, 이중관계를 피해야 하므로 상담자는 학부모회의에 참석하기를 포기할 수 있다. 그러나 학부모회의에 참석하는 것을 피하는 대신 상담장소 외에 다른 곳에서 만났을 때 서로 가벼운 인사만 나누거나 상담관계임을 비밀로 하는 등 사전에 약속을 정하여 곤란한 상황을 피할 수 있다. 상담자와 내담자로서도 어쩔 수 없는 경우, 가장 바람직한 방향을 모색하는 것이 현명한 방법일 것이다.

넷째, 내담자가 자신 또는 타인에게 위해한 행동을 하려는 기미를 보일 경우 상담자는 윤리강령의 한계를 느낀다. 비록 내담자가 상담자를 믿고 자신의 속내를 모두 털어놓았다 하더라도, 그리고 상담자 윤리강령에 의하여 내담자의 비밀을 보장해야 할 의무가 있더라도 상담자는 내담자의 계획을 피해가 우려되는 타인에게 경고하든가, 경찰에 신고하든가, 그의 가족에게 인지시켜 주어야 한다. 윤리강령보다 더 중요한 것이 생명이기 때문이다.

8) 상담료 청구

내담자에게 상담료를 청구하는 것에 많은 상담자들이 어려움을 겪고 있다. 특히 상담을 경제적 수단이나 사회지위의 획득이라는 차원에서 적용하는 상담자보다도 자신의 소명이라고 생각하는 상담자의 경우 이러한 문제는 더욱 상담자를 괴롭힐 수 있다.

- 얼마의 상담료가 적당할까?

- 언제 상담료에 관하여 언급해야 하나?
- 내담자로부터 직접 상담료를 받아야 하나, 가족에게 받아야 하나?
- 상담료를 받는 방법으로 상담시작 전에 받아야 하나, 상담종료 후에 받아야 하나?
- 상담료는 상담과정에서 받아야 하나, 은행계좌에 입금하도록 안내를 해야 하나?
- 빈곤한 상담자에게 얼마의 상담료를 받아야 하나?

상담료에 관한 고민은 상담자를 끊임없이 괴롭힐 수 있다. 어쩌면 상담이 종결될 때까지 계속될 수도 있다. 상황에 따라, 상담자의 판단에 따라 여러 가지 방법을 적용하겠지만, 기본적으로 다음의 사항들은 적용되는 것이 원만할 것이다.

첫째, 상담료에 관한 문제는 확실하게 적용하는 것이 좋다. 상담이 진행되는 도중에 내담자의 입장을 고려하여 상담료를 감면해 줄 수도 있지만, 상담이 시작될 때는 상담료를 정확히 청구해야 한다. 그래야 차후에 상담료에 관한 분쟁으로 상담의 효과를 감소시키는 불상사를 미연에 방지할 수 있다.

둘째, 상담자 또는 상담자가 속한 기관에 확실한 내부규정이 마련되어 있어야 한다. 상담자는 내담자에게 자신이 마련한 상담료 지침이나 상담자가 속한 기관의 지침을 정확히 알려줌으로써 서로의 관계에 어떠한 오해도 발생되지 않게 미연에 방지할 필요가 있다.

셋째, 곤란하다고 하여 상담료에 관한 안내를 회피하기보다는 세부적인 사항까지 구체적으로 안내를 해주는 것이 좋다. 예를 들자면 상담회기에 따른 상담료와 상담시간을 넘겼을 때의 추가비용, 상담료의 지불방법, 시기, 상담료 지불의 지연 또는 불가할 때의 조치 등을 알려 주어야 한다.

넷째, 상담자가 상담료를 안내해주는 것보다 상담소나 기관에 직원이 있는 경우, 직원이 내담자에게 상담료를 안내해 주는 것이 바람직할 수도 있다. 이로 인해 불필요하게 상담자가 내담자와의 상담시간을 빼앗기거나 상담자가 이미지를 재정립해야 하는 곤란함을 피할 수 있다.

완벽한 상담자 윤리강령은 없을 것이다. 상담이라는 작업 자체가 인간의 보이지 않는 마음을 다루기 때문에 한정된 윤리강령으로 다양한 상황이 연출되는 상담의 모든 경우들을 대비할 수 없다. 따라서 유능한 상담자는 각 상황마다의 상담의 장면에 적절히 대응할 수 있는 능력을 키워야 할 것이다.

상담심리사 자격규정은 부록을 참고하기 바란다.

생각해 볼 점

1. 전문가로서의 상담자가 갖추어야 할 덕목에 관하여 생각해 보자.
2. 비밀보장의 한계점을 생각해 보자.
3. 상담자는 어느 범위까지 책임을 져야 하는지 생각해 보자.
4. 상담자와 내담자 간의 신체적 접촉의 위험성에 대하여 생각해 보자.

참고문헌

강진령 · 이종연 · 유형근 · 손동현 공저(2009). 상담자 윤리. 서울: 학지사.

김형태(2009). 상담의 이론과 실제. 서울: 동문사.

이장호(2006). 상담심리학. 서울: 박영사.

Gerald Corey.(1997). *Theory and Practice of Counseling and Psychotherapy*. 상담학 개론. 오성춘 역(2006). 서울: 장로회신학대학교 출판부.

Jeanne Albronda Heaton.(1998). A *Practical Guide for Current Mental Health Practice*. 상담 및 심리치료의 기본기법. 김창대 역(2006). 서울: 학지사.

11

상담의 과정

1 상담이론에 따른 상담 진행과정

2 상담 초기단계

3 상담 중기단계

4 상담 종결단계

학습의 목표

1. 상담을 성공적으로 이끌어가기 위해 상담자가 상담의 각 단계에서 해야 할 일이 무엇인지를 알 수 있다.
2. 상담의 각 단계별로 상담자가 주로 사용하는 기법들이 무엇인지 알 수 있다.

내담자와 마주 앉아 '상담'이라고 하는 독특한 관계를 맺으며, 만족할 만한 수준에서 문제가 해결될 때까지 상당 기간 동안 상담을 어떻게 이끌어 갈 것인가? 상담을 공부하는 초보자일수록 상담의 전 과정에 대하여 불안할 수 있다. 이 장에서는 상담과정에서의 여러 단계의 안내도를 제공할 것이다. 이러한 안내도는 상담의 전 과정에 대하여 선명한 윤곽을 그릴 수 있도록 도울 것이다.

분명, 이 장에서 설명하는 단계가 실제 상담과정에서 미묘하게 분리되는 각 단계들과 부합되지 못할 수 있다. 각 단계 간에는 중복되어지는 부분이 많으므로 상담의 한 단계에서 다음 단계의 시간적 순서와는 정확하게 일치하지 않는다. 또한 상담과정에서의 반응내용은 내담자마다 다양하며, 상담자의 이론적인 방향과 목적, 그리고 내담자에 따라 과정의 관점이 다르게 강조될 수도 있다. 이러한 서로 다른 차이에도 불구하고, 상담의 전개 양상에는 다소 공통적인 패턴도 있다.

상담과정을 촉진시켜 주거나 방해하는 요인들을 알고 있으면 내담자들이 상담목표에 도달할 수 있도록 도와주는 상담자의 능력을 극대화시킬 수 있다. 상담의 각 단계에서의 잠재적 위기와 문제들을 배움으로써 언제, 어떻게 그러한 일들에 개입할지를 알 수 있다. 이러한 상담의 과정에 대한 개념을 획득하게 됨으로써 상담자가 상담을 진행하는 과정에서 다음 단계로 이행하기 위해 부딪혀야만 하는 발달적 과제를 인식하게 되고, 문제점을 미리 알 수 있게 되며, 치료상에서 개입할 수도 있다. 따라서 상담과정에 대한 지식은 불필요한 혼란과 불안을 감소시켜서 내담자들을 건설적인 방향으로 이끌어갈 수 있는 관점을 부여할 것이다.

1 상담이론에 따른 상담 진행과정

상담의 진행과정은 상담의 이론에 따라 각기 다른 용어로 서술되고 있다. 여기에서는 홍경자(2001)가 정리한 내용을 근거로 정신분석적, 행동주의적, 인간중심적, 인지 · 정서 · 행동치료의 네 가지 접근에서 이루어지는 상담의 과정을 소개하고자 한다.

1) 정신분석적 상담과정

정신분석적 상담의 과정은 크게 4가지 단계로 나눌 수 있다.

① 개시

초기 접촉을 통하여 내담자의 신경증적 행동과 증상, 심리적 불편을 호소하는 단계라 할 수 있다. 이를 통해 상담자가 내담자의 갈등의 핵심, 주제내용과 관련된 행동을 추리한다.

② 전이발달

이 단계에서는 내담자가 상담자에 대한 전이감정을 드러내고, 상담자는 전이를 발달시켜 내담자의 갈등이 표면화 되도록 하며, 내담자의 전이와 저항적 언어반응을 해석한다. 또한 내담자의 통찰 반응을 수용하고 격려하며, 어린 시절의 경험을 재구성한다.

③ 훈습

통찰경험을 반복하고 정교화하며 그 경험을 확대하는 단계이다.

④ 종결

이 단계에서는 종결에 대한 감정을 다루어 종결을 하고, 추후면접을 계획하고 실천하는 과정을 포함하고 있다.

2) 행동주의적 상담의 과정

행동주의적 상담의 과정 또한 대략 4단계 과정으로 구별해 볼 수 있다.

① 문제행동의 정의 및 측정

생활 장면에서 대표적으로 나타나는 습관적 반응을 관찰, 측정 가능한 차순에서 조사하여 문제행동의 기초선(baseline)을 측정하며, 이 과정에서 심리검사 등을 사용하기도 한다.

② 상담계획의 수립

상담자는 내담자에게 적용할 행동주의적 기법을 결정하고, 내담자에게 새로운 행동을 학습하거나 혹은 문제행동을 소거할 수 있는 특정 기술을 소개한다.

③ 기술의 수행

선택한 기술을 수행하는 단계라 할 수 있다.

④ 반복학습 및 일반화

적응행동의 일반화를 위해서는 행동수정을 끝내기 전에 습득된 행동을 고착시킬 필요가 있다. 수정된 행동을 고착시키기 위해서는 간헐적 강화를 적용하도록 한다.

3) 인간중심적 상담의 과정

로저스(Rogers)는 상담의 필요조건으로 공감적 이해, 무조건적 존중 및 진실성을 제시하였고, 상담의 과정에 대한 단계나 특별한 기법은 소개하지 않았다. 여기에서는 로저스가 상담한 사례를 근거로 홍경자(2001)가 요약한 12단계를 제시한다.

① 내담자가 상담자에게 도움을 청한다.
② 양자 간에 상담관계가 정의된다.
③ 상담자가 내담자의 정서반응에 대해 반영, 명료화 등을 하고 자연스러운 언어표현을 격려한다.
④ 내담자의 부정적 정서반응을 수용, 인정, 명료화한다.
⑤ 내담자의 긍정적 정서반응을 수용, 명료화한다.
⑥ 내담자 쪽에서 자기평가와 정서반응 간의 일치를 탐색, 정리한다.

⑦ 내담자는 문제행동에 대한 대안적 선택과정을 탐색한다.
⑧ 내담자는 긍정적 사고를 하기 시작한다.
⑨ 내담자는 생활 장면에 관해 더욱 정확하고 완전한 분별을 한다.
⑩ 내담자는 보다 통정되고 긍정적 행동을 한다.
⑪ 내담자의 문제 증상이 감소되고 덜 불편해진다.
⑫ 내담자는 도움을 더 이상 필요로 하지 않고 지각된 자신과 이상적 자신과의 조화를 얻는다.

4) 인지-정서-행동치료(REBT)의 상담과정

① 상담 첫 회기부터 내담자의 문제점을 평가함과 동시에 그 문제를 풀어나가는 작업에 들어간다. 이때 REBT의 철학을 설명하고, A-B-C-D-E의 원리를 설명해준다. 이어서 비합리적 신념을 논박한다.

② 상담 회기가 계속되는 동안에도 A-B-C-D-E의 원리에 의한 합리적 신념을 체득하도록 인지적 수정작업과 자기언어의 교정을 계속한다. 또한 행동과제와 독서요법을 병행한다.

③ 반복학습의 결과로 내담자가 합리적 신념을 심화하도록 하여 적절한 정서와 합리적 사고와 효율적인 행동의 획득으로 대체된 수준에 이르면 상담관계를 종결한다.

상담의 과정은 내담자 스스로가 자신을 더 깊이 이해하도록 하고 세상 밖으로 끄집어내면서 문제를 극복할 수 있도록 한다(Carkhuff & Anthony, 1979). 이와 같은 상담의 과정은 어느 특정 상담이론에만 의존할 수 없다. 필요에 따라 적절한 상담이론을 적용하면서 어느 사례나 무난하게 풀어나갈 수 있는 상담의 진행과정을 머릿속에 그려두고 내담자와 상담을 계속해 나가는 것이 중요하다.

몇몇 연구자들은 이러한 관점에서 상담의 과정을 설명하고 있다. 먼저, 이건(Egan, 제석봉 · 유계식 · 박은영 역, 1997)의 상담과정은 다음과 같이 요약할 수 있다.

① 제1단계

현재의 시나리오-내담자가 현재 당면한 문제(주제, 관심, 미처 발견하지 못한 능력이나 기회)는 무엇인가? 여기에 근거하여 현재의 시나리오를 구성한다.

② 제2단계

원하는 시나리오-내담자는 현재와 달리 어떤 것을 필요로 하고 또 원하는가? 여기에 대한 해답에 의해서 내담자가 지향하는 시나리오를 구성한다. 이 단계에서 내담자가 가능성으로 보는 내용을 실제적인 목표(행동목표)로 바꾸는 작업을 수행한다.

③ 제3단계

행동전략-내담자가 원하는 것을 어떻게 얻을 수 있는가? 이에 대한 해답에 의거해서 목표달성을 위한 행동전략을 수립할 수 있다. 행동전략은 중지수렴(Brainstorming)의 기법을 사용하여 다양한 책략을 알아보고 그 중에서 가장 좋은 것들을 선택하게 하여 실천계획을 수립한다. 내담자가 실천하기로 계획한 과제를 반복해서 실행하도록 상담자는 준비시키고 지지해 준다.

힐(Hill, 주은선 역, 2001)의 경우에도 상담과정을 3단계로 설명하고 있으며, 각 단계마다 상담자가 개입하는 데 필수적인 기술들을 설명하고 있다.

① 탐색단계

상담자는 내담자와 라포(rapport)가 성립되기를 추구하며 치료관계를 발전시켜 나간다. 내담자에게 감정을 표현하고 복잡한 문제에 대한 자신의 생각을 표현하는 기회를 제공한다. 내담자가 사고와 감정 그리고 활동을 탐색하는 것을 돕는다. 이 단계에서는 로저스(Rogers)의 내담자중심 이론에 토대를 두고 개입하는 것으로, 주의집중과 경청, 재진술, 개방형 질문, 감정반영 등의 기술이 도움이 된다.

② 통찰단계

상담자는 내담자와 새로운 통찰과 이해를 구축할 수 있도록 노력한다. 상담자는 치료관계에서 발생하는 문제에 대해 내담자와 함께 작업한다(예 애착, 오해). 이를 위해 도전, 해석, 자기개방화, 즉시성 등의 기술을 사용한다.

③ 실행단계

내담자가 탐색과 통찰의 기초 위에 어떠한 행동을 할 것인지 결정하도록 돕는다. 이를 위해 상담자는 내담자가 가능한 새로운 행동을 탐색할 수 있도록 용기를 주며, 시도된 변화에 관한 피드백(feedback)을 제공하고, 변화를 측정하고 행동 계획들을 수정하도록 돕는 직접적인 안내를 한다.

학자들이 제시하고 있는 상담의 과정은 각각의 단계가 확연하게 구별될 수 있는 것이 아니다. 내담자와 상담자 간에 이루어지는 대화의 성격 또는 주제의 내용에 의해서 판별될 수 있을 것이다. 지금까지 살펴본 상담의 진행과정은 간략하게 상담의 시작단계, 발전단계, 종결단계로 구분될 수 있으며, 혹은 상담의 초기단계, 중기단계, 후기단계로서 구분될 수도 있을 것이다. 여기에서는 초기, 중기, 후기 단계로 구분하여, 각 단계별 특징을 구체적으로 설명하고자 한다.

2 상담 초기단계

상담 초기단계를 시작부터 몇 회까지라 단정 지을 수는 없지만, 일반적으로는 내담자가 가지고 온 문제를 이해하고 평가한 후에 구체적인 상담 목표를 세우고 구체적인 개입을 시작하는 단계를 초기단계라 할 수 있다. 상담 초기단계에서 이루어지는 일들은 집을 지을 때 기초를 세우는 것과 같이 상담에서도 기초를 세우는 작업이다. 그러므로 상담 초기단계에서 반드시 이루어야 할 일들이 제대로 이루어지지 못한다면 상담이 조기 종결되거나 진행이 느려지거나 혹은 종결이 되어도 내담자를 충분히 돕지 못하게 된다.

초기단계에서는 촉진적 상담관계의 형성, 내담자가 가지고 온 문제를 이해하고 평가하기, 상담 구조화하기, 상담 목표설정 및 문제해결을 위한 과정을 거치게 된다. 이러한 과정들이 순서대로 진행되는 것은 아니며, 또 상담 초기단계에서만 이루어지는 것도 아니다.

1) 상담관계의 형성

상담은 만남을 선행한다. 상담의 과정은 내담자와의 만남의 장이라 할 수 있다. 한 인간 대 인간으로서의 진정한 만남은 서로에 대한 신뢰에 의해 이루어질 수 있다. 이러한 만남을 통해 상담관계는 형성된다.

상담관계는 적절한 사회적 기술에서 출발한다. 먼저 상담자는 내담자와 인사를 나누고, 내담자를 자리에 앉도록 권유하고, 내담자의 행동과 태도, 현재 상태가 어떠한지를 면밀히 탐색한다. 누구든지 모르는 타인과의 첫 만남이 자연스러울 수는 없으므로, 내담자가 많이 불안해 하고 불편해 하면 가벼운 사회적인 대화로 이야기를 나누어 불안을 덜 수 있다. 하지만 그것은 불안을 덜기 위한 가벼운 대화일 뿐 대화의 중심이 되어서는 안 된다.

또한 상담자는 상담과정에서 일어나는 의례적인 질문을 하는 사람이 아니라 내담자에 대한 인간적인 관심을 가지고 있다는 것을 확실하게 전달하는 것이 중요하다. 그러기 위해서 상담자는 자세를 내담자 쪽으로 기울이며, 표정이나 자세 등 온몸으로 내담자의 말을 경청하고 있다는 것을 표현해야 한다. 그리고 질문을 했을 때는 내담자가 생각을 정리하여 대답할 수 있도록 충분히 기다려 주고, 되도록 내담자 생각의 흐름을 방해하지 않도록 말을 끊지 않는다.

상담이 잘 이루어지려면 상담자는 내담자의 이야기를 적극적으로 경청해야 할 뿐만 아니라, 내담자에게 희망을 주고 내담자를 지지해 주는 안정되고 신뢰성 있는 사람으로 여겨지도록 해야 한다. 신뢰 있는 상담관계는 단 한 번의 만남으로 형성되기보다 여러 번의 만남을 필요로 한다. 편안하고 자연스러운 상담관계를 바탕으로, 내담자는 상담자를 자신의 사적인 생각과 감정의 세계 속으로 받아들일 수 있을 것이다. 이러한 과정에서 상담자의 일관성은 매우 중요한 특성이 된다.

2) 내담자의 이해와 평가

(1) 내담자의 현재 문제 파악

상담자는 내담자의 문제나 어려움이 무엇인지를 명확하게 파악해야 한다. 문제를 정확하게 평가하기 위해서는 무엇보다 내담자로부터 많은 자료를 수집하여야 한다. 이때 상담자는 자신의 모든 감각과 직관을 동원하여 내담자가 제공하는 언어적인 정보와 비언어적인 정보를 수집한다.

내담자가 자신의 문제나 어려움을 무엇이라고 생각하고 있는지를 파악해야 한다. 상담자와 내담자가 상담 목표를 수립하기 위해서는 내담자가 무엇이 해결되기를 바라는지, 어떤 변화를 바라는지를 명확하게 확인하는 것이 중요하다. 만약 내담자의 호소가 애매하고 불분명하다면 상담자는 내담자가 상담에서 얻고자 하는 것이 무엇인지를 질문을 통해 명료하게 밝혀야 한다.

이외에도 내담자가 자신의 문제를 상담자에게 이야기할 때 어떻게 표현하는지도 내담자를 파악할 수 있는 중요한 정보가 될 수 있다. 예를 들면, 다음과 같다. 내담자가 감정표현은 전혀 없이 과거의 사건을 스케치하듯 외형만 간략하게 이야기하는가? 자신에게 중요한 사람들에 관한 이야기를 하지 않는가? 현재 내담자가 고통스럽게 생각하는 문제가 다른 사람의 잘못 때문이라고 생각하고 있는가? 또는 신체적이거나 기질적인 이유 때문이라고 생각하는가?

상담자는 초기단계에서 내담자의 행동을 이론적으로 해석한다거나 행동의 의미를 직면시키기보다 행동의 의미를 파악하는 데 초점을 둔다. 또한 내담자가 서서히 행동의 의미를 인식하도록 돕는 것에 더 중점을 둔다. 처음에 내담자는 대부분 자신의 심리적 고통, 갈등, 문제들이 심리적인 정서에서 출발한다는 인식을 하지 못하거나 괴로움을 호소하는 것이 더 자연스럽다. 그러므로 내담자가 호소하는 행동을 관찰함으로써 개인이 가지고 있는 심리적 어려움과 문제의 근원을 더 잘 이해할 수 있다. 내담자의 어려움은 많은 행동과 관련지어 나타나기 때문이다.

계속적인 상담과정을 통해 내담자의 행동 패턴, 주요한 문제와 갈등의 원인, 그동안 수집했던 자료 등을 통합적으로 이해할 수 있을 것이다. 즉, 내담자가 현실을 어떻게 지각하고, 지각한 현실에 어떻게 반응하는지, 그것이 내담자에게 어떤 어려움, 고통, 갈등, 문제들로 형성되었는지를 이해하게 될 것이다. 그리하여 내담자에 대하여 막연하게 추측하던 것들이 점차 명백하게 드러나게 될 때 상담자는 내담자를 어떻게 도울 수 있을지를 구체적으로 알게 된다.

(2) 지금 도움이 필요한 이유

내담자가 도움을 필요로 하는 구체적인 이유와 왜 지금 그런 도움을 필요로 하는가를 분명하게 확인해야 한다. 내담자가 외부의 압력에 의해 왔는가 혹은 자발적으로 찾아왔는가에 따라 상담에 임하는 자세가 다를뿐더러, 이러한 기준을 통해 상담자는 내담자가 어느 정도 상담을 해나갈 수 있는지를 평가하고 이해할 수 있기 때문이다. 그러므로 첫 회기에서 상담을 받고자 온 이유를 명확하게 하고, 내담자 스스로 자신의 문제에 대하여 어떻게 생각하는지를 확인해 보아야 한다. 그 다음에는 내담자가 자발적으로 상담에 참여할 수 있도록 동기를 부여하는 것이 중요하다.

3) 상담의 구조화

상담에 대한 구조화(structuring)는 상담 초기단계 특히 첫 회 상담에서 필수적인 요소이다. 구조화란 상담을 전체적으로 안내하는 오리엔테이션과 같은 과정이다. 내담자가 상담에 대해서 어떻게 생각하고 있는지, 상담이 무엇인지를 분명하게 설명함으로써 내담자와 상담자 간에 상담에 대한 기대를 맞추어 나가는 과정이기도 하다. 이 과정을 통해 상담에 대한 내담자의 불안감이나 애매모호함을 경감시킬 수 있고, 상담 과정에 어떻게 참여해야 하는지를 알게 된다.

상담 구조화 과정은 크게 세 가지 영역으로 구분하여 제시할 수 있다. 그것은 상담 여건의 구조화, 상담관계의 구조화, 그리고 비밀보장의 구조화에 관한 것이다(천성문 외, 2006). 상담여건에 관한 구조화는 상담 시간, 상담 횟수, 상담 장소, 상담 시간에 늦거나 약속을 지키지 못할 일이 발생하였을 경우 연락하는 방법 등에 대한 구조화이다. 상담관계에 대한 구조화는 상담과정이 어떻게 진행되며, 상담자와 내담자가 어떤 역할을 하는가를 알려 주는 구조화이다. 마지막으로 비밀보장에 대한 구조화는 상담자가 내담자에 대한 비밀보장을 유지하고 지켜줄 의무가 있음을 알리는 과정이다. 아울러 비밀보장이 특수한 경우에는 한계가 있음을 알려 줄 필요가 있다. 내담자가 법적인 문제가 발생한 경우나 자살, 성폭력, 아동폭력 등의 위기로 제3자에게 알릴 필요성이 있는 경우에는 내담자에게 비밀보장에 대한 한계가 있음을 설명할 필요가 있다.

구조화 작업은 상담 첫 회기에 진행하는 것이 일반적이지만, 그렇다고 내담자의 호소 문제를 이해하고 평가하기 전에 질문하는 것은 바람직하지 않을 수 있다. 구조화를 할 수밖에 없는 질문이 내담자에게 나온 경우(예 "상담이 무엇인가요?"), 내담자의 특성상 상담의 구조화가 필요한 경우(예 유료 상담소를 무료 상담이라고 알고 온 경우)도 있으며, 대부분 첫 상담 회기를 종료할 때 상담에 대한 구조화를 하는 것이 좋을 수 있다. 김계현(1995)은 상담 유경험자들이 첫 회기 시작 무렵부터 상담에 대한 오리엔테이션을 하며, 다음과 같이 하면 도움이 된다고 설명한다. 예컨대, 내담자에게서 호소 문제를 다시 들은 다음에 그 문제를 해결하기에 어느 정도의 시간을 기대하는지 물어보고 내담자의 대답이 현실적이면 이를 지지해주고 그렇지 않으면 그 문제는 이 정도 혹은 그 이상의 시간이 필요할 것이라는 설명을 해준다. 그런 다음에 상담시간, 주기, 약속이행 등에 관한 언급을 하면 적절할 것이다.

4) 목표설정

목표설정은 상담을 성공적으로 이끌기 위해 매우 중요한 요소이다. 목표를 설정하는 이유는 내담자로 하여금 문제와 관련된 상황이나 행동과정을 탐색하고 조정하게 하며 상담과정에 적극적으로 참여하게 하기 위해서이다.

상담의 목표는 내담자가 상담을 통하여 기대하는 바에 따라 그 증상을 제거하거나 그 상황을 개선하는 방향으로 정하게 된다. 그리고 한걸음 더 나아가 장차에도 그와 유사한 사건이 벌어지면 효과적으로 대처할 수 있게 되어 자기 삶을 잘 관리할 수 있는 능력, 곧 자기 인생을 주도적으로 인도할 수 있고 자신과 세상에 대한 조망을 넓은 안목에서 터득하게 되는 것까지를 상담의 목표로 설정하도록 한다(홍경자, 2001).

상담자가 명심해야 하는 또 다른 측면은 내담자의 문제와 그것을 어떻게 다룰지에 대해서 고정된 선입견을 가지지 말아야 한다는 것이다. 상담의 목표를 분명하게 정하고 상담계획을 잡는 것이 바람직하지만, 상담자는 내담자와 지속적인 접촉을 해나가면서 그때그때 요구되는 바에 따라 상담자 자신의 지각과 가설을 수정해 나가야 한다. 목표는 변화가 요구되는 새로운 정보나 통찰이 생기면 변경될 수 있는 것이다. 때로 목표가 적절하지 않음이 확인될 수도 있는데, 이러한 목표는 수정되어야 한다. 상담목표의 주요 기능은 상담자와 내담자에게 나아가야 할 방향을 제시해 주는 것이다(Hackney & Cormier, 2001).

상담목표를 설정할 때 포함시켜야 할 내용, 순서나 절차가 있는 것은 아니지만 홍경자(2001)는 다음과 같은 순서를 밟아 나가는 것이 상담 진행에 도움이 된다고 제안하고 있다.

① 내담자가 현실적 상황에서 원하는 것(want)에 근거하여 단기적인 상담목표를 수립한다.

② 내담자의 꿈과 이상 또는 근본적 욕구에 근거하여 상담의 장기적인 목표를 설정한다. 상담의 목표는 내담자가 현재 원하는 것에 초점을 맞추어야 하지만, 그것이 내담자 인생 전반에 걸쳐서도 유익한 것이어야 한다. 그러므로 내담자의 단기적 목표는 장기적인 목표와 부합되야 할 것이다.

③ 상담의 목표에는 자기이해의 폭을 넓히는 것을 포함시켜야 한다. 상담자는 내담자가 당면한 문제를 해결하고 장차 그와 유사한 문제를 접하게 될 때에 효율적인 해결능력을 발휘할 수 있도록 도와준다. 이를 위해서 내담자는 세상과 자기 자신에 대한 폭넓은 안목을 개발하여야 한다.

④ 적응의 기술 내지 자기 지도력을 길러주는 것을 포함시켜야 한다.

또한 홍경자(2001)는 상담의 목표를 설정할 때에는 내담자의 주요 관심사에 따라

설정하고, 상담의 동기가 모호한 내담자는 그 저의를 탐색해야 한다고 하였다. 또한 상담자가 중요시하는 내담자의 문제점에 대해서도 상담의 목표에 포함시키도록 협의할 수 있음도 밝히고 있다.

5) 초기단계에서 사용되는 상담기법

(1) 관심 기울이기(attention)

관심 기울이기는 시선, 자세와 몸짓, 얼굴 표정, 목소리 등으로 내담자에게 관심을 가지고 있다는 것을 알리는 상담자의 태도이다. 어떤 경우에는 단지 그 사람과 함께 있었다는 사실 하나만으로도 매우 큰 효과를 보게 되는 경우도 있다. 누군가와 같이 있어주는 것, 그 사람에게 주의를 집중하는 것, 그리고 그가 하는 말을 열심히 듣는 것이 큰 힘을 발휘하는 경우가 많다.

유능한 상담자는 내담자의 음성적, 비음성적 언어에 대한 메시지들을 주의 깊게 듣고 알아차리는 능력을 선천적으로 혹은 후천적으로 연습과 훈련에 의해서 습득한 사람들이다(김계현, 1995). 언뜻 보기에 상대방에게 주의를 기울여서 그의 말을 듣는 일이 간단하게 여겨질지도 모른다. 문제는 그 일이 매우 쉽게 보일 수 있다는데서 발생한다. 즉, 누군가에게 주목하고 경청하는 일이 쉬워 보이는 만큼 그 일을 소홀히 할 수 있다는 것이다.

내담자에게 관심을 집중시키는 몇 가지 기술은 다음과 같다.

① 내담자를 향해서 앉는다.

② 개방적인 몸 자세를 취한다.

문화적 차이가 있을 수 있겠지만, 팔짱을 낀다든지, 다리를 꼰다는 것은 상대방에게 '예의 없다' 라는 인상을 줄 수 있다. 따라서 가능하면 이런 자세를 피하는 것이 바람직하다.

③ 때때로 상대방을 향해 몸을 기울여 앉는다.

자세는 내담자 쪽으로 향하여 좀 기울이고, 몸 전체에 긴장을 풀고 편안하게 이완된 상태를 유지하면서 자연스러운 몸짓을 한다. 상담자나 내담자가 몸을 뒤로 젖히고 있다면 이는 대화가 그다지 진지하거나 흥미로운 것이 아님을 알게 한다. 그러나 상담자가 상체를 고정적으로 내담자를 향해 기울이고 있다면 이는 내담자에게 불편함이나 부담감을 줄 수도 있다. 그때그때 자신의 진지함과 관심도를 내담자에게 편하고 자연스럽게 정확히 전달하는 것이 필요하다.

④ 시선을 통한 접촉을 적절히 한다.

부드러운 눈과 시선으로 내담자를 바라고, 내담자가 말할 때는 그의 눈과 표정에 시선을 맞추되 눈을 노려보지 않는다. 시종일관 내담자의 눈을 들여다보기보다는 가끔씩 시선을 옮기도록 하며, 내담자가 상담자와 시선을 맞추지 않을 때에는 그것이 단지 문화적 습관에서인지, 상담자와의 대화에서 오는 불편함 때문인지, 혹은 눈 맞춤이 잘 되지 않는 문제를 안고 있는지에 민감하도록 노력해야 한다.

⑤ 긴장을 푼다.

상담자 자신이 내담자와의 관계에서 편해야 내담자도 상담자와의 관계에서 편해질 수 있다. 내담자와 접촉할 때 상담자 자신의 몸의 자세, 움직임, 표정 등에 대해서 편안함을 느끼고 또 그것이 내담자에게 전달하는 메시지에 대해서도 편안함을 느낄 때 상담자는 내담자뿐만 아니라 자기 자신 그리고 양자 간의 상호작용 과정에 온 정성을 집중할 수 있는 것이다.

(2) 경청(listening)

내담자를 올바르게 깊이 있게 이해하기 위해서 경청은 필수적이다. 경청은 내담자의 이야기를 주의 깊게 귀담아 듣는 태도로, 말의 내용(verbal language)뿐만 아니라 말하려는 의도, 심정(nonverbal language)을 주의 깊게 듣는 태도이다. 다시 말해서, 적극적 경청은 상대방이 하는 이야기의 내용을 파악하는 것은 물론이고, 그의 몸짓, 표정, 음성 등에서 나타나는 미묘한 변화를 알아차리고 저변에 깔려 있는 심층적인 의미와 감정을 감지하여 그것을 표현하는 과정을 포함한다.

무엇보다 중요한 것은 상담자가 내담자의 이야기를 경청하고 있음을 확인시켜 주는 것이다. 간단한 음성반응(으응, 아, 그랬구나 등), 관심어린 질문, 또는 내담자 말의 반복이나 요약 등에서 내담자는 '아, 이 사람이 지금 내 말을 잘 듣고 있구나' 라는 느낌을 갖게 될 것이다.

환언(바꾸어 말하기, paraphrasing)은 내담자가 이야기한 말 중의 일부에 대하여 상담자의 논리로써 짧고 명료하게 피드백해 주는 것이다. 일종의 내담자의 이야기에 대한 부연이 될 수도 있다. 특히 추상적인 표현과 현학적인 이야기를 하기 좋아하는 내담자에게 유용하다.

요약하기(summarizing)는 대화가 오랫동안 진행된 후에 내담자의 이야기를 정리해 주는 것이다. 내담자의 호소 내용을 간략하게 구체적으로 정리해 주는 것이 바람직하다. 상담자가 내담자의 이야기를 정확하게 이해했는가를 점검하고 내담자가 자신을 정리해서 이해할 수 있도록 도와주는 데 도움이 된다.

김계현(1995)은 다음과 같은 시기에 요약과 환언을 사용하는 것이 적절하다고 추천하였다. ① 내담자가 전달하려는 바가 분명치 않을 때, ② 내담자가 여러 가지의 주제, 내용, 상황, 사건 등을 한꺼번에 말하고자 할 때, ③ 내담자가 너무 오래 말할 때, ④ 내담자가 무슨 말을 하고 있는지 혼돈에 빠졌을 때, ⑤ 상담자 역시 내담자를 충분히, 확실히 이해하고 있는지 의심스러울 때.

(3) 개방형 질문(open question)

개방형 질문은 내담자가 생각과 느낌을 명료화하도록 요구하는 질문이다. 내담자의 대답이 짧은 한두 마디의 말로 한정되지 않도록 하는 형태의 질문으로, 내담자 스스로 어떤 이야기든 할 수 있도록 문을 열어 놓는 질문이다. 개방형 질문은 내담자가 자신의 많은 측면들을 탐색하는 것이 가능하도록 한다. 특히 내담자가 같은 것을 반복해서 말하고, 문제에 대하여 정말로 탐색하려고 하지 않을 때 유용하다. 또한 불명확하고 비언어적인 내담자에게 방향을 제시할 때 사용되어질 수도 있다(주은선 역, 2001).

힐과 오브라이언(Hill & O' Brien; 주은선 역, 2001)은 개방형 질문을 하는 데 몇 가지 지침을 제공하였다. 첫째, 개방형 질문은 짧고 간단해야 한다. 둘째, 상담자는 몇 개의 질문을 한꺼번에 해서는 안 된다. 왜냐하면 이것은 내담자에게 혼란을 야기시킬 수 있기 때문이다. 셋째, 상담자는 내담자에게 계속 집중해야 한다. 즉, 내담자의 내면에 무엇이 진행되고 있는지를 탐색할 수 있는 질문을 해야 하는 것이다. 넷째, 내담자가 현재 과거의 경험이나 사건에 강한 감정과 반응을 가진다 하더라도 초점은 일반적으로 과거 대신 현재에 있어야 한다(예 "당신의 어머니는 당신을 어떻게 대했나요?" 보다는 오히려 "지금 당신의 어머니가 당신을 어떻게 대한다고 느끼나요?").

(4) 감정의 반영(reflection)

반영은 내담자가 상담자에게 전달하는 메시지, 내담자의 현재 느낌과 과거의 느낌 등을 상담자가 음성, 비음성 언어로 표현해주는 기술이다. 공감(empathy) 또한 감정에 대한 언어적 표현을 바탕으로 하고 있는데, 다른 말로 감정이입이라고도 불리는 것으로 두 명 이상의 상호작용에서 생기는 보편적인 심리적 현상이다(김계현, 1995).

상담자가 내담자를 공감한다는 것은 이해를 바탕으로 한다. 감정반영은 공감과 이해를 전달하는 매우 유용한 방법이다. 아주 짧은 말로 사람의 심리상태를 정확히 나타내는 효과를 볼 수 있기 때문이다. 내담자는 자기가 처한 어려움과 감정상태를 음성 혹은 비음성 언어로 나타내는데 대체로 이 표현은 장황하거나 조리가 없기도 한다. 이에 대해 상담자가 내담자의 메시지를 한두 단어로 재표현해주고 그것이 내담자에게 다시 납득될 때 두 사람의 의사소통은 이해적, 공감적인 과정으로 느껴질 것이다.

상담자는 내담자가 감정을 파악하고 명료화하며 표현하도록 돕기 위하여 반영을 사용한다. 반영을 통해 상담자는 내담자가 자신의 내적 경험에 빠져들기를 바란다. 반영하는 법을 배울 때, 상담자는 다음과 같은 형태를 사용함으로써 시작할 수 있을 것이다. "당신은 ~ 때문에 ~을(를) 느끼는군요". 다시 말해서, 감정과 함께 감정의 원인을 이야기하는 것이다.

상담자는 내담자의 감정을 반영할 때, 모든 감정을 반영하려 하기보다는 가장 현저한 감정을 집어내야 한다. 그러기 위해서는 내담자의 언어적, 비언어적 행동을 관찰하고 내담자가 말로 표현하지 않은 감정까지도 헤아려볼 수 있어야 한다. 또한 내담자로 하여금 스스로를 수용하기 위하여 자신의 감정에 몰입하도록 하는 것이라면, 순간의 감정을 경험하기 위하여 내담자의 지난 감정보다는 현재 감정에 초점을 맞추어야 한다. 예를 들면, "어머니로 인하여 화가 났던 것처럼 들리는군요."보다는 "어머니에 대해 이야기하는 지금 당신은 화가 난 것처럼 느껴지는군요."라고 반영하는 것이다.

또한 상담자가 내담자에게 다음 것으로 서둘러 뛰어들기보다는 현재의 반영에 대하여 열중하여 생각할 시간을 주어야 한다. 내담자가 울거나 화내기 시작한다면, 상담자는 내담자가 그 감정으로부터 벗어나도록 하거나 감정을 수습하도록 하기보다는 그러한 감정상태를 경험하고 표현하도록 격려할 수 있어야 한다.

3 상담 중기단계

중기단계는 내담자 자신의 문제에 대한 심층적 탐색과 통찰이 이루어지면서 문제가 해결되는 단계이다. 이 단계에서는 상담자의 가장 큰 목표가 내담자 자신에 대한 통찰을 촉진시키는 것이라 할 수 있다. 엘리엇 등(Elliott et al., 1994)은 통찰의 전형적인 특징을 다음과 같이 묘사했다.

- 새로운 관점으로 자신을 보는 것
- 관련시킬 수 있거나 패턴, 연계성, 이유, 원인, 범주, 대응 이해하기
- 갑작스러움, 놀라운 느낌 혹은 모든 것이 한꺼번에 합쳐진 듯한 '아하'를 경험하는 것
- 새로움 혹은 같은 방법으로 생각한 것보다 새로운 느낌을 경험하는 것

내담자가 통찰을 경험하면, 새 방법이나 새 관점으로 볼 수 있고 사건들 사이의 관련을 짓거나 그러한 일이 왜 일어났는지 이해할 수 있다. 어떠한 사건에 대한 내담자의 해석은 그 다음의 행동과 감정에 영향을 주고 상담 장면에서 어떤 특정 주제에 대해 다루려 하는 의지를 갖게 한다. 그러므로 통찰은 상담과정에서 특히 중요하다고 하겠다. 이러한 통찰이 일어나도록 돕는 중기단계에서는 직면, 해석, 자기 개방화, 즉시성의 활용 등의 상담기법이 많이 사용된다.

1) 내담자의 자기탐색과 통찰

상담 중기단계에 들어서면 내담자는 지금까지의 상담을 통하여 자신을 힘들게 하는 심리적인 문제, 문제의 발생 배경 등을 깨닫게 된다. 그러면 내담자는 이러한 영역 중에서 자신에게 중요하다고 생각되는 영역에 대하여 상담 시간에 좀 더 깊이 있게 다루기를 원한다. 그뿐 아니라 내담자는 통찰을 통한 자기탐색이 깊어지고, 상담 시간에 자신이 다른 사람들에게 드러내기 어려워하는 생각들이나 감정을 더 많이 개방하게

된다. 이러한 과정에서 내담자는 자신이 처해 있는 외부 환경이나 과거에 있었던 사건들이 현재 자신이 경험하고 있는 문제와 어떻게 연결되어 있는지를 깨닫게 되며, 현재 문제와 관련되는 자신의 부적응적 사고, 감정, 생활 패턴 등에 대해서도 깨닫게 된다.

상담 중기단계에서는 내담자가 자신에 대한 자각을 통해 통찰을 경험하게 된다. 자신에 대한 자각이란 외부 환경 및 선행 사건과 내담자가 경험하고 있는 심리적인 문제 간의 관련성에 대해 알게 된다는 것이다. 이것은 내담자의 현재 성격이 어떻게 형성되었는지, 어떠한 사건들로 인하여 문제가 발생하게 되었는지를 깨닫고, 내담자의 현 상황에 영향을 주는 문화적 배경, 성, 사회경제적 지위 등을 이해하는 것을 말한다. 그리고 가족 내에서 가족체계가 유지되기 위해 자신이 떠맡고 있던 역할에 대해 이해하게 된다. 이와 같은 자각을 통해 내담자는 자신이 가지고 있는 문제와 고통의 의미를 발견하며, 자신이 해결할 수 있는 부분과 해결하지 못할 부분에 대한 현실적인 판단을 내릴 수 있게 된다.

또한 내담자는 자신의 부적응적 감정도 자각하게 된다. 자신도 모르게 자신의 행동을 결정하게 되는 감정적 역동을 이해하게 된다는 것이다. 아울러 내담자의 행동에 대한 자각도 하게 된다. 즉, 자신의 행동이 어떠한 것들에 의하여 강화되는지에 대한 통찰과 자신의 행동에 영향을 미치는 무의식적인 힘을 발견하는 것을 의미한다.

이러한 자각은 내담자 혼자 하는 것이 아니라 상담자의 도움을 받아서 이루어진다. 그렇다고 해서 상담자가 내담자에 대해 미리 모든 것을 알고 있는 것 또한 아니다. 상담자와 내담자는 내담자의 환경적 요소, 사고, 감정, 패턴 등을 같이 발견해 간다. 상담자는 그것들을 발견해 가는 과정과 방법(상담자의 기본적 태도, 탐색 과정과 기법, 직면 등의 기법)을 더 잘 알고 있으며, 다만 많은 내담자를 경험하고 인간의 심리적·사회적 역동에 대한 이론에 익숙해 있기 때문에 내담자보다 조금 먼저 깨달을 수 있다는 점이 다를 뿐이다.

드물게는 이러한 자각을 한두 번 경험함으로써 변화하는 내담자도 있지만 대개의 경우 반복적으로 일어나야 하며, 내담자 자신이 가지고 있는 모순과 부적응적 패턴에 대한 자각이 생활의 다양한 측면에서 반복적으로 일어나야 한다. 또한 새로운 자각을 기초로 현실 생활에서 실천할 수 있는 행동 계획을 수립하고 실행하며 그에 대한 평가가 있어야 한다. 이와 같은 행동 계획의 수립과 실행 그리고 평가는 상담 중기단계의 후반부와 상담 종결단계에서 이루어진다.

2) 중기단계에서 상담자의 역할

상담 중기단계에 들어서면 상담자는 상담이 어떻게 진행되어 가고 있고, 내담자에게는 어떤 진전이 있는지를 끊임없이 평가해야 한다. 그리고 상담이 만족스럽게 진전되지 못한 경우 상담자는 어떤 이유로 상담이 진전되지 않는지, 이러한 상황을 호전시키기 위해 무엇을 해야 하는지를 검토해야 한다.

이 단계에서 상담자는 내담자 자신이 어떤 부분을 변화시키고자 하는지, 그 변화를 어떻게 가져올 수 있을지 알아야 한다. 상담자는 내담자가 원하는 변화가 현실로 이뤄질 수 있는 행동 전략을 개발하도록 도와야 한다. 그리고 내담자의 사고, 감정, 행동의 불일치를 직면시키는 것이 요구된다. 이 과정에서 이루어야 할 상담자 과업은 내담자가 자신감을 가지고 자신이 원하는 바람직한 행동을 할 수 있는 새로운 방식을 찾도록 내담자를 지지하고 그 가능성을 탐색하는 것이다(천성문 외, 2009). 상담자가 해야 할 또 다른 중요한 일은 내담자와 협의하여 행동 계획을 세우고 그것을 일상생활에서 수행하는 것이다. 어떤 행동 계획이 세워져 실천에 옮겨지면 그 다음에는 그 계획이 평가되어야 한다(천성문 외, 2009).

상담자는 내담자의 심리적 어려움에 대하여 더 깊이 이해하여 내담자의 과거와 현재의 적응에 관하여 더 많이 설명해 주고 해석하게 된다. 내담자에게 제공되는 설명이나 해석은 대체로 현재 일상생활에서 중요한 사람들과의 관계에 관한 것이다. 그러나 때로는 상담 시간에 나타나는 내담자의 태도가 상담자에게 중요한 정보 자원으로 활용되기도 한다. 이것은 내담자의 과거 사건을 이야기하거나 상담실 바깥에서 있었던 일에 대하여 이야기하는 것보다 내담자의 지각, 인지, 행동을 수정하는 데 훨씬 도움이 된다. 내담자 입장에서는 상담 장면에서 일어난 사건의 불일치에 대한 상담자의 해석을 받아들이기 어려워 저항하고 싶을지 모르지만 눈앞에서 일어난 사건이기에 사실 자체를 부정하기는 어렵다는 장점이 있다. 내담자가 상담자의 지지와 공감을 바탕으로 자신의 문제를 수치심과 두려움 없이 들여다볼 수 있을 때까지 상담자는 충분히 기다려 주어야 한다. 그러나 필요한 개입을 너무 미루어서도 안 된다.

3) 중기단계에서 사용되는 상담기법

(1) 도전(challenge)

도전은 내담자가 자신과 그들의 사건, 감정, 행동들에 대하여 더 자각하도록 안내한다. 이러한 중재는 모순이나 부정, 방어 또는 내담자가 자각하고 있지 못하거나 혹은 내담자가 달가워하지 않아서 도전할 수 없는 비합리적 신념을 지적한다. 도전은 가설적으로 언급될 수도 있고, 직면하도록 사용될 수도 있다.

특히, 직면은 내담자를 보고 느낀 점 중에서 모순점이나 의혹이 있을 때 그것을 내담자에게 되물어 주는 것이다. 내담자에게 있어서 모순과 불일치는 흔히 미해결된 문제나 양가감정, 억압되거나 억제시키고 있는 감정에 대한 신호일 수 있다(주은선 역, 2001). 직면이 내담자의 통찰을 일으키게 하는 강력한 기법인 것은 틀림없지만 강력한 만큼 위험도 따를 수 있다. 만약 내담자가 받아들일 준비가 안 되었는데 상담자가 무리하게 내담자를 직면시킨다면, 내담자의 저항으로 인하여 상담은 효과적으로 진행되지 않을 수 있다. 상담자는 반드시 내담자를 직면시키는 이유와 직면을 통해 성취하려는 것이 무엇인지 분명히 알고 직접적이고 쉬운 언어로 직면시킬 수 있어야 한다.

(2) 해석(interpretation)

해석은 내담자가 명확하게 의식하지 못하는 것에 대한 여러 가지 형태의 교육적 설명이다. 해석은 겉으로 보기에는 따로따로 분리되어 있는 말이나 사건들의 관계를 연결 짓거나 방어, 감정, 저항 또는 전이(상담자–내담자 관계)를 설명해 주는 형태로 이루어질 수도 있고, 주제, 흐름, 사고방식 또는 내담자의 행동이나 성격 속의 인과관계를 지적해 주는 형태로 이루어질 수도 있다. 해석은 내담자가 받아들일 준비가 되어 있는 때에 이루어지는 것이 가장 적절하고 효과적이다.

그러나 상담자가 해석을 해주는 것에 너무 열심인 경우, 공격성 측면에서 잘못을 저지르게 된다(Hill & O' Brien, 1999). 해석 과정은 어떤 상담자에게는 가장 나쁜 결과를 가져오기도 한다. 상담자는 내담자를 이해하기 위한 지적 도전에 몰두하고, 자신의 통찰의 힘을 사용하고 싶어 한다. 이럴 때, 그들은 공감과 강한 치료적 관계에 대한 필요성을 잃게 되기도 한다. 상담자는 내담자가 해석을 들을 준비가 되어 있고, 자신을 이해하는데 그것을 구축할 수 있다고 생각되는 해석의 시기에 주의를 기울여야 한다.

(3) 자기 개방화(self-disclosure)

자기 개방은 상담자가 자신의 생각, 가치, 느낌, 태도 등을 내담자에게 드러내 보이는 것으로, 내담자에 대한 공감을 보여 주거나 내담자의 개방을 촉진하기 위하여 사용된다. 상담자는 내담자가 더 깊은 수준으로 생각하도록 고무시키기 위해 도전이나 해석을 사용하는 대신 자기 자신에 대하여 배운 통찰을 공유하는 것이다. 자기 개방화의 목표는 내담자가 자신을 보는 것보다 덜 위협적인 방법으로 모든 것을 볼 수 있게 하는 것이다.

그러나 자기 개방화를 사용하는 데 있어 하나의 위험성은 상담자가 내담자의 통찰을 증가시키도록 돕기 위하여 사용하기보다 자신을 드러내려고 하는 충동에서 사용하기도 한다는 것이다. 유사하게 어떤 상담자는 마음속에 있는 것은 무엇이든 개방할 수 있다는 생각으로 실수를 하기도 한다. 또한 내담자가 개인적 정보를 요구할 때, 상담자는 종종 불편함을 느낀다. 예를 들어, 상담자가 결혼을 했는지, 종교는 무엇인지에 대하여 물었다고 하자. 상담자는 질문에 대답하기 전에, 내담자가 무슨 이유로 그러한 정보를 원하는지를 되물어봄으로써 내담자 자신에 대한 통찰을 제공하고 관계를 강화시킬 수 있다.

(4) 즉시성(immediacy)

즉시성은 상담자가 내담자와의 관계에서 상담자 자신에 대하여, 내담자에 대하여 그리고 치료적 관계에 대하여 어떻게 느끼고 있는지를 드러내는 것이다. 즉시성은 상담자가 개인적 감정과 반응 혹은 경험을 드러내기 때문에 자기 개방화의 한 유형으로 생각될 수도 있다. 또 즉시성은 관계에서 나타나는 문제를 내담자와 직면하곤 하기 때문에 도전의 한 유형으로 간주될 수도 있다. 더 나아가 내담자의 사고, 감정, 행동에 해 상담자가 관찰한 것을 전달해 주는 것이 될 때는 피드백이 될 수도 있다.

많은 내담자들이 상담관계를 포함하여 많은 대인관계에서 문제를 갖고 있기 때문에, 즉시적인 상담관계에서 문제를 논의하는 것은 종종 내담자로 하여금 자신들이 관계에서 어떻게 행동하고 있는가에 대해 깊이 이해하게 하는 결과를 낳는다. 그래서 상담관계는 내담자가 현실 세계에서 어떻게 관계하는가의 축소판과 같은 역할을 한다. 따라서 정직한 피드백을 예의바르게 제공하는 상담자는 내담자에게 특별한 선물을 주는 것과 같다. 이건(Egan, 1994)은 즉시성이 전반적인 관계(예 "처음에 우리는 좀 불편함을 겪었는데 지금은 잘하고 있다고 느낍니다."), 과정에서의 특정 사건, 혹은 내담자에 대한 현재 시제의 개인적 반응에 초점을 맞춰야 한다고 제안하였다.

피드백을 할 때 상담자가 기억해야 할 중요한 점은 피드백은 내담자의 편에서 그를 지지하거나 내담자가 시도하는 변화를 독려해 주기 위해서 사용되어야 한다는 것이다. 특히 부정적인 피드백, 교정적인 피드백일수록 내담자가 상담자를 충분히 신뢰할 수 있는 중기나 종결 과정에 하는 것이 좋다(Stockton & Morran, 1981).

4 상담 종결단계

종결단계에서는 통찰을 바탕으로 현실생활에 적용할 수 있는 새로운 행동을 시험하고 평가한다. 내담자가 자신을 이해하고 변화하기 위한 통찰과 기술을 가지고 있다 하더라도, 변화하기 위한 동기가 부족할 수 있다. 오래된 습관은 바뀌기 어렵고, 어떤 새로운 것을 시도하기 두렵기 때문에 내담자는 변화의 장벽을 느끼게 될 수 있다. 그래서 내담자는 다른 행동을 시도하는 연습과 특별한 격려가 필요하며, 이러한 것들을 종결단계에서 다루어 나간다. 또한 종결단계에서는 상담관계를 끝낼 때 내담자가 느낄 수 있는 여러 감정을 충분히 다루어 주어야 한다.

1) 상담의 종결 시기 결정

내담자가 호소하는 불편들이 사라지면 종결을 계획한다. 내담자 스스로 자신이 많이 좋아졌고 상담이 만족스럽다고 이야기하면, 상담자는 조만간 종결하게 될 것을 예상하고 그에 대해 논의해야 한다. 어떤 내담자는 상담자가 보기에 상태가 많이 좋아졌지만 내담자 자신은 좋아졌다고 분명하게 말하지 않는 경우가 있다. 이런 경우 내담자가 현재의 생활에 잘 적응하고 있는 것처럼 보인다면 상담자가 먼저 상담을 종결하자는 이야기를 꺼내 그에 대해 논의해 나갈 수 있다.

지나치게 의존적이어서 상담자에게 강한 애착을 느끼는 내담자는 상담자가 상담 종결 이야기를 꺼내면 분리불안과 함께 상담자에게 거절당하는 듯한 기분을 느낄 수 있다. 상담자와의 분리를 거부하는 이런 감정은 상담기간이 길면 길수록 더 커질 수 있다. 그러나 상담자는 상태가 눈에 띄게 좋아졌는데도 계속해서 의존하려는 내담자의 요구에 맞추어 상담을 계속 진행해서는 안 되며, 가능한 한 빨리 종결을 준비하게 하여야 한다.

2) 종결단계에서 하는 일

(1) 종결 시 이별의 감정 다루기

상담자는 내담자가 분리불안을 잘 다루면서 스스로 설 수 있도록 지지하여야 한다. 상담 종결 후에도 심리적으로 어려움이 있으면 언제든지 다시 상담할 수 있음을 알려 주어 내담자에게 심리적인 안정감을 주도록 한다.

(2) 상담 성과에 대한 평가와 문제 해결력 다지기

상담자는 내담자가 상담과정을 통해 변화하고 성장한 것은 무엇인지, 상담을 통해 해결하지 못한 것은 무엇인지를 탐색해 보아야 한다. 특히 상담의 성과를 이루기 위해서 노력한 과정에 대해 검토하고, 상담실 밖의 생활에서 상담 성과가 유지되기 위해서 필요한 노력을 구체화하여야 한다. 또한 현실 속에서 문제에 부딪혔을 때 상담을 통해 습득한 문제 해석 방법을 효과적으로 적용해 나갈 수 있도록 한다.

(3) 추후상담에 관해 논의하기

상담을 종결한 후에 필요한 경우 추후상담을 할 수 있다. 추후상담은 내담자의 행동 변화를 지속적으로 점검하고, 내담자가 잘하는 점을 강화하고 부족한 점은 보완할 수 있다. 뿐만 아니라 상담자 자신에게도 상담문제의 해결 과정이 적합하였는지에 대한 임상적 통찰을 가져다준다는 점에서 의미가 있다.

생각해 볼 점

1. 상담을 처음 시작할 때 상담자가 내담자에게 알려 주어야 할 사항으로는 어떤 것들이 있는가?
2. 내담자에게 해석을 주는 데 있어 상담자가 마주하게 되는 위험은 무엇인가?
3. 상담자는 상담을 하면서 내담자들이 깨달은 것을 현실생활에 적용하도록 하기 위해서 어떻게 도울 수 있을까?
4. 상담을 종결할 때 다루어야 할 상담과제는 무엇인가?
5. 상담과정을 통하여 변화된 것을 상담 종결 후에도 지속시키기 위해서는 어떤 노력이 필요할까?

참고문헌

김계현(1995). 카운슬링의 실제. 서울: 학지사.

천성문 · 박명숙 · 박순득 · 박원모 · 이영순 · 전은주 · 정봉희(2006). 상담심리학의 이론과 실제. 서울: 학지사.

홍경자(2001). 자기이해와 자기지도력을 돕는 상담의 과정. 서울: 학지사.

Carkhuff, R. R., & Anthony, W. A.(1979). *The skills of helping: An introduction to counseling skills*. Amherst, MA: Human Resources Development Press.

Egan, G.(1994). *The skilled helper*(5th ed.). Monterey, CA: Brooks/Cole.

Egan, J.(1997). 제석봉 · 유계식 · 박은영 역. 유능한 상담자. 서울: 학지사.

Elliott, R., Shapiro, D. A., Firth-Cozens, J., Stiles, W. B., Hardy. G. E., Llewelyn, S. P., & Margison, F. R.(1994). Comprehensive process analysis of insight events in cognitive-behavioral and psychodynamic-interpersonal psychotherapies. *Journal of Counseling Psychology, 41*, 449-463.

Hackney, H., & Cormier, S.(2001). *The Professional Counselor: A Process Guide to Helping*(4th ed.). Boston: Allyn & Bacon.

Hill, C. E., & O' Brien. K. M.(1999). *Helping skills: Facilitating exploration, insight, and action*. 성공적인 탐색, 통찰, 실행 상담을 위한 상담의 기술. 주은선 역(2001). 서울: 학지사.

Stockton, R., & Morran, D. K.(1981). Feedback exchange in personalgrowth group: Receiver acceptance as a function of valence, session, and order of delivery. *Journal of Counseling Psychology, 28*, 490-497.

12

상담사례의 이해와 분석

1 개관

2 사례 개념화

3 사례 개념화 요소

4 사례 개념화를 위한 슈퍼비전(supervision)

학습의 목표

1. 상담사례 개념화를 이해한다.
2. 상담사례 개념화의 구성요소에 대하여 이해한다.
3. 상담사례 개념화 과정을 이해한다.

1 개관

상담사례 이해의 목적은 내담자에게 보다 효과적인 상담을 하고자 하는 것이다. 때로는 전문 상담자에게 적절한 조언(supervision)을 받기 위해서, 혹은 다른 상담자에게 의뢰하기 위해서 사례이해가 이루어질 수 있다. 한 개인이 자신의 지식, 감정, 감각 및 행동을 통합하는 독특한 방식을 이해함으로써 상담자는 그를 도울 수 있는 적절한 방법을 선택할 수 있을 뿐만 아니라, 내담자가 원하는 방향으로 삶을 변화시킬 수 있도록 도울 수 있다. 초기 면담에서 얻은 다양한 정보들을 통합적으로 잘 이해함으로써, 우리는 내담자의 심리적 세계가 어떻게 효과적으로 변화될 수 있는지에 대한 조망을 가지고 상담에 임할 수 있다.

이런 상담적 조망 과정을 학자들은 '사례 개념화'라고 정의하고 있다. 즉, 사례 개념화란 상담사례에 대한 생각과 의견을 정리하고 이를 토대로 상담목표와 계획을 세우는 과정이다. 상담자가 내담자에 대한 정보들을 통합하여 내담자에 대한 이해와 문제해결을 위해 활용하는 기술을 의미한다고 할 수 있다.

성공적인 사례 개념화는 상담과정에서 다음과 같은 도움을 준다(Needleman, 1999). 첫째, 잘된 사례 개념화는 개입에 대한 이유와 내담자에 대한 문제를 이해할 수 있도록 도와준다. 둘째, 상담개입에 있어서 잠재적인 장애요인을 예측할 수 있도록 해준다. 셋째, 내담자의 동기를 증가시켜 준다. 넷째, 잘된 사례 개념화는 상담자와 내담자와의 효과적인 상담관계를 형성시켜 준다. 다섯째, 상담자로 하여금 계속해서 심리병리학에 대한 이해를 도와준다. 마지막으로 사례 개념화 과정은 관련된 질문을 통해 상담자로 하여금 과학자로서의 상담자 모델을 전개해 나갈 수 있도록 도와준다.

상담자가 이러한 사례 개념화 능력을 갖추기 위해서는 상담자 자신이 내담자의 문제와 관련된 다양한 정보수집능력과 문제해결을 위한 의사결정 그리고 다양한 전략 및 목표를 구상할 수 있는 다양한 대안들이 필요하리라 본다. 또한 상담자 나름의 문제해결방식을 가지고 있더라도 이를 적절하게 활용할 수 있는 능력이 필요하다. 그리고 상황에 따라 상담자가 지니고 있는 이론과 방법을 수정할 수 있는 융통성 또한 필요하다고 하겠다.

따라서 본 장에서는 상담사례를 이해하고 분석하는 틀로써의 사례 개념화에 대해 살펴보고자 한다. 사례 개념화의 정의, 그 구성요소 및 과정, 그리고 슈퍼비전(super vision)에 관하여 살펴볼 것이다.

2 사례 개념화

1) 사례 개념화의 정의

상담사례 개념화(case conceptualization)란 내담자의 문제 및 증상, 원인, 또는 관련 요인, 상담 개입 방향과 방법을 이론적으로 설명하는 과정을 의미한다(Bernard, 1997). 엘리스(Ellis, 1997)는 사례 개념화를 내담자의 심리적, 대인 관계적, 행동적 문제에 영향을 미치는 원인, 촉발 요인, 유지 요인에 대한 정보를 바탕으로 상담목표를 세우고 그 목표를 이루기 위해 계획을 하는 것이라고 보았다. 넓은 의미에서 사례 개념화는 내담자의 문제 원인과 관련된 측면과 내담자에게 어떻게 하면 최선의 도움을 줄 수 있을까를, 즉 상담의 과정(process)과 성과(outcome)를 연계하는 것이라고 볼 수 있다(전재영, 2001). 한편 빅스(Biggs, 1988; 전재영, 2001 재인용)는 사례 개념화 과정은 실제문제에 대한 의미파악에 이론적 설명이 뼈대를 제공하는 것으로 이론과 실제의 측면이 함께 검토되면서 이루어진다고 보았다.

이러한 사례 개념화는 상담자가 사용하는 이론적 체계와 임상적 내용에 따라 다소 달라질 수 있다. 정신역동이론의 경우, 사례 개념화를 사례 공식화(case formulation)라는 용어로 사용하고 있으며, 문제의 원인이 되는 내적 갈등과 그 갈등과 연관되는 성장 배경과 과거경험을 연결시키는 내용이 주로 다루어진다. 인지이론에 근거한 사례 개념화에서는 내담자 문제와 증상을 유발시키거나 지속시키는 내담자의 역기능적인 신념과 사고가 중점적으로 다루어진다. 행동주의에서는 수정되어야 할 특수한 행동, 그 행동의 역사, 최초에 그 행동을 산출시켰던 학습유형, 행동을 유발시키는 자극을 포함한 내담자의 생활의 측면에 관심을 가진다(Murdock, 1991). 그러나 이러한 다양한 이론적 접근들은 공통적으로 상담초기에 내담자의 현재 문제와 그 기저에 있는 심층문제가 파악되고, 그에 맞는 상담계획이 수립되어야 한다는 것을 강조한다(Persons, 1989).

다양한 이론적 접근에서 그 중요성에 동의하고 있는 바와 같이, 사례 개념화는 사례를 간략하게 개념화하고 상담계획을 수립하는 것으로 내담자의 우선적 문제와 부차적 문제를 식별하여 내담자의 핵심 이슈와 갈등을 더 명료하게 이해할 수 있도록 해주며, 또한 어떤 형태의 상담에서든 상담의 큰 줄기가 흔들리지 않도록 상담을 안정화시킨다(장재홍 · 안창일, 1999). 더욱이 상담과정에서 초기에 내담자의 문제를 올바르게 이해하고 이에 적합한 치료계획을 수립하며 신뢰로운 상담관계를 이루는 것이 이후 중기과정에서 본격적인 치료를 효과적으로 수행하는 데 기초가 되기 때문에 내담자에 대해 적절하게 사례 개념화를 하는 것은 중요하다.

한편, 이렇게 내담자에 대한 사례 개념화를 하는 것에 대해 내담자를 규정지어버리거나 꼬리표를 단다는 것으로 오해하고 부정적 견해를 보이는 상담자도 있다. 그러나 사례 개념화는 내담자의 문제에 대한 어떤 단정적인 결론이 아니라 잠정적인 설명 혹은 추론을 뜻한다. 또한 가설 세우기뿐만 아니라 가설의 타당성을 입증하는 것도 포함된다. 사례 개념화는 초기에 얻어진 정보를 토대로 가설을 세우고 끝까지 그 가설을 바꾸지 않는 단회적인 작업이 아니라 추가적인 정보에 따라 지속적으로 가설을 수정하고 보완해 나가는 역동적인 작업이다(강신덕 등, 1998). 상담자가 세운 가설은 상담이 진행되는 과정에서 얻어지는 정보에 따라 필요시 언제든지 수정 · 보완 될 수 있는 것이다. 가설의 타당성 여부를 검토하기 위해 상담자는 내담자의 반응, 추가적인 정보, 슈퍼바이저나 동료상담자들과의 논의 등을 적극적으로 활용해야 한다.

따라서 사례 개념화의 궁극적인 목적은 상담자의 가설을 입증하는 것이 아니라 내담자 문제를 정확하게 이해하고 문제해결을 돕는 것이다. 가설은 내담자 문제 이해와 문제해결을 위한 하나의 도구일 뿐이며, 가설의 정립 자체가 목적이 아니다. 상담자는 자신이 세운 가설에 집착하지 말고 필요에 따라 가설을 수정, 보완할 수 있는 유연한 자세를 가져야 한다.

2) 사례 개념화에 관한 연구

상담장면에서 사례 개념화의 중요성이 인식되면서 적절한 사례 개념화를 위해 어떠한 요소들을 파악하는 것이 필요한지에 대한 다양한 연구들이 이루어지기 시작했다. 여기에서는 국내 · 외에서 이루어진 연구들을 검토해보고자 한다.

먼저 국외의 연구를 살펴보면, 홀로웨이와 월릿(Holloway & Wolleat, 1980)은 사례 개념화를 다음의 5가지 범주로 나누었다.

① 내담자의 주요 문제 파악

내담자의 다양한 호소 문제를 파악하는 수준의 정도

② 내담자 문제의 주요한 내적 · 외적 요인의 파악

내담자의 주요문제를 내담자 자신의 내적인 측면과 내담자 외의 외적인 측면으로 구분하여 객관적으로 이해하고 설명하는 정도

③ 내담자 문제의 인지적 · 정서적 · 행동적 요인 파악

내담자의 주요문제를 내담자의 인지 · 정서 · 행동의 각 영역에서 이해하고 평가하며 나아가 이를 통합적으로 설명하는 정도

④ 핵심요인들 간의 상호관계성에 대한 개념화

내담자 문제의 핵심요인들이 상호 어떠한 영향력을 주고받는지 혹은 어떠한 관계를 형성하고 있는지 등에 대한 통합적인 가설을 시도하는 정도

⑤ 상담자 가설형성의 전체적인 질적 수준

전체적인 상담자 사고내용의 질적 수준과 내담자를 구체적으로 파악하고 명료화하는 질적 수준의 정도

로간빌과 스톨텐버그(Loganbill & Stoltenberg, 1983)는 사례 개념화를 내담자의 인지적, 행동적, 정서적, 대인적 측면에 대한 상담자의 종합(synthesis)으로 정의하며 다음과 같은 사례 개념화 공식을 제시하였다.

① 인구학적 정보

내담자의 성별, 연령, 직업 등 인구학적이고 기술적인 정보에 주의

② 호소문제

문제 촉발환경과 상황 확인, 지속기간을 내담자가 확인하도록 도움

③ 관련역사

문제와 관련된 역사들, 즉 학업, 대인발달, 학교 적응, 초기 가족역사 등에 초점을 맞춤

④ 대인관계 스타일

내담자의 일반적인 대인관계 특성과 그것이 상담관계 내에서 나타나는 방식에 초점을 맞추어 타인에 대한 내담자의 신념체계와 행동을 기술

⑤ 환경적 요인들

스트레스 혹은 지지요인에 직간접적으로 관련된 사람들, 활동, 상황 확인

⑥ 성격요인

내담자의 사고와 정신과정과 관련된 인지적 요인, 상담과정에서의 내담자의 정서, 정서의 적절, 성정서표현의 범위, 정서적 생활의 순환적 양상 등을 포함하는 정서적 요인, 증상의 주요패턴을 파악하고 결정하는 행동적 요인 확인

스퀴져(Schwitzer, 1996)는 상담자들이 사례 개념화의 과정을 보여주는 모델로서 역피라미드 발견법을 제안하였다([그림 12-1]).

이 모델은 사례 개념화의 과정에 대한 구체적이고 단계적인 방법을 제시하고 있다(손은정, 2001).

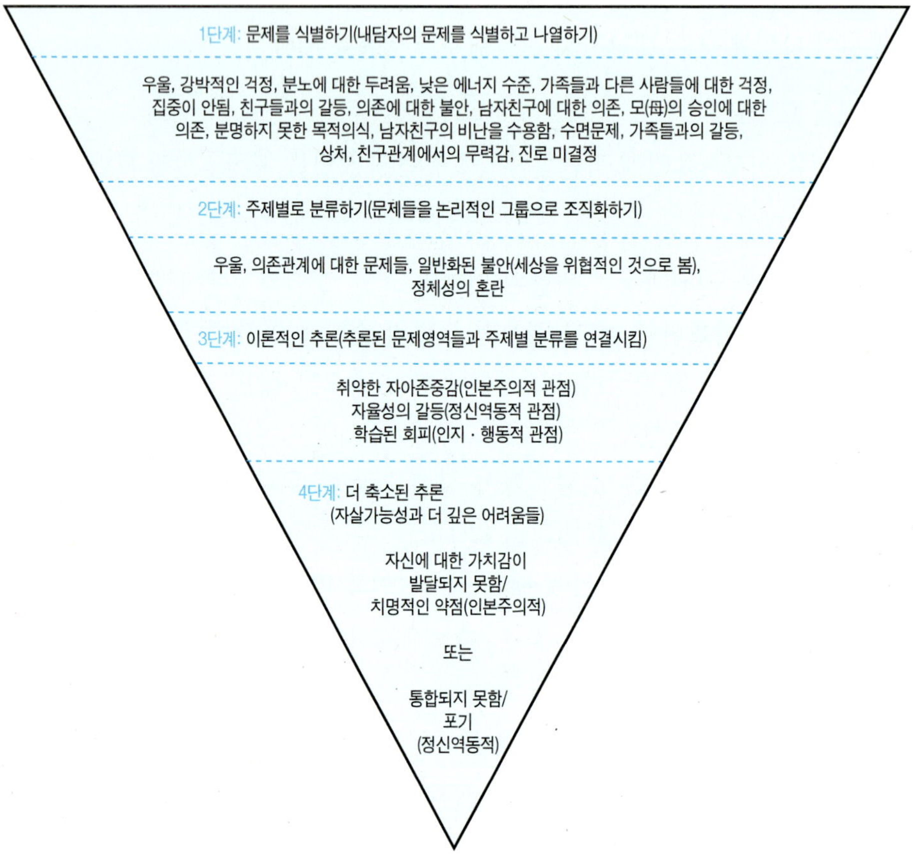

그림 12-1 역피라미드 발견법(Inverted Pyramid Heuristic)

첫 번째 단계에서는 내담자의 문제를 식별한다. 이 단계에서는 내담자의 문제를 광범위하게 기술하는 것이 중요하다. 이론적인 틀에 얽매이게 되면 내담자의 문제에 대한 정보를 축소시킬 수도 있기 때문이다.

두 번째 단계에서는 내담자의 문제들을 주제별로 분류한다. 첫 번째 단계에서의 광범위하고 다양한 자료들을 축소시켜 공통된 문제들로 분류하는 것이 중요하다. 상담자의 이론적 성향에 따라 내담자의 정보가 인위적으로 도출될 수 있기 때문에 주의해야 한다.

세 번째 단계에서는 내담자의 문제들에 대해 이론적인 추론을 한다. 내담자의 일반적인 문제들에 대해 더 깊은 원인을 추론하며, 이론적인 설명을 하는 단계이다. 이러한 주제들은 상담이 진행되어 나가면서 치료의 초점이 된다.

네 번째 단계에서는 내담자의 더 깊이 있는 문제들에 대해서 근본적이고 실존적인 추론을 한다.

한편, 국내 사례 개념화 요소에 대한 연구는 아직 미흡한 가운데, 강신덕 등(1998)은 사례 개념화를 돕기 위한 질문들을 제시하였는데, 이러한 질문들은 사례 개념화를 위해 파악해야 할 요소들이 무엇인지를 시사한다. 그들이 제시한 질문은 ① 상담자가 파악한 내담자 문제의 성격은 무엇인가? ② 문제가 생기게 된 경로나 원인은 무엇인가? ③ 문제의 해결이나 극복을 위해 내담자가 필요로 하는 것은 무엇인가? 등을 포함한다.

또한 심홍섭(1998)은 상담자 발달수준 평가를 위한 척도개발연구에서 하위항목으로 사례 개념화를 포함시켰는데, 연구자가 제시한 사례 개념화 수준을 알아보기 위한 질문들을 통해 사례 개념화 과정에 필요한 요소를 생각해 보면 다음과 같은 내용들이다. ① 내담자의 대인관계 양상에 대한 이해, ② 내담자의 핵심문제 파악, ③ 내담자에 대한 이해, ④ 상담에 대한 내담자의 기대 파악, ⑤ 내담자의 증상 파악, ⑥ 내담자에게서 파악된 정보 종합, ⑦ 내담자의 증상이 어떻게 형성되고 유지되어 왔는지에 대한 이해, ⑧ 내담자의 사회적 지지체제 파악, ⑨ 내담자의 장점과 약점 이해

반면, 문수정(1999)은 상담자의 경력수준을 중심으로 상담 슈퍼비전 교육내용 요구분석에 대해 연구하였는데, 상담자 경력수준을 살펴보기 위한 질문지에서 사례 개념화에 해당하는 하위 영역들을 다음과 같이 제시하였다.

① 내담자의 호소문제 파악 능력

내담자가 상담에서 원하는 것이 무엇인지를 파악하고 현 시점에서 상담하게 된 동기를 아는 능력

② 내담자 문제의 평가

내담자의 핵심문제를 파악하고 문제를 지속시키는 내외적 역동, 스트레스 원을 파악하는 능력, 평가에 필요한 지식을 갖추고 타당성 있는 근거 자료(내담자의 진술, 성장역사, 행동, 심리검사 등)를 제시할 수 있는 능력

③ 문제에 대한 이론적 · 역동적 설명

내담자의 문제와 역동을 이론적 틀에 근거해서 파악하고 설명할 수 있는 능력

④ 내담자의 성격 또는 특성에 관한 평가

내담자의 감정양식, 표현양식, 대응양식, 대인관계 양식, 강점, 사회적 · 심리적 자원에 대해 파악하는 능력

표 12-1 국 · 내외에서 개발된 대표적인 사례 개념화 요소들

연구자	심홍섭(1998)	문수정(1999)	홀로웨이(Holloway)와 월릿(Wolleat) (1980)	로간빌(Loganbill)과 스톨텐버그(Stoltenberg) (1983)
국내 · 외 사례 개념화 요소	① 내담자의 대인관계 양상 이해 ② 내담자의 핵심문제 파악 ③ 내담자에 대한 분명한 이해 ④ 내담자 기대 파악 ⑤ 자료를 통한 이해 ⑥ 증상에 대한 이해 ⑦ 사회적 지지체계 이해 ⑧ 내담자에 대한 폭넓은 평가 ⑨ 내담자의 장단점 파악	① 내담자 호소문제 파악 능력 ② 내담자 문제의 평가 ③ 문제에 대한 이론적 역동적 설명 ④ 내담자의 성격 또는 특성에 관한 설명	① 내담자의 주요 문제 파악 ② 내담자 문제의 평가 ③ 문제에 대한 이론적 역동적 설명 ④ 핵심요인들 간의 상호 관계성에 대한 개념화 ⑤ 상담자 가설형성의 질적 수준	① 인구학적 정보 ② 현재의 문제 ③ 관련역사 ④ 대인관계 스타일 ⑤ 환경적 요인 ⑥ 성격요인

출처: 손은정(2001: 12).

3 사례 개념화 요소

사례 개념화가 상담자의 이론적 체계와 상담자의 발달단계에 따라 다소 달라질 수 있음에도 불구하고 공통적인 요소를 찾을 수 있다. 일반적으로 사례 개념화에 포함되어야 할 요소로써, 내담자 호소문제 명료화, 내담자 호소문제의 분류 및 명명, 내담자 호소문제의 원인 또는 관련요인 설명, 내담자 자원탐색 등이다. 여기에서는 이 요소들에 대하여 자세히 설명하고자 한다.

1) 내담자 호소문제 명료화

내담자의 문제를 효과적으로 돕기 위해서는 우선 내담자의 문제가 무엇인지를 명료화 하여야 한다. 내담자가 자신의 하소연을 많이 하게 되는데 그 안에서 정말 이 사람이 말하고 있는 것이 어떤 문제에 대한 어려움을 호소하는 것인지 상담자가 스스로 명료화 하는 과정이 필연적으로 요구된다.

내담자가 호소하는 문제의 내용과 의미를 분명하게 밝히고, 상담에서 다룰 문제의 내용을 명확히 해 나가는 과정을 문제 명료화라고 한다. 내담자가 자기 문제를 잘 정리해서 '내가 이런 점이 문제입니다, 내가 이런 부분에 있어서 변화되고 싶습니다.' 라고 말을 해 준다면 정말 좋을 텐데, 내담자들이 실제 그렇게 말을 하지 않는다. 여러가지 이야기를 두서없이 하게 되고, 한 시간 동안 만났는데 나중에 보면 무엇을 어떻게 도와줘야 하는지 모를 이런 경우도 있기 때문에, 처음부터 내담자와 만날 때는 호소내용이 무엇인지 정확하게 탐색해야 한다.

내담자 호소문제 명료화는 사례 개념화, 나아가서는 상담목표를 설정하는 가장 첫 걸음이 된다. 호소문제 명료화는 ① 호소 내용 명료화, ② 증상 명료화, ③ 문제의 상황적 배경 및 역사 명료화, ④ 내담자가 자신의 문제에 대해 가지고 있는 태도 명료화로 나누어 볼 수 있다.

(1) 호소 내용 명료화

상담자가 파악한 내담자 문제의 성격은 무엇인가에 대한 것이다. 이는 초기 면담과정에서 내담자가 겪고 있는 주된 문제가 무엇인지, 어떤 부분에서 전문적인 도움을 바라는 것인지를 파악해야 한다. "어떻게 오시게 됐습니까?", "무엇을 도와드릴 수 있을까요?" 등의 개방형 질문을 하는 것이 보통이다. 질문의 답은 되도록 환자가 직접 하는 것이 좋고, 이것이 어렵다면 대답한 사람이 누구인지를 꼭 밝혀두어야 한다. 특히 면담 초기의 목적이 환자의 주 호소문제와 현재의 상태를 충분히 이해하는 것이므로, 언제 문제가 생겨났는지, 어떻게 시작되었는지, 발병 경과와 관련된 중요한 다른 요인들이 있는지, 현재 증상의 경과는 어떠한지, 문제를 해결하기 위해 어떤 노력을 하였는지, 그 결과는 어떠했는지 등을 자세히 파악해야 한다.

상담자가 내담자의 문제를 파악하기 위해서는 내담자가 표현한 내용과 표현하지 않는 내용을 탐색해야 한다. 내담자가 표현한 내용을 탐색하는 것은 내담자가 경험하는 실제 문제를 명료화시키기 위한 것으로, 상징에 대한 이해가 필요하다. 상징이란 실제가 아니라 실제를 나타내는 도구이다. 일반적으로 사람들은 언어적 상징을 공유하고 있지만 그렇다고 공유된 언어적 상징이 본질적 경험은 아니다.

표현 안 된 내용을 탐색한다는 것은 행간을 읽는 것으로 내담자가 누락, 삭제, 왜곡, 변형시킨 내용에 대한 탐색을 한다. 내담자가 어떤 상황에 대해 이야기할 때에 비언어적 행동에 커다란 변화를 보인다거나 이런 것들이 표현된 호소 내용이다. 그런데 우리가 익히 알고 있다시피 표현하지 않는 어려움들이 있다. 그래서 내담자를 만날 때에는 그들이 말을 하지는 않지만 나올 만한데 그 문제에 대해 언급하지 않는 부분이 있으면 그러한 부분 역시 상담자가 탐색해야 한다.

(2) 증상 명료화

호소문제를 밝힐 땐 내적인 상태뿐만 아니라 겉으로 드러난 객관적인 증상을 확인해야 한다. 증상이 어떻게 생겨나고 시간에 따라 어떻게 변화해 왔는지, 스트레스 상황과 관련된 이차적인 이득이 있는지, 쏟아놓은 말들을 재정리하여 전체적인 틀을 파악해야 한다. 내담자의 신체, 심리, 인간관계, 직무 등에서 기능적 측면에 대한 객관적 정보를 중심으로 확인하는 것이 좋다. 학생이면 등교는 하고 있는지, 성적은 어떤지, 친구는 누가 있는지, 점심은 누구와 먹는지 등을 점검한다. 어떤 내담자를 만나면 이야기를 할 때는 너무나 어렵고 힘든데도 불구하고 다른 측면으로 볼 때는 기능을 잘하는 경우도 있다. 그래서 내담자를 만나면 어렵다는 부분도 들어야 하지만 그 외에도 다른 행동적인 증상이 있는지의 여부 역시 확인해야 한다. 예를 들어, 내담자가 우울해서 왔다며 '내가 기분이 우울하고 힘이 없고 우울한 기분이 든다'고 호소내용을 장황하게 늘어 놓을 때, 정말 학교도 못 갈 정도로 우울해서 아침에 일어나지 못하는지, 아니면 잠자는 시간이 정말 길거나 그 반대로 잠을 못 자는지, 아니면 우울증 때문에 에너지가 없어서 다른 사람과 대화하기 어려운지 등을 파악한다. 이러한 것들을 일컬어 증상의 명료화라고 한다.

(3) 문제의 상황적 배경 및 역사 명료화

문제는 반드시 상황적 배경을 가지고 있기 때문에 문제상황을 밝히면 호소문제가 보다 분명해진다. 내담자들은 구체적인 생활 장면 속에서 문제를 경험하고 있음에도 불구하고 현실적인 상황에 대한 언급 없이 일반적이고 추상적인 형태로 자기문제를 이야기하는 경향이 있다. 문제상황에서의 내담자 경험-사실, 감정, 사고, 욕구의 네 가지 요소를 명료화시키면 호소문제가 보다 분명해진다.

사람이 어려움을 가질 때에는 그 사람 혼자만 존재할 때에 그 어려움이 느껴지는 것이 아니다. 그래서 내담자가 처한 그 문제의 상황적 배경을 상담자는 탐색해야 한다. 예를 들면 직장생활을 하는데 대인관계가 어렵다는 호소를 할 경우 실제 그 사람이 처한 상황이 있다. 이 사람이 상사 때문에 어려울 수도 있고, 부하 직원 때문에 어려울 수도 있고, 같은 직위에 있는 동료 때문에 어렵기도 하고, 물리적인 환경 때문에 어려울 수도 있다. 그런 것들의 총괄적인 상황을 알아봐야 하고, 문제에 대한 역사를 파악해야 한다.

문제에 대한 역사란 그 문제와 관련된 개인력, 가족력 등을 명료화하는 것이다. 예를 들어 우울증은 과거의 상실 경험과 밀접하고, 각종 공포증은 과거의 공포체험과 연관되며, 인간관계 갈등은 과거의 특정 사건에 의해 촉발되기 시작했을 가능성이 많다. 내담자 출생 및 그 이후 현재까지의 삶에 관한 정보를 구체적으로 탐색한다. 충족되지 못한 욕구가 있었는지, 학교 가는 것에 대한 느낌과 부모와의 분리에 대한 반응, 또래 관계에서의 적응 수준, 성적 동일시의 양상, 도덕성 발달의 양상, 처벌받은 경험 등을 탐색한다. 현재까지 부모 형제와의 관계에서 성격이 어떻게 형성되었는가를 살피기 위해서 필요한 정보이다.

(4) 내담자가 자신의 문제에 대해 가지고 있는 태도 명료화

내담자가 자신의 문제에 대해 갖는 태도를 명료화함으로써 호소문제를 보다 명확히 할 수 있다. 문제를 내가 가지고 있다고 생각하는지, 남이 가지고 있다고 생각하는지, 바뀔 수 있다고 생각하는지, 바뀐다면 얼마나 빨리 바뀔 수 있다고 생각하는지 등에 대한 내담자의 태도를 말한다.

2) 내담자 호소문제의 분류 및 명명

내담자가 가지고 있는 문제를 명료화한 상담자가 내담자의 문제를 어떻게 이름 붙이면 좋을지 살펴보는 태도가 필요하다. 분류하거나 명명하는 방법은 여러 가지가 있지만 크게 두 가지로 볼 수 있다. 명명이란 내담자의 문제를 규정하고 분류하여 전문가들 사이에서 공통적으로 사용하고 있는 이름을 붙이는 일이다.

(1) 분류 및 명명의 필요성

내담자 호소문제를 분류하고 명명하는 이유는 상담자가 내담자를 이해하기 위해, 그리고 상담의 개입 방향 및 방법을 설정하는 기초 자료가 되기 때문이다. 병인론의 연구나 과거 동일한 진단명을 지닌 환자(내담자)의 치료에서 축적된 지식을 활용할 수 있다는 점에서 필요하다. 진단이 무엇인지 파악함으로써 환자가 지니고 있을 법한 전형적인 증상과 경과, 특징들에 대해 더 상세하게 파악하고 탐색할 수 있게 되며, 치료에 대한 반응과 예후를 경험적으로 추측할 수 있다는 것도 분류 및 명명(진단)의 유용한 측면(김중술 · 이한주 · 안수정, 2003)이라 할 수 있다.

또한 내담자의 자기이해를 촉진하기 위해서도 필요하다. 이름을 붙여 보면 그 이름이 함축하고 있는 여러 가지를 다 포괄해서 보다 개념적으로 쉽게 접근하고 이해할 수 있다. 또 그러한 이해를 다른 사람과 의사소통할 경우에도 적용할 수가 있다. 이는 곧 상담자에게 도움을 줄 뿐만 아니라 내담자에게 있어서도 도움이 될 수 있는데, 내담자 역시 자신이 현재 어렵고 힘이 들어서 뭐라고 말은 하고 싶은데, 자신의 증상에 대해 길게 설명은 하는데 제대로 설명하고 있기는 한지, 다른 사람이 내 어려움을 이해할 수는 있는 것인지 많은 의문을 가지게 되기도 한다. 하지만 상담자와 내담자가 서로 그 문제에 대해 이름을 붙이는 과정을 통해 상호 이해를 촉진할 수 있고 내담자 역시 자신의 문제와 상황에 대해 보다 깊이 생각하고 이해할 수 있다. 또 관련된 다른 정보를 수집해서 자신이 변화할 수 있는 방법을 찾기도 한다.

(2) 분류 및 명명의 문제점

내담자의 문제를 명명해 볼 필요성이 있음에도 불구하고 명명의 문제점 또한 있다. 명명을 하게 되면 내담자를 만났을 때 그 내담자에 대해 알았던 여러 정보들이 무시되고 그 내담자가 가지고 있는 개인적인 문제들의 의미가 상실될 가능성도 있다. 또 사회적으로 낙인 받게 되는 문제도 있다. 우울증을 가졌다거나, 왕따라고 이름을 쓴다거나 이런 것들을 통틀어서 낙인이라고 볼 수 있다. 이렇게 명명을 통해서 낙인이 되면 상담자나 내담자가 긍정적으로 사용할 수도 있지만 외부 사람들은 그것을 가지고 내담자에게 더욱 큰 상처를 안길 수도 있다. 이런 여러 가지 문제점에도 불구하고 명명을 통해 상담자와 내담자가 서로 추구해 나갈 문제에 대해 보다 명확히 할 수 있는 장점이 있기 때문에, 내담자의 문제를 분류하고 명명해 보는 과정이 필요한 것이다.

3) 분류 및 명명을 위한 평가 방법

현재까지 문제행동의 분류체계는 주로 정신과 의사, 심리학자 등 정신건강 관련 전문인들이 다양한 문제들을 호소하는 환자들의 행동이나 증상들을 관찰한 결과를 토대로 유사한 양상을 보이는 문제들을 장애로 묶는 방식으로 구성되었다. 문제행동을 평가하고 진단하여 분류하려는 노력은 많았으나 그 원인이 다양하고, 유전과 사회적 환경요인들이 복합되어 있어 문제행동의 분류는 증상, 증후 및 장애의 경과에 대한 관찰에 의거하고 있다. 이를 대표적으로 크게 나눈다면 다음과 같은 3차원으로 구별할 수 있다(최정윤 · 박경 · 서혜희, 2000).

첫째, 심리장애는 정신질환(mental illness)과 정신지체(mental retardation)로 나눈다. 정신지체는 출생 시부터 나타나는 지적 능력의 결함을 의미한다. 반면 정신질환이란 과거에는 건강하였는데 나중에 증상이 나타나는 것을 의미한다.

둘째, 정신질환은 정신신경증(psychoneurosis)과 정신병(psychosis)으로 나뉜다. 신경증은 불안이나 우울을 중심으로 기질적인 원인이 없이 외적 원인이나 심인성 원인(psychogenic origin)으로 인해서 일상생활에서 비효율적인 상태를 나타내는 것이다. 즉, 일상에 지장을 초래할 만큼 정서와 생활태도가 불안정하며 이를 괴로워하고 이 같은 상태에서 벗어나고자 한다. 정신병이란 망상이나 환각, 비합리적인 현실 왜곡 및 괴상한 행동의 장애 등 사회적 기능과 자아기능이 손상되어 사회생활에서 철수하고 가정생활이나 직장생활을 수행하지 못하는 상태이다.

셋째, 정신병은 기질적 정신병(organic psychosis)과 기능적 정신병(functional psychosis)으로 나뉜다. 기질적 정신병은 뇌 외상, 감염, 독성, 혈관성 질환 등에 기인한 정신병의 병리가 증명되는 경우이다. 기능적 정신병이란 기능의 손상은 있으나 아무런 기질적 병리를 증명해 낼 수 없는 경우이다.

현재 통용되고 있는 정신장애 진단체계는 미국정신의학회에서 발간하는 정신장애 진단통계편람(Diagnostic and Statistical Manual of Mental Disorders)이다. DSM은 임상적 방법으로 구성된 진단분류체계의 대표적인 예로 1952년에 초판이 발간된 이래 지금까지 4번 개정되어 현재는 제4판(DSM-IV)이 전 세계적으로 사용되고 있다. DSM-IV의 진단체계는 심리장애에 대한 많은 정보를 제공하고자 다축진단체계를 채택하고 있다. 축(axis)은 다음과 같다(최정윤 · 박경 · 서혜희, 2000).

- I 축에서는 증상을 위주로 하는 임상진단(불안장애, 정신분열증, 기분장애 등)을 한다.
- II 축에서는 성격장애를 진단한다. 이때 한 사람이 두 가지 이상의 성격장애를 보이면 이를 모두 기술한다.
- III 축에서는 비정신적인 신체질환이나 신체상태를 진단한다.
- IV 축에서는 심리사회적 스트레스의 정도를 진단한다.
- V 축에서는 장애가 일어나기 전까지의 적응기능 또는 적응상태를 평가한다. 컴퓨터의 발전에 힘입어 이 같은 체계로 진단기준을 분류함으로써 진단의 일치도를 높일 뿐 아니라 연구목적으로도 유용하게 사용되고 있다.

그러나 정확한 진단을 위해서는 가능한 한 여러 평가방법을 사용하는 것이 바람직하다. 다음은 진단과정을 다섯 단계로 나누고 각 단계에서 상담자가 해야 할 일을 살펴본 것이다(김중술 · 이한주 · 한수정, 2003).

첫 번째 단계에서는 수집된 여러 단서를 수렴적으로 종합하고 검토한다. 이를 통해 증상의 심각도(severity), 경과(course), 촉발요인(stressor)에 대한 평가, 문제가 환자(내담자)의 삶을 얼마나 손상시키고, 기능 수준을 어느 정도로 제한하며, 환자(내담자)에게 얼마나 큰 고통을 안겨주는지에 대한 평가가 이루어진다.

두 번째 단계에서는 환자(내담자)의 증상들을 진단 기준과 비교하고 맞추어 본다. 예를 들어 환자(내담자)가 우울한 기분을 호소한다면, 그것이 주요 우울장애의 진단 기준에 부합하는 수준인지, 우울한 기분 외에 진단 기준에 부합하는 다른 증상이 있는지, 우울한 기분이 환자(내담자)의 생활에 어느 정도로 악영향을 미쳤는지 등을 평가해야 한다. 악영향의 정도는 가족들의 반응, 사회적 용인 정도, 전반적인 건강상태, 전반적 기능 수준 등에 반영된다.

셋째, 환자(내담자)의 병전 성격과 성장력, 가족력, 치료력 등을 토대로 현재의 기능 수준을 평가한다. 특히 환자(내담자)의 병전 성격은 현재 기능 수준을 평가하기 위한 기저선이나 환자(내담자)의 진단을 지지하는 증거가 되기도 하며, 현실적이고 합리적인 치료목표를 설정할 수 있는 일종의 상한선을 제공하기도 한다.

네 번째 단계에서는 상담자가 판단과 결론을 내리게 된다. 이를 협의의 '임상적 진단' 이라고 한다. 여기에서는 환자(내담자)의 정신병리 양상을 기술하고 심리적, 사회적, 생물학적 요인을 모두 고려하여 환자(내담자)에 대한 이해를 종합한다.

마지막 단계는 상담자의 진단을 환자와 가족에게 알려 주고 상담자가 이해한 바를 이들과 적절하게 공유하는 과정이다. 환자(내담자)와 가족의 심리장애에 대한 태도가 치료 예후에 중요한 영향을 미치므로 이 단계의 작업을 간과해서는 안 된다.

4) 내담자 문제의 원인 또는 관련요인 설명

문제의 원인이 무엇이며, 문제 발생 경로는 어떠한가에 대한 상담자의 개념적 이해는 상담 방향이나 방법을 결정하는 직접적인 토대가 된다. 문제 원인은 크게 6가지 방법으로 나누어 볼 수 있다. 즉, 주요인과 부요인, 발생요인과 유지요인, 그리고 통제요인과 비통제요인으로 나누어 볼 수 있다.

(1) 주요인과 부요인

문제의 원인은 주요인과 부요인으로 나누어 볼 수 있다. 여러 요인들 중에서 가장 밀접한 것은 주요인 또는 핵심요인이고, 주요인을 뺀 나머지 요인을 부요인이라 한다. 사례 개념화는 주요인을 중심으로 문제의 원인을 내적 요인과 외적 요인으로도 나누어 볼 수 있다. 내적 요인이 많으면 외적 요인이 적더라도 문제가 발생하고 마찬가지로 외적 요인이 많으면 내적 요인이 적더라도 문제가 발생하게 된다. 일반적으로 개인상담에서의 원인에 대한 개념화는 내적 요인을 중심으로 실시하지만 외적인 요인도 고려되어야 한다.

(2) 발생 요인과 유지 요인

문제의 원인을 발생 요인과 유지 요인으로도 나누어 볼 수 있다. 발생 요인이란 문제가 발생하는 데 관련된 요인을 말하고, 유지 요인이란 문제가 유지되는 데 관련된 요인을 말한다. 발생 요인에는 유전적 결함, 과거의 외상적 경험, 물리적 손상, 중독 등이 포함되고, 유지 요인에는 생리구조 및 기능, 동기 또는 욕구, 이차적 이득, 지각과 의식, 자아 개념, 행동 습관, 인간관계 구조 및 기능, 사회문화적 구조 및 기능 등이 포함된다.

(3) 통제 요인과 비통제 요인

문제의 원인은 통제 요인과 비통제 요인으로 나누어 볼 수 있다. 통제 요인이란 통제 및 조작이 가능한 요인을 말하고, 비통제 요인이란 통제 및 조작이 어렵거나 불가능한 요인을 말한다. 원인에 대한 개념화는 통제 요인을 중심으로 실시하는 것이 좋다.

5) 내담자의 강점과 약점

내담자 사례를 개념화하는 과정에서 내담자가 가진 강점과 약점을 확인하는 것이 중요하다. 내담자의 강점이란 내담자가 지닌 긍정적 특징, 성공경험, 대처전략, 기술, 변화를 촉진하는 요소 등이 될 수 있다. 반면, 내담자의 약점이란 내담자가 가진 기능 결핍, 상담에 대한 장애요소 등이 될 수 있다.

내담자의 강점과 약점을 개념화하기 위한 질문은 다음과 같다.

① 내담자의 감정과 심리적 자원과 취약점은 무엇인가?

② 문제해결에 도움이 되는 환경적 특성과 문제를 유지시키고 문제해결에 걸림돌이 되는 환경적 특성은 무엇인가?

③ 문제의 해결이나 극복을 위해 내담자가 필요로 하는 것은 무엇인가?

- 신체적 영역
- 인지적 영역
- 정서적 영역
- 학업과 진로 영역
- 사회적 영역

내담자는 문제점을 가지고 상담소를 방문하기는 하지만, 그들 스스로 힘(강점)을 가지고 있다. 그래서 외부에 의한 도움도 있지만 내담자 자신이 자신의 힘을 통해서 변화하게 된다. 따라서 내담자가 가진 강점과 약점을 이해하고 이러한 부분들이 상담과정에서 충분히 활용될 때 효과적인 상담이 이루어질 수 있다.

6) 상담목표 및 계획

내담자와 관련된 요인들에 대한 종합적 이해 및 평가를 토대로, 내담자와 내담자 문제에 대한 종합적 이해가 이루어진다. 이러한 내담자에 대한 종합적 이해를 토대로 내담자의 핵심문제에 대한 이론적 설명과 아울러 상담에 대한 목표와 계획을 수립해야 한다.

상담은 내담자 문제에 대한 상담자의 가설을 검증해 나가는 과정이라 할 수 있다. 상담자의 가설은 상담자의 이론적 관점이 관여된다. 상담자가 세운 가설을 검증하기 위한 구체적인 목표와 계획을 수립하는 것이 필요하다. 상담의 목표는 장기목표와 단기목표를 세우는 것이 좋다. 장기목표는 상담에서 이루고자 하는 최종목표이자 상담의 목적이 될 수 있으며, 단기목표는 상담과정에서 매 회기마다 혹은 문제 증상을 감소시키기 위한 구체적이고 세부적인 목표가 될 수 있다.

또한 상담목표를 달성하기 위한 구체적인 상담전략이나 기법들을 계획하는 것도 필요하다. 이는 전쟁에 나가는 전사가 무기를 챙기는 것과 같다고 할 수 있겠다. 아울러, 상담목표 달성에 장애로 예상되는 요소들이 무엇인지에 대한 검토 또한 필요하다 하겠다.

4 사례 개념화를 위한 슈퍼비전(supervision)

상담자들은 종종 어려운 사례를 맡게 된다. 사례의 난이도는 여러 가지 요인에 의해서 결정되는데, 주요한 요인으로는 내담자의 비협조성, 문제상황의 복잡함, 내담자 자원의 부족, 내담자–상담자 관계 형성의 실패, 역전이 등이다. 혹은 상담자 자신의 지식, 경험, 자신감이 부족하기 때문일 수도 있다. 초보 수련생일수록 사례관리의 미숙함 등으로 인해 그 어려움은 가중된다. 상담에서 발생하는 이런 다양한 문제들을 다루고 해결하기 위하여 슈퍼비전이 필요해진다. 어려운 사례들을 다루고 문제를 해결해나가는 경험을 통해서 수련생들은 전문가로서 성장해 나갈 수 있는 것이다.

슈퍼비전은 상담자의 기술을 훈련시키고, 상담자로서의 유능감을 발달시킬 수 있으며, 상담전문성을 평가받고, 무엇보다 내담자 보호를 위한 지도와 감독의 목적이 강하다. 슈퍼비전은 슈퍼바이지(수련생)의 전문적인 발달과 성장 그리고 상담기관의 전문성 유지를 촉진시키고 도전할 수 있도록 돕는 데 그 목적이 있다.

슈퍼비전과 종종 혼동되는 개념은 사례발표회이다. 우리나라에서 활동하는 많은 상담관련 학회들은 정기적 · 부정기적 사례발표회를 가진다. 그런데 그들 중 어떤 사례발표회들은 슈퍼비전의 성격을 많이 띠고 있음을 자주 볼 수 있다. 그러나 사례발표회와 슈퍼비전은 그 목적에서 다르다(김계현 · 유성경 · 안현의 · 금명자 · 장재홍, 2002). 사례발표회는 여러 전문가들이 참여하여 각자 다른 시각에서 다른 견해를 교환하는 것, 어떤 사례를 중심으로 논의하는 과정, 다양한 견해가 제기되고 학술적 논의를 통해 상담학의 발전을 꾀하는 것이 근본 목적이다. 그러나 슈퍼비전은 상담자를 중심으로 논의하는 과정으로 비공개적 성격이 강하다. 교육과 감독의 목적이 더 본질적이고, 교육을 통해 상담자의 전문성 발전을 꾀하며, 감독을 통해 내담자에 대한 안전한 처치가 주어지도록 보장하려는 것이다.

그러한 목적 때문에 슈퍼비전 또한 상담과 같은 과정을 거치게 되며, 내담자가 상담과정에서 겪는 역동이 슈퍼비전 과정에서 생기기도 한다. 그래서 슈퍼비전은 숨을 곳이 없는 과정으로 도전적이고 자신의 자아가 다 드러나는 과정이 되기도 한다. 상담자가 슈퍼비전을 받는 동안에 무엇들을 경험하게 될까?

먼저, 상담자는 불안을 경험하게 될 것이다. 내담자들이 상담을 처음 받을 때 경험하게 되는 그것과도 같다고 할 수 있다. 그러나 상담자의 불안은 더 잘해 보고자 할 때 강하게 나타난다. 많은 상담자들은 자기들이 사기꾼이 아니었나 하는 걱정을 하고 때로는 그것을 발견하기도 한다. 슈퍼바이저의 평가에 대한 두려움이 있을 때 바로 역동이 발동된다. 어떤 불안은 더 높은 수준의 수행을 하게끔 동기화하기도 한다. 불안을 없애려고 할 것이 아니라 어떻게 다루느냐가 더 생산적이다.

둘째, 슈퍼바이저와의 갈등 문제를 경험하게 된다. 특히 상담자가 경험이 많거나 평가적 성향이 강할 때 갈등이 생길 가능성이 높다고 한다. 슈퍼비전의 갈등은 불안이 제대로 다루어지지 않았다는 증거이기도 하다. 또한 슈퍼비전이 다른 관계에서도 영향을 받을 수 있다. 즉, 내담자의 문제가 슈퍼비전 관계에 영향을 미칠 수도 있다는 것이다. 내담자가 상담자에게 보이는 것과 같은 문제를 상담자가 슈퍼바이저에게 보인다. 내담자가 상담에서 별 진전이 없었으면 슈퍼비전 시간에 내담자 이야기를 덜하게 될 것은 당연하다. 지속적 평행선 관계가 의심되면 전이와 역전이 문제를 다루어야 할 것이다. 상담자가 낯선 환경에서 자신을 어떻게 드러내 놓는지, 어떻게 생각하는지, 믿음과 신념은 어떤지 등이 바로 개인차를 만들고 이것이 관계에 영향을 미친다.

그렇다면, 어떠한 사례를 슈퍼비전 받는 것이 효과적일까? 일반적으로 상담자들이 슈퍼비전에 사례를 가져오는 경우는 다음과 같다(김계현 외, 2002).

첫째, 수련생들은 종종 어려운 사례를 슈퍼비전에 가져온다. 여기서 어려운 사례란, 사례 개념화가 잘 안 되는 사례, 내담자가 비협조적 혹은 저항적인 사례, 문제나 문제와 연관된 환경조건이 복잡하여 해결책이 보이지 않는 사례, 위기의 위험성이 보이는 사례, 보기 드문 사례 등을 뜻한다. 수련생 혼자의 능력, 경험, 지식으로는 사례를 효과적으로 운영하기 어렵다고 판단되어 슈퍼바이저의 조언, 자문, 지도를 받기 위함이다.

둘째, 수련생들은 역전이를 경험하는 사례를 슈퍼비전에 가져온다. 역전이의 원인이나 유형은 다양하다. 내담자에게 성적인 감정을 느끼는 경우, 내담자에게 분노나 증오를 자주 경험하는 경우, 내담자를 과도하게 보호하게 되는 경우, 내담자와 경쟁을 하게 되는 경우, 내담자의 문제나 고통이 자기의 것인 양 분리가 되지 않는 경우 등 역전이는 다양하게 발생한다. 효과적인 상담을 위해서 상담자는 역전이를 정확하게 인식하고 그것을 치료적으로 활용하거나 아니면 역전이를 조절할 수 있어야 한다. 슈퍼비전 특히 1:1 개인 슈퍼비전에서는 이런 역전이 현상을 교육적으로 다루기 적절하다.

셋째, 어떤 수련생들은 자기가 담당하는 모든 사례를 슈퍼비전에 가져온다. 이런 방식은 주로 그 수련생이 사례관리나 사례이해를 제대로 수행하고 있는지를 검토하기 위해서이다. 특히 초보상담수련생은 자기가 사례를 제대로 이해하였는지, 첫 회 상담 등을 제대로 수행하였는지, 사례관리나 내담자 사정(assessment)에서 누락시킨 내용은 없는지, 진단을 정확하게 하였는지, 위기의 위험성을 간과하지는 않았는지, 다른 전문가에게 의뢰해야 할 사례를 자기가 계속 맡고 있는 것은 아닌지 등 초보자 혼자의 지식과 경험만으로는 판단하기가 어려운 경우가 생긴다. 이런 불안감과 위험성을 예방하기 위하여 수련생이 맡고 있는 모든 사례를 슈퍼바이저에게 검토받는 방식을 택할 수 있다.

넷째, 수련생이 효과적인 상담을 진행하였다고 보는 사례나 혹은 회기를 슈퍼비전에 가져오기도 한다. 슈퍼비전은 그 목적에 따라서 상담의 효과를 발생시킨 요인이 무엇인지를 분석하거나, 수련생 즉 상담자의 강점이 무엇인지를 분석하고자 할 때가 있다. 이런 경우는 효과적인 사례(혹은 회기), 성공적인 사례(혹은 회기)를 슈퍼비전에 가져와야 한다. 성공적인 사례(혹은 회기)와 실패 사례(혹은 회기)를 대비시킴으로써 효과 발생 요인을 더 부각시켜서 분석하는 방법을 사용할 수도 있다.

생각해 볼 점

1. 상담사례의 개념화는 어떠한 목적에서 필요한 것인가?
2. 사례를 개념화하는 데 필수적으로 포함되어야 하는 내용들은 어떤 것들이 있는가?
3. 사례를 개념화하는 과정에서 내담자의 문제를 분류하고 명명하는 일이 갖는 장단점에 관하여 설명하시오.
4. 슈퍼비전을 받아야 하는 목적은 무엇인가?
5. 슈퍼비전을 받을 때 상담자가 경험하게 되는 것들은 어떠한 것이 있으며, 그 극복 방법은 무엇인가?

참고문헌

강신덕 · 금명자 · 김진숙 · 김혜숙 · 박경애 · 유성경 · 임은미 · 최은영(1998). 청소년 개인상담 실습 교재. 청소년대화의 광장.

김계현 · 유성경 · 안현의 · 금명자 · 장재홍(2002). 청소년상담 슈퍼비전. 한국청소년상담원.

김중술 · 이한주 · 안수정(2003). 사례로 읽는 임상심리학. 서울: 서울대학교 출판부.

문수정(1999). 상담슈퍼비전 교육내용 요구분석: 상담자의 경력수준을 중심으로. 서울대학교 대학원 석사학위논문.

손은정(2001). 상담자 발달 수준별 사례 개념화의 차이: 개념도를 통한 인지 구조를 중심으로. 이화여자대학교 박사학위논문.

심홍섭(1998). 상담자 발달수준 평가에 관한 연구. 숙명여자대학교 대학원 박사학위논문.

장재홍 · 안창일(1999). 계획공식과 방법에 의한 심리치료 과정분석. 한국심리학회지: 상담과 심리치료, 11(2), 85-113.

전재영(2001). 상담자의 개념화 발달수준과 사례 개념화 간의 관계. 서울대학교 대학원 석사학위논문.

최정윤 · 박경 · 서혜희(2000). 이상심리학. 서울: 학지사.

Bernard, J. M.(1979). Supervisory training: A discrimination model. *Counselor Education and Supervision, 19*, 60-68.

Ellis, T. D.(1997). *Handbook of psychotherapy case formulation*. New York: Guilford Press.

Holloway, E. L.(1979). The effect of conceptual level on clinical hypothesis formation and the supervision. *Journal of Counseling Development, 67*, 293-296.

Holloway, E. L. & Wolleat, P. L.(1980). Relationship of counselor conceptual level to clinical hypothesis formation. *Journal of Counseling Psychology, 27*, 539-545.

Loganbill, C. & Stoltenberg, C.(1983). The case conceptualization format: A training device for practicum. *Counselor Education and Supervision, 22*, 235-241.

Mudrock, N. L.(1991). Case conceptualization: Applying theory to individuals Counselor. *Education and Supervision, 30*, 355-365.

Needleman, L. D.(1999). *Cognitive Case Conceptualization: A Guide for Practitioners*. U. S. A. Lawrence Erlbaum Associates.

Persons, J. B.(1989). *Cognitive therapy in practice: A case formulation approach*. New York: W. W. Norton & Company.

Schwitzer, A. M.(1996). Using the inverted pyramid heuristic in counselor education and supervision. *Counselor Education and Supervision, 25*, 258-267.

13

집단상담

1 집단상담에 대한 이해

2 집단상담의 목표

3 집단상담의 장 · 단점

4 집단상담의 준비 및 구성

5 집단상담 프로그램의 실제

학습의 목표

1. 집단의 목표와 형태, 집단상담의 장·단점 등에 대한 기본개념을 이해한다.
2. 다양한 집단을 대상으로 집단 프로그램을 구성하여 진행해 보도록 훈습한다.
3. 대상별 집단상담 프로그램을 적용하여 집단의 역동을 경험해 본다.

1 집단상담에 대한 이해

인간은 관계적 존재로서 상호작용을 통해 개인의 성장과 발전을 이루며 살아간다. 그러나 과학기술의 발달로 생활은 편리해졌지만, 현대인은 긴장감, 불안, 소외 등의 정서적인 문제로 고통을 안고 살아가고 있다. 이에 최근 사회적 문제로 떠오르는 다양한 형태의 집단을 통해 해결방안을 모색하며 집단에서의 체험을 통해 자신을 발전시키게 된다. 특히 집단은 유사한 문제나 고민을 갖고 있는 사람들로 이루어진 경우가 대부분이며 타인과 동일한 고민을 함께 나누는 가운데 자신의 모습을 재발견하기도 한다.

최근 학교, 기업체, 상담소 등에서도 집단상담에 대한 실시를 매우 중요하게 여기고 실제로 진행하고 있는 경우가 많아졌다. 학교에서도 학교폭력예방 목표달성을 위해 학교폭력예방 집단상담을 회기별로 진행하고 있으며, 기업에서도 기업의 목표달성을 위한 인간관계훈련이나 개인성장을 위한 집단상담 등을 실시하고 있다. 상담소에서도 다양한 형태의 집단목표에 따라 집단상담을 실시하고 있다. 현대사회에서 발생하는 다양한 문제나 개인 및 조직의 성장과 발전을 돕는 데 집단상담이란 용어가 널리 알려지고, 실제 상황에서 다양하게 정의되고 있지만 학자에 따라 용어가 각기 다르게 쓰이고 있다. 본 장에서는 집단상담의 기초적 이해와 현장에서 실제로 활용하는 집단상담의 실제 부분을 중점적으로 알아볼 것이다.

1) 집단상담의 정의

집단상담의 정의를 살펴보면 다음과 같다. 집단상담은 생활과정상의 문제를 해결하고 보다 바람직한 성장발달을 위하여, 전문적으로 훈련된 상담자와 집단구성원의 역동적인 상호교류를 통해 각자의 감정, 태도, 생각 및 행동양식 등을 탐색·이해하고 보다 성숙된 수준으로 향상시키는 과정이다(이장호 외, 1992).

집단상담이란 자기이해와 자기수용을 보다 효과적으로 하기 위하여 집단의 상호작용을 적용하는 과정이라고 정의하고 있다. 여기서는 상호 존중을 필요로 하며, 각 개인은 행동의 의미와 새로운 행동양식을 탐구하게 되는 것이다. 또한 집단상담에서 다루어지는 문제는 병리적인 장애나 현실적인 문제보다 구성원의 발달과업에 초점을 맞춘 것이라고 하였다(Mahler, 1969). 조지와 더스틴(George & Dustin)은 자기이해뿐만 아니라 개인의 행동변화를 돕기 위해서 집단 상호작용을 이용하는 것이라고 하였다.

집단상담은 치료적 목적뿐 아니라 예방적이고 교육적인 목적을 가지며, 의식적인 사고, 감정 및 행동을 강조하는 대인과정과 문제해결 방법, 전략이 포함된다(Corey, 1994).

2) 집단의 형태

집단의 형태는 지도집단, 상담집단, 치료집단, 대면집단과 감수성집단, T-집단 등 5가지로 나눌 수 있다.

(1) 지도집단(guidance group)

지도집단은 교육, 직업, 사회적 정보와 같은 학생의 개인적 요구나 관심사에 관련된 적절한 정보를 제공하는 데 많이 사용되는 경향이 있다. 지도집단은 학교장면에서 많이 사용되고 교실을 많이 이용한다. 지도집단이 다른 집단과 구분되는 특성은 비교적 구조화 되어 있고, 논의할 주제가 일반적으로 집단 지도자에 의해 선정된다고 할 수 있다. 또한 지도집단은 심리적인 문제를 치료하기보다는 문제를 사전에 예방하는 것에 중점을 둔다.

(2) 상담집단(counseling group)

상담집단은 집단상담 또는 소집단 대화라고도 불리우며 문제의 예방보다는 심리적인 문제를 가지고 온 개인에게 초점을 두고 있다. 상담집단은 집단원 간의 상호작용과 문제해결을 위해서 소규모로 이루어질 때 더 효과적이며, 또한 지도집단에 비해 덜 구조화 되어 있다고 할 수 있다. 상담집단은 집단원들의 신뢰감 형성을 위해 상담자가 편안한 분위기에서 개인적인 어려움(가족, 대인관계, 자아개념, 개인적 · 사회적 교육)을 나눌 수 있도록 분위기를 만드는 역할이 중요하며 구성원들은 자신이 원하는 행동변화에 따라 자신의 문제를 다룰 기회를 가지게 된다.

(3) 치료집단(therapy group)

치료집단은 참여한 구성원들의 집중적인 심리적 치료의 필요성 때문에 치료적 목적을 위해 구성된 집단이다. 이들의 문제는 대부분 뿌리 깊게 박혀 있어 오랜 시간을 필요로 하며 더 많은 훈련과 전문적 기술을 지닌 지도자를 필요로 한다. 주로 성격장애와 관련되는 내용들이 대부분이다. 집단구성원의 경우 이상행동 때문에 자진하거나 혹은 타인의 의뢰로 치료를 받게 되거나 정상적으로 기능할 수 없는 사람들을 대상으로 한다.

(4) 대면집단과 감수성집단(encounter group/sensitivity training group)

대면집단과 감수성집단은 개인이 자아인식을 통해 자신이 가지고 있는 잠재능력을 개발하여 자신을 발전시키는 데 초점을 둔다. 집단의 목적은 집단 안에서 자신의 잠재능력을 찾을 뿐만 아니라 실현할 수 있는 건강한 사람들에게 기회를 제공하여 성장할 수 있도록 한다.

대면집단은 주로 서로 간의 신뢰, 공유, 개방, 모험적인 행동을 통해 친밀한 자신들만의 경험을 갖게 된다. 주로 지도자가 구조화된 경험으로 참여자들을 지도함으로써 구조화 시킬 수 있으며, 장시간 집중적인 경험을 위해 주말을 이용한 집단경험을 하기도 한다. 장시간의 주말 집단경험 안에서 나타나는 피로감을 통해 개인의 역할이나 가면을 벗어버리고 직설적이고 자신의 느낌을 정직하게 의사소통하도록 하는 것이다.

(5) T-집단(training group)

T집단 혹은 훈련집단은 초기에 기업체에서 작업집단의 효율성과 능률성을 증진하기 위해서 집단기능의 과정을 연구하는 방법으로 사용되었다(이현림 외, 2007). T집단은 과업 지향적이고, 집단의 기능에 관심을 두며 집단참여자들이 더 훌륭하게 될 수 있도록 참여자들을 교육시키는 데 관심을 두기 때문에 집단참여자들의 집단 내 역할을 중요시하며 일정시간 집단 내에서 구성원 간의 관계를 중요시한다.

3) 집단 용어

이현림(2008)은 집단에서 사용하는 집단과정, 집단응집력, 집단규범을 아래와 같이 설명하고 있다.

(1) 집단과정

집단과정은 집단이 토론하고 있는 주제를 의미하는 집단내용과 다르다. 즉, 어떻게 논의가 진행되고 있는가를 의미하는 것이다(Johnson & Johnson, 1982). 효과적인 집단 지도자나 구성원이 되기 위해서는 논의에 참여하고, 집단이 어떻게 진행되고 있는지를 알 수 있어야만 한다. 상담집단에서 상담자는 각 구성원의 이야기를 주의 깊게 들어야 할 뿐만 아니라, 집단원들의 의사소통, 각 구성원의 역할, 비언어적 의사소통 등을 파악할 수 있어야만 한다.

(2) 집단응집력

집단응집력은 집단을 함께 유지하는 상호작용의 정도를 의미한다. 집단응집력은 집단구성원들의 부정적인 면보다 긍정적인 면이 많을 때 높아진다. 그러나 집단응집력은 특정한 시간에 있어서 집단의 매력 정도에 달려 있으므로 언제나 변한다

(Johnson & Johnson, 1982). 집단응집력은 유사한 목표를 가지고 있는 집단원의 구성에 달려 있다. 집단응집력은 집단원들이 제대로 제 시간에 출석하는지, 구성원들이 상호 간에 표현하는 애정, 신뢰, 상호지지 등과 같은 요인에 의해 평가될 수 있다.

(3) 집단규범

집단규범은 집단응집력과 밀접히 관련되어 있다. 집단규범은 집단 내에서 어떤 행동이 적합한 행동으로 간주되는가를 규정하는 공식적 · 비공식적 규칙을 의미한다(Corey & Corey, 2006). 예를 들어, 아동 집단상담에서 중요한 규범은 한 번에 한 사람만 이야기하는 것이다. 보편화된 집단규범은 집단 내에서 논의된 사항에 대해 비밀을 지키는 것이다. 집단은 집단경험 초기에 형식적인 규범을 확립하는 것이 중요하다. 비공식적 규범은 구성원들 행동에 대한 긍정적, 부정적 결과를 통해 형성된다.

(4) 집단상담자의 역할

집단의 진행과정에서 집단상담자의 역할은 매우 큰 비중을 차지하는데 구체적인 집단상담자의 역할은 다음과 같다.

① 집단상담자는 집단원들이 집단 활동에 편안하게 참여할 수 있도록 집단의 시작을 도와주며, 신뢰감을 형성하도록 돕는다.

② 집단상담자는 집단상담의 목적과 목표, 효과성을 높이기 위해 적절한 집단 규칙을 정할 수 있어야 하며, 집단원들이 성장할 수 있도록 집단을 이끌어어야 한다.

③ 집단상담자는 집단원들이 원활한 의사소통을 통해 집단 안에서 상호작용을 잘할 수 있도록 도와주어야 한다.

④ 집단상담자는 집단원 중 상담자의 보호가 필요하거나 자신을 개방하기 꺼려하는 구성원이 있다면 그를 인정해 주고 집단 활동에 적절하게 참여할 수 있도록 도와주어야 한다.

⑤ 집단상담자는 집단 활동의 종결을 통해 평가의 기회를 가지며, 집단종결 후에도 개인 상담을 받을 수 있음을 알려주고, 추후 모임(자조모임 등)을 계획하게 하며, 그동안 집단에서 배우고 느낀 것을 실생활에 적용하도록 도와준다.

표 13-1 집단 형태별 집단상담의 방법

	차원 범주	지도집단	훈련집단	상담집단	치료집단
1	보편적 이름	• 토론집단, 정보제공 및 생활안내 집단, 진로 및 직업 지도집단	• 훈련집단, 대인관계 실험실, 수성훈련, 참만남집단	• 집단상담 • 소집단대화	• 집단치료 • 집단요법
2	집단원의 종류	• 취급되는 영역과 필요성에 의해 자진 또는 타인이 선발	• 대인관계경험 및 정서적 성장을 위해 자진 또는 타인의 추천	• 적용문제 때문에 자진 또는 타인의 의뢰	• 이상행동 때문에 자신 혹은 타인의 의뢰
3	크기(인원)	• 10~80	• 8~30	• 6~12	• 4~8
4	초점	• 교육적 · 직업적 · 개인적 정보제공과 생활계획	• 자기노출과 귀환반응, '지금-여기'의 상호작용	• 관찰할 수 있는 비적응적 행동, 집단원 간의 상호작용에 의한 문제해결	• 집단 내 · 외에서의 비적응적 행동, 집단원의 심리적 갈등
5	목표	• 생활계획과 의사결정의 촉진을 위한 환경적 · 개인적 요인에 대한 지식의 증가	• 바람직한 대인관계의 체험적 학습 및 정서적 순화	• 자기탐색을 추진하기 위한 환경을 제공하고, 문제해결 · 대안적 행동의 탐색 · 실천	• 성격적 변화, 이상행동의 수정
6	지도자	• 지도책임자(상담자 · 교사 및 교수 등)	• 훈련자(교육자 · 심리학자 · 사회사업가 등)	• 상담자(심리학자 · 상담교사 등)	• 치료자(임상심리학자 · 정신과의사 · 상담자 · 사회사업가 등)
7	지도 형태	• 지도자가 집단 방향과 내용을 정함	• 구성원의 요구에 따라 지도자가 집단과정을 안내 · 촉진	• 지시적 또는 집단 중심적 접근	• 치료자의 경험 · 훈련 환자의 문제에 따라 다르나 대체로 분석적 · 지시적
8	지도 기간	• 전달된 정보 · 자료의 성질에 따라 1~7, 8회	• 보통 1~10일	• 5~25회 정도 지속	• 보통 10~50회 동안 지속
9	면접 시간	• 20~50분	• 1일에 8~12시간 정도	• 1~2시간 정도	• 1~2시간 정도
10	장소	• 교육기관(중등학교 · 산업체 · 대학의 교실 및 강당)	• 산업 · 종교 · 교육 · 의료기관의 회의실, 주로 숙박형식 수련회	• 교육기관의 상담실 및 일반상담소	• 병원 정신과 및 임상 진료실

출처: 이현림(2008). 상담의 이론과 실제. p. 213. 재인용.

2 집단상담의 목표

코리와 코리가 제시한 집단상담의 목표는 자아개념 발달과 관련이 있으며 내담자 자신의 감정에 관심을 기울일 때 효과적인 집단상담이 될 수 있다. 그가 제시한 집단상담의 목표를 살펴보면 다음과 같다(Corey & Corey, 1977).

① 선정된 다른 구성원과 더불어 개방적으로 솔직하게 되는 것

② 친밀성을 방해하는 조작적인 행동을 줄이는 것

③ 자신과 타인을 신뢰하는 법을 배우고 좀 더 진지하고 진실하게 되는 것

④ 외부의 압력과 지배를 덜 받게 되는 것

⑤ 자기를 수용할 수 있게 되고 자신에게 완전무결함을 요구하지 않게 되는 것

⑥ 자신의 감정을 자각하고 수용하는 것

⑦ 친밀감을 표현하는 것에 대한 공포를 줄이고 친해지는 것을 배우는 것

⑧ 단순히 다른 사람의 기대에 맞추려는 데서 탈피하여 자신의 기준으로 결정하는 것

⑨ 다른 사람을 배려하고 관심을 가지고 정직, 솔직하게 대하는 방법을 배우는 것

⑩ 자기가 원하는 것을 직접 요구할 수 있도록 배우는 것

⑪ 자기 인식을 증대시켜서 선택과 행동에 대한 가능성을 증가시키는 것

⑫ 내재한 잠재력과 창의성을 탐색하고 개인적인 문제를 해결하는 방법을 찾는 것

⑬ 느낌과 그 느낌을 행동으로 옮기는 것과의 차이를 배우는 것

⑭ 자신이 할 수 있거나 하고 싶은 만큼 하지 못하게 하는 부적합한 초기 결정을 하지 않도록 하는 것

⑮ 다른 사람들도 문제를 가지고 있다는 것을 인식하는 것

⑯ 자신의 가치관을 명료화하고 이러한 가치관을 변경할 것인가 또 어떻게 변화시킬 것인가를 결정하는 것

⑰ 애매모호한 것을 감당할 수 있게 되는 것, 즉 확실한 것은 아무것도 없는 세계에서 선택하는 것을 배우는 것

⑱ 내재한 잠재력과 창의성을 탐색하고 개인적인 문제를 해결하는 방법을 찾는 것

⑲ 다른 사람을 배려하는 개인의 역량을 증대시키고 베푸는 방법을 배우는 것

3 집단상담의 장·단점

집단상담은 최근에 와서 주목을 받고 있으며 많은 장점을 갖고 있어 상담의 중요한 접근방법으로 사용된다. 그러나 모든 내담자에게 적용할 수 있는 것은 아니다. 다양한 집단의 형태에 따라 내담자를 다루게 될 때 집단상담의 장점과 단점을 이해하여 효과적인 치료가 이루어지도록 해야 하겠다.

1) 집단상담의 장점

① 내담자는 집단 안에서 상호작용을 통해 자신이 가진 문제와 다른 사람들이 가진 문제의 유사점과 차이점을 자각하고, 자신을 이해하게 된다.

② 내담자들은 다른 구성원들과 친밀한 관계 경험을 통해 신뢰감을 향상시킬 수 있다.

③ 내담자들은 상호 간에 지지체계를 형성하며, 집단상담 종결 후에도 자조모임으로 연결될 수 있다.

④ 내담자는 집단 안에서 도움을 받기도 하지만 도움을 줄 기회도 갖게 된다.

⑤ 내담자는 상담기회를 통해 대인관계와 의사소통 기술을 배울 수 있다.

2) 집단상담의 단점

슐져와 스톤(Shertzer & Stone)은 아래와 같이 집단상담의 제한점을 밝히고 있다(Shertzer & Stone, 1974).

① 내담자 중에는 집단상담 전에 개별적인 도움을 받아야 하는 경우도 있다. 처음에 일 대 일의 상담과정의 경험이 없이는 집단 환경에 들어갈 수 없거나 안정감

을 느끼지 못하는 내담자가 있다. 그러므로 기본적인 문제들을 해결한 후 자신의 문제가 집단과정의 목표에 적합하면 집단에 들어갈 수 있게 된다.

② 집단상담에서 상담자의 역할은 더 많이 분산되므로 복잡하다. 상담자는 각 내담자의 문제에 동시에 집중하고, 집단구성원 간의 상호작용에 반응하고, 집단역동을 살펴야 한다.

③ 집단은 '집단과정'의 문제에 집착하게 되어, 집단원의 개인적인 문제는 등한시하게 될지도 모른다.

④ 어떤 내담자는 집단에 대한 신뢰감을 발전시키는 것이 어려울 수도 있다. 그러므로 수용되지 못할 감정, 태도, 가치관과 행동 등을 논의의 대상으로 제기하지 못할 수도 있다.

⑤ 내담자 문제의 어떤 유형이 개인상담보다 집단상담에 더 적합한가에 대한 논란이 아직도 계속되며, 이에 대한 정보가 부족하다.

집단상담의 한계에 대해 코리와 코리(Corey & Corey, 1977)는 아래와 같이 제시하고 있다.

① 어떤 상담자와 내담자는 집단경험에 대해 너무 많은 기대를 걸며, 집단상담을 '만병 통치약'으로 여긴다.

② 집단규범에 순응해야 한다는 압력으로 집단규범을 자신의 규범으로 부적당하게 대치하는 경우도 있다.

③ 어떤 내담자들은 집단경험을 통해 일상생활의 기능을 향상시키기 위해 노력하기보다는 집단경험 그 자체를 목적으로 삼기도 한다.

④ 어떤 내담자들은 집단경험의 이해와 수용을 오용하기도 한다. 그들은 자신의 문제를 집단에 풀어 놓기만 하고 행동을 변화시키려 하지 않는다.

⑤ 몇 번의 집단경험만 있을 뿐 정식 훈련을 받지 않은 사람이 집단을 구성해서 지도하려 할 때, 집단지도자의 부적절한 지도로 인해 문제가 발생한다.

⑥ 집단상담은 심리적으로 성장하는 것만큼이나 상처를 입을 가능성도 지니고 있다. 집단원들에 의해 적대감을 느낄 때 매우 상처받기 쉽고, 상당한 고통을 경험하게 된다. 집단참여자가 다수이기 때문에, 지도자가 통제력을 잃어 집단원들에게 심리적 피해를 입히는 결과를 가져올 수도 있다.

4 집단상담의 준비 및 구성

집단상담을 구성할 때는 집단이 무슨 목적으로 구성되는가를 분명히 알아야 한다. 집단의 목표에 따라 내담자를 선정하고, 집단의 크기 및 만나는 빈도, 상담시간, 물리적 장치 등을 결정한다. 또한 집단을 폐쇄집단으로 할 것인가, 개방집단으로 할 것인가를 정하며 언제부터 언제까지 몇 회기로 할 것인가 등을 정한다.

1) 집단구성원의 모집과 선정

집단상담의 목적과 기능에 따라 내담자를 선정하는 것이 중요하다. 자기노출을 정직하게 하는 집단에는 평소 잘 아는 사람을 넣지 않는 것이 중요하며, 연령과 사회적 성숙도에 있어서는 동질적인 편이 좋으나 성은 발달 수준에 따라 고려하는 것이 좋다. 아동의 경우에는 남녀를 따로 모집하는 것이 좋으며, 청소년기 이상에서는 남녀가 섞인 집단이 더 바람직하다. 청소년기의 학생들은 공감대가 형성되는 같은 또래끼리 만나는 것을 더 편하게 생각하며, 특별한 경우를 제외하면 성인들의 경우에는 다양한 연령층과 여성, 남성이 구성원을 이루어 서로의 경험을 이해하고 나눌 수 있다면 참여자 모두에게 도움이 될 것이다.

가정, 성폭력 가해자 상담위탁처럼 의무적인 경우에는 내담자의 어려움이나 관심사 등을 말하는 데 경우에 따라 다소 어려움이 있다. 그러므로 집단상담의 효과를 위해서는 첫째, 내담자가 도움 받기를 간절히 원해야 한다. 둘째, 내담자의 경험에 대해서 기꺼이 개방하고 내담자의 문제를 적절하게 노출할 수 있어야 한다. 셋째, 집단분위기에 잘 적응할 수 있어야 한다. 집단상담자는 집단의 특성과 목표에 적합한 내담자인지의 여부를 면담을 통해 파악해야 하고, 집단을 어떻게 구성할지를 결정해야 한다. 이런 과정을 통해 집단상담의 효과를 예측할 수 있다.

TIP **부부갈등 집단상담의 예**

부부갈등이 심각한 위기가정을 대상으로 부부학교를 5회기 진행하던 중 '나에게 가장 힘든 것은?' 이란 주제로 자신을 소개할 때 혼자 참석한 아버지는 "아내에게 아침밥을 얻어 먹은 지가 언제인지 모르겠어요. 퇴근을 하고 집에 오면 들어오는 거실부터 집은 엉망이고 애들에게 따뜻한 밥보다 자장면이나 빵으로 한 끼 때우려 해요. 애들에게 밥 좀 해먹여라. 청소 좀 해라. 잔소리를 해도 싸움으로 가니 답답할 뿐이죠. 지금은 퇴근 후 제가 청소하고 애들 반찬도 해주는데…. 마음속에 기대가 있는지 집사람을 보면 화가 나요." 라고 했다. 아버지들의 주 호소문제를 듣고 있던 집단상담 참여자 어머니 한 분이 느낌 나누기 시간에 "나 자신을 돌아보는 계기가 된 것 같아요. 그동안 내 입장만 생각하고 힘들어 했는데 아버지들의 어려움을 듣다 보니 남편이 그동안 나를 보고 답답하고 힘들었겠구나 느껴져요."라고 했다. 이처럼 집단상담은 구성원의 호소문제를 통해 집단상담에 참여한 구성원들이 각자 자신을 돌아보고 문제를 해결해 갈 수 있다.

저자 집단상담 사례 중 일부 발췌

2) 집단의 크기

적절한 집단의 크기에 대해서는 학자마다 주장이 다르지만, 대부분의 집단상담에서는 6~7명에서 10~12명을 기준으로 하고 있다. 하지만 문제가 심각한 경우일수록 집단의 크기가 작은 것이 바람직하며, 내담자들이 전적으로 참여할 수 있어서 좋다. 바람직한 경우는7~8명이라고 전문가들은 이야기하고 있다. 집단의 크기가 너무 클 경우 내담자들의 일부는 전적으로 참여할 수 없게 되고, 상담자는 내담자 각 개인에게 주의를 기울이기가 어려워진다. 또한 매 회기별 상담목표를 깊이 있게 접근하기가 어려워지는 경향성이 있다.

3) 집단 모임의 빈도와 시간

집단상담은 주 1회 혹은 주 2회 만나는 것이 보통이다. 문제의 심각성이나 집단목표에 따라 모임의 빈도를 증감시킬 수 있으며, 불가피한 사정에 따라 일정이 변경될 수도 있고, 대상자 모집 여부에 따라 연기, 폐강 될 수도 있다. 집단상담 시간의 빈도를 어느 정도 두는 이유는 상담경험에 대해 생각해 볼 기회를 주어 상담의 효과를 높이기 위함이다. 아동을 대상으로 할 경우는 집중할 수 있도록 짧은 시간동안 자주 만나는 것이 효과적이다. 성인의 경우 회기별 2시간 정도 진행하는 것이 적당하나, 상담목표에 따라 깊이 있게 다뤄야 할 필요성이 있을 경우 회기별 3시간씩 진행하는 경우도 있을 수 있다.

4) 전체 집단회기의 길이

전체 집단회기가 어느 정도 지속되는지를 말한다. 즉 집단의 시작과 종결에 걸리는 시간을 말하며, 집단이 구성될 때 집단목적에 따라 그 집단의 회기가 정해진다. 일반적으로 8회기, 12회기 등으로 진행되나 회기나 너무 길어지면 경우에 따라 집중력이 떨어지고 집단원의 사적인 이유로 결석률이 높아지며 종결로 갈수록 집단 분위기가 산만해진다. 최근 실시되고 있는 가족생활교육 집단회기 프로그램의 경우, 결혼준비교육, 예비아버지교육, 예비부모교육, 부부관계 향상프로그램, 노년기가족관계 향상 프로그램 등의 경우 집단회기는 5~6회기로 진행되는 것이 일반적이다. 하지만 가정폭력 가해자, 피해자의 경우 집단상담회기를 짧게는 10~15회기, 길게는 20~30회기 권장하고 있으며 치료목표를 이루기 위해서 다뤄야 할 내용들과 생각이 바뀌기 위해서 알아야 할 지식 등 집단상담 내용에 필수적으로 다뤄야 할 내용들도 포함시키고 있다.

5) 집단상담 실시장소

집단상담을 하는 공간은 집단원들에 비해 너무 크지 않으며 외부로부터 방해를 받지 않는 환경이 좋다. 또한 집단원들이 편안하고 안정감을 느낄 수 있는 공간이어야 한다. 일렬로 앉는 것보다는 원탁에 둘러앉거나, 원형 혹은 얼굴을 마주보고 대화할 수 있도록 앉는 것이 효과적이다. 책상을 사용하는 것은 장단점이 있다. 둥근 책상에 둘러앉으면 보다 안정감을 느끼지만, 자유로운 상호작용을 하기에는 다소 방해가 된다. 그러므로 프로그램과 참여자의 특성에 따라 원탁에 둘러앉아 진행하다가, 어느 정도 응집력이 생기면 바닥에 앉아서 진행하거나 책상 없이 둥근 모양으로 의자에 앉아 진행하기도 한다. 집단회기마다 집단원들의 비언어적 메시지를 중요시 여겨야 하며 내담자를 전체적으로 볼 수 있어야 한다.

6) 개방집단과 폐쇄집단

집단의 목표에 따라 집단의 운영을 폐쇄형으로 할 것인가 혹은 개방형으로 할 것인가를 미리 정해야 한다. 폐쇄집단은 상담이 시작될 때 참여했던 집단으로만 상담을 종결하며 중도에 집단원을 받아들이지 않는 것이다. 즉 도중에 집단원 중 탈락자가 생겨도 새로운 구성원을 받아들이지 않는다. 그러므로 집단의 크기가 너무 작아질 염려가 있다. 일반적으로 대학상담실이나 청소년상담실 등에서는 단기상담에 적합한 주제로 이루어지는 상담을 주로 하기 때문에 폐쇄집단의 형태를 취하는 경우가 많다. 개방집단은 집단이 허용하는 한도 내에서 상담진행 중에 새로운 사람을 받아들이는 것이다. 이때에는 집단원 간에 의사소통이나 수용, 지지 등이 부족해지거나 갈등이 일어날 수 있다. 새로운 구성원을 받아들일 때에는 반드시 집단 전체가 그 문제를 충분히 논의해야 한다. 이러한 논의를 통해 집단의 기본적인 특성을 분명히 유지할 수 있다. 새로운 집단원은 간혹 집단의 흐름을 방해하는 경우도 있으나 오히려 집단과정에 활기와 도움을 줄 수도 있다(이장호, 1982).

집단상담 프로그램은 대상과 목적에 따라 다양하게 실시할 수 있으며, 생애주기를 중심으로 아동을 대상으로 하는 아동 집단상담 프로그램, 청소년을 대상으로 하는 청소년 집단상담 프로그램, 성인을 대상으로 하는 성인 집단상담 프로그램, 노인을 대상으로 하는 노인 집단상담 프로그램의 구성과 집단상담 프로그램 진행 회기 중 일부를 적용해 봄으로써 집단상담에 대한 이해를 돕고자 하였다.

5 집단상담 프로그램의 실제

1) 아동을 위한 집단상담 프로그램

아동을 대상으로 한 집단상담 프로그램은 아동들에게 새로운 기술을 배우거나 실습할 수 있는 장을 제공하여 개인상담보다 효과적일 수 있다. 또한 아동집단은 가정폭력 가해자와 함께 사는 아동, 알코올중독자와 함께 사는 아동, 부모가 이혼한 한부모가정 아동, 계부모가족과 함께 살기 시작한 아동, 학교폭력으로 시달리거나 학교 따돌림으로 부적응한 아동, 그 외에도 다양한 어려움에 직면한 아동들에게 좋은 정보, 지지, 상담, 교육을 제공할 수 있다. 현대사회는 이혼율이 증가하면서 한부모가정이 증가하고 있다. 이에 일반 아동집단을 대상으로 한부모가정과 이혼을 이해하는 아동집단상담 교육프로그램을 소개하도록 하겠다.

(1) 아동 집단상담 교육프로그램의 목적

한부모가정과 이혼에 대한 선입견 · 고정관념 · 편견 등으로 아직도 어려움을 당하는 아동들이 많이 있다. 보편적으로 한부모 가족구성원들은 불안 · 두려움 · 상실감 · 열등감 · 수치 등으로 다양한 어려움을 겪고 있으므로 사회적 · 개인적 편견에서 벗어나 건강한 자아정체감을 갖게 하여 다양한 가족구성의 하나로 한부모가정을 받아들이도록 하는 데 목적이 있다. 또한 이혼에 대한 개념화를 통해 아동들이 이혼을 바르게 인식하고 이혼 후의 생활에 어려움 없이 잘 적응할 수 있도록 돕는 데 목적이 있다.

(2) 아동 집단상담 교육프로그램의 크기

아동집단은 주의집중 시간을 고려해야 하기 때문에 청소년이나 성인보다 적은 규모가 좋다. 4~6명 정도의 소집단이 적당하며 그 이상일 때 상담자는 다수의 아동에게 초점을 두기가 어렵다. 그러나 집단원이 주의 · 집중하거나 서로 상호작용하는 데 문제를 가지고 있다면 최대 4명의 아동을 구성할 수 있다.

(3) 회기의 길이

아동집단은 대부분 길게는 40분, 짧게는 20분 동안 진행될 수도 있지만 대략 30분 정도 지속된다. 회기의 시간이 길어질 경우 집중에 어려움을 겪게 된다. 집단상담자는 집단에서 주어진 주제와 집단에 참여하는 인원수를 충분히 고려해야 하며, 적절한 시간을 통해 집단상담 프로그램의 효과성을 높일 수 있다.

(4) 회기의 수

아동을 대상으로 하는 집단은 대부분 교육적 목적이나 특정 주제를 다루기 때문에 1회기나 2회기 동안 지속된다. 하지만 이혼, 한부모가정, 친구 사귀기, 계부모 가족과 사는 문제를 다루는 집단은 5회기에서 8회기나 그 이상의 회기 동안 지속해야 할 것이다.

(5) 집단 참여자 선별

집단 상황에 적응하기 힘든 아동이 있기 때문에 상담자는 아동을 위한 집단 참여자 선정에 특별히 주의를 기울여야 한다. 상담자는 아동집단의 첫 회기는 참여자 선발을 위한 시간으로 생각해야 한다. 아동에게 첫모임은 집단에서 지내는 것을 좋아하는 방법과 집단 상황에서 행동하는 방법을 학습하는 것을 말해주거나 함께 규칙을 정하여(비밀 보장 등) 집단에서 지켜야 됨을 알려줘야 한다. 첫 회기를 통해 많이 주의를 요하는 아동이나 집중할 수 없는 아동, 다른 아동과 시간을 공유할 수 없는 아동은 개인상담을 받는 것이 더 나을 수 있다.

(6) 아동 집단상담 교육프로그램의 구성

아동대상 한부모가정과 이혼이해 프로그램의 구성은 다양한 형태가 있지만 현대가정에서 일반아동들에게 교육프로그램을 통해 적용하기에 적절한 서영숙과 황은숙(2004)의 [표 13-2] 프로그램을 참고로 소개하고자 한다. 아래의 표에서 제시된 것처럼 프로그램의 구성은 다양한 가족구성 형태, 결혼 그리고 이혼, 홀로서기, 내가 엄마(아빠)하고만 산다면, 훌륭한 한부모가정 위인들 등 5가지 주제별로 5회기로 구성되어 있다.

각 주제는 자유선택활동시간, 이야기나누기, 그림동화, 언어, 동극, 인형극, 수·과학, 미술, 사회, 게임, 음악, 신체표현 등 활동영역별로 구성되어 있으며 종일제 프로그램에서 사용할 수 있도록 되어 있다. 반일제, 방과 후 센터 등에서도 활용할 수 있다.

표 13-2 한부모가정과 이혼이해교육 프로그램의 내용 구성

주제	다양한 가족구성 형태	결혼 그리고 이혼	홀로서기	내가 엄마(아빠)하고만 산다면	훌륭한 한부모가정의 위인들
목표	• 다양한 동물들의 가족구성을 통해 한부모가정을 자연스럽게 접하게 한다.	• 결혼과 이혼과정을 유아들이 이해할 수 있도록 돕는다.	• 한부모가정 아동에 대한 편견과 그들의 어려움을 살펴본다.	• 한부모가정 아동의 생활을 소개하고 이해할 수 있도록 돕는다.	• 한부모가정의 위인을 통해 한부모가정 아동에 대한 잠재능력을 부각시켜준다.
자유활동 시간	• (컴)동물사이트		• (컴)홈페이지 소개		• (컴)한부모가정 출신 위인 사이트
이야기 나누기	• 동물나라 가족들	• 결혼과 행복	• 우리집은 행복해요.	• 북두칠성	• 한부모가정의 위인들
그림동화	• 가시고기 아빠의 아기사랑	• 토끼의 결혼식/따로따로 행복하게	• 내친구 최영대/엄마의 의지	• 북두칠성이 된 형제	• 위인전 한석봉
언어	• 수수께끼(동물가족의 가족형태 알아맞추기)	• 내가 드미트리어스와 플라라면	• 난 영대와 달라요.	• 패러디(내가 만약 엄마(아빠)하고만 산다면)	
동극		• 따로따로 행복하게			
인형극				• 새엄마(새아빠)가 오신대요.	
수 · 과학	• 엄마 또는 아빠와 사는 동물		• 나는 기분지수		• 내가 좋아하는 한부모가정의 위인은?
미술	• 벽화 그리기	• 우리집은		• 북두칠성이 된 형제 환경판 꾸미기	• 위인집 만들기
사회		• 이혼과 소망	• 나는 이만큼 힘들어요.		
게임				• 징검다리	• 위인 모셔오기
음악					• 베토벤의 영웅
신체표현	• 동물가족 모여라		• 조각		

출처: 서영숙 외(2004). 한부모가정과 이혼이해교육. p. 68. 재인용.

TIP 한부모가정과 이혼이해교육 아동집단 프로그램 과정

가시고기 아빠의 사랑이야기(1회기)

가. 목　　표: 일반아동들에게 한부모가정의 모습을 알아보고 이해하도록 한다.
한부모도 자녀를 사랑한다는 것을 알고, 편견과 선입견을 변화시킨다.

나. 집단형태: 소집단(4~6명)

다. 준 비 물: 그림동화책 '가시고기 아빠의 아기사랑', 가시고기 모양의 색도화지

라. 활　　동

① 가족에는 어떤 가족 구성 형태가 있는지 알아본다.
- 여러분들은 누구와 함께 살고 있지요?
- 엄마 또는 아빠 중 한 분과 살고 있는 친구를 본 적 있으세요?
- 그런 친구를 보면 어떤 생각이 드나요?

② 가시고기 아빠의 아기사랑 이야기를 들려준다.
- 아빠나 엄마하고만 살고 있는 친구들도 부모님의 사랑을 받을까?
- 이 시간은 엄마가 돌아가셔서 아빠와 함께 사는 친구 이야기를 들려주려고 해요.
- 이 친구가 아빠와 어떻게 살고 있는지 이야기를 듣고 함께 살펴보도록 해요.

③ 가시고기 아빠의 아기사랑 이야기를 듣고 느낀 점을 가시고기 모양의 색도화지에 표현한 후 다 함께 느낀 점을 자유롭게 나눈다.
- 아빠 가시고기의 사랑을 읽고 느낀 점은 무엇인가요?
- 아기 가시고기가 왜 행복했을까요?

마. 정리 및 기대효과
- 한부모가정을 자연스럽게 접하여 다양한 가족을 이해하고 함께 사는 법을 배우도록 한다.
- 누구든지 한부모가정이 될 수 있음을 알고 부정적인 선입견을 버리도록 한다.
- 다양한 가족의 형태를 알도록 한다.

출처: 서영숙 외(2004). 한부모가정과 이혼이해교육. p. 128. 재구성.

TIP 가시고기 아빠의 아기 사랑

맑고 깨끗한 강 깊은 곳에 아빠 가시고기가 집을 지었어요. 강바닥의 진흙을 파내고, 물풀과 나뭇잎으로 아담하고 예쁜 집을 지었어요. 아빠가 지은 아담하고 예쁜 집에서 아기 가시고기가 태어났어요. 아기가 태어나자 아빠 가시고기는 기뻐서 어쩔 줄을 몰랐어요.

아빠는 아기 가시고기에게 뽀뽀를 하며 말했어요.

"아가야! 너를 사랑한단다."

아기 가시고기가 예쁜 눈으로 아빠 가시고기를 바라보며 말했어요.

"아빠! 아빠 얼굴이 따가운 것이 사랑인가요?"

"허허허"

아빠 가시고기는 아기를 보며 웃었어요.

아기 가시고기가 다시 아빠에게 물었어요.

"아빠가 지금 웃으시는 것이 사랑인가요?"

아빠 가시고기는 가슴에 아기 가시고기를 꼭 끌어안고 말했어요.

"너의 모습만 보고 있어도 즐겁고, 네가 먹는 것만 보아도 배부르고, 너의 잠자는 모습만 보아도 행복한 것, 그것이 사랑이란다."

"그것이 사랑이라면 나도 할 수 있어요. 나도 아빠를 사랑해요."

아빠 가시고기는 아기를 등에 업고 헤엄치며 강 위로 올라갔어요.

아기가 말했어요.

"아빠! 강 위를 비추는 동그란 것은 무엇인가요?"

"그것은 달이란다. 달은 밤마다 강을 환하게 비추며 행복해 한단다."

"그것도 사랑인가요?"

"그렇단다."

"아빠! 달 옆에 반짝반짝 빛나는 것은 무엇인가요?"

"그것은 별이란다."

"아빠! 그러면 별도 강을 사랑하나요?"

"그렇단다. 반짝반짝 빛나는 별도 강을 바라보며 즐거워한단다."

아빠는 다시 아기 가시고기를 등에 업은 채로 강 밑으로 헤엄을 치며 내려가기 시작했어요. 아기 가시고기는 아빠에게 물었어요.
"아빠! 아빠는 나를 얼마나 사랑하세요?"
"하늘만큼 사랑한단다."
잠시 생각을 하던 아기 가시고기도 말했어요.
"아빠, 나도 아빠를 하늘만큼 사랑해요."
"아빠는 너를 땅만큼 사랑한단다."
"아빠, 나도 땅만큼 아빠를 사랑해요."
"아빠는 너를 우주만큼 사랑한단다."
"아빠, 나도 우주만큼 아니 그보다 더 많이 아빠를 사랑해요."
아빠는 허허허 웃으면서 말했어요.
"아빠가 너를 사랑하는 것보다 네가 아빠를 더 사랑하는구나."
아기 가시고기는 아빠의 말에 기뻐하며 아빠의 등에 몸을 기대고 눈을 감았어요.
포근한 아빠의 등에 누워 있던 아기 가시고기는 스르르 잠이 들기 시작했어요.
그리고 아빠에게 말했어요.
"아빠 사랑해요. 하늘만큼, 땅만큼, 우주만큼…"
아빠 가시고기가 빙그레 웃으면서 속삭였어요.
"아빠도 너를 사랑한단다. 하늘만큼, 땅만큼, 우주만큼."
"그리고…, 너를 위하여 내 생명을 바쳐도 아깝지 않은 만큼 너를 사랑한단다."
아기 가시고기는 마냥 행복했어요. 그리고 마음속에 아빠 가시고기의 따뜻한 마음과 깊은 사랑이 전해져 오는 것을 느끼며 잠이 들었어요.

출처: 김미경(2006).

2) 청소년을 위한 집단상담 프로그램

청소년을 대상으로 한 집단상담에서 주로 다루는 프로그램은 자아정체성문제, 성 문제, 친구문제, 부모와의 문제, 학교문제 등이다. 특히 잘못된 성가치관과 성지식으로 인한 10대 임신으로 낙태와 미혼모 문제가 사회문제화 되고 있다. 이에 청소년을 위한 성교육 집단상담 프로그램을 소개하고자 한다.

(1) 청소년 집단상담 프로그램의 목적

사춘기의 청소년들은 성과 사랑 사이에서 혼돈을 겪을 수 있으며 단순한 관심의 표현을 사랑으로 착각하고 상대방에게 성적인 접촉을 강요하기도 한다. 청소년들이 이성교제를 한다고 하면 보통 육체적인 관계까지를 포함하는 경향이 늘어나고 있으나 남학생들은 주로 상당부분 충동적인 이유와 주변 분위기에 따라 성관계를 가지며 정서적인 개입 없이 육체적인 접촉만이 이루어졌을 가능성을 시사한다. 이런 상태에서 상대방 여성에 대한 존중이나 사랑 혹은 성교 후의 지속적인 관계 발전 등은 기대하기 어려울 것이다. 이와는 달리 여학생들은 상대가 원해서 성관계를 했다는 수동적인 이유를 주로 들고 있으며 '사랑하므로'와 같은 정서적인 부분에도 상당한 이유를 두고 있었다(충남청소년상담센터, 2007). 이러한 결과는 여학생들에게 성행동에 대한 주체적인 개입과 책임 있는 선택의 필요성에 대한 교육이 절실히 필요하다는 점을 잘 보여주고 있다. 이에 따라 집단상담을 통해 청소년이 알아야 할 성지식과 성정체감을 찾고 성에 대해 책임을 질 수 있는 청소년이 되도록 하며, 사춘기의 신체적 변화와 임신과 출산에 대한 지식을 제공하는 데 목적이 있다.

(2) 청소년 집단상담 교육프로그램의 크기

지지집단, 성장집단, 상담집단, 치료집단의 크기는 6명 정도가 이상적이고 8명을 넘지 않아야 집단구성원들에게 기회를 적절하게 줄 수 있다. 하지만 청소년 성교육 집단상담 프로그램은 12명에서 15명 정도의 집단원 수를 유지하는 것도 적절하다. 집단교육의 필요성에 따라 모둠식 집단상담 프로그램을 실시할 수도 있다.

(3) 회기의 길이

청소년 집단상담의 회기의 길이는 보통 40~90분 동안 진행된다. 학교에서의 집단은 일반적으로 한 회기에 대략 학교수업 시간과 같이 45~50분 정도 걸린다. 시설에 거주하는 청소년 집단이나 상담소에서 실시하는 집단 프로그램은 일반적으로 90분 정도 진행한다.

(4) 회기의 수

회기의 수는 집단의 종류와 집단원의 상황 등에 따라 달라질 수 있다. 어떤 집단은 1회 또는 2회 정도 진행할 수도 있고 치료를 목적으로 하는 알코올중독, 게임중독, 약물중독 등과 같은 집단은 10주나 6개월 정도, 상황에 따라 더 길게 진행될 수도 있다.

(5) 집단 참여자 선별

집단상담에 적합한 집단원을 선별하는 것은 매우 중요하다. 가장 좋은 방법은 면접을 통해 집단에 참여하기 원하는 이유를 알아내는 것이다. 때로는 학생들이 친구와 함께 있거나 새로운 환경에 대한 호기심 때문에 집단 참가등록을 할 수도 있기 때문이다. 집단의 목적에 따라 상담자는 모두 남성이나 여성 혹은 혼성으로 또래 집단을 구성할 수도 있다. 성교육 집단상담의 경우에는 혼성으로 집단을 구성하면 이성에 대해 배울 수 있는 좋은 기회가 되기도 하나 이성이 있을 때 집단원들이 이성을 의식하여 자신을 정직하게 표현하지 못하는 등 방해를 받을 수도 있다. 비자발적인 청소년 집단의 경우 학교, 법원, 부모, 공공기관의 명령에 의해 형성될 가능성이 크며, 대부분의 학교는 결석이 잦은 학생, 약물중독자, 성적이 낮은 학생, 학교를 중퇴하기 원하는 학생들을 위해 강제 집단을 구성하기도 한다. 법원은 십대 청소년들에게 공공기관에서 실시하는 집단상담에 참가하도록 명령을 내리기도 한다.

(6) 청소년 집단상담 프로그램의 구성

청소년을 위한 집단상담의 종류는 자아존중감이나 자아개념, 중퇴예방, 성교육, 이성교제, 동성애문제, 약물중독, 분노조절 등 다양하다. 청소년을 위한 집단에는 자발적인 집단과 비자발적인 집단이 있으며 자발적인 집단은 학교, 교회, 정신건강센터에서 이루어지는 반면 비자발적인 집단은 치료센터나 정신건강센터 등에서 실시된다. 자발적인 성장집단이나 토론집단, 교육집단, 상담집단, 치료집단은 청소년 시기에 매우 가치 있는 일이며 미래의 삶에 많은 영향을 줄 수 있다. 청소년 대상 성교육 집단상담 프로그램의 구성은 다양한 형태가 있지만 자발적인 집단으로 이루어진 성교육 집단상담 프로그램을 아래와 같이 소개하고자 한다.

표 13-3 청소년을 위한 성교육 집단상담 프로그램의 내용 구성

회기	내용	목표	프로그램 내용
1회기	• 개강식 • 오리엔테이션 및 자기 소개 • 성범주 알기	• 자신을 소개하고 미래의 나를 생각해 보게 한다. • 성에 대한 느낌을 자유롭게 표현할 수 있는 분위기를 형성한다.	• 서약서 작성하기 • 별칭으로 자기소개 • 프로그램 소개, 규칙 • 성이란 무엇인가? • 자기 드러내기와 자기 점검과제(나는 누구인가)?
2회기	• 우리가 반드시 알아야 할 성지식, 성정체감 찾기	• 서로의 성을 존중하게 한다. • 잘못된 성지식에 대해 올바로 알도록 한다.	• 과제점검 • 성정체감 찾기(양성) • 각자의 성욕이해, 성지식 알기 • 집단토의: 상황1 • 과제(부모님께 듣는 성이야기)
3회기	• 책임의 중요성 알기 • 수료식 및 평가	• 성에 대해 책임질 수 있는 청소년이 되도록 한다. • 사춘기의 신체적 변화, 임신과 출산과정에 대한 지식을 제공한다.	• 과제점검 • 임신에서 출산까지(영상물) • 집단토의: 상황2 • 역할극(내 삶의 주인공은) • 내 자녀에게 성교육을 시킨다면(편지글 쓰기) • 평가 및 수료식

출처: 충청남도청소년종합상담실(2001). 청소년성교육지도자과정 워크북. pp. 83~89에서 재구성.

TIP 청소년 성교육 집단상담 프로그램과정

성적 정체감 찾기(2회기)

가. 목　　표: 여성 · 남성으로서의 나를 이해하고 상대의 성을 존중하도록 한다.

나. 집단형태: 10~12명(필요시 3모둠 활동)

다. 준 비 물: 성교육 워크북, 도화지, 사인펜, 간식

라. 활　　동: 아래 내용을 활동지에 적고 모둠별로 나눈 후 모둠에서 나눈 것을 각조 조장이 발표한다. 전체 발표가 끝난 후 느낌을 나눈다.

- 내가 남성/여성이어서 좋은 점은 무엇인가요?
  (　　　　　　　　　　　　　　　　　　　　　　　　　　　　　　　)
- 내가 남성/여성이기 때문에 겪었던 슬프거나 화났던 경험은 무엇인가요?
  (　　　　　　　　　　　　　　　　　　　　　　　　　　　　　　　)
- 내가 남성/여성으로서, 같은 남성/여성끼리 사이에서 어려웠던 것은 무엇이었나요?
  (　　　　　　　　　　　　　　　　　　　　　　　　　　　　　　　)
- 내가 남성/여성으로서 상대방 성의 사람들로부터 듣거나 경험하고 싶지 않은 일들은 무엇이 있었나요?
  (　　　　　　　　　　　　　　　　　　　　　　　　　　　　　　　)
- 내가 남성/여성으로서 상대 성의 사람들을 이해하고 도와주며 그들과 함께 더 좋은 관계를 만들기 위해서 우리가 할 수 있는 일은 무엇이 있나요?
  (　　　　　　　　　　　　　　　　　　　　　　　　　　　　　　　)

마. 정리 및 기대효과

- 자신의 경험을 개방하고 사람들이 느끼는 감정과 상황이 서로 다름을 이해한다.
- 나의 의지와 관계없이 선택된 생물학적 성에 대한 부정적인 경험을 해소하고 자신의 성정체감을 찾을 수 있다.
- 상대방의 성을 이해하고 존중할 수 있다.

출처: 충청남도 소년 상담사(2001). 청소년 성교육 지도자과정 워크북. p. 97. 재인용.

3) 성인을 위한 집단상담 프로그램

성인을 대상으로 한 집단상담 프로그램에서 주로 다루는 분야는 부모교육, 아버지교육, 어머니교육, 결혼예비교육, 다문화가족을 위한 교육프로그램 등 다양하다. 현대사회는 평등문화의 확산과 건강가정기본법이 제정되면서 가족을 위한 돌봄 노동에 국가와 남성이 보다 적극적으로 참여한다. 이를 통해 평등한 가족관계 확립과 남성과 여성의 일-가족 양립을 가능하게 하는 기회를 제공하고자 중앙건강가정지원센터에서 발간한 남성의 돌봄 노동 참여를 위한 아버지교육 집단상담 프로그램(2006)을 소개하고자 한다.

(1) 아버지교육 집단상담 프로그램의 목표

- 평등문화 정착과 가정의 건강성 증진을 위한 기회 제공
- 한국 남성의 일 중심 생활패턴과 가족소외 문제해결의 방법 제시
- 아버지의 돌봄 노동 참여를 통한 완전한 부모역할 수행의 가능성 증대
- 남편의 돌봄 노동에 대한 적극적 참여 유도를 통해 여성의 일-가족 갈등문제해결의 가능성 증대
- 건강가정지원센터의 부모교육 프로그램 활성화 및 평등한 가족문화, 사회문화 정착과 확산에 기여

(2) 아버지교육 집단상담 프로그램의 크기

본 프로그램은 참가자들의 적극적인 참여를 통한 아버지 역할의 자각과 태도변화에 중점을 두기 위해서 20~30명 정도의 크기로 진행하는 것이 적절하다. 일정한 인원(5~7명)으로 모둠을 나누어 이야기를 나누고, 그 결과를 발표하면서 전체 참여인원들의 공감대 형성을 이끌어 낼 수 있어야 한다.

(3) 장소 및 회기의 길이

아버지교육 집단상담 프로그램 회기의 길이는 보통 60~120분 동안 진행되는 것이 적절하다. 개별 모집 프로그램은 센터나 상담소에서 세미나 공간을 확보하여 단독 프로그램(주별 단위로 3회 진행)으로 진행할 수 있으나 직장으로 찾아가는 프로그램의

경우 담당자와 사전 협의를 통해 활동을 위한 충분한 공간을 확보(책상, 의자, 모둠별 책상 배열)할 필요가 있다.

(4) 회기의 수

프로그램 회기의 수는 집단의 종류와 집단원의 상황 등에 따라 달라질 수 있으나 가능하면 주 1회씩 3회 진행하는 것이 적절하다. 하지만 직장 단위로 의뢰되는 프로그램의 경우는 직장상황에 따라 한 주에 3회를 연속 운영할 수도 있다.

(5) 집단 참여자 선별

돌봄 노동의 특성상 생활주기단계에서 자녀의 연령이 어릴수록 자녀양육에 요구되는 시간과 에너지가 더 많기 때문에, 주로 미취학 자녀나 초등학교 저학년 자녀를 둔 아버지를 대상으로 교육할 때 효과적이다. 본 프로그램은 주로 직장생활을 하는 30~40대의 기혼남성을 대상으로 하며 프로그램의 진행과 대상모집의 성격상 직장 단위로 의뢰되는 프로그램으로 운영되거나 개별 모집되는 프로그램으로 운영된다.

(6) 아버지교육 집단상담 프로그램의 구성

프로그램의 구성은 아버지의 본질 변화, 직장과 가정에서의 역할 균형, 아버지에 대한 고정관념의 극복, 아버지와 어머니의 부모역할 공유, 부모 됨의 피로와 적응기제, 자녀의 발달과 성숙에 영향을 주는 아버지의 역할, 아버지와 어머니 간의 갈등조정, 적극적인 아버지 참여의 진정한 의미 등을 다루고 있다.

아버지교육 집단상담 프로그램은 다양한 형태가 있지만 중앙건강가정지원센터에서 발간(2006)된 집단상담 교육프로그램 [표 13-4]를 소개하고자 한다.

표 13-4 아버지교육 집단상담 프로그램의 내용 구성

구성단계	목표	제목	주요내용
1회기	• 한국 남성의 일 중심적 생활 패턴과 가족소외문제 해결방법을 제시한다.	• 남성 그리고 가족: 이 남자가 사는 법	• 한국사회 남성의 생활세계의 특징 • 일 중심 남성의 일상생활과 그 문제 • 가족구성원으로서 남성의 정체감 • 일과 가족에서 균형 찾기
2회기	• 아버지의 돌봄 노동 참여를 통한 부모역할 수행의 가능성을 증대한다.	• 돌봄 노동과 남성: 돌봄 노동의 주인 되기	• 돌봄 노동의 이해 • 남성의 돌봄 노동 참여 실태와 유형 • 돌봄 노동의 남성참여 이유 • 참여를 위한 노력: 돌봄 노동 주인 되기
3회기	• 자녀양육 및 가사 등의 돌봄 노동에 대한 남성의 참여와 일과 가족양립을 가능케 한다.	• 아버지의 역할-아빠 자격증 취득하셨나요?	• 부모역할, 아버지역할 • 아버지와 자녀와의 관계 • 아버지의 돌봄 노동 참여증진을 위한 방안 모색

출처: 중앙건강가정지원센터(2006). 아버지교육 프로그램. p. 3. 재구성.

TIP 아버지 집단 교육 프로그램과정

나는 가족에게 어떤 존재인가?(1회기)

가. 목　　표: 가족구성원으로서 남성의 정체감을 발견하도록 한다.

나. 집단형태: 20~30명(5~7명 모둠 활동)

다. 준 비 물: 워크북, 필기도구

라. 활　　동: 다음의 상황을 경험한 적이 있는가? 아래 내용을 워크북에 적고 모둠에서 각 상황별로 느낌을 나눈 후 각조 조장이 발표한다. 전체 발표가 끝난 후 느낌을 나눈다.

- 상황 1: 아침에 아이가 아프다. 병원에 데려다주고 지각 출근하면 어떨까? 근데 어느 병원이더라? 언제 아이 데리고 병원에 가봤지? 가물가물~
  (　　　　　　　　　　　　　　　　　　　　　　　　　　　　　　)
- 상황 2: 초등학교 저학년인 아이 학교에서 점심 배식 때문에 부모들을 오란다. 나보다 바쁜 아내 대신 내가 가면 아이들이 웃을까? 선생님이 쳐다보면? 다른 엄마들이 불편해 할까? 나, 힘이 더 세고, 일도 더 잘할 수 있는데….
  (　　　　　　　　　　　　　　　　　　　　　　　　　　　　　　)
- 상황 3: 늦은 밤 퇴근하면서 통닭을 한 마리 샀다. 으쓱해진 어깨를 내밀며 집에 가서 아이를 깨웠다. "애들아, 통닭 먹어!" 말을 꺼내자마자 성난 아내가 "걔, 다이어트 해야 돼, 이 밤에 웬 통닭…. 자기, 애가 얼마나 살쪘는지도 모른다 말이야?"
  (　　　　　　　　　　　　　　　　　　　　　　　　　　　　　　)
- 상황 4: 아내가 아이를 낳았다. 아~ 나도 육아휴직을…. 근데 우리 회사에 육아 휴직한 동료 있나? 앗, 있다. 근데 몽땅 여자다….
  (　　　　　　　　　　　　　　　　　　　　　　　　　　　　　　)
- 상황 5: 아이가 초코파이 사달라고 하는데, 사줘도 되는지 갑자기 모르겠다. 지난번에도 엄마가 안 사주는 아이스크림을 나한테 몰래 사달라고 하는데, 나는 그것도 모르고 사줬다가 아내에게 엄청시리 깨졌다. (더듬더듬) "여보, 얘 초코파이 사줘도 돼?" (이런 것까지 물어봐야 하나? 어떻게 해, 아이에 대해 아는 게 없으니…)
  (　　　　　　　　　　　　　　　　　　　　　　　　　　　　　　)
- 상황 6: "여보 이번 주말 어머님 생신이신데 뭐 사지?", "그런 건 당신 알아서 해… 나는 바쁘잖아…", 그 후 일주일 동안 아내는 나랑 말도 안 한다. '그러고도 아들 맞아? 남편 맞아?' 아내 눈에 불만과 비난이 가득 차 있다.
  (　　　　　　　　　　　　　　　　　　　　　　　　　　　　　　)

마. 정리 및 기대효과

- 경험한 상황들을 서로 개방하여 아버지와 남편으로서의 현재 자신의 역할을 이해한다.
- 가족구성원으로서 자신의 정체감을 찾고 일과 가정의 균형을 찾아간다.

출처: 중앙건강가정지원센터(2006). 아버지교육 프로그램 워크북. p. 9. 재구성.

4) 노년기를 위한 집단상담 프로그램

노인들도 행복할 권리가 있다. 상담자들은 노인들이 자신의 삶에서 의미를 찾고 은퇴 후에도 생산적인 삶을 살 수 있도록 도와주는 프로그램을 개발할 책임이 있다. 현대사회에서 노인의 평균수명 연장과 노인인구의 증가는 사회문제화 되었고 어떻게 노후를 보낼 것인가에 대한 관심이 높아졌다. 노년기는 특히 3고의 고통이 따르는 시기로서 노인에게 가족관계는 매우 중요한 영향을 미친다. 노년기의 적극적이고 풍요로운 삶을 위해서 노년기 교육 프로그램은 매우 중요하다.

(1) 노년기 집단상담의 목표

노인을 위한 집단상담의 목표는 다음과 같다. 첫째, 일상생활에 필요한 다양한 사안에 대한 정보를 제공해야 한다. 둘째, 삶의 질을 위한 도움을 주어야 한다. 셋째, 개인적인 어려움을 갖고 있는 과거의 미해결된 과제를 다루는 것을 도와주어야 한다. 넷째, 사회적 관계 및 가족관계를 발달시켜 행복한 노년기를 보내도록 해야 한다. 다섯째, 노인들이 인생의 새로운 목표를 탐색하도록 도움을 주어야 하며 흥미 있는 것을 배울 수 있도록 도와야 한다.

(2) 집단의 크기

노인집단의 크기는 집단의 종류와 목적에 따라 다르다. 집단상담 교육프로그램을 위한 것이라면 10~12명의 집단원이 적절하다. 하지만 집단이 상호지지와 공유를 위한 것이라면 이보다 작은 4~6명 정도가 집단을 이끌어 가기에 적당하다.

(3) 회기의 길이

회기는 집단구성원, 집단의 크기, 집단의 목적에 따라 다르다. 하지만 가능한 1시간에서 1시간 30분 동안 지속되는 것이 적절하다. 회기의 길이가 2시간 이상 진행될 경우 집단원들의 집중력이 떨어진다.

(4) 회기의 수

프로그램 회기의 수는 집단의 종류와 집단원의 상황 등에 따라 달라질 수 있으나 가능하면 주 1회씩 5~8회기 정도 진행하는 것이 적절하다. 하지만 프로그램에 따라 다소 유연하게 운영할 수 있다.

(5) 집단 참여자 선발

집단의 목적에 따라 선발방법은 달라질 수 있다. 집단원에게 새로운 것을 가르치고 교육하는 데 초점을 둔다면 욕구를 가지고 참여할 수 있는 능력을 가진 집단원을 선발하는 것이 중요하다.

(6) 노년기 가족관계 향상 집단 프로그램의 구성

노년기 가족관계 향상 프로그램의 목적은 교육 참가자들이 그들이 지내온 인생을 다른 참가자들과 함께 나누고, 현재의 가족생활 · 사회생활을 행복하게 영위하기 위한 것이다. 특히 만족스런 노년기를 위해 선행되어야 하는 '원만한 가족관계 유지'라는 발달과업을 획득하기 위해 노인들 스스로 적극적이고 긍정적인 태도를 지녀야 한다. 노년기 가족관계 향상 집단 프로그램을 아래와 같이 소개한다.

표 13-5 노년기 가족관계 향상 집단 프로그램의 내용 구성

구성단계	목표	회기 제목	주요내용
Ⅰ	• 친밀감 향상	• 오리엔테이션	• 사전설문지, 자기소개
Ⅱ	• 가족관계 향상을 위한 가족 이해하기	• 결혼생활 및 배우자 관계	• 배우자에 대한 이해 • 부부역할에 대한 고찰
		• 성인자녀 관계	• 성인자녀에 대한 이해 • 자녀와의 관계향상을 위한 실천방법 모색
		• 손자녀 관계	• 손자녀와의 관계 향상 • 좋은 조부모가 되는 방법 이해하고 실천하기
Ⅲ	• 노후의 경제생활 • 행복한 노후생활을 위한 노년기 삶 향상		• 노후경제 생활의 중요성 • 노후 경제계획 설계하기
		• 자원봉사	• 효율적인 노후생활 탐색하기 • 풍요로운 노후의 자원봉사의 중요성
		• 인생회고	• 긍정적으로 자신의 생애 바라보기 • 자서전 작성법
		• 유언, 재산상속	• 올바른 유언에 대한 가치관 및 유언방법

출처: 신라대학교 가족상담센터(2007). 가족생활 교육프로그램 매뉴얼. p. 222. 재인용.

TIP 노년기 가족관계 향상 집단 프로그램 과정

물려주고 싶은 것에 관한 이야기(8회기)

가. 목　　표: 상속에 관한 가치관 정립의 중요성을 알고 자녀들에게 물려줄 것을 정리할 수 있다.

나. 집단형태: 10~12명

다. 준 비 물: 활동지

라. 활　　동: 어떤 항목이 있는지 살펴보고 기록하면서 그 항목에서 발표하고 싶은 사람 순으로 발표하게 한 뒤, 순서대로 한 주제씩 이야기하게 한다.

① 재산상속에 관한 전해 내려오는 이야기를 알고 계시는 대로 적어 보십시오.
(　　　　　　　　　　　　　　　　　　　　　　　　　　　　)

② 재산문제로 주위에 분쟁을 겪고 있는 사람들의 이야기를 알고 계십니까?
(　　　　　　　　　　　　　　　　　　　　　　　　　　　　)

③ 재산상속 방법에 관해 알고 계시는 바를 적어 보십시오.
(　　　　　　　　　　　　　　　　　　　　　　　　　　　　)

④ 자녀들에게 물려주고 싶은 것들에 대해 적어주십시오.
- 재　산: (　　　　　　　　　　　　　　　　　　　　　　　)
- 유　품: (　　　　　　　　　　　　　　　　　　　　　　　)
- 가르침: (　　　　　　　　　　　　　　　　　　　　　　　)

마. 정리 및 기대효과
- 자신의 경험을 개방하고 올바른 재산상속에 대해 생각해 본다.
- 자식들에게 물려주고 싶은 재산상속방법과 내용에 대해 생각해보고 실생활에 적용해 본다.

출처: 신라대학교 가족상담센터(2007). 가족생활 교육프로그램 매뉴얼. p. 255. 재구성.

생각해 볼 점

1. 집단상담의 의미와 형태에 대해 설명해 보세요.
2. 집단상담의 목표는 무엇인가요?
3. 집단상담의 장 · 단점은 무엇인가요?
4. 집단의 준비와 구성에 필요한 것은 무엇인가요?
5. 집단상담의 실제 프로그램을 현장에서 진행할 때 대상에 따라 무엇이 달라질 수 있나요?

참고문헌

김청자 · 정진선(2004). 상담의 이론과 실제. 서울: 동문사.

김미경(2006). 가시고기 아빠의 아기사랑. 서울: 여름숲.

서영숙 · 황은숙(2004). 한부모가정과 이혼이해교육. 경기: 양서원.

신라대학교가족상담센터(2007). 가족생활교육프로그램매뉴얼. 서울: 창지사.

이장호 · 김정희 공저(1992). 집단상담의 원리와 실제. 서울: 법문사.

이현림(2008). 상담이론과 실제. 경기: 양서원.

여성부가족부 · 중앙건강가정지원센터(2006). 남성의 돌봄노동 참여를 위한 아버지교육 프로그램.

충청남도청소년종합상담실(2001). 청소년 성교육 지도자과정 워크북.

Corey, G.(1994). *Group counseling*(4nd ed). Monterey, CA: Brooks/Cole.

Corey, G., & Corey, M. S.,(1977). *Groups: process and practice*. Monterey. CA: Brooks/Cole.

Corey, M. S., & Corey, G.(2006). *Groups: process and practice*(7th ed). Pacific Grove,

CA: Brooks/Cole.

George, R. L., & Dustin, D.(1988). *Group counseling: Theory and Practice.* Englewood Cliffs, NJ: Prentice-Hall.

Johnson, D. W., & Johnson, F. P.(1982). *Joining together: Group theory and group skills*(2nd ed.). Englewood Cliffs, NJ: Prentice-hall.

Mahler, C. A.(1969). *Group counseling in the schools.* Boston: Houghton Mifflin.

Shertzer, B., & Stone, S. C.(1974). *Fundamentals of guidance.* Boston: Houghton Mifflin.

부록

상담심리사 자격 규정(2005. 04. 16. 개정)

전문

한국상담심리학회는 학회 회원들이 모든 인간의 존엄성과 가치를 존중하고 다양한 조력 활동을 통해, 인간 개개인의 잠재력과 독창성을 신장하여 저마다 자기를 실현하는 건전한 삶을 살도록 돕는 데 헌신한다.

본 학회에서 인증한 상담심리사(1급, 2급)는 전문적 지식과 기술을 개발하고 전문가로서의 능력과 자질을 향상시키며, 상담심리사의 역할을 하는 데 있어서 내담자의 복지를 최우선 순위에 둔다. 상담심리사는 전문적인 상담 활동을 통해 내담자의 개인적인 성장과 사회 공익에 기여하는 데 최선을 다하고 상담심리사로서 자신의 행동에 책임을 진다. 이를 위하여 본 학회에서 인증한 상담심리사는 다음과 같은 윤리 강령을 숙지하고 준수할 것을 다짐한다.

1. 전문가로서의 태도

가. 전문적 능력

(1) 상담심리사는 자기 자신의 교육과 수련, 경험 등에 의해 준비된 범위 안에서 전문적인 서비스와 교육을 제공한다. 상담심리사는 자신의 능력의 한계를 인정하고 교육이나 훈련, 경험을 통해 자격이 주어진 상담활동만을 한다.

(2) 상담심리사는 자신이 가진 능력 이상의 것을 주장하거나 암시해서는 안 되며, 타인에 의해 능력이나 자격이 오도되었을 때에는 수정해야 할 의무가 있다.

(3) 상담심리사는 자신의 활동분야에 있어서 최신의 과학적이고 전문적인 정보와 지식을 유지하기 위해 지속적인 교육과 연수의 필요성을 인식하고 참여한다.

(4) 상담심리사는 정기적으로 전문인으로서의 능력과 효율성에 대한 자기 반성이나 평가가 있어야 하며, 필요한 경우 자신의 효율성을 증진시키기 위해 지도감독을 받을 책무가 있다.

(5) 상담심리사는 윤리강령과 시행세칙을 준수할 책임이 있다.

(6) 상담기관에서 상담심리사를 고용할 때는 전문적인 능력을 갖춘 이를 선발해야 한다.

나. 성실성

(1) 상담심리사는 자신의 신념체계, 가치, 제한점 등이 상담에 미칠 영향력을 자각하고, 내담자에게 상담의 목표, 기법, 한계점, 위험성, 상담의 이점, 자신의 강점과 제한점, 심리검사와 보고서의 목적과 용도, 상담료, 상담료 지불방법 등을 명확히 알린다.

(2) 상담심리사는 개인의 이익을 위해 상담전문직의 가치와 권위를 훼손하는 행동을 해서는 안 된다.

(3) 상담심리사는 능력의 한계나 개인적인 문제로 내담자를 적절하게 도와줄 수 없을 때에는 상담을 시작해서는 안 되며, 다른 상담심리사나 정신건강 전문가에게 의뢰하는 등 내담자를 도와줄 수 있는 방법을 강구한다.

(4) 상담심리사는 자신의 질병, 죽음, 이동, 또는 내담자의 이동이나 재정적 한계 등과 같은 요인에 의해 상담이 중단될 경우, 이에 대한 적절한 조치를 취해야 한다.

(5) 상담을 종결하는 데 있어서 어떤 이유보다도 우선적으로 내담자의 관점과 요구에 대해 논의해야 하며, 내담자가 다른 전문가를 필요로 할 경우에는 적절한 과정을 거쳐서 의뢰한다.

(6) 상담심리사는 내담자나 학생, 연구 참여자, 동료들이 피해를 입지 않도록 적절한 조치를 취한다.

(7) 상담심리사는 자신의 기술이나 자료가 다른 사람들에 의해 오용될 가능성이 있거나, 개선의 여지가 없는 활동에 참여해서는 안 되며, 이런 일이 일어난 경우에는 이를 바로잡거나 최소화하는 조치를 취한다.

다. 상담심리사 교육과 연수

(1) 상담심리사 교육은 학술적인 연구와 지도 감독하의 실습을 통합하는 과정으로 설정되어야 하며, 교육 프로그램은 교육생들이 상담기술, 지식, 자기이해를 넓힐 수 있는 방향으로 설정되어야 한다.

(2) 상담심리사 교육에 들어가기 전에 교육 프로그램의 내용, 기본적인 기술개발, 진로 전망에 대해 알려 준다.

(3) 교육 프로그램은 개인과 사회를 위하는 상담의 이상적 가치를 교육생들에게 고무해야 하며, 따라서 재정적 보상이나 손실보다는 직업애와 인간애에 더 가치를 두도록 한다.

(4) 교육생들에게 다양한 이론적 입장을 제시하여, 교육생들이 이 이론들의 비교를 통해서, 스스로 자신의 입장을 선택할 수 있도록 한다.

(5) 교육 프로그램은 학회의 최근 관련 지침과 보조를 맞추어 진행되어야 한다.

(6) 상담심리사 교육에서는 교육생들에 대한 지속적인 평가를 통해, 장래의 상담활동을 수행하는 데 장애가 될 수도 있는, 교육생들의 한계를 알아내야 한다. 지도 교육하는 상담심리사는 교육생들이 상담자로서 성장할 수 있도록 도와주는 한편, 교육 프로그램을 통해서 바람직한 상담활동을 할 수 없는 사람을 가려낼 수 있어야 한다.

(7) 상담심리사는 상담심리사 교육과 훈련프로그램을 전문적으로 실시하고, 윤리적인 역할 모델이 되어 교육생들이 윤리적 책임과 윤리강령을 잘 인식하도록 돕는다.

(8) 상담심리사는 상담 성과나 훈련프로그램을 홍보하기 위해 내담자 또는 수련생과의 관계를 이용하지 않는다.

(9) 상담심리사가 교육목적으로 저술한 교재는 교육과 연수과정에 채택할 수 있다.

라. 자격증명서

(1) 본 학회에서 인증한 상담심리사는 자신의 자격을 일반 대중에게 알릴 수 있다.

(2) 상담심리사는 자격증에 명시된 것 이상으로 자신의 자격을 과장하지 않는다.

(3) 상담이나 혹은 정신건강 분야에 관련된 석사학위를 가지고 있으나 박사학위는 그 이외의 분야에서 취득한 상담심리사는 그들의 상담활동에서 '박사' 라는 말을 사용하지 않으며, 그 상담활동이나 지위와 관련하여 박사학위를 가진 상담심리사인 것처럼 대중에게 알리지 않는다.

2. 사회적 책임

가. 사회와의 관계

(1) 상담심리사는 사회의 윤리와 도덕기준을 존중하고, 사회공익과 자신이 종사하는 전문직의 바람직한 이익을 위해 최선을 다한다.

(2) 상담심리사는 경제적 이득이 없는 경우에도 자신의 전문적 활동에 헌신함으로써 사회에 공헌한다.

(3) 상담비용을 책정할 때 상담심리사들은 내담자의 재정상태와 지역성을 고려하여야 한다. 책정된 상담료가 내담자에게 적절하지 않을 때에는, 가능한 비용에 적합한 서비스를 받을 수 있는 방법을 찾아줌으로써 내담자를 돕는다.

(4) 상담 전문가가 되기 위해 수련하는 학회 회원에게는 상담료나 교육비 책정에 있어서 특별한 배려를 한다.

나. 고용 기관과의 관계

(1) 상담심리사는 자신이 종사하는 기관의 목적과 방침에 공헌할 수 있는 활동을 할 책임이 있다. 만일 자신의 전문적 활동이 기관의 목적과 모순되고, 직무수행에서 갈등이 해소되지 않을 때에는 기관과의 관계를 종결해야 한다.

(2) 상담심리사는 근무기관의 관리자 및 동료들과의 관계를 통해서 상담업무, 비밀보장, 공적 자료와 개인자료의 구별, 기록된 정보의 보관과 처분, 업무량, 책임에 대한 상호간의 동의가 이루어져야 한다. 이러한 동의는 구체적이어야 하며, 관련된 모든 사람이 알고 있어야 한다.

(3) 상담심리사는 그의 고용주에게 손해를 끼칠 수 있는 상황이나, 기관의 효율성에 제한을 줄 수 있는 상황에 대해 미리 경고를 해주어야 한다.

(4) 상담심리사의 인사배치는 내담자의 권리와 복지를 보장하고 증진시킬 수 있도록 해야 한다.

(5) 상담심리사는 수련생에게 적절한 훈련과 지도감독을 제공하고, 수련생이 이 과정을 책임 있고 유능하게 수행할 수 있도록 도와야 하며, 만일 기관의 정책과 실제가 이런 의무의 수행을 막는다면, 가능한 범위에서 그 상황을 바로잡도록 노력한다.

다. 상담 기관 운영자

(1) 상담기관 운영자는 다음 목록을 작성해 두어야 한다. 기관에 소속된 상담심리사의 증명서나 자격증은 그 중 최고 수준의 것으로 하고, 자격증의 유형, 주소, 연락처, 직무시간, 상담의 유형과 종류, 그와 관련된 다른 정보 등이 정확하게 기록되어야 한다.

(2) 상담기관 운영자는 자신과 현재 종사하고 있는 직원의 발전에 책임이 있다.

(3) 상담기관 운영자는 직원들에게 기관의 목표와 상담 프로그램에 대해 알려주어야 한다.

(4) 상담기관 운영자는 고용, 승진, 인사, 연수 및 지도 시에 나이, 문화, 장애, 성, 인종, 종교, 혹은 사회경제적 지위 등을 이유로 어떤 차별적인 행동을 해서는 안 된다.

(5) 상담기관 운영자는 직원이나 학생, 수련생, 동료 등을 교육, 감독하거나 평가 시에 착취하는 관계를 가져서는 안 된다.

(6) 상담심리사가 개업상담가로서 상담을 홍보하고자 할 때는 일반인들에게 상담의 전문적 활동, 전문지식, 활용할 수 있는 상담 기술 등을 정확하게 알려주어야 한다.

(7) 기관에 재직 중인 상담심리사는 상담개업 활동에 적극적으로 종사하고 있지 않다면, 자신의 이름이 상업 광고에 사용되도록 해서는 안 된다.

(8) 상담심리사는 다른 상담심리사나 정신건강 전문가와 협력 체제를 맺을 수 있는데, 이럴 때 기관의 특수성을 분명히 인지하고 있어야 한다.

(9) 상담심리사는 자신의 개업활동에 대해 내담자에게 신뢰감을 주기 위해 학회나 연구단체의 회원임을 거론하는 것은 비윤리적이다.

(10) 내담자나 교육생을 모집하기 위해, 개인상담소를 고용이나 기관 가입의 장소로 이용해서는 안 된다.

라. 다른 전문직과의 관계

(1) 상담심리사는 자신의 방식과 다른 전문적 상담 접근을 존중해야 한다. 상담심리사는 함께 일하는 다른 전문적 집단의 전통과 실제를 알고 이해해야 한다.

(2) 공적인 자리에서 개인 의견을 말할 경우, 상담심리사는 그것이 자기 자신의 관점에서 나온 것이고, 모든 상담심리사의 견해를 대변하는 것이 아님을 분명히 해야 한다.

(3) 내담자가 다른 정신건강 전문가의 서비스를 받고 있음을 알게 되면, 내담자의 동의 하에 상담 사실을 그 전문가에게 알리고, 긍정적이고 협력적인 치료관계를 맺도록 노력한다.

(4) 상담심리사는 다른 전문가로부터 의뢰비용을 받으면 안 된다.

마. 자문

(1) 자문이란 개인, 집단, 사회단체가 전문적인 조력자의 도움이 필요하여 요청한 자발적인 관계를 말하는데, 상담심리사는 자문을 요청한 내담자나 기관의 문제 혹은 잠재된 문제를 규명하고 해결하는 데 도움을 준다.

(2) 상담심리사와 내담자는 문제 규명, 목표 변경, 상담 성과에 서로의 이해와 동의를 구해야 한다.

(3) 상담심리사는 자신이 자문에 참여하는 개인 또는 기관에게 도움을 주는 데 필요한, 충분한 자질과 능력을 갖추었는지를 합리적인 방법으로 명시해야 한다.

(4) 자문을 할 때 개인이나 기관의 가치관을 바꾸는 데 도움을 주고자 한다면 상담심리사 자신의 가치관, 지식, 기술, 한계성이나 욕구에 대한 깊은 자각이 있어야 하고, 자문의 초점은 문제를 가진 사람이 아니라 풀어나가야 할 문제 자체에 두어야 한다.

(5) 자문 관계는 내담자가 스스로 성장해 나가도록 격려하고 고양하는 것이어야 한다. 상담심리사는 이러한 역할을 일관성 있게 유지해야 하고, 내담자가 스스로의 의사결정자가 되도록 도와주어야 한다.

(6) 상담활동에서 자문의 활용에 대해 홍보할 때는 학회의 윤리강령을 성실하게 준수해야 한다.

바. 홍보

(1) 상담심리사는, 전문가로서의 자신의 자격과 상담활동에 대해 대중에게 홍보하거

나 설명할 수 있으나, 그 내용은 정확해야 하며, 오해를 일으킬 수 있거나 거짓된 내용이어서는 안 된다.

(2) 상담심리사는 상담 수주를 위해 강연, 출판물, 라디오, TV, 혹은 다른 매체의 홍보에 대해 보수를 지급해서는 안 된다.

(3) 내담자의 추천을 통해서 새로운 내담자의 신뢰를 얻고자 할 때에는, 상황이 특수한 상태이거나, 취약한 상태인 내담자에게는 추천을 의뢰해서는 안 된다.

(4) 상담심리사는 출판업자, 언론인, 혹은 스폰서 등이 상담의 실제나 전문적인 활동과 관련된 잘못된 진술을 하는 경우 이를 시정하고 방지하도록 노력한다.

(5) 상담심리사가 워크숍이나 훈련프로그램을 홍보할 때는 소비자의 선택을 위해서 적절한 정보를 제공하고 정확하게 홍보해야 한다.

3. 인간권리와 존엄성에 대한 존중

가. 내담자 복지

(1) 상담심리사의 일차적 책임은 내담자의 복리를 증진하고 존엄성을 존중하는 것이다.

(2) 상담심리사는 내담자의 잠재력을 개발하여 건강한 삶을 영위하도록 도움을 주며, 어떤 방식으로도 해를 끼치지 않는다. 상담심리사는 내담자로 하여금 의존적인 상담관계를 형성하지 않도록 노력하여야 한다.

(3) 상담심리사는 상담관계에서 오는 친밀성과 책임감을 인식하고, 상담심리사의 개인적 욕구충족을 위해서 내담자를 희생시켜서는 안 된다.

(4) 상담심리사는 내담자의 가족이 내담자의 삶에 중요하다는 것을 인식하고, 필요하다면 가족의 이해와 참여를 얻기 위해 노력한다.

(5) 상담심리사는 직업 문제와 관련하여 내담자의 능력, 일반적인 기질, 흥미, 적성, 욕구, 환경 등을 고려하면서 내담자와 함께 노력하지만, 내담자의 일자리를 찾아주거나 근무처를 정해줄 의무가 있는 것은 아니다.

나. 다양성 존중

(1) 상담심리사는 모든 인간의 기본적인 권리, 존엄성, 가치를 존중하며 연령이나 성

별, 인종, 종교, 성적인 선호, 장애 등을 이유로 내담자를 차별하지 않는다.

(2) 상담심리사는 내담자의 다양한 문화적 배경을 이해하려고 적극적으로 시도해야 하며, 상담심리사 자신의 고유한 문화적 정체성이 상담과정에 어떤 영향을 주는지를 인식해야 한다.

(3) 상담심리사는 자신의 고유한 가치, 태도, 신념, 행위를 인식하여 그것이 어떻게 다양한 사회에서 적용되는지를 깨닫고 있어야 하고, 내담자에게 자신의 가치를 강요하지 않는다.

다. 내담자의 권리

(1) 내담자는 비밀유지를 기대할 권리가 있고 자신의 사례기록에 대한 정보를 가질 권리가 있으며, 상담 계획에 참여할 권리, 어떤 서비스에 대해서는 거절할 권리, 그런 거절에 따른 결과에 대해 조언을 받을 권리 등이 있다.

(2) 상담심리사는 내담자에게 상담에 참여 여부를 선택할 자유와 어떤 전문가와 상담할 것인가를 결정할 자유를 주어야 한다. 내담자의 선택을 제한하는 제한점은 내담자에게 모두 설명해야 한다.

(3) 미성년자 혹은 자발적인 동의를 할 수 없는 사람이 내담자일 경우, 상담심리사는 이런 내담자의 최상의 복지를 염두에 두고 행동한다.

4. 상담관계

가. 이중 관계

(1) 상담심리사는 객관성과 전문적인 판단에 영향을 미칠 수 있는 이중 관계는 피해야 한다. 가까운 친구나 친인척 등을 내담자로 받아들이면 이중 관계가 되어 전문적 상담의 성과를 기대할 수 없으므로, 다른 전문가에게 의뢰하여 도움을 준다.

(2) 상담심리사는 상담할 때에 내담자와 상담 이외의 다른 관계가 있다면, 특히 자신이 내담자의 상사이거나 지도교수 혹은 평가를 해야 하는 입장에 놓인 경우라면 그 내담자를 다른 전문가에게 의뢰한다. 그러나 다른 대안이 불가능하고, 내담자의 상황을 판단해 볼 때 상담관계 형성이 가능하다고 여겨지면 상담관계를 유지할 수도 있다.

(3) 상담심리사는 특별한 경우를 제외하고는, 내담자와 상담실 밖에서 사적인 관계를 유지하지 않도록 한다.

(4) 상담심리사는 내담자와의 관계에서 상담료 이외의 어떠한 금전적, 물질적 거래 관계도 맺어서는 안 된다.

나. 성적 관계

(1) 상담심리사는 내담자와 어떠한 종류이든 성적 관계는 피해야 한다.

(2) 상담심리사는 이전에 성적인 관계를 가졌던 사람을 내담자로 받아들이지 않는다.

(3) 상담심리사는 상담관계가 종결된 이후 최소 2년 내에는 내담자와 성적 관계를 맺지 않는다. 상담 종결 이후 2년이 지난 후에 내담자와 성적 관계를 맺게 되는 경우에도 상담심리사는 이 관계가 착취적인 특성이 없다는 것을 철저하게 검증해야 한다.

다. 여러 명의 내담자와의 관계

(1) 상담심리사가 서로 관계를 맺고 있는 둘 혹은 그 이상의 내담자들(예: 남편과 아내, 부모와 자녀)에게 상담을 제공할 것을 동의할 경우, 상담심리사는 누가 내담자이며 각 사람과 어떠한 관계를 맺게 될지 그 특성에 대해 명확히 하고 상담을 시작해야 한다.

(2) 만약 그러한 관계가 상담심리사로 하여금 잠재적으로 상충되는 역할을 수행하도록 요구한다면, 상담심리사는 그 역할에 대해서 명확히 하거나, 조정하거나, 그 역할로부터 벗어나도록 한다.

5. 정보의 보호

가. 사생활과 비밀보호

(1) 상담심리사는 사생활과 비밀유지에 대한 내담자의 권리를 최대한 존중해야 할 의무가 있다.

(2) 내담자의 사생활 보호에 대한 권리는 내담자나 내담자가 위임한 법적 대리인에 의해 유예될 수 있다.

(3) 상담심리사는 내담자의 사생활 침해를 최소화하기 위해서 문서 및 구두상의 보고나 자문 등에서 실제 의사소통된 정보만을 포함시킨다.

(4) 상담심리사는 고용인, 지도감독자, 사무보조원, 그리고 자원봉사자들을 포함한 직원들에게도 내담자의 사생활과 비밀이 보호되도록 주지시켜야 한다.

나. 기록

(1) 법, 규제 혹은 제도적 절차에 따라, 상담심리사는 내담자에게 전문적인 서비스를 제공하기 위해서 반드시 기록을 보존한다.

(2) 상담심리사는 녹음 및 기록에 관해 내담자의 동의를 구한다.

(3) 상담심리사는 면접기록, 심리검사자료, 편지, 녹음 · 녹화 테이프, 기타 문서기록 등 상담과 관련된 기록들이 내담자를 위해 보존된다는 것을 인식하며, 상담기록의 안전과 비밀보호에 책임진다.

(4) 상담기관이나 연구단체는 상담기록 및 보관에 관한 규정을 작성해야 하며, 그렇지 않을 경우 상담기록은 상담심리사가 속해 있는 기관이나 연구단체의 기록으로 간주한다. 상담심리사는 내담자가 기록에 대한 열람이나 복사를 요구할 경우, 그 기록이 내담자에게 잘못 이해될 가능성이 없고 내담자에게 해가 되지 않으면 응하는 것이 원칙이다. 단, 여러 명의 내담자를 상담하는 경우, 다른 내담자와 관련된 사적인 정보는 제외하고 열람하도록 한다.

(5) 상담심리사는 기록과 자료에 대한 비밀보호가 자신의 죽음, 능력상실, 자격박탈 등의 경우에도 보호될 수 있도록 미리 계획을 세운다.

(6) 상담심리사는 상담과 관련된 기록을 보관하고 처리하는 데 있어서 비밀을 보호해야 하며, 이를 타인에게 공개할 때에는 내담자의 직접적인 동의가 있을 때에만 가능하다.

(7) 상담심리사는 다음에 정한 바와 같이 비밀보호의 예외가 존재하는 경우를 제외하고는, 내담자의 서면 동의 없이는 제삼의 개인, 단체에게 상담기록을 밝히거나 전달하지 않는다.

다. 비밀보호의 한계

(1) 내담자의 생명이나 사회의 안전을 위협하는 경우가 발생한 경우에 한하여 내담자의 동의 없이도 내담자에 대한 정보를 관련 전문인이나 사회에 알릴 수 있다. 이런 경우 상담 시작 전에 이러한 비밀보호의 한계를 알려준다.

(2) 내담자가 감염성이 있는 치명적인 질병이 있다는 확실한 정보를 가졌을 때, 상담심리사는, 그 질병에 위험한 수준으로 노출되어 있는 제삼자(내담자와 관계 맺고 있는)에게 그러한 정보를 공개할 수 있다. 상담심리사는 제삼자에게 이러한 정보를 공개하기 전에, 내담자가 자신의 질병에 대해서 그 사람에게 알렸는지, 아니면 조만간에 알릴 의도가 있는지를 확인한다.

(3) 법적으로 정보의 공개가 요구될 때에는 비밀보호의 원칙에서 예외이지만, 법원이 내담자의 허락 없이 사적인 정보를 밝힐 것을 요구할 경우, 상담심리사는 내담자와의 관계를 해칠 수 있기 때문에 정보를 요구하지 말 것을 법원에 요청한다.

(4) 상황들이 사적인 정보의 공개를 요구할 때 오직 기본적인 정보만을 밝힌다. 더 많은 사항을 밝히기 위해서는 사적인 정보의 공개에 앞서 내담자에게 알린다.

(5) 만약 내담자의 상담이 여러 전문가로 구성된 팀에 의한 지속적인 관찰을 포함하고 있다면, 팀의 존재와 구성을 내담자에게 알린다.

(6) 상담이 시작될 때와 상담과정 중 필요한 때에, 상담심리사는 내담자에게 비밀보호의 한계를 알리고 비밀보호가 불이행되는 상황에 대해 인식시킨다.

(7) 비밀보호의 예외 및 한계에 관한 타당성이 의심될 때에 상담심리사는 동료 전문가의 자문을 구한다.

라. 집단상담과 가족상담

(1) 집단상담에서 상담심리사는 비밀보호의 중요성을 설명하고, 집단에서의 비밀보호와 관련된 어려움들을 토론한다. 집단 구성원들에게 비밀보호가 완벽하게는 보장될 수 없음을 알린다.

(2) 가족상담에서 한 가족 구성원에 대한 정보는, 허락 없이는 다른 구성원에게 공개될 수 없다. 상담심리사는 각 가족 구성원의 사생활에 대한 권리를 보호한다.

(3) 자발적인 언행이 불가능하거나 미성년인 내담자를 상담할 때, 상담의 과정에서 필요하면, 부모나 보호자가 참여할 수 있음을 알린다. 그러나 상담심리사는 내담자의 이익을 위해 최선을 다한다.

마. 기타 목적을 위한 내담자 정보의 사용

(1) 교육이나 연구 또는 출판을 목적으로 상담관계로부터 얻어진 자료를 사용할 때에는 내담자의 동의를 구해야 하며, 각 개인의 익명성이 보장되도록 자료 변형 및 신상 정보의 삭제와 같은 적절한 조치를 취하여 내담자의 신상에 피해를 주지 않도록 한다.

(2) 다른 전문가의 자문을 구할 경우, 상담심리사는 사전에 내담자의 동의를 구해야 하며, 적절한 조치를 통해 내담자의 사생활과 비밀을 보호하도록 노력한다.

바. 전자 정보의 비밀보호

(1) 컴퓨터를 사용하면 광범위하게 자료를 보관하고 조사·분석 할 수 있지만, 정보를 관리하는 데 한계가 있다는 사실을 알아야 한다.

(2) 내담자의 기록이 전자 정보 형태로 보존되어 제3자가 내담자의 동의 없이 접근할 수 있을 때, 상담심리사는 적절한 방법을 통해 내담자의 신상이 드러나지 않도록 조치를 취한다.

6. 상담연구

가. 연구계획

(1) 상담심리사는 윤리적 기준에 따라 과학적인 방법으로 연구를 계획하고 수행한다.

(2) 상담심리사는 연구가 잘못될 가능성을 최소화하도록 연구를 계획한다.

(3) 연구를 계획할 때, 상담심리사는 윤리강령에 따라 하자가 없도록 한다. 만약 윤리적 쟁점이 명확하지 않다면, 상담심리사는 윤리위원회나 동료의 자문 등을 통해 쟁점을 해결한다.

(4) 상담심리사는 최선을 다해 연구 대상자의 권리와 복지를 보호하기 위한 적절한 조치를 취해야 한다.

(5) 상담심리사는 국가의 법과 기준 및 전문적 기준을 준수하는 태도로 연구를 수행한다.

나. 책임

(1) 상담심리사는 연구가 진행되는 동안 연구 대상자의 복지에 대한 책임이 있으며, 연구 대상자를 심리적, 신체적, 사회적 불편이나 위험으로부터 보호해야 한다.

(2) 상담심리사는 자기 자신 혹은 자기 감독하에 수행된 연구의 윤리적 행위에 대해서 책임이 있다.

(3) 연구자와 연구 보조자는, 훈련받고 준비된 과제만을 수행해야 한다.

(4) 연구를 수행하는 데 있어서, 필요에 따라 숙련된 연구자의 자문을 구한다.

다. 연구 대상자의 참여 및 동의

(1) 연구에의 참여는 자발적이어야 한다. 비자발적인 참여는 그것이 연구 대상자에게 전혀 해로운 영향을 끼치지 않거나, 관찰연구가 필요한 경우에만 가능하다.

(2) 상담심리사는 연구 대상자를 구하기 위하여 부적절한 유인가를 제공하지 말아야 한다.

(3) 상담심리사는 연구 대상자가 이해할 수 있는 언어를 사용하여 연구의 목적, 절차 및 기대되는 효과를 설명한 후에 연구 동의를 받아야 한다.

(4) 상담심리사는 모든 형태의 촬영이나 녹음에 대해서 사전에 연구 대상자의 동의를 받아야 한다.

(5) 상담심리사는 정보를 숨기거나 사실과 다르게 알리는 것이 연구와 관찰에 필요한 경우를 제외하고는, 모든 연구 대상자에게 연구의 목적 및 특성에 대해 사실대로 알려야 한다. 연구의 특성상 사실과 다르게 보고한 경우에는 연구가 끝난 뒤 가능한 한 빨리 사실 그대로를 알려 주어야 한다.

(6) 상담심리사는 연구 대상자의 참여에 영향을 줄 수 있는 물리적 위험, 불편함, 불쾌한 정서적 경험 등에 관하여 반드시 사전에 알려주어야 한다.

라. 연구결과 및 보고

(1) 상담심리사는 연구 대상자의 요구가 있을 경우, 연구 대상자에게 연구의 결과나 결론 등을 제공한다.

(2) 상담심리사는 연구 결과를 출판할 경우에 자료를 위조하거나 결과를 왜곡해서는 안 된다.

(3) 출판된 자신의 자료에서 중대한 오류가 발견된 경우, 상담심리사는 그러한 오류에 대해 수정, 철회, 정정하여야 한다.

(4) 상담심리사는 타 연구의 결과나 자료의 일부, 혹은 기본적인 내용에 대해서 아무리 자주 인용된다 할지라도 자신의 것으로 보고해서는 안 된다.

(5) 상담심리사는 자신이 수행한 연구 및 기여한 연구에 대해서만 책임과 공로를 갖는다. 연구에 많은 공헌을 한 자는 공동 연구자로 하거나, 공인을 해주거나, 각주를 통해 밝히거나, 혹은 다른 적절한 수단을 통하여 그 공헌에 맞게 인정해주어야 한다.

(6) 전문적이고 과학적인 가치가 있는 것으로 판명된 연구결과는 다른 상담심리사들과 상호 교환해야 하며, 연구결과가 연구소의 프로그램, 상담활동, 기존 관심과 일치하지 않는다는 이유로 철회되어서는 안 된다.

(7) 상담심리사는 자신의 연구를 제3자가 반복하기 원하고, 그만한 자격이 있으면, 연구 자료를 충분히 이용하도록 할 의무가 있다. 단 연구 대상자의 정보를 보호해야 한다.

(8) 상담심리사는, 이미 다른 논문이나 출판물에 전체 혹은 일부분이 수록된 원고를 전 출판사의 승인이나 인가 없이 이중발표하지 않는다.

7. 심리검사

가. 기본 사항

(1) 교육 및 심리 평가의 주된 목적은, 객관적이면서 해석이 용이한 평가도구를 제공하는 데 있다.

(2) 상담심리사는 교육 및 심리 평가 방법을 활용하여, 내담자의 복리와 이익을 추구하여야 한다.

(3) 상담심리사는 평가결과와 해석을 오용해서는 안 되고, 다른 사람들이 평가도구를 개발하고, 출판 또는 사용함에 있어서 정보를 오용하지 않도록 적절한 조치를 한다.

(4) 상담심리사는, 검사결과에 따른 상담심리사들의 해석 및 권유의 근거에 대한, 내담자들의 알 권리를 존중한다.

(5) 상담심리사는 규정된 전문적 관계 안에서만 평가, 진단, 서비스, 혹은 개입을 한다.

(6) 상담심리사의 평가, 추천, 보고, 그리고 심리적 진단이나 평가 진술은 적절한 증거 제공이 가능한 정보와 기술에 바탕을 둔다.

나. 검사를 사용하고 해석하는 능력

(1) 상담심리사는 자신의 능력의 한계를 알고, 훈련받은 검사와 평가만을 수행해야 한다. 또한 상담심리사는 지도감독자로부터, 적합한 심리검사 도구를 제대로 이용하는지의 여부를 평가받아야 한다.

(2) 컴퓨터를 이용한 검사를 활용하는 상담심리사는, 원 평가 도구에 대해 훈련받아야 한다.

(3) 수기로 하든지, 컴퓨터를 사용하든지, 상담심리사는 평가 도구의 채점, 해석과 사용, 응용에 대한 책임이 있다.

(4) 상담심리사는 타당도와 신뢰도, 검사에 대한 연구 및 검사지의 개발과 사용에 관한 지침 등 교육·심리적 측정에 대해 철저하게 이해하고 있어야 한다.

(5) 상담심리사는 평가 도구나 방법에 대해 언급할 때, 정확한 정보를 제공하고 오해가 없도록 해야 한다. 지능지수나 점수 등이 근거 없는 의미를 내포하지 않도록 특별한 노력을 기울여야 한다.

(6) 상담심리사는 심리 평가를 무자격자에게 맡겨서는 안 된다.

다. 사전 동의

(1) 평가 전에 내담자의 동의를 미리 얻지 않았다면, 상담심리사는 그 평가의 특성과 목적, 그리고 결과의 구체적인 사용에 대해 내담자가 이해할 수 있는 말로 설명해야 한다. 채점이나 해석이 상담심리사나 보조원에 의해서 되든, 아니면 컴퓨터

나 기타 외부 서비스 기관에 의해서 이루어지든지, 상담심리사는 내담자에게 적절한 설명을 하도록 조치를 취해야 한다.

(2) 내담자의 복지, 이해 능력, 그리고 사전 동의에 따라 검사 결과의 수령인을 결정짓는다. 상담심리사는 어떤 개인 혹은 집단 검사결과를 제공할 때 정확하고 적절한 해석을 함께 제공하여야 한다.

라. 유능한 전문가에게 정보 공개하기

(1) 상담심리사는 검사 결과나 해석을 포함한 평가 결과를 오용해서는 안 되며, 다른 사람들의 오용을 막기 위한 적절한 조치를 취한다.

(2) 상담심리사는 특별한 경우를 제외하고는, 내담자나 내담자가 위임한 법적 대리인의 동의가 있을 경우에만 그 내담자의 신분이 드러날 만한 자료(예를 들면, 계약서, 상담이나 인터뷰 기록, 혹은 설문지)를 공개한다. 그와 같은 자료는 그 자료를 해석할 만한 능력이 있다고 상담심리사가 인정하는 전문가에게만 공개되어야 한다.

마. 검사의 선택

(1) 상담심리사는 심리검사를 선택할 때 타당도, 신뢰도, 검사의 적절성, 제한점 등을 신중히 고려한다.

(2) 상담심리사는 다문화 집단을 위한 검사를 선택할 때, 사회화된 행동과 인지 양식을 고려하지 않은 부적절한 검사를 피할 수 있도록 주의한다.

바. 검사 시행의 조건

(1) 상담심리사는 표준화된 조건과 동일한 조건에서 검사를 시행한다. 검사가 표준화된 조건에서 시행되지 않거나, 검사 시간에 비정상적인 행동이 발생할 경우, 그러한 내용을 기록해야 하고, 그 검사 결과는 무효 처리하거나 타당성을 의심할 수 있다.

(2) 상담심리사는 컴퓨터나 다른 전자식 방법을 사용하였을 때, 시행 프로그램이 내담자에게 정확한 결과를 적절히 제공하도록 보장할 책임이 있다.

(3) 인사, 생활지도, 상담활동에 주로 활용되는 검사결과가 유의미하기 위해서는 검

사내용에 대한 선수지도나 내용을 언급하면 안 된다. 그러므로 검사지를 안전하게 보호하는 것도 상담심리사의 책임이다.

사. 검사 점수화와 해석, 진단

(1) 상담심리사는 검사 시행과 해석에 있어서 나이, 인종, 문화, 장애, 민족, 성, 종교, 성적 기호, 그리고 사회경제적 지위의 영향을 고려하고, 다른 관련 요인들과 통합 비교하여 검사 결과를 해석한다.

(2) 상담심리사는 기술적 자료가 불충분한 평가 도구의 경우 그 결과를 해석할 때 신중해야 한다. 그러한 도구를 사용하는 특정한 목적을 내담자에게 명백히 알려 주어야 한다.

(3) 정신 장애를 진단하기 위해서 상담심리사는 특별한 관심을 가져야 한다. 내담자에 대한 치료 장소, 치료 유형, 또는 후속조치를 결정하기 위한 개인 면담 및 평가방법을 주의 깊게 선택하고 사용한다.

(4) 상담심리사는 내담자의 문제를 정의할 때, 내담자가 속한 문화의 영향을 받는다는 것을 인지한다. 내담자의 정신 장애를 진단할 때 사회경제적 및 문화적 경험을 고려해야 한다.

아. 검사의 안전성

(1) 상담심리사는 공인된 검사 또는 일부를 발행자의 허가 없이 사용, 재발행, 수정하지 않는다.

(2) 상담심리사는 시대에 뒤진 자료나 검사 결과를 사용하지 않는다. 다른 사람이 쓸모없는 측정이나 검사 자료를 사용하지 않도록 상담심리사는 도와준다.

8. 윤리문제 해결

가. 윤리위원회와 협력

(1) 상담심리사는 본 윤리강령 및 적용 가능한 타 윤리강령을 숙지해야 할 의무가 있다. 윤리적 기준에 대해 모르고 있거나, 잘못 이해하고 있다는 사실이 비윤리적 행위에 대한 근거가 되지는 못한다.

(2) 상담심리사는 윤리강령의 시행 과정을 돕는다. 상담심리사는 윤리강령을 위반한 것으로 지목되는 사람들에 대해 윤리 위원회의 조사, 요청, 소송절차에 협력한다.

나. 위반

(1) 상담심리사가 윤리적으로 행동하는지에 대한 의구심을 유발하는 근거가 있을 때, 윤리 위원회는 적절한 조치를 취할 수 있다.

(2) 특정 상황이나 조치가 윤리강령에 위반되는지 불분명할 경우, 상담심리사는 윤리강령에 대해 지식이 있는 다른 상담심리사, 해당 권위자 및 윤리위원회의 자문을 구한다.

(3) 소속 기관 및 단체와 본 윤리강령 간에 갈등이 있을 경우, 상담심리사는 갈등의 본질을 명확히 하고, 소속 기관 및 단체에 윤리강령을 알려서 이를 준수하는 방향으로 해결책을 찾도록 한다.

(4) 다른 상담심리사의 윤리위반에 대해 비공식적인 해결이 가장 적절한 개입으로 여겨질 경우에는, 당사자에게 보고하여 해결하려는 시도를 한다.

(5) 명백한 윤리강령 위반이 비공식적인 방법으로 해결되지 않거나, 그 방법이 부적절하다면 윤리위원회에 위임한다.

부칙

(1) 본 윤리강령은 2003년 5월 17일부터 시행한다.

(2) 본 윤리강령은 학회 명칭과 상담전문가 명칭을 변경함에 따라 해당되는 용어를 수정하여 2004년 4월 17일 자부터 시행한다.

색인

ㄱ

ㄴ

ㄷ

ㄹ

ㅁ

ㅂ

ㅇ

ㅈ

ㅊ

ㅋ

ㅌ

A

1

저자소개

임 상 록

독일 국립 베를린 자유대학교 대학원 사회교육 및 사회복지학 석사
독일 국립 베를린 자유대학교 철학박사(Dr. Phil.)
현) 백석문화대학 사회복지학부 교수, 한가족 교육 · 심리상담원 원장(전)
저서) 사회복지실천론(2009, 공저), 사회복지실천기술론(2010, 공저) 외 다수

김 혜 숙

독일 쾰른대학교 사회복지학과 학사 및 석사 졸업
독일 쾰른대학교 특수치료대학원 교육학(가족상담 전공) 박사
현) 백석대학교 사회복지학부 조교수, 서울가정법원 조정위원, 가족치료전문가
저서) 가족치료 이론과 기법(2008), 이혼상담과 이혼 법(2009, 공저), 인간행동과 사회환경 (2009, 공저)

노 정 자

성균관대학교 사회복지대학원 사회복지학 석사
백석대학교 기독교전문대학원 기독교사회복지학 박사
현) 백석문화대학 사회복지학부 겸임교수, 가족성장상담소 남성의소리 소장, 대전지방법원 천안지원 이혼전 상담위원 및 부모교육강사, 기독교 상담전문가, 가족상담 전문가
저서) 남성의 이혼 그리고 홀로서기 (2011)

안 민 숙

동국대학교 행정학 박사 수료
서울기독대학교 철학박사(기독교상담학 전공)
현) 백석문화대학 사회복지학부 겸임교수, 육군3033부대 민간심리상담관, 교도소 심리상담관, 자살예방 상담 및 강사, 아가페의 집 심리상담위원, KOVA 전문수련감독자, 한기상 전문가
논문) 중년기 남성의 자존감 회복을 위한 연구(박사학위 논문)

채 유 경

전남대학교 교육학 석사 및 박사(상담심리학 전공)
현) 호서대학교 벤처전문대학원 교수, 호서심리교육센터 소장, 서울가정법원 상담위원, 아동 · 청소년 상담전문가, 기독교 상담전문가
저서) 진로설계 워크북(2005), 이혼 · 별거 가정의 부모역할: 자녀를 갈등으로부터 보호하기 (2009, 공역)

상담의 이론과 실제

초판 1쇄 인쇄 2010년 8월 3일
초판 3쇄 발행 2016년 8월 26일

지은이_ 임상록 · 김혜숙 · 노정자 · 안민숙 · 채유경
펴낸이_ 황호철
펴낸곳_ 도서출판 파란마음
주소_ 04315 서울시 용산구 백범로90라길 47 | 전화_ (02) 3275-2110~1 | 팩스_ (02) 3275-2199
홈페이지_ http://paranmaum.co.kr/
등 록_ 2006년 4월 24일 · 제302-2006-00024호

ISBN 978-89-92546-61-4 93330
값 18,000원